王春福 陈震聃 著

西方公共政策学史稿

XIFANG GONGGONG ZHENGCEXUE SHIGAO

中国社会科学出版社

图书在版编目（CIP）数据

西方公共政策学史稿／王春福，陈震聃著．—北京：中国社会科学
出版社，2014.12
ISBN 978 - 7 -5161 -5354 -3

Ⅰ.①西…　Ⅱ.①王…②陈…　Ⅲ.①政策科学 - 研究 - 西方国家
Ⅳ.①D035

中国版本图书馆 CIP 数据核字（2014）第 302648 号

出 版 人	赵剑英
责任编辑	任　明
特约编辑	芮　信
责任校对	郝阳洋
责任印制	何　艳

出　　版	中国社会科学出版社
社　　址	北京鼓楼西大街甲 158 号（邮编 100720）
网　　址	http://www.csspw.cn
	中文域名：中国社科网　　010 - 64070619
发 行 部	010 - 84083685
门 市 部	010 - 84029450
经　　销	新华书店及其他书店

印刷装订	北京市兴怀印刷厂
版　　次	2014 年 12 月第 1 版
印　　次	2014 年 12 月第 1 次印刷

开　　本	710 × 1000　1/16
印　　张	25.75
插　　页	2
字　　数	424 千字
定　　价	75.00 元

凡购买中国社会科学出版社图书，如有质量问题请与本社联系调换
电话：010 - 84083683

目　　录

第五编　公共政策学发展的新理论

第一编

导　论

第一章　西方公共政策学产生的社会条件

公共政策学，也称为政策科学、政策学，均指以政策作为自己研究对象的一门学科，称谓的不同仅仅反映了观点上的差异，并不能改变学科的实质。公共政策学是产生在 20 世纪 50 年代的一门新兴学科，其历史非常短暂。但人类对政策这一政治现象研究的历史却相当久远。在人类刚刚步入政治社会以后，就出现了政策这种政治现象。伴随着政策现象的出现，就开启了人类对它思考、分析和研究的历史，也形成了极为丰富的政策思想。公共政策学作为一门独立的学科诞生在 20 世纪中期，其中的原因是多方面的。任何一门学科的产生都有其特定的历史条件，对此可以从经济、政治、文化和社会等多方面进行分析。然而，一门学科产生的最根本原因还是来自于社会实践的需要。当然，其他原因也不可忽视。实用主义方法论的兴起、行为主义政治学的影响和政策研究自身的发展，都从不同的方面为公共政策学的产生提供了重要条件。

第一节　社会实践需要的推动

英国工业革命确立了自由主义经济模式，为政府通过政策干预社会经济生活埋下了伏笔，同时也为后来公共政策学的诞生提供了社会实践根据。资本主义经济制度在建立之初，就彰显了自由主义的基本特征。资本主义经济制度的确立，始于 17 世纪中期的英国资产阶级革命。英国通过资产阶级革命推翻了封建专制制度，建立了以资产阶级和土地贵族联盟为基础的君主立宪制，使英国成为世界上第一个确立资产阶级政治统治的国家。为了加速推动资本主义的发展，英国资产阶级依靠手中掌握的国家政权，开始推行有利于资本主义大发展的政策，加快了英国工业革命的步伐。英国的工业革命是从圈地运动开始的。圈地运动造成了大批农民破产而沦为无产者，为资本主义经济的发展提供了前提。同时，海外贸易和殖民掠夺，使英国资产阶级手中积累了巨量财富，为资本主义经济的发展打下了坚实的基础。经典力学和热力学等学科的发展，为工业革命提供了科学技术方面的支撑。这一切都加速了英国工业革命的发展。由于英国在工业革命上走在了世界的前列，也为英国带来了空前的繁荣和强大。从18世纪中期到19世纪中期，英国成为横跨全球的"日不落帝国"。

英国之所以能够成为世界上第一个工业化国家，并引领着资本主义国家的发展，牛顿（Sir Isaac Newton）、瓦特（James Watt）和亚当·斯密（Adam Smith）功不可没。牛顿的经典物理学成为英国工业革命的自然科学基础；瓦特的蒸汽机开启了英国工业革命的大门，而亚当·斯密所发现和总结的自由主义经济模式，对英国乃至整个资本主义社会产生了极为深远的影响，成为资本主义世界极力推崇的神圣模式。亚当·斯密《国富论》的问世，成为自由资本主义时代到来的根本标志，它使得工业化不再停留于发明机器和制造产品的阶段，而真正成为推动世界发展的根本动力。

在斯密看来，资本主义经济应该是市场经济，整个社会的经济活动应完全靠市场来调节，政府仅仅扮演着维护国家安全的"守夜人"角色。这就是他在《国富论》中阐述的最著名的"看不见的手"的理论。在《国富论》中他曾做过这样描述：我们每天所需要的食物和饮料，不是出自屠户、酿酒家和面包师的恩惠，而是出于他们自利的打算。我们不说唤起他们利他心的话，而说唤起他们利己心的话，我们不说我们自己需要，而说对他们有好处。在这里隐含着斯密对人性的假设。斯密认为，自利性是人类的本质特征，因此人的行为从根本上来说总是在追求自身的利益。但每个人在追求自己利益的同时，会不自觉地创造一种自我无意识，其目的最终会促进社会利益的实现。自由竞争是《国富论》的基石，它为工业革命缔造了一种不同于以往的经济秩序，即市场经济秩序。英国著名历史学家汤恩比认为，工业革命的实质既不是发生在煤炭、钢铁、纺织工业中引人注目的变革，也不是蒸汽机的发明，而是以竞争代替了先前主宰着财富生产与分配的中世纪规则。自由主义经济模式对于推动资本主义经济的发展发挥了巨大的作用。当新兴资产阶级在西方各国的议会中占有多数席位的时候，斯密的理论对这些国家的政策产生深刻的影响。市场经济模式成了最初建立的资本主义制度的经典经济模式，主宰着整个资本主义世界。但是，它在为资本主义经济和社会带来繁荣的同时，也越来越显现出自身的弊端。没有任何约束的自由竞争不可避免地走向垄断，更不可避免地导致周期性的经济危机。这也为政府通过政策干预社会经济生活提供了依据。

随着资本主义从自由竞争走向垄断，资本主义经济发展的重心也逐渐从英国转移到美国，使美国成为资本主义世界发展的领头羊。但是，伴随着垄断资本主义经济的出现，其种种社会弊端也逐渐暴露出来，严重地影响了资本主义经济和政治的发展。为了消除这些弊端重建社会的价值体系和经济秩序，美国在西奥多·罗斯福（Theodore Roosevelt）总统的带领下发动了一场改革运动，史称社会进步运动。这场运动从经济领域反托拉斯开始，后来波及经济、政治和社会各个领域，影响极其深远。也正是这场改革运动，初步显示了政府干预社会经济生活的作用和力量。这场运动的爆发有其深刻的社会历史原因。

第一，美国社会进步运动的经济根源。19 世纪后期，美国经济进入了高速发展时期，工业化城市也迅速崛起。在经济发展的推动下积累了大量的国民财富。1884 年，美国工业产值首次超过农业产值，标志着美国已经成为工业化国家。到 1894 年，美国工业总产值超过英国，跃居世界第一。在工业化的推动下，城市化的步伐也在不断加快。与此同时，社会经济形态也从自由竞争走向垄断。工商界和金融界掀起了兼并狂潮，在垄断组织迅速增多和扩大的情况下，经济运行机制遭到严重破坏，经济活动也陷入无序状态。垄断组织垄断生产和销售，使大批中小企业被吞并或者破产。垄断还造成了对森林资源和矿产资源的掠夺性开发，生态环境遭到严重破坏；垄断也使广大消费者难逃噩运，生活水平不断下降。这一切引起了社会公众的广泛关注，反托拉斯的呼声此起彼伏。垄断也造成了社会分配不公和贫困化的加剧。事实证明，在工业化给社会带来丰富的物质财富的同时，并没有消除社会贫困，反而使某些群体更加贫困。根据查理斯·B. 斯布尔（Charles B. Spurr）1896 年的统计，当时 1% 的美国人占有近一半的国家财富；12% 的美国人拥有近 90% 的国家财富。与此形成鲜明对照的是广大工人、农民、移民和黑人却日益陷入贫困状态。1890 年，仅纽约市就有 50 万居民住在贫民窟。据著名社会活动家罗伯特·亨特（Robert Hunter）估计，在世纪之交，美国至少有 1000 万人（约占总人口的 14%）长期处于贫困状态。贫富两极分化使社会矛盾不断激化，社会骚乱时有发生，政府迫切需要通过改革来缓解社会矛盾。垄断带来的种种恶果以及反垄断的迫切需要，构成了美国社会进步运动的经济根源。

第二，美国社会进步运动的政治根源。经济秩序的混乱必然要影响到政治领域，其中最严重的恶果就是腐败，随着腐败现象愈演愈烈，使美国社会陷入了空前的政治危机。为了消除腐败引发的政治危机，也需要发动一场社会进步运动。美国的中产阶级是这场社会进步运动的倡导者和中坚力量。当时的美国中产阶级主要由两部分人组成。一部分是旧中产阶级，主要构成成分是中小企业主和农场主；另一部分是新中产阶级，主要是伴随工业化进程同步壮大并具有强烈职业情感和社会责任心的自由职业者，由各类专业技术人员、企业管理者和公务员组成。中产阶级特别是新中产阶级，由于其自身特点和所处的社会地位以及不断发展壮大，成为一支举足轻重的社会革新力量。由于混乱的经济秩序和政治上的腐败，导致一部分人利用各种手段迅速成为暴发户，他们大量攫取和占有各种社会资源，从而使中产阶级的经济和社会地位都相对下降。中产阶级面对那些专横跋扈的新贵们，深恶痛绝；另外，出于社会责任感，他们对政治腐败和工业化带来的反社会、反人性的现象予以揭露和批判，逐渐走上了反抗的道路。其中美国新闻记者通过"黑幕揭发"掀起的"扒粪"运动，成为新中产阶级走向反抗道路的典型案例。他们要把一切腐败和肮脏的现象统统暴露在光天化日之下，力图通过批判社会的黑暗唤醒广大民众。他们反对垄断寡头的"金钱政治"，要求限制垄断资产阶级的傲慢偏见和专横跋扈，要求加强联邦政府对经济的监督和管理，维护正常的经济秩序，从而建立机会均等的发展机制。这一切表明新中产阶级已成为社会进步运动的主要推动力量。同时，一批较有远见的垄断资产阶级政治家，面对垄断带来的政治腐败、经济秩序混乱和社会贫困化等严重问题，也产生了一种危机感，因而在不损害自身根本利益的前提下，也要求进行改革。当时被称为石油大王的约翰·D. 洛克菲勒（John Davison Rockefeller）就要求制定一部《全国公司法》，以规范公司行为；要求授权联邦政府监督金融活动和企业资金账户。这表明从垄断资产阶级中分化出来一批支持改革的自由派。当然，垄断资产阶级自由派之所以拥护改革，根本目的还是要维护自己的统治地位。西奥多·罗斯福正是垄断资产阶级自由派的政治代表，他曾说过，我所奋斗的核心是希望从毁灭中拯救这个国家的富人及其追随者，因为我反对社会主义学说。由于垄断资产阶级自由派认识到改革的必要性并参与改革，这就使联邦政府发动和领导全国范围的社会进步运动成为可能。

第三，美国社会进步运动的思想根源。在自由资本主义时代，实证主义、社会达尔文主义和经济上的自由主义是美国占统治地位的思想理论。这些传统思想理论主张人只能被动地适应环境，主张人类社会也通行着与自然界同样的物竞天择、优胜劣汰的规律。正因为如此，政府不要过多地干预，尤其是不能干预社会的经济活动。管得最少的政府才是最好的政府，成为多数人的共识。在没有任何政府干预的情况下，经济上的自由竞争必然走向垄断。在垄断制度形成以后，上述思想理论就成为垄断寡头为自己巧取豪夺和"金钱政治"辩护的工具。同时，由于片面地追求经济增长，伴随着工业化和城市化的发展，也带来了严重的环境污染和生态危机等种种反人性、反社会的恶果。面对种种令人无法接受的现象，人们开始反思，对原有的思想观念和价值体系重新加以审视。在政治学领域，伍德罗·威尔逊（Thomas Woodrow Wilson）率先打破传统思想的束缚，针对垄断组织对市场的操纵问题，主张政府必须干预社会经济活动。在经济学界，以理查德·T. 埃雷（Richard T. Aguerre）和西蒙·N. 帕顿（Simon N. Parton）为代表的一批年轻经济学者，也提出国家要引导和管理社会经济生活。他们认为，尽管工业化社会需要个人的主动性和进取精神，但是自由放任思想在政治上是不安全的、道德上是不健康的，因此，国家的积极参与是人类社会进步不可缺少的条件。在社会学领域，莱斯特·沃德（Lest Ward）和查理斯·库累（Charles Kurrey）等人对社会达尔文主义和自由放任思想进行了猛烈抨击。沃德在《动态社会学》中指出，如果我们把生物进化看成是自然的，那么社会进步则是人为的。生物学的根本原则是自然选择，而社会学的原则则是人为选择。适者生存就是强者生存，它意味着对弱者的摧毁。如果说自然界通过淘汰弱者获得进化，那么人类社会则通过保护弱者而获得发展。沃德还进一步论述了人类的进步是社会控制和有目的活动的结果。上述思想推动了思想观念的转变和价值体系的重构，为社会进步运动奠定了思想基础。

正是在这样的背景下，1901 年西奥多·罗斯福当选为美国总统以后，就开始了被称为社会进步运动的一系列改革。反垄断是这场改革的核心内容，目的是使美国社会重新走向和谐稳定。这场社会进步运动高举社会公正的旗帜，以"公平"、"关怀"和"分享"为主题，对社会的不公正现象发起冲击。所谓"公平"：一是要建立公平竞争的经济环境。为了实现经济上的公平竞争，国家颁布了反托拉斯法，随后又相继设立了商业与劳工部和联邦贸易委员会，它们的中心任务就是对垄断企业进行调查，并强制起诉和解散垄断性组织。此外，还颁行了一系列反垄断的法令，并积极采取措施强化反托拉斯法、限制垄断财团的无限膨胀、干预铁路公司的垄断价格，等等。政府通过这一系列的反垄断政策，使经济竞争环境更加公平，对美国的经济发展产生了具有深远意义的影响。二是建立公平的政治参与体制。为了解决由于经济垄断造成的政治腐败、党魁专断和富人干政等种种不良政治现象，扩大民主和自由，他们推出了建立大众政府的新民主措施。还政于民，鼓励公民平等参与，积极推动创制权、复决权和罢免权在全国的全面落实。同时通过积极推行直接预选、民选参议员和落实妇女参选权等重要举措，革除弊政。所谓"分享"：就是全体国民共同分享国家发展取得的成果。为此，于 1913 年颁行的累进所得税法，规定对年收入 50 万美元以上的个人征收 7% 的所得税。该法后来正式列入美国宪法修正案。这是美国法制史上实施"抽肥补瘦"、"取富济贫"政策的重大胜利，对于缓解贫富差距，调整社会利益关系发挥了重要作用。同时还出台了自然资源保护政策，尤其是对大批国有土地实行强制性保护，建立国家公园，让社会公众分享公共资源。所谓"关怀"：主要表现在关照社会弱势群体。通过各种政策措施的积极推动，促使政府在处理贫富矛盾、劳资冲突和黑白对立等社会摩擦中，坚持公正、中立的立场。并且出台了一系列政策，禁止州际工商企业使用童工；规定州际铁路工人每天工作时间不超过八小时；为在联邦政府及机构的员工发生工伤事故后提供劳动保护及抚恤金。积极支持工会组织的发展，通过工会组织保障员工的合法权益。

社会进步运动对美国社会的影响是深远的、全方位的。表面看来，社会进步运动只不过是一场打击经济垄断和政治腐败的改革运动。但是，由于政府当时有意识地从文化重建的视角，把社会伦理和价值观念的重构引入社会进步运动之中，因此不仅使这场改革运动推动了新的经济秩序和新的政治秩序的形成，而且也成为推动社会价值观念和伦理道德进步的重要力量。在这场进步运动中，西奥多·罗斯福和威尔逊还提出了"新个人主义"和"自由个人主义"的概念，强调个人有追求自由的权利，但也有承担社会责任和尊重社会伦理的义务。他们认为，将个人的自由建立在牺牲他人利益的基础之上，是违背美国传统的人人平等、公平竞争和机会开放的价值观念和伦理准则的。西奥多·罗斯福强调，我们赞成保护财产权利，但更赞成维护人的权利；而维护人的权利的重要方式就是人人都能够生活在一个公正和人道的社会里。威尔逊还批判了美国传统的个人主义价值观念。他指出，在个人与社会的关系上，这种观念过于偏重个人利益而忽视了社会的和谐；在人与人的关系当中，这一观念过于强调个人的独立，却忽视了社会成员之间的协作；在社会伦理方面，传统的个人主义价值观念侧重自由，轻视社会正义；在法律制度上，这种观念过分突出了个人的权利，但没有相应地规定社会成员必要的社会义务。美国政治领导人在社会进步运动中对文化重建和价值重构的努力，明显地缓和了社会中各利益集团之间的矛盾。总之，这场社会进步运动取得的成就，初步显示了政府通过政策干预社会生活的重要意义。

　　然而，好景不长。1920年资本主义世界爆发了第一次世界大战后的首次经济危机。危机过后，出现了虚假的繁荣，美国经济在股票、债券等"经济泡沫"的影响下迅速增长，可谓创造了资本主义经济史上的奇迹。从1923年直到1929年秋天，每年的生产率增长幅度达4%。表面上经济形势一片大好，但在背后却潜伏着深刻的矛盾和危机。主要表现在美国农业长期处于不景气状态，农场主纷纷破产，农民的人均收入只有全国平均收入的1/3左右，农村购买力严重不足。当时的许多人对这种矛盾和危机视而不见，被虚假的繁荣所迷惑。由于受表面经济繁荣的影响，社会的主导价值观念也在发生变化，享乐主义开始风行起来。在享乐主义价值观念的推动下，发财致富成了人们最大的梦想，人人都想一夜之间成为大富翁，为了短期内能够暴富，各种投机活动备受青睐而大行其道。有相当一部分人由于精神空虚终日沉醉在物质享乐之中，而在精神生活方面浮躁和粗鄙之风到处盛行，真正成了"疯狂的20年代"。各种潜伏的矛盾终于酿成了新的经济危机。1929年10月，资本主义世界爆发了一场历史上空前的、破坏性极大的经济危机。这场经济危机把资本主义推向了崩溃的边缘，并再一次暴露了自由主义经济模式的严重弊端。

　　1933年3月4日，富兰克林·罗斯福（Franklin Delano Roosevelt）就任美国总统。罗斯福上任后面临的首要任务，也是当务之急就是要找到摆脱危机的出路。为此，他选择了加大政府干预的力度，力求通过大尺度的政策干预，恢复经济秩序，推动经济复苏。通过一系列干预政策的推行，卓有成效地发挥了政府应有的作用。罗斯福应对危机的一系列政策后来被称为罗斯福"新政"。"改革"、"复兴"和"救济"构成了罗斯福新政的核心内容。罗斯福新政不仅使美国从危机中迅速解脱出来，而且可以毫不夸张地说挽救了整个资本主义制度。

罗斯福"新政"首先从整顿金融秩序入手。针对危机导致的银行纷纷倒闭，信用一落千丈，社会公众即使有钱也不敢存入银行的情况，罗斯福在就职后的第三天，即1933年3月6日，宣布全国银行"休假"，实际上是要对银行业进行整顿。3月9日，国会通过《紧急银行法令》，对银行采取个别审查、颁发许可证制度，对有偿付能力的银行，允许尽快复业。13日至15日，全国绝大多数银行经过财政部审核，在政府监督下，陆续恢复营业。罗斯福还向美国人民作出承诺：保证把钱存入重新开业的银行比藏在床褥下更为保险。6月16日，国会通过了《1933年银行法》，建立由联邦承担责任的联邦储备体系。上述一系列举措使银行信用很快恢复，银行存款不断增加，推动了经济的复苏。

罗斯福"新政"的第二个内容是整顿农业秩序。从1933年5月开始，新设立的农业调整管理局着手开展了一场雷厉风行的行动，即通过减少供给的方式推动农产品价格回升，促进农业复苏。主要采取了在春夏两季有计划地犁掉了大约1000万英亩棉田，收购和屠宰了大约20多万头即将临产的母猪和600多万头小猪、几千万头牛和羊等措施。供求关系决定商品价格的价值规律发生了作用。随着农业生产的下降，再加上1933—1934年遭到的严重旱灾，农产品大幅减产，价格逐步回升，农业开始复苏。

罗斯福"新政"的第三个内容是整顿工业秩序。1933年春天，罗斯福政府制定了旨在整顿工业的《全国产业复兴法》，出台两项重大举措，一是订立可免受托拉斯法案限制的公平竞争规约；二是提出要成立"公共工程署"，并为此拨款33亿美元。7月又提出订立"一揽子规约"的想法，规定雇主如愿意同政府合作，必须保证遵守全国复兴总署规定的最低工资和最高工时的标准。有200万雇主接受了规约，并在企业门口悬挂服从规约的标志。这些措施改善了工业发展的条件。

罗斯福"新政"中还有一个重要方面，那就是"救济"。在进行直接救济的同时，更主要的是开展以工代赈，通过大力兴办公共工程解决就业问题。1935年4月28日，罗斯福正式宣布工赈计划，明确规定对有工作能力的失业者不发放救济金，而是帮助他们通过参加劳动获得工资。

　　罗斯福"新政"在世界资本主义发展历史上具有重大意义，它不仅使美国度过了一场空前的大灾难，而且也为世界资本主义体系注射了一针强心剂。无论是在美国的历史上，还是在世界的历史上都重重地写下了一笔。罗斯福"新政"进一步扩大了政府对社会经济生活的干预，这就使得政府的政策在社会生活中的作用进一步显现出来。政府通过政策干预社会生活，可能产生两种结果，这主要取决于政策自身的性质。政府通过合理的政策干预社会生活，会产生积极的作用；反之，如果运用不合理的政策干预社会生活，结果只能是消极的，必然阻碍社会的健康发展。政府要保证所制定的政策具有更多的合理性，当然需要具备许多条件，而必须要以科学的政策理论和方法作为指导，是其中不可忽视的重要条件。正是社会实践产生了这种需要，从而推动了公共政策学作为一门独立学科的诞生。

第二节　实用主义方法论的引领

　　实用主义哲学为公共政策学的诞生提供了重要的方法论基础。在美国盛行的实用主义哲学源于英法的实证主义哲学。实证主义哲学思想产生于19世纪30年代，其创始人是法国的哲学家孔德（Auguste Comte）。他在1830年出版的《实证哲学教程》是实证主义哲学正式形成的标志。实证主义哲学思想是在全面批判"形而上学"思想的基础上产生的。所谓形而上学，在实证主义者看来，一切关于世界本原、本质的命题，一切认为能够提供超越经验、超越科学世界和常识知识之外的实在知识的命题都是形而上学。实证主义哲学认为，形而上学割断了同经验世界的联系，所涉及的对象不在感觉经验范围之内，是既无法通过经验证实，也无法通过经验证伪的毫无意义的非科学命题，对人类的认识没有任何帮助。当然，实证主义的这一结论过于武断。

　　实证主义者最强调的就是事实，而它所强调的事实就是现象。实证主义者在认识领域把"现象"看作是第一位的，认为一切知识都是对现象共存的和相续的描述。只有现象才是实在，是科学研究中最有用的、确定的、精确的、有机的和最可靠的对象。他们甚至否定现象以外的事物的存在。实证主义者认为，人们的认识也只局限在现象的范围内，人只能认识事物的表象，不能认识事物的本质，因为事物的本质是不可知的。在对科学知识的有效性方面，实证主义者对科学的推崇几乎达到了登峰造极的程度。他们认为只有被现实证明了的知识才是真正科学的知识，没有被证实的都是不科学的。实证主义者甚至对无法被证实的哲学思想本身也加以否定，既否定唯物主义，也否定唯心主义，认为无论唯物主义还是唯心主义都没有脱离"形而上学"的窠臼。

实用主义作为公共政策学的哲学理论基础，最主要特点就是把实证主义功利化了。实用主义是产生于 19 世纪 70 年代的现代哲学派别，美国哲学家威廉·詹姆斯（William James）是实用主义的典型代表。在 20 世纪的美国，实用主义成为一种主流思潮，对法律、政治、教育、社会、宗教和艺术等方面的研究都产生了很大影响。

实用主义认为，当代哲学分为两个主要派别，一种是理性主义者，是唯心的、柔性重感情的、理智的、乐观的、有宗教信仰和相信意志自由的；另一种是经验主义者，是唯物的、刚性不重感情的、凭感觉的、悲观的、无宗教信仰和相信因果关系的。两者都有片面性，实用主义则要在上述两者之间找出一条中间道路，以调和经验主义思想方法和人类的宗教性需要。它反对早期的欧洲理性主义者和经验哲学对客观真理的主张。认为世间本无绝对真理，真理决定于实际效用，而且真理常随时代环境变迁而改变，适合于时代环境而有效用者才是真理。实用主义的根本纲领就是把确定信念作为出发点，把采取行动当作主要手段，把获得实际效果当作最高目的；把经验和实在归结为行动的效果，把知识归结为行动的工具，把真理归结为有用、效用或行动的成功。通观整个实用主义学说，其主要观点可作如下概括：一是强调知识是控制现实的工具；二是强调实际经验是最重要的，原则和推理是次要的；三是强调信仰和观念是否真实在于能否带来实际效果；四是认为真理是思想有成就的活动；五是认为理论就是一种工具，是对行为结果的假定总结，是否有价值取决于能否使行动成功；六是认为人对现实的解释完全取决于现实对他的利益有什么效果。

约翰·杜威（John Dewey）继承了威廉·詹姆斯的实用主义衣钵，并在詹姆斯的基础上进扩大了关于真理和意义的实用主义性质，形成了更具特色的工具主义倾向。杜威认为，思想、理论等不是客观对象的反映，不具有客观真理的意义，而只能作为有用的假设。他强调，思想、概念、理论等不过是人们为了达到某种目的而设计的工具，它们没有真假之分，只有有效或无效、适当或不适当、经济或浪费的区别。只要这些工具对实现目的有用便可授予其真理的桂冠。根据杜威的观点，知识和理论不过是指导人们行动的工具，只有根据人们行动的结果才能对这些知识和理论进行理解。一种知识和理论，特别是社会科学理论是否科学，应当根据它对改善人类条件的贡献来判断。

彼得·德利翁（Peter Deleon）和萨姆·奥弗曼（E. Sam Overman）对杜威的工具理论同公共政策学的关系做过这样的描述："这种对知识在社会作用中的工具理论是政策科学的基本前提。拉斯韦尔（Harold Dwight Lasswell）在他 1951 年的论文中认为，杜威是早期的一个政策科学家，对'评估和重构社会实践比对产生他价值观的更高抽象观念的更高推论（ratiocination）'更为感兴趣（Lasswell 1951：12）。在《政策科学的预览》（*Preview of Policy Sciences*）一书的序言中，拉斯韦尔（1971，xiv）认识到，'政策科学是对由约翰·杜威和其同事在美国实用主义的发展中所推荐的一个普遍的公共政策方法的当代性政策采纳。'甚至到今天，实用主义继续在每一个重要的政策中得到回应。"[1] 杜威还对工具主义的研究过程进行了描述，这一过程包括确定问题、设计方案、分析不同的方案、评估每个方案的影响等步骤。即使在今天，这种描述对政策分析来说仍然具有一定的指导意义。实用主义不仅为政策科学的产生提供了方法论基础，而且对政策分析的核心过程进行了经典性的描述，构建了政策分析的基本框架。至此，实用主义方法论同政策科学的关系已经不言而喻了。

第三节　行为主义政治学的影响

行为主义政治学或政治学的行为主义，是西方非常有影响的政治学思潮。在 20 世纪初这一思潮开始萌芽，到了 20 世纪 50 年代在美国乃至整个西方政治学界流行起来。行为主义政治学认为，传统的政治学只能称为理论或者学说，不能称为科学。行为主义政治学最主要的特征就是强调政治学应该成为科学，其前提条件就是要运用实证方法研究政治行为。政策科学从一定意义上说是行为主义政治学发展的产物。

行为主义政治学是为了克服传统政治学的缺陷而形成的。在美国，政治学作为独立学科诞生于 19 世纪 50 年代以后。在当时，刚刚成为独立学

---

① ［美］杰克·雷斌等：《公共管理学手册》，张梦中等译，中山大学出版社 2006 年版，第 534 页。

科的政治学其研究对象主要有两个，一个是政治制度发展的历史，重点研究政治机构的来源和历史沿革；另一个是与政治制度有着密切关系的法律体系，重点研究宪法和有关法典对政府机构的职能是如何规定的，又是如何确定政府与人民之间的权力关系的。因此，这个时期的政治学也被某些学者称为传统制度主义政治学。进入20世纪以后，伴随着世界形势的风云变幻和西方国家社会结构的转型和重构，社会政治领域可谓风雷激荡，传统政治学呆板的历史叙述、枯燥的逻辑推理以及规范研究的范式，在色彩纷呈的社会政治生活面前显得很不协调。特别是第二次世界大战以后，这种以政治制度和法律体系为主要研究对象的传统政治学饱受诟病。传统政治学对一个国家政治生活中所发生的许多现象不能给出有说服力的解释，对战后世界局势发生的巨大变化更无法作出令人信服的说明，对某种政治现象的可能前景也没有办法进行预测。由于政治学理论和政治实践活动严重脱节，所提出的各种观点、各种原则，对社会政治生活几乎没有什么太大的意义。与此同时，经济学却在经济生活中发挥着越来越大的作用，社会学也对社会实践中出现的各种现象给出了某种合理的解释。同上述学科比起来政治学明显落后了。许多政治学者无法面对此种现象，为了给政治学找到新的发展出路，他们开始探讨新的研究视角，寻找新的研究方法，力求使政治学理论更加贴近社会政治生活，并发挥对社会政治生活应有的作用。为此，一些颇有影响的政治学家主张，要打破那种以图书馆为研究基地的研究方式，倡导要特别重视对个人政治行为的研究，这就需要运用实证研究的方法，开展实际调查，注重数据分析，以对社会政治生活作出合理的、有说服力的解释。他们主张政治学应成为一门经验科学。一场探寻政治学新研究范式的运动开始兴起。行为主义政治学正是适应这样一种需要应运而生。

当然，行为主义政治学的产生与当时欧洲社会科学其他学科的影响也分不开。19世纪下半叶以后，美国政治学界就一直受到欧洲学者的影响。特别是20世纪30年代，大批欧洲学者为逃避法西斯主义的迫害，纷纷从大西洋彼岸来到美国，这也为学术界带来了新的理论和方法。他们中的许多社会科学家强调，要克服传统政治学无法对现实政治现象进行合理解释的问题，必须借助于社会学和心理学等学科的理论，尤其是相关方法，来研究现实的政治问题。"为了证实行为是政治的关键要素，行为主义者需要收集各种有关实际行为模式的数据……这就意味着政治学的基本取向，应朝着使用更复杂的技术方法来收集和掌握调查得来的经验性资料和生态学数据的方向转化；它还意味着注重运用数理方法对经验性资料进行研究，包括各种多变量的工具。""行为主义需要信奉科学的方法论，确信这种方法的可行性及其对科学事业的实用性。政治现象同其他任何现象一样，可以用包含一系列形形色色的事件的模型来加以解释。"①

特别是巴甫洛夫（Pavrov）的条件反射理论、约翰·华生（John Waston）的刺激—反应模式和斯金纳（B. F. Skinner）的操作性条件反射理论等，把人的行为看作是在外部刺激作用下而产生的某种反应。他们创立了被某些学者称为心理学第二思潮的行为主义心理学［这主要是相对于弗洛伊德（Sigmund Freud）的精神分析学说被称为心理学第一思潮，马斯洛（Abraham H. Maslow）的人本主义心理学被称为心理学第三思潮所说的］。行为主义心理学的基本理论，对政治学产生了很大的影响。实际上早在19世纪初，就已有很多学者尝试运用心理学、社会学及自然科学方法研究政治现象并取得一定进展。1908年，英国政治学家华莱士（Graham Wallas）在《政治中的人性》一书中，就提出要注重分析人类心理因素在政治活动中的作用。美国政治学家本特利（A. F. Bentiley）在《政府过程》中，也运用社会学方法探讨了政治现象和政府行为问题。进入20世纪20年代后，以梅里亚姆（C. E. Meriam）为代表的一些行为主义政治学者发起了新政治科学运动，强调要用科学方法研究人性和人的政治行为。1930年拉斯韦尔发表了《精神病理学和政治》一书，对政治行为的心理过程作了生理学视角的探讨和说明。行为主义政治学就是在这样的背景下产生的，并逐渐地发展成为一种新的政治学研究范式。

戴维·伊斯顿（David Easton）曾把行为主义政治学的基本特征归纳为八个方面：一是规则性，即政治行为具有可观察、预测进而实证研究的规律性；二是验证，也就是政治行为具有的规则性可以被经验把握和证明；三是技术，强调获取资料进行分析的科学方法，方法本身成为研究的对象；四是数量确定，要求观察、记录、分析的过程尽可能量化以增强科学性；五是价值，必须区分价值与事实，研究者应把价值偏好排除在研究过程之外；六是系统化，就是政治学研究系统化，保持理论的一致性；七是纯科学，强调研究主要为解决社会问题提供逻辑上的基础；八是一体

① ［英］戴维·米勒等：《布莱克威尔政治百科全书》，邓正来等译，中国政法大学出版社1992年版，第54页。

化，即社会科学的整体性要求政治学与其他学科的交融渗透。

在行为主义政治学思潮影响下，政治学领域的新科学、新理论纷纷涌现，新科学包括政治心理学、政治社会学、政治生态学、政治人类学等；新理论如政治系统分析理论、角色理论、团体理论、决策理论、精英理论等。行为主义政治学拓宽了政治学的研究视野，极大地推动了政治学的发展，正是在这个意义上，行为主义政治学的产生被称为政治学领域的一场伟大变革。

行为主义政治学当然也有自身的局限性。《布莱克威尔政治百科全书》对行为主义政治学作了如下评价："不容置疑，在行为政治学研究中心和方法论中心设定方向问题上，行为主义运动是成功的。从某种意义上说，这种成功甚至使运动本身都被消融了。然而，在行为主义理论中也确实存在一些引起过强烈反响的基本问题。首先是存在着经验主义的危险。行为主义可能陷入收集大量数据资料，而无法把握明确的理论中心。其次，它可能导致过分地强调方法，特别是计量的方法，从而用那些严格要求数据完整性的统计学方法来处理所有有关政治行为的经验性资料。第三，它可能堕入科学主义或确信政治生活受一系列自然法则的控制，而这些法则是进行大量的经验主义探讨时被发现的。最后，忽视道德问题可能会导致把有争议的关键性问题简单地归入某些非科学的推理范围。"[①] 正是因为行为主义政治学存在的种种弊端，才导致了后来新制度主义政治学的兴起。

尽管如此，行为主义政治学对公共政策学诞生做出了巨大的贡献。它同公共政策学诞生的关系，正如日本学者药师寺泰藏描述的那样："行为主义研究的确立对公共政策学的诞生产生了巨大的影响。一般认为，随着政治学的'科学化'，人们可以在公共政策学领域对长期以来进行规范性讨论的制度、民主化以及个人的政治行为等问题进行客观的分析……行为主义研究在政治学中的应用无疑是产生公共政策学的催化剂。"[②] 梅里亚姆等政治学家之所以发起这场政治学行为主义运动，很大程度上也是出于对公共政策的关心。而且，拉斯维尔的"政策科学"概念，正是从梅里亚姆经常使用的"政治谋略"这一术语发展而来的。这一定意义上已经

① ［英］戴维·米勒等：《布莱克威尔政治百科全书》，邓正来等译，中国政法大学出版社1992年版，第55页。

② ［日］药师寺泰藏：《公共政策》，张丹译，经济日报出版社1991年版，第31—32页。

昭示了行为主义政治学同公共政策学不可分割的极为密切的关系。

第四节 政策研究发展的结果

在人类历史上有了顾问和统治者的关系，就有了政策研究活动。人类社会进入政治社会以后，政治决策成为社会生活中一项经常性的活动，政策研究和政策咨询活动相伴而生，而且形式各不相同。美国学者威廉·邓恩（William Dunn）认为，大约在公元前18世纪时制定的汉谟拉比法典，是最早有记录的政策研究的例子之一。① 该法典由282条法律组成，由巴比伦的神赐予汉谟拉比国王（King Hammurabi），目的是要建立统一而公正的秩序。这部法典涵盖了社会生活的诸多方面，从家庭、婚姻关系到公共职位均有涉及。塔奇曼（Tuchman ）也曾把当年特洛伊城领导者之间展开辩论，讨论是否接受希腊人提供的木马，作为政策研究失败的案例进行阐述。从柏拉图的学院（Plato's Academy）和中国皇帝的宫廷到现代的政策研究机构，人们一直在努力通过政策研究把知识同权力连接起来。

虽说政策研究早已有之，但历史上的政策研究还仅仅是一种由个人进行的个别化的行为，从学者到统治者都很少考虑把这种行为常规化。直到近代，政策研究才开始系统化和制度化。现代意义上的政策研究机构，是伴随着资产阶级掌握国家政权以后出现的。

在17世纪中叶，英国资产阶级夺取政权以后，从封建王朝继承下来枢密院这样一个机构，就是这个枢密院后来被改造成为具有现代意义的政策研究机构。英国的枢密院最早是英王的私人顾问机关，也是代表王权的最高行政机关，由国王的佃户总管、宫廷官员和国王选定的其他人组成的王国法院演化而来。在中世纪时，枢密院是协助国王处理立法、司法和行政事务的中央政府机构。1688年"光荣革命"后，英国逐步确立了君主立宪政体，枢密院失去了实际权力。18世纪初，原枢密院外交委员会发展成为内阁。虽然枢密院名义上仍是英国最高政府机构，但实际上大部分权力均由内阁行使。此时枢密院的任务主要是主持王室典礼和内阁宣誓就职仪式；处理某些上诉案件；以枢密院令的形式宣布议会的召开、休会和解散；对外宣战或媾和以及发布内阁制定的部分政府命令，等等。枢密院

---

① ［美］威廉·N.邓恩：《公共政策分析导论》，谢明等译，中国人民大学出版社2002年版，第40—41页。

成员主要由全体内阁大臣、大主教、全权大使、下院议长、大法官以及国内和英联邦的著名人士组成。他们均由首相提名，英王任命，任期终身。院全体会议只在英王加冕或结婚以及内阁就职时召开。院内设有科学和工业研究委员会、农业研究委员会、医药研究委员会等各种委员会，担负重要的研究责任，实际上已成为名副其实的政策研究机构。

美国的政策研究机构最早始于乔治·华盛顿（George Washington）时期。华盛顿当选为美国总统以后，就建立了隶属于总统的政策研究机构，协助总统处理国内外事务。1828 年，美国总统杰克逊（Andrew Jackson）网罗一批高端人才，安置在白宫为他提供政策咨询。这些人喜欢在白宫的厨房内议事，而且一些建议又经常影响总统的政策，因而被人们称为"厨房内阁"。尽管如此，但直到 20 世纪以前，西方国家的政策研究机构还只是处于萌芽状态，主要表现为数量少、功能很不明确、法律地位也非常模糊。

从第一次世界大战到第二次世界大战前，西方国家为应付政治危机，解决国内的种种矛盾和处理国际事务，先后建立了一批政府性的研究机构。美国在 1919 年成立了"胡佛战争研究所"，负责研究共产主义事务。对社会主义国家的"和平演变"战略，就是由这个研究机构提出的。1921 年美国又创建了"外交关系委员会"，就美国的对外政策进行研究并提出自己的设想和建议。1927 年，美国的一些企业家创建了"布鲁金斯学会"，从事经济政策、外交政策和政府活动三方面的研究和咨询活动。1932 年富兰克林·罗斯福竞选总统时，就开始网罗大批学有专长的人士为其出谋划策。当时的美国《纽约时报》编辑詹姆斯·基兰（James Kieran）把这些参与制定政策的人叫做"脑库"，后来被罗斯福称为"智囊团"。罗斯福的智囊团在霍普金斯（Harry Lloyd Hopkins）的领导下，提出了许多颇有见地的政策主张。为应对经济危机实行的"罗斯福新政"，其中的许多政策就出自于这个智囊团。正是由于智囊团发挥了越来越重要的作用，受到罗斯福的青睐，所以，他一直主张要大力发展政策研究机构，以使美国的政策研究机构无论在数量上还是在质量上都要居于世界领先地位。

第二次世界大战以后，西方国家的政策研究机构开始进入跨越式发展时期。原因在于当时，西方国家尤其是美国进入了一个新的历史时期。伴随着政府职能的扩大，国家的政策决策面临的任务越来越复杂。西方国家的领导人纷纷意识到要解决如此复杂的问题，绝非轻而易举，单靠领导人的个人智慧无法胜任。加之第二次世界大战以后，国际社会出现了一个非常重要的变化，那就是形成了社会主义和资本主义两大阵营的对抗。国际事务也变得越来越繁杂，而且瞬息万变，政府需要应付这些复杂的局面，必须及时制定和实施更为有效的政策。无论是国内事务还是国外事务，不确定因素增多，随机性增强，政府政策一旦出现失误就会带来非常严重的后果。政策研究变得如此重要，成为政府须臾不可离开的事情。由于政府的政策覆盖了社会生活的各个领域，政策研究也需要多学科支撑。政策决策所需要的知识越来越广泛，然而，任何决策者即使知识再丰富也不可能是全能专家。他们必须依靠专家学者的智慧，充分利用新的科技成果，方能胜任自己担负的职责。正因为如此，各国领导人都开始大力扶植成立新兴的政策研究机构。一些原有的政治研究所也改变过去单纯研究政治理论的方向，转而对政治进行应用性研究。

也正是在这种趋势的推动下，美国兰德公司于 1948 年正式成立。兰德公司成立以后，逐渐以其卓有成效的研究成为世界上最著名的政策研究机构。兰德公司是从美国空军的一个研究机构转化而来的。在第二次世界大战期间，美国一批科学家和工程师参加了军事和政治工作，把运筹学用于作战方面，获得了巨大成功，颇受美国政府重视。于是，战后政府和军界的一些官员想把这部分科学家和工程师留下来，成立一个研究机构。1944 年 11 月，当时的美国陆军航空部队司令亨利·阿诺德（Henry Harley Arnold）上将提出一份《战后和下次大战时美国研究与发展计划》，建议继续利用在战争中应征从事军事工作的一批科学家和工程师，成立一个独立的、能够客观地开展研究的研究机构。根据这个建议，1945 年 10 月，美国空军与道格拉斯飞机公司签订了一项"研究与发展"计划的合同，即著名的"兰德计划"。美国空军拨款 1000 万美元，作为兰德计划的活动经费。在兰德计划执行过程中，科学家和政治家们意识到应把自然科学与政治结合起来。1948 年 5 月，福特基金会捐款资助兰德计划，同年 11 月，兰德计划研究所脱离道格拉斯飞机公司，正式组建独立的兰德公司。兰德公司等现代的政策研究机构致力于把科学与政治联系起来，成为公共政策学诞生的重要推动力量。也正是公共政策学这一新的学科，在知识与权力之间架起了一座桥梁，实现了柏拉图《理想国》中把知识和权力有机结合起来的理想。

第二章　西方公共政策学发展的基本脉络

尽管公共政策学从诞生到现在历史非常短暂，但毕竟也经历了六十多年的演进，积累了对其发展的基本脉络进行梳理的历史前提。对公共政策学发展的历史，可以从学科的基本范式、研究的重点内容、使用的基本方法、形成的主要路径等方面进行不同的分析和抽象。从学科的基本范式来看，一直以来占统治地位的政策过程范式，尽管遭遇种种责难，甚至遇到了政策网络等理论的挑战，但目前依然占据主导地位。无论是政策网络理论，还是其他理论，目前为止还不能说已经形成了新的范式，均无法取代过程范式的主导地位；从研究内容来看，从学科诞生之初注重学科规范和政策制定过程的研究，到注重政策执行、政策评价和政策终止的研究，推动了政策过程理论逐步走向完善；从研究方法来看，从前行为主义到行为主义，再到后行为主义，形成了不同的方法论原则和具体研究方法；从研究路径来看，形成了科学分析路径和政治分析路径，以致后来力图把两者统一起来的第三条路径，丰富了公共政策学的研究内容。对西方公共政策学发展的历史进行分期，必须首先考虑不同历史时期西方国家公共政策实践的特点，以研究的重点内容为核心，结合其研究方法和研究路径，综合起来进行梳理。据此，可以把公共政策学发展六十多年的历史大致划分为三个时期，即公共政策学创立和初步发展时期、公共政策学过程理论的完善时期、公共政策学发展的多元化时期。当然，任何分期都只具有相对的意义。

第一节　公共政策学创立和初步发展时期

20 世纪 50 年代初到 60 年代中期，是公共政策学的创立和初步发展时期。这一时期对公共政策学的诞生和初步发展影响最大的学者，主要有哈罗德·D. 拉斯韦尔、查尔斯·E. 林德布洛姆（C. E. Lindblom）、戴维·伊斯顿（David Easton）和加布里埃尔·A. 阿尔蒙德（Gabrial A. Almond）等。

20世纪50年代，世界刚刚从第二次世界大战的阴影中走出，西方资本主义社会仰仗凯恩斯主义，运用强化国家宏观调控等手段暂时摆脱了经济危机的困扰，并利用第二次世界大战后军事科技的广泛民用化而步入了经济快速发展的战后繁荣时期。但资本主义的根本矛盾并没有消除，西方社会依旧矛盾丛生。在这样的背景下，对西方国家尤其是美国政府而言，为了巩固自身统治，维护其合法性，应对两极格局的挑战和"冷战"的需要，继续加强宏观调控、广泛发挥政府政策的作用已成为了一条必由之路。与此同时，西方国家的一些社会科学研究者，一方面开始反思由凯恩斯主义所带来的大量政府政策的利弊得失，另一方面又被苏联的国家体制在第二次世界大战中所发挥的强大国力及其对抗经济危机的能力所震撼。在此基础上，一门总结以往政府政策经验，结合客观规律，综合了多门学科的理论及方法的学科，即公共政策学登上了历史舞台。

任何一种思想都不可能是凭空产生的，更何况公共政策学这样的经验性学科。可以说，公共政策学是在人类社会20世纪以来，复杂的政治、经济、科技等因素综合作用之下产生的。而美国之所以能够成为这门学科主要思想和观点的发源地，则与其特殊的经济、政治、科技等背景密不可分。

第一，经济因素。1929年首先在美国爆发并迅速波及整个资本主义世界的经济危机，其影响之深、辐射之广史上罕见。这场危机宣告了以往西方国家政府经济自由放任政策的彻底破产。针对这种情况，美国总统富兰克林·罗斯福采用了英国经济学家凯恩斯（John Maynard Keynes）"看得见的手"的理论，实行"新政"，加强国家宏观调控，广泛使用政府政策的力量来缓解经济危机所造成的破坏。这一里程碑式的事件标志着美国政府放弃了传统思维。此后，美国政府的行政权力不断加大，政府职能不断扩充，公共政策制定和执行的数量也不断增加。到第二次世界大战以后，虽然经济进入了平稳快速发展的轨道，从而使政府在经济政策上也出现了自由主义与凯恩斯主义交替主导的情况，但政府职能的扩张并没有随之停止。以1946年颁布的《就业法》为例，美国总统从此被赋予了制定全国经济规划以保障人民充分就业的权力。可以说，快速发展的经济为政府提供了源源不绝的财政收入，而充盈的国库则为政府更多地运用公共政策提供了坚实的物质基础。

第二，政治因素。一方面，美国的两党政治制度本身为公共政策的辩论和广泛的政策学习提供了平台和空间，而两党背后的各个利益集团和社会群体为了表达自身利益诉求，则开始利用各自的政策研究机构开展公共政策研究，以期在政策辩论中获胜，这也为公共政策研究的发展提供了客观条件。另一方面，美国经济的高速发展和大量移民的涌入，也使美国的社会结构发生了巨大变化。这主要表现在，一是黑人等有色族群社会地位上升，他们开始更多地要求在政治上的权利，自 1945 年起黑人的民权运动开始兴起；二是快速的城市化过程也对美国公共政策产生了深刻的影响。第二次世界大战以前，约有十三分之一的美国人住在农场，而到了 1969 年，美国的农村人口只剩下二十分之一，城乡人口结构的变化直接影响了选民的社会结构。这种变化对美国公共政策的影响，尽管经历了一个过程才显现出来，但拉斯韦尔显然已经注意到了这种趋势，他说："也许我们时代中最突出的起着统一作用的政治运动就是低收入技能集团正在世界上逐步取得支配地位"①。

第三，科技因素。20 世纪是人类科学技术突飞猛进的世纪，一方面，在科技领域，电报、电话的发明与广泛应用，客观上加速了全球化的进程，人类之间的联系更加紧密了。政府的政策不再需要通过传统邮件等形式，耗费漫长的时间到达地方行政单位，基层单位所遇到的政策问题也可以短时间内转达到中央，为政策修正提供依据。这种先进的技术为政府加强政策的作用提供了技术条件。另一方面，由于数学和统计学等学科的应用取得了新的突破，为公共政策的研究提供了较为可靠的分析技术和分析工具，公共政策学这门集合了多学科理论和方法的综合性学科从中获得了知识和技术方面的支撑。

尤其应该指出的是，历史上极为丰富的政策思想，为后来公共政策学的形成奠定了坚实的理论基础。而到公共政策学的创始阶段，对于公共政策学影响较大的学科主要有政治学、经济学和社会学等学科。

第一，政治学的影响。公共政策学本身就是政治学的一个分支学科，也可以说，公共政策学就是从政治学母体中分离出来的新学科。20 世纪20 年代以后的美国政治学界，为了突破传统政治学制度主义的束缚，在

①　[美]哈罗德·D. 拉斯韦尔：《政治学：谁得到什么？何时和如何得到？》，杨昌裕译，商务印书馆 1992 年版，第 146 页。

欧洲大陆实证主义哲学及其相应的社会科学方法论影响之下，发生了一场以行为主义为主要特征的"科学革命"，其中最具有代表性的就是以梅里亚姆为首的芝加哥学派。而作为公共政策学创始人，拉斯韦尔早年的求学生涯，基本可以被看作是一个不断接受芝加哥学派滋养的过程。作为行为主义的先驱，芝加哥学派强调对政府过程和其中个人行为的研究，主张采用经验学科和交叉学科的研究方法，探索具有普遍意义的、可被充分验证的政治学理论，推动政治学的"科学化"，力图建立政治科学。在此背景下，政治学研究者们开始对政府公共政策进行多角度、多层次的客观分析，由此奠定了公共政策产生的政治学基础。而早期另外一位公共政策学家戴维·伊斯顿，其政策学思想也基本来源于他对于政治体系的思考。他的政策学著作中，更是突出了政治学的研究视角和大量地运用了政治学的研究方法。因此，政治学对公共政策学诞生做出了最为突出的和不可替代的贡献。

第二，经济学的影响。在过去的历史中以及在未来可预知的时间范围内，经济活动都很难与政府相脱离。西方早期经济思想历经重农主义、重商主义和古典经济学时期，每个时期的思想家在其经济理论中都蕴含着大量的政策思想。而现代经济学的创始人亚当·斯密在其代表性著作《国富论》中，就旗帜鲜明地提出限制政府干预经济活动，要求政府在经济过程中充当"守夜人"的角色，这本身就包含特征明确的政策思想。而另一位重要的现代经济学创始人大卫·李嘉图（David Ricardo）在其著作《赋税原理》开篇伊始，便提出要对公共政策（主要指经济政策）问题进行研究。而到了 20 世纪二三十年代，为了应对严重的经济危机，凯恩斯主义主张实施国家干预的经济政策。提出了在市场需求不足的时候，扩大政府财政支出，以增加就业和消化多余产出的政策思想。此后众多的经济学家或反对或支持其理论，并以此为出发点展开了大量的研究，从中产生了多位诺贝尔经济学奖得主。他们的研究方法和研究成果，同样为公共政策学的创立和发展提供了可资借鉴的理论和方法。而林德布洛姆作为早期政策学家中不可忽视的一位，他的政策学思想同样充斥着大量的经济学元素。在"政策分析"理论之中，人们可以轻易地发现经济学思想和方法论的影子。

第三，社会学的影响。公共政策的大部分作用对象是社会，因而可以说社会政策是公共政策中最为重要的一部分。而社会政策的起源主要来自欧洲，其中又以英、德两国最具代表性。1873年德国社会学家西蒙拉尔（G. Schmoller）等人创立了社会政策学会，并以此为起点在社会政策领域内做了大量的研究，并产生了广泛的影响。而英国的社会政策研究主要以社会政策理论研究为主，其中最具代表性的当属著名社会学家马歇尔（T. H. Marshall）及他的《社会政策》等著作。这些学者的努力为后来公共政策学在美国的形成，做了坚实的理论铺垫。在这些前辈思想家的成果之上，阿尔蒙德开始用公民文化的视角对比研究各个国家的政治与政策，为公共政策学开拓出了一片新的领域。

导致公共政策学产生的一个重要事件，是在美国斯坦福大学召开的"关于国际关系论的革命性、发展性学术讨论会"。这次会议是一次美国社会科学界泰斗云集的盛会。与会的有当时闻名于世的一些社会科学界名流，如政治学家哈罗德·拉斯韦尔、丹尼尔·勒纳（Daniel Lerner），文化人类学家玛格丽特·梅德（Margaret Mead），经济学家肯尼思·阿罗（Kenneth J. Arrow），心理学家爱德华·华尔兹（Edward Wards），社会学家罗伯特·默顿（Robert King Merton）。会后由丹尼尔·勒纳和哈罗德·拉斯韦尔编辑了一本论文集，于1951年由斯坦福大学出版社以《政策科学：范围和方法上的新进展》为名出版。此书被誉为公共政策学的开山之作，成为公共政策学诞生的标志性成果。正是在这次大会上，拉斯韦尔为政策科学下了一个定义：政策科学就是以制定政策规划和政策替代方案为焦点，动用新的方法论对未来发展趋势进行分析的学问。正因为如此，拉斯韦尔被公认为公共政策学的创始人。

需要注意的是，虽然公共政策学的主要创始人拉斯韦尔被称为行为主义大师，但早期的公共政策学研究没有太多的实证研究，并不具备明显的行为主义特征，因而这一时期也可以被称为前行为主义时期。

第二节　公共政策学过程理论的完善时期

20世纪60年代中期到80年代中期，是公共政策学过程理论的完善时期。这一时期对公共政策学过程理论做出突出贡献的学者，主要有叶海卡·德洛尔（Yehezkel Dror）、詹姆斯·E. 安德森（James E. Anderson）、托马斯·戴伊（Thomas R. Dye）、史蒂文·凯尔曼（Steven Kelman）、艾伦·威尔达夫斯基（Aaron Wildavsky）、斯图亚特·S. 内格尔（Stuart

S. Nagel)、彼得·德利翁（Peter Deleon）等。这个时期公共政策学面对的社会历史状况，呈现出一些新的特点。

进入60年代以后，世界已在两极对立中走过了近15年，美苏两国在世界范围内和各领域内展开了激烈的竞争。这期间持续的经济发展给西方国家的社会结构带来了巨大的变化，广大社会群体和各个社会阶层越来越多地要求在政治上获得应有的权利。而恰逢此时，看似很长的战后经济繁荣时期即将走到尽头，使原本就已不断滋长的社会矛盾进一步激化。更不幸的是，长时期的财政收入增长也造就了政府财政支出的巨大惯性。各级政府相信他们可以通过更多的公共政策，以及更大的公共财政支出来缓和社会矛盾、维持经济快速增长，这也为美国70年代后长期的高额财政赤字埋下了隐患。

此时的美国社会可谓矛盾丛生，在"左派"思想席卷全球的同时，保守主义社会运动也在美国广泛兴起；在民权运动大量出现的同时，反民主化潮流同样暗潮汹涌。而当时的美国公共政策学界，由于拉斯韦尔等创始者在公共政策学创立之初，过于推崇行为主义方法论，导致公共政策学的研究陷入了窘境。但公共政策学也孕育着大量新的思想萌芽。就是在这种复杂的环境背景下，公共政策学从开始注重公共政策制定过程的研究逐步拓展到公共政策执行、公共政策评估和公共政策终止的全过程。公共政策过程理论也在这一时期逐步走向完善。这一时期的公共政策学者们，也开始大量使用定量分析和统计分析等手段来进行公共政策研究。他们使用的新方法体现了行为主义精神，因而也有学者将这一时期称为公共政策学的"行为主义"时代。

60年代中期至70年代中期的短短十余年，是美国历史上社会矛盾异常尖锐的时期，社会动荡不安，思想领域激烈冲突，经济上反复遭受危机的冲击，政治上政府诸多雄心勃勃的公共政策惨遭失败。而公共政策学就是在这样的背景下，重新架构自身的体系，形成日后诸多主流政策思想的源头。也可以说，正是这样矛盾尖锐的时代才造就了如今内容丰富、色彩纷呈的公共政策学。

第一，社会运动方面。公共政策学政策过程理论的完善时期，恰逢美国民权运动蓬勃发展的年代。1966年，美国全国妇女组织成立，从此美国的女权运动以全国统一的组织形态出现，迫使政府给予妇女平等的政治参与权利。而从1967年开始，大学生、黑人也纷纷走上政治舞台，展现其对于公共政策的影响力。马丁·路德·金（Martin Luther King）登上历史舞台，将黑人的民权运动推向高潮。越南战争更是讨论这一时期美国社会运动无法绕过的话题。对于越南战争中政府政策的研究直接催生了渐进主义分析模式。越战的惨淡收场，促使政策研究者们对美国公共政策体系本身进行深刻的反思与检讨。越战过程中以美国大学生为主力军的反战运动，迫使公共政策学研究者们开始对公共政策制定中的道德和价值判断进行审视。这一系列社会运动最终都直指美国公共政策运行的核心问题，即公共政策决策的社会群体参与问题。

第二，经济技术方面。公共政策学政策过程理论完善时期的美国经济以 1969 年为分水岭，前后差异较大。1969 年以前的美国经济，虽然也曾遭遇过多次经济危机，但总的来说仍旧保持较快的增长速度，长期的经济增长带来了物质条件的富足，直接加深了普通民众的民主化要求。阿尔蒙德认为，这种情况将更有利于促进新一代公民政治参与能力的塑造。但1969 年以后，美国经济便长期陷于低迷状态。以美国的贫困人口为例，1969 年至 1987 年的 18 年间，美国贫困人口占总人口的比例一直保持在12% 左右，而黑人这一弱势族群的贫困人口比例更是一直保持在33% 左右，以往贫困人口比例快速下降的趋势也不复存在。经济上的挫折推动了公共政策学者们对于政策学的再思考。1973 年的石油危机直接推动了超渐进决策模式的问世。这一时期的科学技术继续维持着快速发展的态势，电视机等现代传媒载体的普及化，不但为公民了解和参与公共事务提供了新的方式，还为公共政策的学习与辩论提供了新的平台，更为公共政策的研究提供了新的研究对象和要素。

第三，政治生活方面。这一时期的美国政治生活也充满波折。1964年，长期充盈的国库使约翰逊（Lyndon Baines Johnson）总统大胆地提出了"伟大社会计划"等著名的公共政策，但在各种复杂因素的作用下，更由于缺乏科学的政策理论的指导等原因，这些政策大多未能取得理想的结果。同样是 1964 年，美国政府出台了第一部《民权法案》，并在接下来的几年内又陆续出台了另外两部《民权法案》，将公民平等的政治参与权利以法律的形式固定下来，并通过法律的形式予以保障。尽管如此，公民并未能就此一帆风顺地对政府公共政策施加影响，反民主化潮流也从未停止过。其中具有标志性的事件，如菲利斯·施拉芙莱（Phyllis Schlafly）领导的拥有 5 万名会员的"鹰论坛"，通过在州议会作证、举行集会、聚众请愿、游说等方式，驱使美国国会在 1972 年通过了《平等权利修正案》。从中可以看出反民主化潮流的影响和作用。不过纵然有诸多保守主义因素的阻挠，这一时期美国民众对于政府公共政策的影响力不断增强却是不争的事实。如果 1960 年美国总统大选，肯尼迪（John Fitzgerald Kennedy）的胜利尚能归功于其副手约翰逊对于地方党派领袖的亲和力的话，那么 1976 年大选中"小人物"卡特（James Earl Carter Jr. ）的胜出，则标志着美国民众对于总统选举的影响力，相对于财阀和利益集团的影响力来说在增强。

公共政策学的现实基础来源于公共政策实践的经验和教训，因而在考察各种公共政策学理论的同时，尤须注意该理论形成的时间以及该理论研究对象所处的位置。美国是一个幅员辽阔的大国，更因其实行联邦制，各地区行政单位的公共政策实践和政策环境均不相同，造就了公共政策学政策过程理论的不同观点。公共政策学不同理论的形成还有一个重要原因，那就是对公共政策学未来发展方向的不同看法。正是不同的政策实践及对政策实践研究的不同视角，形成了不同的公共政策学理论。各种理论和观点的碰撞对于公共政策学的发展意义深远，当代主流的公共政策思想均能在这一时期找到根源。

在公共政策学政策过程理论完善时期，公共政策学研究者们努力摆脱原先的混乱状态，力图为公共政策学构建新的理论体系。率先将美国公共政策学从低谷中拯救出来的是来自以色列的公共政策学家叶海卡·德洛尔。他在旅居美国期间出版的政策科学"三部曲"至今仍被视为经典。除此之外，他还与美国兰德公司的高级研究员爱德华·S. 奎德（Edward S. Quaid）合作开办了《政策科学》杂志，为公共政策学的传播与发展做出了卓越的贡献。德洛尔在批评和吸收拉斯韦尔公共政策学思想的基础上，对公共政策学的基本理论进行了更为深入的探索和论证，从而形成了公共政策学的"拉斯韦尔—德洛尔"传统和研究范式。德洛尔提出，由于公共政策学具有跨学科的性质和特点，因而必须采用系统群的研究方法，并以此进行一场新的"科学革命"。德利翁是拉斯韦尔公共政策学理论最著名的捍卫者，从未放弃对于传统政策过程理论的辩护，并对其做了新的阐释，发展出了政策终结理论。

在公共政策学政策过程理论完善时期，民主与反民主的潮流相互交锋。托马斯·戴伊对美国公共政策的现状显然是比较悲观的，他的《民主的讽刺》《谁掌管美国》和《自上而下的政策制定》等著作充斥着精英主义的色彩。戴伊认为，大多数公共政策都是理性规划、渐进主义、利益集团活动、精英偏好、博弈、公共选择、政治过程和制度影响等因素综合作用的结果。安德森以公共政策制定为核心构建了公共政策学理论体系，对公共政策执行、评估和终结问题进行初步探讨，并探讨了政策环境同政策行为的关系，揭示了公共政策同公共利益的本质联系。

在公共政策学政策过程理论完善时期，公共政策学的研究者们沿着拉斯韦尔给出的路径，逐渐由对政策制定过程的研究过渡到对其他政策阶段的研究。在公共政策学过程理论发展早期，学者们研究的重点是公共政策制定过程，也形成了诸多公共政策制定模型。在哈佛大学肯尼迪政府学院发表《公共政策执行问题的报告》之后，学者们这才发现公共政策的执行过程竟一直被他们所忽略。政策学家普雷斯曼和威尔达夫斯基在对奥克兰计划进行跟踪研究之后，撰写了《执行论》这一经典著作。他们认为必须重视政策执行问题，而且不仅要重视政策执行本身，还要在政策执行和政策制定之间建立密切的联系，这才能使公共政策学成为行动的科学而不仅仅是理论科学。凯尔曼在政策执行领域同样建树颇丰，关于公共精神的讨论也是他政策学理论的重要标志之一。而在公共政策评估领域，传统的公共政策评估要么单纯采用定性手段进行判断，要么纯粹使用定量方法进行分析，在新的时代环境下，对于公共政策现象的解释力和分析程度十分有限。斯图亚特·内格尔破解了这个难题，他把定性分析方法与定量分析方法结合起来，并运用到公共政策评估中来，从而发展出了第三代公共政策评估方法。这一时期关于公共政策执行、公共政策评估和公共政策终止等诸环节的研究及取得的丰硕成果，使公共政策过程理论进一步丰富和完善。

第三节　公共政策学发展的多元化时期

公共政策学发展的多元化时期，时间大约是 20 世纪 80 年代中期以后。随着公共政策学理论对公共政策实践产生的影响越来越明确地显露出来，公共政策学在社会生活中的地位和作用越来越重要，从而吸引了不同学科的学者纷纷加入到公共政策学研究队伍中来。特别是经济学和社会学等学科的介入，一方面丰富了原有公共政策学的理论内涵；另一方面由于学科基础、理论框架、分析视角、研究方法的不同，也形成许多新的公共政策学研究方法和理论流派。公共政策学也因此开始了新的探索与发展。这一时期涌现了大批学者，提出的理论可谓异彩纷呈，因此，也有人称公共政策学的发展进入了"战国时期"。这个时期公共政策学领域比较有代表性的学者有保罗·A. 萨巴蒂尔（Paul A. Sabatier）、弗兰克·费希尔（Frank Fischer）、罗伯特·M. 克朗（Robert M. Krone）、威廉·邓恩（William Dunn）、约翰·金登（John W. Kingdon）、德博拉·斯通（Deborah Stone）、迈克尔·豪利特（Michaeal Howlett）、米切尔·黑尧（Michael Hill）等。

20 世纪 80 年代，美苏两极争霸的"冷战"格局即将走向终结，伴随着意识形态斗争暂时沉寂的还有盛行于美国政坛和社会三十余年的保守主义思潮。与之相对的是自由主义思潮又开始重新占据主流地位。政治上，在冷战末期和冷战终结之后，美国政府面临着新的世界格局的挑战，从而进入了战略调整时期，并相应地要求公共政策研究在宏观和中观层面具备更高的解释力。在经济上，新科技革命的曙光已在眼前，新的技术和与之相对应的企业形式要求政府减少对经济活动的干预，这也与自由主义思潮相契合。社会方面，在经历了 70 年代和 80 年代社会运动的洗礼之后，广大社会公众和社会群体的政治参与能力得到了极大提升，并在广大的社会领域中弱化了诸如政党等传统政治主体的作用，以此为基础，他们对于政治和公共政策的影响力越来越大。在科技方面，新的技术手段的出现，给公共政策的实践和研究带来了前所未有的冲击。

在新千年到来之前，空前的机遇和挑战摆在了各国政府面前，对于公共政策的研究者们来说同样如此。为了应对日趋复杂、变化迅速的公共政策实践，结合新自由主义思潮，公共政策学在经过了十余年的政策过程分析时代之后，开始以全新的姿态绽放其学术光芒。这时期的公共政策学研究者们，为了提高其理论对于政策实践现实的解释力，不再一味采用以往惯用的科学方法和严密的统计手段，而是在许多的政策领域采用定性分析方法与定量分析方法相结合的方式进行政策分析，因而这时期也被一些公共政策学研究者们称为后实证主义时代或后行为主义时代，或称为公共政策学发展的多元化时期。

公共政策学多元化时期，开启于美国里根（Ronald Wilson Reagan）总统运用保守主义思维将美国经济拉出泥潭的时期，兴盛于自由主义思潮伴随着新科技革命席卷全球的时期。这个时期总体上可以分为前后两个阶段，在第一阶段中，由于"冷战"的阴影尚未彻底退去，公共政策学理论更多地关注价值和伦理判断。而第二阶段里，伴随着新科技革命给全世界带来的巨大变化，新的公共政策辩论和学习的平台不断问世，公民和社会团体对于公共政策逐渐增加的影响力，也催生了诸如政策子系统等公共政策理论的问世，同时也推动了政策工具理论、政策网络理论等新理论的兴起和发展。公共政策学的多元发展与其时代环境密不可分。

第一，在社会方面。里根统治时期的美国，虽然经济长期保持稳定的增长态势，但社会结构却基本趋于固化，如黑人和白人种族之间的收入差距基本维持不变。而在"冷战"结束之后，由于新科技革命的到来，虽然使得美国各个阶级之间的差距进一步被拉大，但社会结构的固化状况也被打破了。同时，由于全球化程度的进一步加深，风险社会的时代到来了。这种剧烈变化的社会背景，为公共政策学新的发展创造了充分的现实资源。

第二，在经济技术方面。东欧剧变和苏联解体不仅标志着美苏两国的意识形态之争暂时告一段落，同样也标志着市场制度在全球范围内取得了统治地位。全球统一的市场为市场经济的发展创造了较为充分的条件，而新科技革命同样加速了这一全球化进程。新科技革命带来的网络等新鲜事物，也为公共政策的辩论和学习提供了前所未有的新平台，使得公共政策所有相关群体能够在一个如同哈贝马斯（Jürgen Habermas）所描绘的"公共空间"中讨论公共政策，相互博弈、协商、妥协，以期所有政策相关者都能从中受益。

第三，在政治方面。正如半个世纪以前拉斯韦尔所预见的那样，族群、性别、阶层之间政治参与权利的平等化程度，伴随着新的民主化浪潮也在不断的加深。在短短的 12 年间，黑人这一美国弱势群体的民选官员数量就增长了将近四分之三。更不必说在 21 世纪初，美国还出现了历史上第一位黑人总统。这种剧烈变化的政治情况，使得精英主义政策学理论的市场不断收缩，为新的公共政策学理论的问世创造了广阔的空间。

不仅上一时期形成的公共政策学理论在这一时期都有了新的发展，而且新的公共政策学理论还在不断涌现。随着公共政策学的影响越来越广，各个国家的学者也开始逐渐注意到这门新兴的学科并投身其中进行研究。美国本土的公共政策学研究者也不再满足于仅对本国的公共政策实践进行分析，而将研究视角转移到欧洲等诸多政治体系较为类似的国家，根据不同的国情和政策环境进行新的公共政策理论的开发。同时，公共政策学研究者跟随着拉斯韦尔给出的路径，或趋前，或趋后，对公共政策运行周期的各个方面进行更为深入的研究。更为重要的是，随着对公共政策伦理价值重视程度的不断加深和西方国家政治多元化水平的进一步提高，公共政策学研究成果的多元化趋势也愈发明显。

在多元化的时代，传统的公共政策学理论并未完全褪色，在新的时代，它们纷纷被各自的继承人赋予了新的理论内涵。林德布洛姆与威尔达夫斯基师徒的公共政策学理论，由威尔达夫斯基的学生金登增添了新的色彩。金登在林德布洛姆的渐进主义理论基础上，结合不断变化的公共政策实践，发展和完善了政策议程理论。克朗则进一步深化了公共政策学的系统分析理论。而罗茨（R. A. W. Rhodes）在观察了不同政治体系的基础上则显得相对较为乐观，他漂洋过海，在分析了英国的政策环境之后，发展了著名的政策网络理论，该理论在欧洲反响强烈，也赢得了较多的支持者。黑尧则将发源于美国的公共政策思想与英国实际相结合，发展出了适应英国政策环境的公共政策学理论。

在多元化的时代，对于政策伦理问题的研究被公共政策学研究者们重新推到了前台，并进行重点讨论和探索。自从罗尔斯（John Bordley Rawls）的著作《正义论》问世以来，政治学领域对于政治伦理问题的讨论便络绎不绝，而这种趋势与自由主义思潮相结合，很快便蔓延到了公共政策学领域，成为公共政策学研究者们对政策伦理问题进行再思考的重要推动力量。而新的社会环境也成为推动政策伦理问题研究的重要诱因。互联网犯罪、试管婴儿、克隆技术、转基因食品和温室效应等敏感话题，迫使公共政策学家们一次又一次地展开政策伦理的讨论。德博拉·斯通在其著作《政策悖论》中就对公共政策学相关的重要伦理概念进行了论述和辨析。而盖伊·彼得斯则更注重可操作性的政策伦理目标，同时他对前人的政策工具理论的整理，也进一步丰富了公共政策学的理论体系。

在多元化的时代，以公共政策评估为代表的新的公共政策学分析方法受到学者们的重视，开始成为新的研究热点。保罗·萨巴蒂尔对传统的政策过程阶段框架进行了批评，提出了倡导联盟理论，开启了公共政策学的多元化时代。弗兰克·费希尔在斯图亚特·内格尔政策评估理论的基础上继续开拓创新，提供了多元的公共政策评估方法论，为公共政策第四代评估的问世奠定了基础。威廉·邓恩从问题导向的角度对公共政策分析理论做了补充，他认为，政策分析应当通过五种政策分析方法对政策问题、政策未来、政策行动、政策结果及政策绩效进行分析并整合，得到综合的政策分析结果。

在多元化的时代，新的公共政策学理论反映了社会结构和公共政策系统的变化。广大社会公众和社会组织对于公共政策的参与，使得公共政策学研究者也开始对自身的政策理论做出修正。但这时，20世纪60年代和70年代的社会运动已经逐渐褪色，公共政策学对于社会组织与政治体系的分析也更加的趋向理性化，其中较有代表性的是加拿大学者迈克尔·豪利特，他充分利用了前辈公共政策学家的理论资源，在详尽并理性地分析了公共政策系统的基础上，又将其分为若干个不同的子系统，以此形成其独有的公共政策循环与子系统理论。

时至今日，公共政策学方兴未艾，新思想、新理论不断出现。这一方面表明公共政策实践活动的丰富多彩，同时也表明了人类对公共政策的认识在逐步深化。伴随着公共政策学作为一个学科的逐渐成熟和公共政策理论全面而深入的发展，它在人类公共政策实践中的作用越来越彰显出来，成为推动公共政策合理性和有效性的根本动力，从而也成为推动社会发展不可忽视的重要力量。

第二编

公共政策学创立和初步发展

第三章　拉斯韦尔的政策思想

第一节　拉斯韦尔生平和主要著作

1902 年 2 月 13 日，哈罗德·D. 拉斯韦尔出生于美国伊利诺伊州唐尼尔逊的一个牧师家庭。家境优裕，家中藏书甚丰。拉斯韦尔属于那种早慧的天才人物，早在进入大学之前他已经受到马克思（Karl Heinrich Marx）和弗洛伊德（Sigmund Freud）的影响，并曾与著名教授约翰·杜威进行了持续一个下午的交谈。

1918 年 16 岁的拉斯韦尔进入芝加哥大学。进入大学以后，"芝加哥学派"领军人物罗伯特·帕克（Robert Parke）、象征互动论的发明者乔治·赫伯特·米德（George Herbert Mead）、实用主义哲学家杜威和制度经济学家索尔斯坦·维布伦（Thorstein Veblen）等人的思想都深深地吸引着他。

1922 年拉斯韦尔在芝加哥大学获得哲学学士学位。之后，他赴欧洲英、法、德等国著名大学攻读研究生课程。其间，他曾去柏林大学学习心理分析学说。1926 年在芝加哥大学获得哲学博士学位，是芝加哥学派创始人查尔斯·梅里亚姆最优秀的学生之一。此后又获得伊利诺伊大学、芝加哥大学、哥伦比亚大学法学博士和宾夕法尼亚大学理学博士等学位。1927—1938 年在芝加哥大学教授政治学。1939 年在纽约社会研究学院执教。1946 年任耶鲁大学法学教授，1952 年任耶鲁大学政治学教授。1954 年受聘任斯坦福大学行为科学高级研究中心研究员。1955 年年近 53 岁的拉斯韦尔当选美国政治学协会主席。曾任美国科学院院士、国际法协会主席、国际政治心理学协会名誉主席，担任过许多政府机构的顾问。也曾担任过中国燕京大学客座教授。1978 年 12 月 18 日在美国逝世，享年 76 岁。终其一生，学术界对拉斯韦尔的评价极高，认为他是政策科学的鼻祖，现代传播学的创始人，美国行为主义政治学先驱，美国政治学家、政策学家、心理学家、传播学家。传记作家形容他为"犹如行为科学的达尔文"。

拉斯韦尔一生勤勉耕耘，著述甚丰，共发表了 600 多万字的学术著作，内容涉及政治学、社会学、宣传学和传播学等许多领域。他的主要论著有：《政策科学》（1951）、《精神病理学与政治学》（1930）、《政治学：谁得到什么？什么时候和如何得到?》（1936）等。

第二节　拉斯韦尔主要政策思想

一　拉斯韦尔早期的政策思想

20 世纪初，尤其是在第一次世界大战后，随着自然科学的迅猛发展，人们热衷于"报时钟"式的科学方法，美国的政治学界也因此刮起了要求改变学术范式之风。当时，社会不断呼吁政治学能够将关注的目光转向对实际问题的研究，尤其是对选举问题的预测。但实际上美国的政治学者们始终按照传统的研究方法，在政府应该如何进行统治等一系列的规范性问题上停滞不前。这种状况使美国许多关心政治的人们对当时的政治学研究异常不满。1928 年，美国记者弗兰克·肯特（Frank Kent）发表了《政治行为》一文，呼吁改变这一现状。20 世纪 30 年代，瑞典政治学家哈伯·丁伯根（Haber D'Bogen）撰写的《政治行为——欧洲选举的统计研究》一书，将行为主义思潮进一步引入大学校园和政治学研究领域，给美国年轻的政治学者和大学研究生们带来了巨大的冲击。与此同时，政治学界内部也开始出现一批要求举起行为主义的旗帜、开展政治学研究的年轻学者。芝加哥大学政治系主任查尔斯·梅里亚姆，也是拉斯韦尔的老师，就曾在 1925 年的美国政治学学会演说中强调："政治行为学是今后政治研究的方向"。拉斯韦尔作为梅里亚姆的学生，在老师的指导下，吸收了这种崭新的政治学理念，开始了他行为主义政治学的研究历程。

这个时期，拉斯韦尔的主要作品有《政治学：谁得到什么？什么时候和如何得到?》（1936）、《精神病理学与政治学》（1930）、《精神病学家和政治学家可以相互借鉴什么》（1938）。从中可以看出，拉斯韦尔把主要工作集中在将社会学、心理学尤其是精神分析的研究方法引入政治学研究，并开创了政治心理学的研究领域。他这一时期的研究成果为政策科学在研究对象、研究目的和研究方法上做出了开创性的贡献。

1. 对政策主体的划分

拉斯韦尔主张政治学应侧重研究政治权力和权力主体，因此被认为是政治学权力学派的代表。他在《政治学：谁得到什么？什么时候和如何得到?》一书中，对政治学的研究对象进行了划分，并指出了不同的对象所代表的不同特征。他把政治生活的主体划分为精英与群众，这构成了拉斯韦尔政治学最主要的理论前提。所谓精英，在他看来就是那些占有社会资源比较多的人，而与其相对的群体就称为群众。这里所说的社会资源主要包括尊重、收入和安全等。正如拉斯韦尔所说，他对政治现象的研究以对权势和权势人物的研究为出发点，因此权势人物也就是精英应该是政治学主要的研究对象。仅仅依靠单一的标准很难对权势人物进行准确的描述，应运用尊重、收入、安全等指标，对权势人物和普通群众进行区分。换句话说，在尊重、收入和安全等方面获得较多的人就是权势人物，也就是精英。从一定意义上来说，政策主体就是由有权势的精英构成的。正是拉斯韦尔对精英和群众的区分，使精英概念成为社会科学中的一个带有普遍性的范畴。

拉斯韦尔指出，政治分析所关心的不仅仅是保护或取代精英人物的方法，还关心这些精英身上所具备的特征，以及他们通过什么方法实现自己的政策。他通过对不同精英人物特征的分析，把精英人物划分为技能群、阶级群、人格群和态度群四种形态。他认为，像穆斯塔法·凯末尔（Mustafa Kemal Atatürk）、罗斯福家族以及执业律师、作家、演说家等人物，他们精于战斗技能或是社会管理技能，或是熟练运用象征来处理人际关系的技能，并且依靠这些技能使自己掌握了大量的社会价值，属于技能群。阶级群主要是指具有相似职能、地位和观点的重要社会集团。社会主体可以按照这一标准划分成贵族阶级、富豪阶级、中产阶级和体力劳动者阶级。除了技能和阶级之外，拉斯韦尔认为还可以借助心理学对人格的划分标准，从人格方面来对精英群体进行划分。他运用弗洛伊德的精神分析方法对历史上的政治现象和政治人物进行分析和研究，认为各种政治运动的成长和发展，是人们把自己根深蒂固的个人感情导向公共渠道的结果。他试图用精神病理的特性来分析各种类型的政治领袖，指出历史上许多杰出的领袖在精神上或生理上都有反常现象，如林肯（Abraham Lincoln）兼具坚定与仁慈、温文尔雅多于残忍的人格，拿破仑（Napoléon Bonaparte）有迷恋专横暴力的人格，等等。从而提出建立"预防的政治"，即依靠教育来清洗人们的心灵，依靠足够的受过精神病学训练的社会科学家来指导和教育群众，而不能仅仅依靠制定法律、改变政府组织、扩大民众参与等社会变革来推动政治的发展。另外，还可以通过态度群来考察社会价值的分配情况。那些对国家、民族、阶级，甚至对行业有着共同信念的精英可以被归为一类态度群，这种分类方法打破了技能、阶级和人格的分类方式，注重群体对事物的共同态度，从而使得精英的分类更加丰富。

2. 对政策手段的分类

除了对政策主体进行分类之外，拉斯韦尔还指出，精英人物用以获取和维护社会资源，也称为价值的手段，分别是象征、暴力、物资和实际措施。象征就是精英分子用来为自己利益辩护的已约定俗成的言辞和姿态。在执政的精英分子看来，"象征"即是现行正统的意识形态，而在反对派精英分子那里，"象征"是他们为了获取群众的血汗、劳动、税金和赞扬而编织出来的各种"空想"。执政的精英通过不断地向社会灌输一种社会认同，按照他们设计的模式来塑造人的行为，通过日常谈话、小说、电影等形式将群众的注意力引向对自己有利的方向。拉斯韦尔进一步分析了象征被作为手段来运用的具体形式和过程。在精英们使用宣传手段，在对各种象征和方法进行选择时，更多考虑的是如何选择才能使群众产生精英们所希望看到的共同行为。如何选择？主要方式有两种，重复和分散注意力。重复是积极主动地将人的某种情绪加以强化，而分散注意力是消极地将人的注意力由某件事物上转移，从而起到疏导和弱化某种情绪的作用。拉斯韦尔将人的情绪分为四种，即攻击、内疚、虚弱和喜爱。这些情绪被投射到周围环境中，被看作是环境的一种属性，从而得到解释和疏导。当人们在感到危险时会产生攻击报复的情绪，这些情绪不会马上显现，而是隐藏并积累起来。人们把这种情绪当作是危机环境的附属物，要宣泄这些情绪就必须有针对的对象，此时，精英组织或精英人物就可以利用宣传的方法，将敌人描述成群众攻击情绪针对的对象，从而有利于自身的利益。内疚情绪是积累多时的有罪感，虚弱情绪反映的是对自身的不自信，喜爱则反映了忠诚和热爱。拉斯韦尔利用第一次世界大战中协约国成功的史实案例，为如何利用四种情绪进行宣传做了注释。

暴力是精英用以攻击和防御的另一种主要手段。它表现为统治者手中的军队、警察等国家机器和反对派精英所领导的武装力量。战争是政治的继续，反映了暴力的使用要从政治全局考虑，只为实现政治目标服务。拉斯韦尔强调，人们不能把注意力关注在武器机械等细节上，而忽略了整个形势中更加微妙的心理与社会方面的问题。一项成功的暴力行动与组织、宣传、情报等环节密切相关。

　　物资手段反映的是精英对经济物质的控制能力。执政的精英运用物资进行攻击和防卫的主要形式有毁坏、扣留、摊派、配给、定价和贿赂；而反对派精英的主要手段有阴谋破坏、罢工、抵制和不合作。指导物资和服务流动的制度主要有两种：配给制和价格制。拉斯韦尔通过解读资本主义世界大危机（1929—1933），描绘当时的社会心理，从资本运行的原理出发，进一步剖析了经济运行的环境和政府经济政策以及人民心理的转变，解释了经济大恐慌背后的原因，同时也开出了资本主义自我恢复的药方。在外交政策中，物资往往能发挥特别有效的作用，有时候并不需要暴力，而是用物资去引起敌国人民的不满，去争取同盟者，去维护中立者和加强国内的士气。他们可以利用关税政策和对外投资政策起到经济渗透的作用。

　　拉斯韦尔指出："任何精英的优势地位都一定程度上取决于他所采取的实际措施。"① 这里的实际措施，最重要的是指如何制定政策以及将政策有效贯彻和具体实行的途径和方法。它是精英们通过发泄、调整社会和个人情绪来实现自身利益的手段。如通过关心慰问灾区人民、在无关紧要的争论中妥协、通过节约运动和宗教信仰复兴来转移人民对收入差距不满的注意力等。总之，就是要将各种对自身不利的注意力转移到别的事物上去。任何实际措施要和全局的各种特征结合考虑。在制定政策与执行政策时，在保持既定目标的同时，要根据不断变化的环境，对政策和执行过程做出调整。

　　除了对精英的政策手段进行详述外，拉斯韦尔还对精英的反应和行动进行了深入的分析。他认为，人的任何行为都是在一定环境下完成的，而这些行为可以说是人对客观环境的反应。拉斯韦尔将人对环境的反应分为目标定向行为（直接受到环境的刺激并给出反应）、调整性思维（做出与未来局势有关的行动）、我向思维（对自身缺陷的反省）、躯体性转变

① ［美］哈罗德·D. 拉斯韦尔：《政治学：谁得到什么？什么时候和如何得到？》，杨昌裕译，商务印书馆1992年版，第62页。

（因疾病丧失某些能力）。在拉斯韦尔看来，政策分析涉及的是什么人在什么情况下以什么方式采取什么样的行动的问题。而对于政策现象中的行动，拉斯韦尔将之分为四类：私人内化行动、私人外化行动、社会内化行动、社会外化行动。前两者是个人对社会环境所做出的反应，一般包括极端攻击性行动和极端顺从听话；后两者是有组织地对社会环境做出反应，参加党派、工会或是其他协会等组织是他们的主要选择。内化行为通过约束或是改变自己的行为而适应环境的变化；外化行为则是通过自身行动积极参与环境的改变。

在这一时期，拉斯韦尔主要是对政策领域中的基本现象进行详细的分析和解剖，为政策科学的后来人理清了该领域的主体特征，并提供了一套行之有效的分析方法和路径，构建起了一个新的研究范式，即从微观的个体行为角度研究政治领域的现象。这个时期的拉斯韦尔思想带有浓重的心理分析的色彩，在许多分析过程中都运用了心理学的分析工具和思维方式。

二　拉斯韦尔政策科学思想的萌芽

到了 20 世纪 40 年代，拉斯韦尔的政策思想在经历第二次世界大战的洗礼之后，又有了新的发展。他主动提出政治学研究，不能再沿袭以国家政治制度为研究重心和以历史比较为主要研究方法的传统研究模式，而应当更加注重功能主义的研究方法，以政治现实中可以实际观察到的个人行为和团体行为为研究重点，把自然科学以及社会学、心理学、人类学、统计学等社会科学学科的理论和方法引入政治学。这个时期，拉斯韦尔的主要作品有《政策科学》备忘录（1943）；《法制教育与公共政策》（1943）等。在这一时期，拉斯韦尔开始思考关于创建政策科学这一独立学科的问题，所以在他的许多文章中都能看到关于这门学科建设早期设想的痕迹。尤其需要提及的是 1943 年的"备忘录"，在这个备忘录里拉斯韦尔首次使用了"政策科学"的概念。他的许多早期政策科学思想都在这篇"备忘录"中得到体现。它是拉斯韦尔政策科学思想萌芽的主要标志，也为后来政策科学的创立起到了重要的启蒙作用。第二次世界大战前后，拉斯韦尔的政策科学思想主要围绕着创建政策科学的必要性、政策科学应当具备的基本特征，如研究对象、发展方向以及研究方法等展开。此外，他还专门就该学科构建和进一步发展所需的各种条件作了探讨。

1. 创建政策科学的必要性

第一，理论上的必要性。在行为主义大潮流下，拉斯韦尔提出要建立一门多学科交融的应用科学。在他看来，哲学、自然科学和社会科学的专门化是不可避免的，而这种专门化的结果是科学（理论）与实践的脱离。他认为，政策科学或社会科学中的政策方向，可以超越社会科学过于专门化而导致的碎片化，确立起一种全新的、统一的社会科学。

第二，实践上的必要性。拉斯韦尔认为，美国社会的发展迫切需要专业理论和知识的指导，应当建立一门适应这一需要的科学，以用科学的理论来指导政府、商业、教会等重要组织的行为，这就是政策科学，并对此作了进一步解释。由于政策科学是社会学、心理学以及一切为判断人类关系而提供事实和原则的科学的融合，因此，政策科学能够为理性政策决策提供系统的智力支持，以提升政策的科学性。

2. 政策科学的基本特征和发展方向

拉斯韦尔不仅提出了创建政策科学的必要性，而且对政策科学的基本特征和发展方向进行了探索和描述。

第一，政策科学是以理论为方向的科学。拉斯韦尔认为，作为一门全新的学科，应当不同于以往"政府婢女式"的应用方法论，也不是社会科学家的行动主义。"政策科学将与过去决裂"，成为全新的学科。这门新的学科与在第二次世界大战期间流行起来的实际政策分析不同，是以理论为方向的科学。他认为，政策科学主要关心的问题并不是时下局部的问题，政策科学学者们应当致力于一般选择理论的研究。尽管拉斯韦尔同时也将实际的政策分析作为政策科学的组成部分，但主要还是把政策科学看作某种不同于应用社会科学的东西。他进一步指出，要加强政策科学的理论研究，首先要将这个学科的关键词、假设、定义以及规则界定清晰，然后通过各种观察方法的形式获得各类数据，通过数据分析得出科学的论断。

第二，政策科学是一门独立的多学科交融的科学。拉斯韦尔指出，政策科学在理论层次上需要融合，这一观点已被学界所公认。他尤其强调政策科学同政治学和经济学的合作。同时，作为一门多学科交融的科学，政策科学需要与心理学、社会学、经济学、政治学、法律以及其他相关学科交叉。他认定，作为一门有着巨大应用价值的学科，其研究过程必然涉及多个学科。如果把各个学科的学者集中在一起研究政策问题，就一定能得到最好的政策办法。政策科学的研究内容，应当是包括社会学、心理学以及所有能够指导政府、商业、文化生活做出科学决策的事实与原则。他希望能够为政策科学的系统理论做出贡献。

第三，政策科学是同实践紧密结合的科学。拉斯韦尔认为，政策科学学者的贡献应当是做出科学的谏言。他还对政策科学的研究者提出要求，那就是每个政策科学的研究者应当做好思想和实践上的准备，将自己作为政策谏言人，能帮助完善"思想库"在社会上的作用。他们的作用应是提供关于当前趋势和问题之间因果联系的重要信息，有助于决策。他认为，要想发挥政策咨询的功能，学者应当与世界主要潮流及社会趋势保持一致，要以创造性思维思考未来的结果，了解大众的观念和偏好。为此，拉斯韦尔本人也参与了一系列的政策评论和指导工作，如在美国农业部、司法部、国会图书馆、大众教育局等一系列部门供职。

第四，政策科学是一门必须和政府官员共同研究的学问。在美国当时的社会背景下，政治学学者偶尔参与政府政策的制定工作，但政府官员却几乎没有参与过学术研究。拉斯韦尔认为，学者特别需要了解官员掌握的数据以及了解政府官员对政策的认识。因此，他提出了在公共政策研究上建立政府官员与学者联盟的设想。

第五，政策科学应有新的独特的研究方法。拉斯韦尔乐观地指出，近期的一些技术上的进步使得政策科学的研究方法得到很大的拓展，如现代逻辑学的发展、心理学理论的进步、数据收集方法的增加和拓展、采访技术的运用等。但是，要促进政策科学的发展，仍需要设计新的研究工具。他非常重视新的研究工具的发明与应用，提倡在实践中寻找新的研究方法。他认为，在社会科学领域我们的研究工具还很不成熟。他希望在将来能有更多的研究工具以满足政策科学发展的需求，并主张对政策制定者的日常工作进行完善的记录，并且在程序与人际关系之间建立网络，以便获取曾被疏漏的重要信息。另外，他强调要重视与政策官员之间的访谈，这能为我们提供他们在制定政策时的成功或失败的数据，以便进一步研究。

3. 政策科学的创建和发展应当具备的条件

拉斯韦尔在1943年的"备忘录"中，明确表示希望能够召集更多的志同道合者，为促成多学科的融合和政策科学的创立做出贡献。同时，他在文章中详细地阐述了创立政策科学应当进行的理论准备和具备的实践条件，这些思想为后来政策科学的诞生作了很好的铺垫。

在拉斯韦尔看来，政策科学创建的条件是逐步成熟的，尤其在理论准备方面，已有一部分学者做出了突出的专业贡献，例如，卡普兰（Abraham Kaplan）博士（逻辑学专家，加利福尼亚州立大学哲学系）、亚克森（Sergei Yakobson）博士（任职于美国国家图书馆）、南希·莱茨（Nathan C. Leites）（芝加哥大学政治学系）、大卫·罗（David N. Rowe）（耶鲁大学国际研究学院）、赫尔佐格（George Herzog）教授（哥伦比亚大学人类学系）等，他们及其著作应当受到重视。当时已出版的相关的著作有：拉斯韦尔的《政策科学：道德的整合，科学与政策》、劳伦斯·K. 弗兰克（Laurence K. Frank）的《社会科学家在战争中学到了什么?》、斯塔西·梅（Stasi May）的《经济智慧与经济政策》、阿奇博尔德·麦克利什（Archibald McLeish）的《情报员：接受一项荣誉和古老的职能》、梅里亚姆的《科学智慧与政府行为》、卡里尔·哈斯金斯（Carriere Haskings）的《一个自然科学与公共政策的研讨会》、卡里尔·哈斯金斯与哈罗德·拉斯韦尔的《生物与社会科学的理论整合》等。拉斯韦尔本人为政策科学的创建和发展做了大量的准备工作，如他对政治学、经济学、社会学、社会心理学、法学、人类学和心理分析等学科进行了研究，并取得了大量的研究成果。

在拉斯韦尔的设想中，政策科学如果想要成为一门独立的学科，必须满足两个条件：一是学科的制度化建设；二是成为政策科学学者们交流和促进的平台。为此，他专门提出了两条明确的建议，并做出了详尽的说明。

第一，成立政策科学学会。拉斯韦尔指出，现代科学的进展为各学科理论的融合创造了有利条件，尤其是学术界对旧的知识领域间融合的研究在不断拓展，使得各学科因不同的观察方法而开始有了新的认识。为进一步促进这种融合，应当建立一个研究和培训理论、方法以及政策等特定基础问题的组织，即"政策科学学会"。他进一步指出该学会的作用如下：一是提出与多学科融合相关的问题。在该政策科学学会的研究中须重视外部有利的各种环境因素，重新评价我们的整个研究的网络。二是系统地阐明这门融合的社会科学理论。政策科学要想成为一门综合的社会科学，必须重新审视各种学科的核心理论框架。三是发展新的研究工具。政策科学学会的成员须时刻关注其他学科的最新发展。四是收集社会的基础数据。基础数据的准备对将来的研究是有益的，所以在学会的研究日程中必须注重对社会基础数据的收集和积累。五是为政策科学的专业人员提供服务。政策科学学会要为那些与政策科学有专业联系的成员提供服务，从而发挥其聚集专业人士，展现他们的各自专长，达到共享学术资源的目的。与此同时，他还设计了学会的基本组织结构和日常事务。他认为，政策科学学会需要选定专职成员、理事成员、顾问以及特邀专家。与此同时，学会应当时常举办听证研讨会，允许一定的观察员和听众参与，研讨会的内容将全部或部分地对外传播。在时机成熟的时候，学会将出版书籍、杂志、期刊。他还特别强调，为保障研究的科学性和公正性，学会不应当接受来自私人组织或个人的资助。

第二，创建专门进行政策培训的国家学院。拉斯韦尔非常重视政治精英或政治领导人对于国家和社会的重要性。他认为，在这个全球化的时代，政治领导关系存在于所有的重要政策制定过程中，不论是政府部门、商界、政党、工会、教会，抑或是压力集团，都存在着政治领导关系。他指出，当前的美国社会对优秀的政治领导人有着迫切的需求，美国人民需要政治精英们拥有专业的、公正无私的政治领导能力。他指出，我们正站在历史的潮头，欧洲的历史告诉我们，拥有这样一个领导者已成当务之急。自由社会领导阶层所面临的问题远比管制型社会更艰难，唯一的出路就是训练更多的优秀领导人。为此，他建议成立国家学院，以培养这样的年轻群体。让他们在一起相互影响、激励，通过至少一年的项目训练，使他们具备科学制定政策的才能。拉斯韦尔还提到，建立这样一所学院还有另外一个重要目的，那就是吸引来自全国乃至全世界各个不同领域的学者进行思想交流，从而促进多学科的交融，为支持科学的发展提供有利条件。这所学院的办学理念：一是以研究政策科学为核心；二是要培养在社会上能够做出重要决策的领袖人物，包括党的领袖、政府官员、商界领袖、宗教精英；三是培训的人应当能够感知美国独特的价值观，并且去维护和实现这些价值观。

在拉斯韦尔看来，这所国家学院应当使政策精英具备一系列的思维能力：一是"哲学思维能力"，就是让学员理解社会价值的理性基础。他认为，尽管哲学本身不能为我们提供价值，但是它能为我们提供从基本假定中提取价值的方法。掌握这些方法是成为一个合格的领导人的条件。他还建议国家学会应当邀请著名的哲人对学生进行训练，使这些政策精英成为最重要哲学传统的杰出代表。二是"趋势思维能力"，是指政策精英应当具备预测和判断政治社会未来发展趋势的思维能力。他认为，趋势思维能力包括对未来发展的关键线索的思考和评价。政策精英如果要对公共政策进行适当规划，就必须具备这样的思考和评价能力。他建议让能描绘未来发展的著名学者培训学员这方面的能力。三是"要素分析能力"，要求学员必须学会分析个人与环境之间内在相互关系的条件因素，以科学的思维框架对世界展开最为严谨的理解。四是"项目思维能力"，即与政策制定、政策评估以及方案设计密切相关的思维能力。它涉及价值框架、趋势、影响因素等概念，并与实际情况紧密相连。他认为，如果政策精英们想要关注国家的综合政策，就必须不断地以项目思维的方式进行思考。为此，他还专门列出了学员必修的基本书目和基本学习材料的清单。

在他的设想中，甚至还详细地设计了学员的学习课程以及每项课程的详细内容。例如，早晨应让学员们进行相互研讨，下午应自主学习和活动，晚上可以安排研讨会、演讲或辩论。每周有四个早晨用来学习四个专门课程，每周有两个晚上来讨论人性问题，有两个晚上用来对美国的未来作规划，还有三个晚上用来与来访学者进行讨论。研讨会的课程有：意识形态、外交、经济、战略。每项课程的设计旨在训练学员的趋势思维和要素思维。拉斯韦尔指出，研讨会的目的是为了培养学员运用权力保护和扩张国家利益的能力，例如，如何使本国获得支持；如何使敌人受挫；如何争取同盟或与中立国保持友好关系等。

拉斯韦尔在对这四项课程进行解释时，实质上也是在阐述自己关于意识形态、外交、经济等领域的政策思想。他在分析世界意识形态时指出，民主主义、法西斯、国家社会主义、日本精神是当今世界主要的几种意识形态，在对这个领域进行研究时应当注意掌握新的研究技术和方法。他在分析世界外交时指出，不论战争时期还是和平时期，成功的外交是通过谈判来保护和扩张本国的利益。成功的外交必须对世界力量变化保持清醒的认识。他认为，当前重要的是研究世界各国力量近期和长远的变化情况，以及各国国内的力量变化情况。他在分析世界经济时指出，分析经济应当学会有技巧地处理物品和价格的政策，同时，他还要求研究人口和移民趋势。他特别指出，在研究世界经济时要注意，技术的发展在世界各地的分布是不均衡的，如机器等代力工具在发达国家和发展中国家的发展水平是不同的。他认为，对世界战略进行研究就是研究关于如何利用一切武装力量的政策。研究者要关心各国战力发展、战争学的变化、军队机构的改革以及各项战斗技术。同时，他指出对战略的研究应与总参谋部、军事学院等军事实践机构保持密切的联系。除此之外，拉斯韦尔要求，在对美国未来的国内关系、国际关系以及相互之间的联系等领域进行研究时，要注意政府组织问题，还需考虑立法、司法、行政制度如何迎合现代要求以及机构间的关系。

　　拉斯韦尔通过对学员培训内容的设计，实际上也是在表达自己对政策研究方法的见解，如运用心理学的方法解释政治生活中的现象，或是运用传播学的方法提高政治精英的影响力，或是通过与官员的实际接触来深化政策研究。拉斯韦尔指出，对政策科学的研究还应当注意厘清和发现现代人的人格结构，通过对其童年发展的研究、临床心理学、比较心理学以及其他医学的方法，认清人格崩溃的症状，以此来阻止政治生活中不良结果的发生，例如，错误的指控、自杀、谋杀等。他进一步指出，很多时候个人影响被限制不是因为人格的缺陷，而是因为缺乏表达的技巧，所以对学员而言，应当训练他们的表达技巧。应当为学员提供训练的机会，使他们变成在社会上更有影响力的官员。

　　他认为，在对政策科学进行研究时，一个不能忽略的重要环节就是与政治官员的接触。他之所以建议创立这样一所国家学院，其中一个重要的目的就是使学员能与美国最有权势的人进行接触，从而更多地学习和了解政策生活的实际情况。他因此提出"由官员培养官员"的政策培训方法。他建议，从这所学院出去的成功人士（包括各类官员）定期回来参与学院的学习和生活，通过这种方式使学院成为长期培养精英的地方。另外，官员们也可以利用长期或短期的逗留来获得工作上的新思路。

　　在这个时期，拉斯韦尔的许多文章都在阐述他关于构建政策科学的思想，这不仅为政策科学的诞生作了准备，而且也表达了他为政策科学贡献力量的思想。正如他自己所说的那样，他希望"美国的文明将产生更新的观念，为人类自由做出更大贡献"。

三　拉斯韦尔政策科学思想的形成

　　到了 20 世纪 50 年代，创建独立的政策科学学科的条件日渐成熟。1951 年，在美国西部斯坦福大学召开了"关于国际关系理论的革命性、发展性学术讨论会"。会后，由丹尼尔·勒纳、哈罗德·拉斯韦尔共同编辑出版了《政策科学：范围和方法上的新发展》一书，这标志着政策科学从政治学的母体中分离出来，成为一门独立的学科。这次会议对政策科学做出了清晰明确的界定，即政策科学是"以制定政策规划和政策备选方案为焦点，运用新的方法对未来的趋势进行分析的学问"①；并且对研究对象做出了明确的界定，"政策科学所关注的是政策相关知识，即公共决策过程知识和公共决策过程中的知识"。在这部论文集中，尤其是拉斯韦尔本人所写的《政策方向》一文，首次对社会科学中的政策研究方向，即政策科学的对象、性质和发展方向作了较具体的界定，奠定了政策科学发展的基础，成为政策科学诞生的标志，拉斯韦尔也因此被誉为政策科学的奠基人。

在这一时期，拉斯韦尔的主要作品有《政策方向》（1951）、《政策研究的近期前景与政治学中的方法》（1957）等。为政策科学成为一门独立的学科做出了突出的贡献。尤其是他的《政策方向》一文，可以说是为政策科学的早期发展奠定了基石。在此文中，拉斯韦尔论述了政策科学的六大特点。

第一，政策科学是关于民主主义的学问。在他看来，政策科学是和个人选择相关联的学问，归根结底，是以民主体制为前提的学问。因此，必须首先弄清楚个人对政策的反应，然后再进行政策干预。同时，政策科学还必须对政府和政治权力具有敏锐的洞察力。他还指出，政策科学并不等同于政治学，它是融汇了其他社会科学具有崭新学术体系的新学科。

第二，政策科学的哲学基础是逻辑实证主义。他认为，政策科学追求的是政策的"合理性"，必须使用数学"公式"和实证性"数据"。政策科学是一门用科学的方法论进行分析研究的学问。

第三，政策科学是对时间和空间都非常敏感的学问。他认为，政策科学需要时间上的弹性思维，因为政策科学中的许多问题必须经过很长时间才能得到解决。政策科学同样需要关注空间问题，对政策问题要从全球性的、具有广泛的空间概念出发进行思考。

第四，政策科学具有跨学科的特性。他尤其强调政策科学同政治学和经济学的合作，同时，政策科学还需要同社会学、心理学等其他学科进行合作。为了能制定出最优的政策，他提倡把各个学科的学者集中在一起研究政策问题。

① Daniel Lerner and Harold D. Lasswell, *The Policy Sciences: Recent Development in the Scope and Method*, Standford, CA: Standford University Press, 1951, pp. Ⅷ－Ⅺ.

第五，政策科学是一门必须和政府官员共同研究的学问。在美国当时的社会背景下，政治学者偶尔参与政府政策的制定工作，但政府官员却几乎没有参与过学术研究。拉斯韦尔认为，学者特别需要了解官员掌握的数据以及了解政府官员对政策的认识，因此，提出了在公共政策研究上建立政府官员与学者联盟的设想。

第六，政策科学不可缺少"发展概念"（Developmental Construct）。拉斯韦尔所强调的发展概念，是构筑社会发展的理论体系和模型时所必不可少的概念的总称。在公共政策研究中，经济学家应研究经济发展模型，政治学家应研究政治发展模型，社会学家和文化人类学家应研究社会文化发展模型。发展概念之所以尤为重要，因为，在各个学科所构建的发展模型中，必须要有说明社会各个领域发展变量的概念。因此，社会变化和发展模型应成为政策科学的核心内容。另外，拉斯韦尔还指出，在政策科学研究过程中应当注意，当实施一项以社会发展为前提的政策时，要清楚它给社会带来多大的富有生气的变化。从这个意义上说，政策科学是一门以社会变化为研究对象、以动态模型为核心的学问。

从以上内容可以看出，在这个时期，拉斯韦尔的政策科学思想开始发生转变。他曾公开表示，当前的政治学研究陷入了困境，存在着概念范畴和方法论上的争论。这场争论的焦点是政策科学将来的发展是沿袭传统意义上的政府研究，还是转而采用功能意义上的权力研究。尽管在当时的许多大学课程中，仍将政府理解成传统意义上的与国际、国家以及地方有关联的概念，但是，已经有一部分新兴的持功能主义观点的学者提出，政治学研究应涵盖所有"受到认可的选择"（不仅仅是政府的认可），政治学应当从琐碎的研究政府中解脱出来。在当时的情况下，受到政府和群众青睐的往往不是那些训练有素的政治学者，而是经济学者、社会学者、人类学者以及心理学者。拉斯韦尔也认为，如果理论政治学者们不能从更广泛的功能意义上考虑问题，必然有损他们的专业性。当时的一些政府和私人机构已经开始拒绝政治学者了。在他们看来，"政治学者是一个毫无技术性可言的人"，他们宁可选择律师和社会心理学家为他们提供政策分析和建议，因为律师和社会心理学家们手上握着科学方法的利器，而政治学者们却没有。

拉斯韦尔在坚持不将政治学研究阵地拱手让与他人的同时，强调政治学要获得新生。他呼吁，新的政治学既不是亚里士多德式的，也不是柏拉图式的，更不是马基雅维利式的，也不再提及东方诸子，而是准确使用政治的概念，关键是如何在开放的社会中发展治理和如何决策的科学。拉斯韦尔认为，政治学应当更加注重研究的技术性，如果能以科学的技术为依托，那么他们的观点和言论就能显得更加科学和可靠。

拉斯韦尔指出，为厘清这个学科与其他学科的界限，需要思考的问题是：政治学研究的目的是什么？寻找的目标价值是什么？认识目标的趋势有哪些？哪些因素影响趋势？他要求对这门学科的研究思路进行重新确认，并且对影响政策的趋势和相关条件进行关注。在他看来，当时的研究趋势主要是关注，如"自由"和"分权"等焦点，以及选取最合适的分析工具。而能使政治学理论研究和实际政策完美结合起来的条件，就是采用科学的态度和科学的工具。

然而，从历史的高度回顾政策科学发展的这段过程，不难看出拉斯韦尔政策科学理论突出的行为主义色彩。阿尔蒙德曾对拉斯韦尔关于政策科学的论断持批判态度，他认为拉斯韦尔的关键性错误，就在于他把方法论的发展看成是政策科学在学术上取得进步的唯一动力。他过分看重自然科学的方法，唯一感兴趣的是对行为进行量化处理，喜欢用数据说话。在进行政策分析时，不考虑伦理价值，使公共政策游离于价值判断之外。不过，在进行政策研究时这种偏爱数理分析的冲动是很难改掉的，时至今日，仍然有学者试图把经济学和社会学所使用的理论实证研究，作为唯一妥善的研究方法纳入公共政策学。大概是因为这种理论实证主义方法论在对现实问题提出方案时，往往具有很强的说服力和易于操作的缘故吧。但是，事实上，现实中这种方法论变得越来越数学化、抽象化，逐渐背离了人的价值以及社会现实问题，成为束之高阁的高深学问。

在药师寺泰藏看来，拉斯韦尔这个时期的政策科学思想存在的不足，就在于确立了公共政策学发展战略问题，也就是过早地下结论将公共政策学的发展与数学公式紧紧绑定在一起，"助长了只描绘'报时钟'的风气——只重视自然科学，只有枯燥的数字，因而是一门'冰冷'、'生硬'的学科。这种粗鲁的公共政策学不可能对推动社会前进，对执行具体政策的人产生任何冲击。公共政策学的第一个分水岭就这样脆弱地崩溃了。"①尽管在拉斯韦尔提出的政策科学若干特点中，确实包含着许多对政策科学创立和发展来说极为重要的思想，但当把它们归纳为方法论时，把政策科

① ［日］药师寺泰藏：《公共政策》，张丹译，经济日报出版社1991年版，第155页。

学与方法论进一步相连接时出现了战略性失误。

四　拉斯韦尔政策科学思想的发展与成熟

进入 20 世纪的六七十年代，拉斯韦尔的政策科学思想继续呈现功能主义的色彩。但是，对于政策科学未来的发展方向，他吸取了以往过分依赖数据的教训，更加重视基础理论的研究，并关注社会问题和现实生活。他指出，行为主义革命对科学模式的制度化有着不可否认的贡献。然而，对于数据比较的方法是否能成为政策科学的专业核心我并不肯定，比较研究的方法并不能胜任问题导向的模式。这个时期，拉斯韦尔的主要作品有《政治科学的未来》（1963）、《对政策科学发展的评论》（1965）、《决策研究的技巧》（1960）、《比较研究方法的前景》（1968）等。在这一时期，拉斯韦尔的政策科学思想主要集中在政策科学未来发展的方向、政策过程理论的研究以及对政策科学的再认识等方面。

1. 政策科学未来发展的方向

在《对政策科学发展的评论》一文中，拉斯韦尔通过对《传播与政治发展》《官僚作风与政治发展》以及《日本与土耳其的政治现代化》等三部著作的研究，做出如下评价："从这三册书中我们得以证实政策科学的发展开始呈现出问题导向的框架，而且逐渐成为一门跨学科的学问，发展的目标也越来越清晰，历史的考察越来越深入，条件因素的相互依赖也越来越容易理解，未来发展的脉络也越来越清晰，各种政策设计的创造和评估较之前的研究更完善。"[①]

在《政治科学的未来》一书中，他将政策科学看作重建政治科学的主要方向，呼吁政策科学家们要特别致力于政策制定中选择理论的研究，更多的关注政策和社会问题。他说，"政策科学要面对未来，就必须采取这样一种明确的立场，即以知识和政策高层次上的思想和组织的创造性整合作为重要的出发点。必须认识到各种不同研究途径的有效协调，已经为政治科学家提供了一种过去只是部分地被利用了的机会，即取得一种一致的看法……建立一门以社会中人的生活的更大问题为方向的解决问题的学科。"[②] 并指出，"政策科学发展的问题导向趋势已成为众所周知的事实"。利用问题导向的方法，拉斯韦尔进一步提出了政策科学家应当承担的五项

---

① Harold D. Lasswell, *World Politics*, Vol. 17, No. 2. （Jan, 1965）, pp. 286 – 309.

② Harold D. Lasswell, *The Future of Political Science*. New York: Atherton, 1963, pp. 38 – 39.

任务：明确目标；描述未来趋势；对条件进行分析；对未来发展进行计划；制定、评估、选择政策方案。"明确目标"是指明确政策制定和政策执行的目标价值，这里所说的价值当然包涵社会价值，主要有权力、财富、尊重、健康、启迪、情感、公正以及技能；"描述未来趋势"就是对政策环境的未来趋势做出判断和预测，从而为政策的制定和执行提供建议；"对条件进行分析"是指对影响政策实现的各种影响因素进行分析，以考量政策的可行性和效率；"对未来发展进行计划"指的是通过政策措施的实行，对可能产生的政策效果进行预测；"制定、评估、选择方案"就是政策科学家们根据价值和目标制定可选择的相关方案并对这些方案进行评估，最终选择其中一个或若干个方案作为政策实施。拉斯韦尔还进一步指出，一旦政策科学家们的这些任务变得日常化，便可以用各种模型来概括，如优先选择模型、历史模型、分析模型、计划模型、行动模型等。① 这些思想后来逐渐被完善成为现代政策科学的重要职能。

2. 对政策过程理论的研究

在《决策研究的技巧》一书中，拉斯韦尔通过对政策科学理论的进一步研究，创造性地提出政策过程的七功能理论。他在对政策过程进行探索的过程中，渐渐将注意力集中在政策过程中的各种功能活动上，提出了包含七个因素即情报、建议、规定、行使、运用、评价和终止在内的"功能过程理论"。他指出，情报功能（Intelligence）就是获取和处理情报信息以备决策者参考，一般为搜集统计数据或是定性描述以及对未来的预测性报告；建议功能（Recommendation）就是为提高政策方案的质量，邀请立法机关、拥护群体、执政党以及压力集团对政策方案提出建议；规定功能（Prescription）就是对当局的法律规定和制度有清楚明确的概括，以避免决策结果和法律相冲突，导致无效结果；行使功能（Invocation）就是将这些措施临时地应用于大致相近的具体情况；运用功能（Application）就是将这些措施通过法律的形式颁布，并且由全体公民或军队来执行；评价功能（Appraisal）就是对官方的行动通过现实或是假定的情况来评估，主要通过检查和报告的形式进行；终止功能（Termination）就是对已有规定和安排的终止，其主要形式包括撤销行为、条约或合约的终止、身份关系的解除等。以上七个因素的依次关系也是对政策运行过程的完整

---

① Harold D. Lasswell, *The Emerging Policy Sciences of Development: The Vicos Case.*

描述，为形成政策过程理论范式奠定了基础。

与此同时，他还对政策过程中的决策环节提出了自己的理解，那就是在决策前，决策者的智力支持机构应当承担起自己的职能，即为决策者提供信息和辅助性服务，主要是通过趋势报告、科学报告、计划报告、目标报告和政策报告等履行该职能。在此基础上，拉斯韦尔还为政策决策过程提出了自己认为可行的决策技术，即为评估建立专门档案，对评估报告进行仔细考量，对评估进行再考量，检查新的信息，明确目标和可选方案。[①]

3. 对政策科学的再认识

拉斯韦尔在《政策科学展望》（1971）一书中，对政策科学作了进一步的讨论。他把政策科学定义为，对政策制定过程的知识和政策制定过程中的知识的研究，而将政策科学家定义为，那些关注掌握公共和市政秩序的脉络中开明决策相关技巧的人。[②] 他指出，为政策项目最终决定的政策制定者或是谏言者，应当坚持一项普遍的原则，即思路清晰，使政策问题始终与目标价值相关联。在这里，他强调了政策分析中技巧的重要性。而他关于历史的、跨文化的、多元方法的"脉络"的论述，则体现出对以往的政策科学概念的更深刻的认识。同时他也指出了政策制定的困难在于，制定政策并为之设计付诸实现的程序。

进入晚年的拉斯韦尔对政策科学有了更深刻的理解，他在总结前期政策科学思想的不足之后，进一步加深了自己对政策科学的认识。他所提出的政策科学理论显得更加成熟，许多观点和理念都被后来的政策科学家所借鉴，并逐渐完善成为现代的政策科学理论。

第三节　拉斯韦尔思想简评

作为政策科学的创始人和先驱，拉斯韦尔的政策科学理论，构成了政策科学发展的第一个里程碑。他不仅指明了社会科学中的政策科学方向，而且深刻地影响了后来美国的"政策科学运动"。日本学者药师寺泰藏将这段以拉斯韦尔政策科学思想为代表的政策科学发展时期，称之为公共政

---

① Harold D. Lasswell, *Technique of Decision Seminars*, Midwest Journal of Political Science, Vol. 4, No. 3. （Aug, 1960）, pp. 213 – 236.

② Harold D. Lasswell, *A Pre-view of Policy Sciences*. New York：Elsevier Inc. , p. 13.

策学发展的第一个分水岭。拉斯韦尔的政策过程理论成为政策科学研究的经典范式。尽管后来的一些学者对拉斯韦尔的政策过程范式提出了诸多质疑，有些学者还力图创立新的范式以取而代之，但目前还没有一个新的范式能够取代过程范式。许多学者，特别是德洛尔等人直接沿着拉斯韦尔所确定作为一门全新的、综合的、统一社会科学的政策科学方向继续向前迈进，使这一新兴学科不断完善；而另一些学者则吸收拉斯韦尔的有关政策科学的思想，致力于政策分析的研究，突出学科的应用性。这两条路径的各自发展和逐渐合流，构成的恰恰就是美国当代政策科学运动的历史。拉斯韦尔对政策科学创立和发展所做出的贡献怎样估价都不为过。

　　但拉斯韦尔的政策科学思想同样也存在一定的局限性。一是由于公共政策学首创于拉斯韦尔，在之前并没有系统的公共政策学思想和观点，因而拉斯韦尔也很难以一己之力将公共政策学的学科体系全部完善。二是拉斯韦尔身处行为主义蓬勃兴起的时代，所以他不可避免地在公共政策学的创立之初便大力提倡行为主义方法论，这给公共政策学的发展造成了一定的障碍。三是拉斯韦尔为公共政策学的后续研究给出的方向在促进公共政策学发展的同时，同样也限制了其多样性的扩展。四是在考察拉斯韦尔公共政策学思想，需要密切联系其所处的时代及其社会和政治背景，随着人类社会的发展，拉斯韦尔的政策科学理论也需要随着公共政策实践的发展而发展，时代的局限性是不可避免的。

第四章　林德布洛姆的政策思想

第一节　林德布洛姆生平和主要著作

　　查尔斯·林德布洛姆1917年3月出生于美国加利福尼亚州。他是美国当代著名的政治学家、经济学家和"政策分析"的创始人。他于1937年毕业于斯坦福大学，主修政治及经济学；1939年在美国明尼苏达大学经济系任教，进而开始他的教学生涯；1945年获芝加哥大学经济学博士学位；1946年任教于耶鲁大学，为经济与政治学"首席讲座教授"；1954年在著名的行为科学高级研究中心担任研究员；1960年任古根海姆研究中心研究员；1963—1964年出任美国驻印度大使馆经济参赞，并兼任美国国际开发总署驻印度办事处主任；1968—1969年出任耶鲁大学社会科学院院长；1972—1973年担任耶鲁大学政治系主任；1975年任美国比较经济学会会长；1980年当选美国政治学会会长。

　　林德布洛姆在公共政策学领域的研究中，在拉斯韦尔的体系之外另辟蹊径，进行了一系列新的开拓工作。他的"政策分析"理论，为后来的公共政策学研究者提供了宝贵的思想财富，而且尤以其"渐进决策理论"而载誉公共政策学领域。林德布洛姆在从事公共政策学教学和研究过程中，围绕着渐进决策模式写下了大量的著作和文章，其中主要有《政治、经济及福利——计划构成与政治经济系统的基本社会过程》（1953）、《政策分析》（1956）、《"渐进调适"的科学》（1959）、《决定的策略——政治体系是一种社会过程》（1963）、《民主的智慧——经互相调节产生的决策》（1965）、《决策过程》（1968）、《政治与市场——世界经济体系》（1977）。尤其是林德布洛姆的《政治与市场》一书出版后，更是被美国政治学界誉为20世纪最后25年内最有影响力的政治学著作，并由此获美国政治学会的最高荣誉奖——威尔逊政治学术奖。

第二节　林德布洛姆主要政策思想

　　林德布洛姆倡导采用渐进主义的方式进行公共政策决策，其理论内涵随着公共政策实践的发展而逐渐完善和丰富。纵观林德布洛姆公共政策学理论20余年的发展和演进，其中贯穿一条主线，那就是渐进主义。林德布洛姆主要是围绕着决策问题展开其政策理论研究的，并逐步构建了独具特色的渐进主义政策决策理论体系。他虽然在不同的时期，对自己所提出的理论的名称曾使用不同的名词予以概括，但他的思维方式和理论精神却始终如一。

一　林德布洛姆政策思想的源起

　　林德布洛姆的公共政策思想，起源于他对传统理性决策理论和模式的批判。在他步入公共政策领域时，传统的理性决策理论和模式还居于统治地位。林德布洛姆在他的《决策过程》一书中，对传统的或者说经典的理性决策模式作了如下概括："（1）面对一个存在的问题；（2）一个理性的人首先澄清他的目的、价值或目标明确，然后在头脑中将这些东西进行排列或用其他方法加以组织；（3）然后列出所有可能达到目的的重要手段；（4）并审查每项可供选择的政策会产生的所有重要后果；（5）这时他就能将每项政策的后果与目标进行比较；（6）然后选出其后果与目的最为相称的政策。"① 这实际上是对理性决策过程的具体步骤作了描述。在传统的理性决策模式看来，决策过程的每一步都是理性作用的结果，整个过程完全是一个理性算计的过程。从传统的理性决策模式的基本内容可以看出，它在公共政策实践中根本无法遵循，因此，遭到了许多学者多方面的质疑。

　　最先对传统的理性决策理论展开批评的是赫伯特·西蒙（Herbert Alexander Simon）。西蒙认为，按照传统的理性决策理论所构建起来的决策模式，在决策过程中根本不具有可行性。因为人的理性不是万能的、无限的。正是在对传统的理性决策理论批评的基础上，西蒙提出了自己的"有限理性"决策理论。

---

　　① ［美］林德布洛姆：《决策过程》，竺乾威等译，上海译文出版社1998年版，第19—20页。

　　林德布洛姆对传统的理性决策理论和模式的批评更为系统。他对传统的理性决策模式的六个理论预设都提出了质疑，并对其中的每一步都进行了批评。他认为，传统的理性决策理论和模式不切实际，更不可行。按照理性决策模式，第一步就是"面对一个存在的问题"。对此，林德布洛姆指出："决策者并不是面对一个既定的问题，而是必须指认并明确说明他的问题。"① 也就是说，在现实的政策决策活动中，问题不是既定的，而是需要指认和说明的，这就产生了什么是"真正的"问题的疑问。仅仅是对这一疑问的回答，就会产生各种无法通过理性分析解决的争论，因为在这一过程中无法摆脱"政治"因素和"非理性"因素的影响。面对同一客观情境，由于受政治立场、价值观念和其他非理性因素的影响，有人认为是问题，有人认为不是问题；有人认为是这样的问题，有人可能认为是那样的问题，种种争论靠理性分析是不可能解决的。接下来，他对理性决策模式的第二步至第六步进行了全面质疑，认为每一步都超越了人类的智能，因而均无法实现。他指出："上述'经典'的问题解决模式的第 2 步至第 6 步实际上对一些复杂的问题束手无策，即使采用新技术和电子计算机也是如此。一个明智的决策者甚至并不试图去完成这些步骤。澄清和组织所有有关的价值观，排列所有重要的、可能的政策选择，探究每一个选择可能产生的无尽后果，然后将每一个选择的多种后果同阐述的目标进行比较——所有这些都超越了人类的智能，超越了一个决策者为解决问题所能花费的时间和精力，事实上远远超越了他所得到的信息。"② 传统的理性决策理论和模式在政策实践中根本不具有可行性，明智的决策者不可能对此做无谓的尝试。可以说，当时的政策实践正在呼唤一种新的决策理论，林德布洛姆以其"渐进决策"理论回应了这种呼唤。

　　1953 年，林德布洛姆在与达尔（Robert Alan Dahl）合著的《政治、经济及福利——计划构成与政治经济系统的基本社会过程》一书中，首次提出了"渐进主义"（incrementalism）的概念，并对渐进决策模式进行了描述。他们认为，所谓渐进决策模式，就是指在政策决策时从若干个相差不大的方案中，经过价格体系、层级体系、多元体系、议价体系等四个方面的作用，选取其中较好方案的一种决策模式。林德布洛姆的渐进决策模式是经济理论和政治理论相结合的产物。他认为，社会政治过程或者说

① ［美］林德布洛姆：《决策过程》，竺乾威等译，上海译文出版社 1998 年版，第 20 页。
② 同上。

政策决策过程，可以看作是价格体系、层级体系、多元体系、议价体系各自发挥作用和它们之间相互作用的过程。林德布洛姆对不同体系在政策决策中的作用进行了具体分析。

第一，价格体系的作用。在林德布洛姆看来，在政治领域的某些方面遵循着同经济领域相同的规律。经济领域中价格体系的作用同样适合于政治领域。在经济领域，价格通常是由供求关系决定的，在一般情况下，供给多、需求少，价格必然下降；供给少、需求多，价格就会上涨，因此，企业家往往通过控制价格以形成对企业有利的供求关系，从而保证企业有利可图。在政治领域也是这样，社会公众和政治领袖的关系也可以通过价格机制来解释。社会公众的服务需求要通过政治领袖的服务供给来满足，而政治领袖的权力则依赖于社会公众的支持来获得。同价格机制一样，政治领袖通过"服务供给"来控制社会公众，而社会公众又以"是否支持"来控制政治领袖，两者相互制约。政治领袖往往通过对服务供给的控制，以形成对自己获取、巩固和行使权力有利的供求关系。社会公众往往通过对是否支持和支持程度的控制，以获取更多的满足自己需求的服务。

第二，层级体系的作用。林德布洛姆认为，层级体系是政治领袖为实现特定目标，自上而下进行层层控制的工具。由于目标不同，这一层级体系的结构也会有所不同。但是不管结构如何，只有层级分明，上层才能有效地控制下层。在这种层级体系的作用下，下层则没有多大自主权，它必须贯彻上层的指令，以保证政策顺利而有效地运行。

第三，多元体系的作用。林德布洛姆从美国多元化的政治体系出发，认为政策决策通常是一个政治过程，是各种政治力量互动的结果。多元化的政治体系必然形成多元的政治权力中心，每一股政治势力都有自己的政治领袖，而他们又都受到多元体系的控制，因此，政策决策必然是在各种政治力量相互竞争中进行的。

第四，议价体系的作用。林德布洛姆把政策决策过程中，各政党、政治派别和利益集团的妥协退让和政治交易，看作如同市场上买卖双方的讨价还价。正是通过这种议价体系实现对各派政治领袖的牵制，使其无法独断专行。也正是由于受上述各种因素的制约，从而使决策过程中选定的方案往往只是对现有政策的某种调整。调整的幅度可能是微小的，也可能是较大的，但无论什么样的调整其后果都在可控的范围内。

在林德布洛姆看来，这种被称为"渐进主义"的决策模式具有如下的优点：一是决策所选择的方案与现实状况相差不大，可以预测与掌握；二是在一时无法搞清楚人们的各种需求时，渐进方案会以不断尝试的方式找出一种满意的结果；三是易于协调各种相互冲突的目标，不会因远离现有目标，而搞乱了原有目标之间的秩序；四是渐进方式可以通过比较决策前后的差异，来帮助人们检验所做的抉择是否正确，特别是在复杂条件下，可以把某些因素独立出来，清楚地比较其利弊；五是渐进方式比较稳妥，容易控制，能够及时纠正错误，不会导致大起大落，也不会犯一错到底无法挽回的错误。

二　林德布洛姆政策思想的初步发展

1958 年，在《政策分析》一文中，林德布洛姆批评了传统的政策分析方法，提出了他的渐进分析方法。林德布洛姆承认西蒙"有限理性"的观点具有合理性，但他并没有完全否定理性分析的作用。只是在他看来，理性分析不再是制定政策的唯一手段，而是"一种工具或武器"。他在指出理性分析者由于种种原因，将"不可避免地会陷入复杂性的泥沼"的同时，也承认决策者完全可以利用许多技术，如文字工具、数学手段、逻辑归纳分解方法和现代科学技术来扩大他们的能力。这些手段甚至能惊人地改变政策的性质。但是，由于受到文化和意识形态的影响，纯粹的理性分析是不可能。他认为，政策分析的局限性在很大程度上决定于文化，当然伴随着文化的变迁，这些局限性会逐渐消失。然而，文化对政策分析的影响不容忽视。他还认为，意识形态在政策制定中具有非常重要的作用，是对政策分析的一种显著的、专门化的辅助性因素。在他看来，意识形态主要指不同社会组织不可缺少的重要理念，它甚至是使松散的组织能够组织起来的关键性的观念和原则，是社会组织（或者说得具体点，有关政治经济组织）得以维系的重要前提，对政策分析也有很大的帮助。意识形态可以使决策者确定政策研究的视角和界限，从而简化分析内容，进而更好地展开政策分析。但由于意识形态的作用，使纯粹的理性分析也不那么纯粹了。

林德布洛姆给理性下了一个新的定义，他认为"假如一个人追求的目标在实际的世界中存在的话，理性的行为就是扩大目标成就的行为，如果既定的目标不只是一个（通常实际情况就是如此），则一个理性的行为就是扩大纯目标成就的行为"。① 他把理性归结为有意识地扩大目标价值的行为，因而摒弃了传统的追求最大价值的绝对理性的观点。他的渐进主义政策决策理论同传统的理性决策理论的不同之处在于：一是它立足于政策现实，认为政策分析或政策制定需要满足它对现实情况的需要；二是渐进分析在某种意义上可以被称为有限分析，它只关注几个重点变量和解决方案；三是渐进分析中价值与事实是一体的；四是渐进分析的可控性较强，对现状的改变较为温和。

1959 年，在《"渐进调适"的科学》一文中，林德布洛姆进一步批评了传统的政策分析模式，系统地阐述了他的"渐进调适"模式。他对传统的理性决策理论的"经典模式"的批驳主要集中在以下几个方面：一是政策问题的界定超越了分析能力。关于"什么是真正的问题？"，不同人有不同的看法，存在着各种争论。但是，怎样解决这一问题呢？在林德布洛姆看来，并不存在一种通过分析来解决这一争论的方法。二是问题的复杂性和信息的不充分性使理性分析陷入困境。理性决策模式主张，在决策过程中，决策者对解决问题可供选择的每一个方案都要加以考虑，对每一个方案可能出现的结果都要进行调查和研究，并通过对每一个方案可能出现的结果与其他方案的比较选择一个最佳方案。林德布洛姆认为，由于问题的复杂性和占有信息的不充分性，政策分析不是万能的，对于一项复杂的决策来说分析永远是没有穷尽的，有时或许还会造成错误；而且现实的决策中，也不可能漫无止境地分析下去，因为一方面，政策环境变化较快，决策者需要在新情况出现之前做出决策；另一方面，政策分析的费用过于高昂，并非所有政策都需要进行全面系统的分析。三是确立目标和价值观的困难。理性决策模式的一个重要前提是，在决策过程中引导决策者作出决策的各种目的、价值或目标不仅明确，而且可以按照不同目的、价值和目标的重要程度予以排序。林德布洛姆认为，在决策过程中，目标的确立和价值观的选择是非常困难的。原因在于决策集团内部个人的价值观存在着差异，因此在选择决策备选方案时出现"意见不一致是不可避免的"，依靠分析并不能解决决策者价值观不一致的问题，因为一方面，价值观是不能被证实的，因此，分析既无法证明任何人的价值观，也无法命令统一他们的价值观；另一方面，在决策标准上，决策者也很难取得一

① Robert. A. Dahl and Charles. E. Lindblom, *Polities*, *Economics and Welfare*, The University of Chicago Press, 1953, p. 38.

致的意见。有人认为"公共利益"可以作为政策制定的标准，而林德布洛姆则不同意这种观点。他认为，公众关于公共利益很难达成一致，现有的所谓公共利益很难代表公众的意志。四是分析往往会受到抵制。理性决策模式所主张的政策分析，往往会受到来自各方面的抵制。林德布洛姆认为，人们存在着对分析的"巨大冷漠"，甚至不愿意尝试去通过分析进行决策。同时，人们的理性本身就是有限的，而且在公共政策分析过程中还要受到诸多非理性因素的影响。

林德布洛姆认为，传统的理性模式作为一种分析方法，在现实的政策决策过程中也是行不通的。他极力倡导自己所提出的"分支方法"。所谓分支方法，实际上是一种动态的系统方法，是一个在不断积累经验的基础上逐步合并归类的过程。在他看来，这种政策分析或政策制定模式比较实际、比较科学、比较妥当。他还将这一模式同传统理性模式加以比较，指出了它们之间的主要区别。他认为，传统的政策分析模式将目标当作政策分析的前提，在目标与手段的分析中，先确立目标而后寻找手段。传统模式认为"好"的政策是实现目标的最佳手段，主张综合或全面的分析政策，并十分强调理论在政策分析中的作用。与这种传统模式相反，分支方法构建了一种"渐进调适"模式。这一模式认为，不能把目标与行动或目标与手段截然分开，它们之间是相互联系的，不存在先确立目标然后再寻找手段的问题。目标和手段之间有一个渐进调适的过程，而且这种调适是双向的。"渐进调适"模式认为"好"的政策是由"共识"产生的。它主张有限分析，在分析过程中对某些后果、可行方案和价值标准等可以忽略不计，并可以通过连续比较来减少对理论的依赖。

1963 年，在与布利布鲁克合著的《决定的策略——政治体系是一种社会过程》一书中，林德布洛姆又将他的政策分析模型命名为"断续渐进主义"，同时将传统的理性决策模式称为"全面分析"。林德布洛姆所谓的断续渐进主义有一个非常突出的特点，那就是考虑时间的差距从而进行边际的选择，并且关注有限的政策方案和有限的行动后果。其主旨在于调整决策目标，重新检查已有的政策资料，展开连续不断的补救性政策分析和针对社会某一方面的分析。

三　林德布洛姆渐进主义思想的最终形成

1965 年，在《民主的智慧——经互相调节产生的决策》一书中，林德布洛姆阐述了如何通过互动过程做出决策，并促使决策的参与者在互动过程中激发智慧。1968 年，在《决策过程》一书中，林德布洛姆在批评了理性决策模式，阐述他的渐进决策分析理论后，就转入了对决策过程的具体分析。林德布洛姆的分析，主要是围绕着社会各种力量在决策中的权力运用展开的。在他看来，政策决策是权力运用中公民、投票人、政党、利益集团领袖和直接决策者各自行使权力，相互影响和相互作用的过程。渐进的决策分析战略和多元的决策结构成为《决策过程》一书的主要框架。1979 年，在《尚未达成，仍需调适》一文中，林德布洛姆对自己的渐进调适理论进行了系统的补充和辩护。他在文章中区分了渐进政治、渐进分析、党派相互调适等概念，重点补充了"党派相互调适"和社会组织等方面的内容。他还对渐进分析的层次进行了划分，把它具体划分为简单的渐进分析、断续的渐进分析和策略分析三个层次。上述思想进一步完善了他的决策分析理论，同时也标志着林德布洛姆渐进主义政策决策模式的最终形成。林德布洛姆的渐进主义政策决策理论，主要是由渐进决策分析和多元决策分析两个方面组成的。

1. 渐进决策分析

林德布洛姆在对传统的理性决策理论进行批判的基础上，以人的理性的有限性作为理论的出发点，提出了渐进决策分析理论。与传统的理性决策模式所主张的综合或全面的分析不同，林德布洛姆认为，把所有重要的东西都考虑进去是不可能的，现实中的分析往往是非常有限的。由于人类在认识能力上受到的限制以及所能够获得的信息的不充分，没有人能够运用综合全面的分析方法，去解决十分复杂的政策问题。他主张只能进行有限分析，这就要求决策者必须将复杂的政策问题加以简化。在他看来，简化的方式主要有两种，一种是通过比较来简化，也就是对那些在程度上与现在执行的政策差异较小的政策进行比较，简化分析的内容；另外一种是通过忽略来简化，即可以通过忽略某些备选方案、忽略某些后果和价值因素来缩减分析的任务。林德布洛姆提出的渐进决策理论更注重现实。传统的理性决策模式认为，可以找到一个各方都一致同意的、明确的价值标准，这个价值标准与经验性的备选方案相区别，前者形成目标，后者是实现目标的手段，前者是后者的前提。但是，林德布洛姆指出在许多价值标准或目标上，社会中存在着不同的价值偏好，决策者无法找到一致同意的价值标准，而且即使是同一个政策问题的价值标准也会随着环境的不同而发生改变。因此，在政策制定过程中，决策者在同一时刻既确定价值标准，也做出政策抉择，也就是说目标和手段是同时选择的。

在林德布洛姆看来，所谓渐进决策，就是指决策者在决策时以既有的合法政策为基础，采用渐进方式对现行政策加以修改，通过一系列较小的改变，在社会稳定的前提下，逐渐实现决策目标的决策过程。渐进决策需要遵循三个基本原则：一是按部就班原则。林德布洛姆认为，虽然看起来渐进的改革并不像"英雄人物"所为，但却是个实际意义上的问题解决者。二是积小成大原则。林德布洛姆认为，渐进决策可以通过对现实的逐步改善，积小的变化为大的变化，从而达到变革的目的。三是稳中求变原则。在林德布洛姆看来，政策的巨大变动会影响到社会的稳定，因而在保证政策稳定的情况下，通过一系列小的变化以达到根本变化的目的才是最为可取的。这种方法不但成本较低，而且阻力较小。

在林德布洛姆看来，公共政策之所以不能进行理性化的全面分析，而要采用渐进分析方法，原因在于公共政策必然要受到政治因素、社会成本、技术和其他原因的影响，正是这些因素决定着公共政策决策必然是一个渐进的过程。

第一，政治原因。林德布洛姆的政策思想不可避免地要受到他所面对的美国政治的影响。作为一个稳定而有序运转的现代政治系统，美国政治中轮流执政的政党及其政治领袖，对于许多政策甚至基本国策看法的差异程度很小。林德布洛姆指出，在美国两个主要政党在基本原则上的意见是一致的，它们向选民提供的可供选择的政策往往只存在相对细微的差别。这种政策趋同现象，一方面是由于其阶级利益的一致性；另一方面也反映了选民对政党要求的相似性。在和平时期，决定一个政党能否上台执政的重要一点，是看其解决实际社会问题的能力。而在一定时期内，解决一个公共问题的政策方案往往是相似的，不同的执政者很难用截然相反的政策来成功地解决同一个问题。而且，一项政策一旦成功地解决了社会公共问题，该政策就会深入人心，获得社会的普遍认可和支持，从而具有很强的合法性。所以各个政党之间虽然也有矛盾和斗争，但一般来说不会引起政策的剧烈变化。在林德布洛姆看来，西方国家尤其是美国所推行的两党制政治，其本质就是一种渐进的政治。从政党内部形成政策决议开始，一直到国会最终通过政策意见，每个决策环节都是对以往政策的渐进性修正，从而形成了一个公共政策渐进决策的体系和过程。

第二，社会成本原因。林德布洛姆认为，社会是由不同阶层、不同种族组成的，缺乏一致的社会价值标准，不同的社会团体各有其不同的价值目标。一种政策一旦付诸实施，就会因为它对利益的调节作用而形成一定的利益结构。重大的政策调整实际上是对既得利益的再分配，必然在一定时期内对特定阶层的既得利益造成某种程度的损害。重大政策变化打破了现行的利益格局，不可避免地要遭到既得利益者的反抗和他们对新政策的冷漠，同时也会迅速激起各种强烈的、相互冲突的新的社会需求，而政策满足需求的能力往往远不能达到社会对它的要求，严重的社会冲突和混乱局面在所难免。新旧秩序间的严重断裂，以及可能出现的政治失控极大地加剧了决策者的负重程度，并在它难以承受时成为社会冲突的根源，导致整体性的制度危机，这将使变革付出极高的社会成本。实际上，对于决策者来说，最危险的时期往往就是他们对社会问题做出反应、进行变革的时期。全面变革的现代化过程是一个充满冲突、混乱无序的社会动荡时期。而如果政策的变化仅限于修改现行政策的某些方面，则更容易被社会各方所接受，因此，政府为维护社会稳定，获取社会支持，往往希望延续现行的政策，而不愿进行全面的政策变革。因为它虽然可能达成特殊的社会目标，但也要付出极大的社会成本。因此，在林德布洛姆看来，渐进决策是一种比较成熟和理智的方法，在维持社会和政治系统的稳定方面具有重大的作用。

第三，技术原因。林德布洛姆认为，公共政策决策的成功源自于对政策信息的充分掌握。决策者掌握的政策信息越充分，对政策方案可能造成的结果了解得越彻底，政策决策成功的可能性也就越大。但是，在现实环境中决策者不可能具备充分的信息或拥有足以判断政策环境与决策方案优劣的技术与能力，换句话说，决策者由于技术条件的限制不可能充分地掌握决策方案。因此，决策者最现实的方法就是在对现有的、能够掌握的方案进行修订的情况下，一边执行，一边根据实际情况进行不断的修正，以完成政策目标。

此外，每一项公共政策在实行之后，都会带来一定的沉淀成本，这些沉淀成本必然会成为决策者无法忽视的因素。林德布洛姆认为，决策者在决策时很难做出完全抛弃以往沉淀成本的"巨变"式决策，同时为了避免对社会的稳定造成冲击，决策过程也只能是渐进的过程。

2. 多元决策分析

多元互动的决策制定过程是林德布洛姆决策理论又一核心内容。林德布洛姆不同意对美国决策系统"真正"运行的三种流行看法，一是认为这一系统失去了控制，它对任何人都不以任何理性的方式做出反应；二是这一系统实际上处于精英人物的控制下；三是这一系统不管由谁控制，都不能对普通的公民做出充分的反应。① 他认为，问"决策是谁做出的"，不如问"决策是由什么制定出来的"。在他看来，民主决策的过程是一个社会相关各阶层广泛参与的过程，是直接决策者与影响阶层之间的一种复合性互动的过程。他们拒绝用权威节制利益表达，而主张在竞争中表达自己的意愿，在冲突中寻求一致。决策过程既不应是简单化的单一利益的反映，也不应是各种利益无休止地冲突。公共政策是通过不同的公共政策主体相互施加影响的复杂过程制定出来的，原因在于西方当代多元民主体制的结构以及各种集团和力量对政策所产生的影响，决定了决策者在决策时必然受到多方面的限制，使得他们只改变政策选择的结构（这同他的渐进决策思想是相吻合的），而不会为了赢得支持，在权力运用中提出一些本来无法实现的政策。而"民主的智慧"就是在于能够，而且必须在动态的相互竞争与妥协中达到均衡，形成决策。因此，在政策决策过程中，决策的参与者和决策权力的运用就成为非常重要的因素。

（1）决策的参与者

林德布洛姆根据决策中参与者的影响力大小及性质的不同，把他们区分为两类：直接决策者和其他参与者。前者主要指那些直接参与政策日程安排、政策方案草拟、抉择与表决通过等活动的人员，包括总统、立法者、行政官员以及法官；后者则指除前者之外的所有社会团体或公民个人，包括一些利益集团领袖、普通公民以及政党等。

首先，直接决策者。林德布洛姆认为，在决策过程中，并非所有的公民都能成为直接的决策者，他们将直接的决策任务交给少数人。林德布洛姆着重分析了以下直接决策者：其一，总统。在美国的政治体系中，总统在政策决策中具有重要地位。美国宪法赋予了总统极大的行政权力，相当于集"国王与首相于一身"。之所以如此，主要原因是在林德布洛姆所处的年代，为了适应"冷战"的需要，美国国会逐渐的将手中的权力授权给总统，使总统的决策权力不断扩张。林德布洛姆所处的年代，也是一个公共权力机构的任务不断增加的年代，国会将某些新增加的任务授权给行

---

① ［美］林德布洛姆：《决策过程》（译者的话），竺乾威等译，上海译文出版社1998年版，第5页。

政官员，伴随着政府承担的职责越来越多，也进一步增强了总统对决策的影响力；美国总统自身也在要求加大其行政权力，以适应社会管理的需要。一方面，议员把提出重大立法的权力和明确的责任授予总统，确立了总统领导立法的权威；另一方面，总统作为政党的领袖也行使法律之外的权威；总统甚至会使用权威干预其职权之外的政策事务。其二，立法者。在美国政府中，除了授权给行政部门及法院的专门决策外，所有的政策必须通过立法予以规定，因此，立法者在决策过程中发挥着很大的作用。在立法者与选举他们的选民之间的关系上，林德布洛姆认为大致存在三种情景，即受托者、代表和政客。作为受托者的立法者认为，自己的判断或意见最能维护公共利益或真正地反映所代表的选民的"真实需求"。因此，决策时他们将按自己认为是否正当而行事，如果发现自己与选民意见不一致，他们将竭力说服选民；作为代表的立法者一般不运用自己的独立判断，没有自己的原则，认为自己唯一应当做的事情就是忠实地听从选民的意见；作为政客的立法者往往立场不确定，在一些问题上充当受托者，在另一些问题上充当代表，甚至在同一个问题的某些方面或者决策的某个环节扮演受托者的角色，而在其他方面或环节则以代表的身份出现。同时，林德布洛姆也指出，由于广大选民对许多重大的决策没有充分的信息和兴趣，从而没有自己明确的意见，因此导致立法者常常成不了"代表"，即使他愿意这样做也无济于事，这就要求立法者行使他的决定权。在这方面，立法者的一个重要作用就是对政策决策做出选择，并以此为依据安排他们的时间、资源和投放精力的领域。其三，行政官员。林德布洛姆认为，在行政体系的最高层，行政官员不可避免地要制定政策，因此，他们也要发挥直接决策的作用。因而他们也面临着与立法者相同的问题，即根据什么来做出决策，是自己的判断还是立法者的意愿。行政官员在决策中具有多方面的责任，要准确描述行政官员的决策作用是非常困难的。其四，法官。传统的观点认为法官只是解释法律，林德布洛姆则认为在许多情况下，法官也可以制定政策。林德布洛姆认为，"每个人都是集团生活的产物"。他在家庭、学校等社会集团中形成自己的政策偏好和价值观。在直接决策者与利益集团的关系上，直接决策者并不只是集团冲突的裁判员，他们实际上发挥着远比裁判员更重要的作用，"他们是权力运用的主角"。而且直接决策者也并不只是为集团的私利服务的，他们同时也追求局部和整体的利益。

其次，其他参与者。林德布洛姆认为，由于决策过程中的参与者没有一个能够精通所有的领域和决策的所有方面，因此，在决策系统中，特别是在民主的系统中，可以通过许多参与者之间的合作来制定政策。林德布洛姆指出，政策决策是一种共同合作和集体努力的产物，原因在于它超越了任何承担决策任务的个人或小集团的能力范围。他认为，直接决策者之间也需要合作，因为他们除了遵循一般性的规则之外还要受到自身规则的束缚，因此只有在相互施加影响的过程中，才能重新考虑自身的政策立场。林德布洛姆进一步指出，直接决策者之间的合作主要有两种，有组织的合作也就是正式合作，此外还有非正式合作。他认为，直接决策者还需要同其他参与者合作。其他参与者主要有：其一，利益集团领袖。林德布洛姆认为，利益集团可以帮助人们让决策者注意到他们的需要，但利益集团只能传达愿望，而没有权力来直接制定政策。在决策过程中利益集团参与的主要手段是说服，而且说服的作用是强有力的。利益集团的领袖作为决策过程积极参与者中的重要组成部分，他们所依赖的行使权力或影响力的主要方法，是通过党派分析进行说服。正因为如此，他们实际上成了那些握有实权的直接决策者的信息和分析的主要来源。利益集团虽然拥有巨大的力量，但是也存在着某些局限性，主要表现在：利益集团之间也存在冲突，这会抑制他们的影响力；利益集团并不总是具有能独自驾驭其成员的所有政治能量；在现有利益集团不能满足大众需要的时候，可能会产生新的利益集团；利益集团的大部分工作时间都在向成员解释政策，而不是向决策者表达利益诉求。其二，普通公民。林德布洛姆认为，只有极少数公民对公共政策决策抱有热情，大多数普通公民对于政策决策相对冷淡，总是寄希望于政府的政策决策者。他指出，单个人的投票对政策的影响总是有限的。当然除投票外，公民参与决策过程还有其他的形式，但由于种种原因所发挥的作用也大打折扣。这里所说的其他形式，主要有参与政党工作和参加利益集团等。参与政党工作是公民参与决策的一条重要途径。但是大多数政党工作者参与政党工作的原因，并不是为了促成他们所喜欢的政策。当然也有少数公民参与政策信息的收集、讨论和交流工作。参加利益集团也是公民参与的重要形式，但许多公民只是将其作为委托决策任务的另一种方法。此外，不服从或内乱也是参与决策过程的有效方法，因为它在民主政体内制造了困境。在林德布洛姆看来，政党竞争给了公民表达愿望和进行选择的机会，因此他们更主要的是通过政党对决策施加影响。其三，政党。林德布洛姆认为，政党为实现夺取政权的目的，必然推动自己和其候选人去研究公民希望得到些什么，以便采取他们认为符合公民需要的政策立场来吸引选票，这就导致了政党会更为积极地响应公民的政策要求。但有时候，一个政党是通过关注选民对某项政策立场的偏爱强度来制定政策的。在这种情况下，政党迎合的是持强烈关注的少数人，而不是不很在意的多数人。因此，有时处于控制地位的是某些少数人而不是多数人。而且当政党内部缺乏团结，或者对公民的偏爱无法确定的时候，也限制了它对公民的帮助。政党可以对投票人的政策偏好做出回应，但有时这些偏好实际上不是投票人的而是政党自身偏好的反应。反对党则通过对执政党不断加以监视，并提出言之成理的批评和对公民提出其他可供选择的政策，对政策进行控制。

由此，林德布洛姆构建了梯级式的民主决策模式。在他看来，政党、直接决策者、利益集团领袖以及其他领导人，并不只是对公众的偏爱做出反应，他们还以各种不同的方式告知、说服和教导公众。在林德布洛姆看来，决策过程是循环的，也可以把它看成一架梯子，行政首脑在上，普通公民在下，其他参与者居中。公民自下而上地反映他们的意见和偏好，但在梯子的每一级，一个信息更丰富、更积极或更负责的决策参与者，自上而下地把一些有助于下一级参与者澄清和修正其政策立场的信息、分析和建议输送给他。这一输送到达最底层，以帮助公民理解和更好地表达自己的愿望和需要。因此，在这个循环的决策过程中，政治领袖在决策中具有很大的回旋余地，只要他们意识到有可能重建公民和决策中其他参与者的偏好，就会巧妙地改变政策决定在其选择范围内的地位。

（2）决策过程中权力的运用

林德布洛姆认为，政策分析不管如何扩大范围也总是不够的，不可能通过分析找到被证明是正确因而为人们普遍接受的政策。但是，总要有人担负起为社会决定政策的任务。所以，必须有人来掌握或被授予决定政策的"权力"，从而履行决策任务。事实上"权力"常常掌握在几个人手里，而不是掌握在一个人手里。因此，政策是通过这些人彼此行使权力或影响力的复杂过程制定出来的。

在决策的过程中，权力的运用应当规范。正如林德布洛姆所说，权力本身就是人们制定的用来管理决策过程规则的产物。所谓决策规则，就是具体规定每个参与者在决策中能够做什么、不能做什么、必须做什么以及他应该服从谁、能够指挥谁。他认为，许多决策过程中的规则是根据法律制定的，可以在法令、行政裁定、行政命令以及司法决定中找到大量的规则。宪法更是集这些规则之大成。同时他也指出，规则有时可能被行动惯例所取代，在有些情况下，人们习惯于某些行为方式，并非因为他们感到内部或外部的规则要求他们必须这样做，而是出于惯常的行为模式。在决策过程中，各参与者必须遵守权力运用的规则。这是因为，一方面，规则具有实用性。决策者感到遵循这些规则有利于进行决策，而且遵循这些规则比遵循其他规则可以做得更好。另一方面，规则具有强制性。在决策过程中，不服从规则很有可能会剥夺一个决策者同其他决策者的交往权利。可以推论，在通常情况下，决策者只有严格遵守大家共守的规则，才能真正有效地拥有决策权，否则他将被视为"局外人"，或者受到直接的惩罚，如法律制裁，或者受到隐性的抵制，如拒绝交往合作，他的决策目标很难实现。

在林德布洛姆看来，"权威"是一项非常重要的规则，它并不直接规定一个人能做什么或不能做什么，而是规定他必须做某一特定人物让他做的事情。实际上，权威是被要求服从的人所做出的让步，是一种针对被控制者的行为规则，当然权威也是有限度的。由于许多政策问题在决策权力运用中交织在一起，权威也可能被间接运用，也就是决策者可以利用手中对某一领域的权威来对他没有权威的政策领域施加影响。通过这种方式，一个决策者可以运用他的合法权威建立一种新的、超越法律的权力。这也大大增加了决策合作的复杂性。权威在决策过程中非常重要，一个直接决策者要用说服的方法来控制另一个决策者，需要运用自己的权力和影响力，而这些权力和影响力差不多都是建立在权威之上的。林德布洛姆还指出，金钱对决策具有头等重大的影响，因此每一个政治系统的规则都要限制决策中金钱的应用。然而，由于财富是按照人们制定的规则进行分配和使用的，所以财富在决策中的作用进一步说明了权力运用对规则的依赖性。①

林德布洛姆还通过一系列的相关研究，进一步完善和丰富了渐进主义的政策决策理论。1977 年，在《政治与市场：世界的政治——经济制度》一书中，林德布洛姆巧妙地结合了比较经济学和比较政治学两大学科的对

---

① ［美］林德布洛姆：《决策过程》，竺乾威等译，上海译文出版社 1998 年版，第 193—194 页。

象与方法，避开了传统的市场与计划、"资本主义"与"社会主义"、集权与分权的分析套路。他运用了"权威"（国家权力）、"交换"（市场关系）、"说服"（训导制度）三个概念，考察了世界各国主要政治经济制度的结构、组织方式及其意识形态，寻找各种体系的异同，客观分析它们的起源、现状及走势，比较评说它们的成就和缺陷，以考察在不同的政治经济制度下，政策决策过程的内在机制及其特点。1979 年，在与人合著的《有用的知识：社会科学和社会问题的解决》一书中，林德布洛姆系统论述了社会科学如何成为"有用的知识"，从而成为解决政策问题的工具，进一步丰富了渐进决策理论。

第三节　林德布洛姆思想简评

在公共政策学的创立阶段，林德布洛姆无疑做出了巨大的贡献。与同时期的拉斯韦尔、阿尔蒙德等人相比较而言，林德布洛姆的政策思想是完全不同的，他从一个新的角度，即政策制定过程以及在这一过程中多元权力的协调、现实的民主政治体制等问题入手，考察实际政治决策的运行机制，通过分析现实的政治过程，提出自己的决策思想，用以指导政策的制定。他主张用一种实验的、摸索的和民主的观点来指导决策的实践，反对在政策制定中的盲目追求最优和独断专行。他的政策思想，为政策研究开辟了一个更加符合西方社会现实政治过程的新角度。而且林德布洛姆的政策思想也并没有随着他本人的去世而日渐消弭，相反，随着他的学生威尔达夫斯基及威尔达夫斯基的学生金登等人的不断推陈出新，林德布洛姆的政策思想在不同的时代背景下焕发着新的光辉。

从政策决策的角度看，林德布洛姆的政策思想不失为一种有用的，而且是能够有效解决公共政策问题的思想。当然，林德布洛姆的政策思想同样存在一定的局限性，那就是它只适应于相对稳定和变化较少的社会环境，如果出现较大的社会变迁，这种决策方式不仅无法起到改善社会现状的作用，还有可能成为阻碍社会进步的因素。因此它是一种相对保守的政策理论。在社会大变动时期，往往更需要激进决策理论或超渐进主义理论来指导公共政策实践。当然，对于这一点林德布洛姆晚年已经意识到了，因此对其政策思想也进行了相应的修正。

同时，需要注意是，林德布洛姆的公共政策学思想是建立在以美国为主的西方政治体系的基础上的，因而其实质是对当时美国的公共政策现实的反映。所以在考察林德布洛姆的政策思想时尤应重视其思想产生的年代背景。林德布洛姆的大部分政策思想都是在 20 世纪 50—60 年代提出，其思想呈现出了较多的精英主义特征。但随着时代的发展，美国政治环境也发生了较大的变动，尤其是 1964 年以后美国政府陆续出台了三部《民权法案》，民众政治参与的权利得到了保障，美国公共政策的现状因之发生了根本性的变化，公共政策学也随之进入了第二个时代。为适应公共政策现实的变化和挑战，林德布洛姆也部分修正了自己的观点，其政策思想开始逐步呈现多元发展的特征。这是在研究林德布洛姆公共政策思想时应注意的一个重要问题。

第五章　戴维·伊斯顿的政策思想

第一节　戴维·伊斯顿生平和主要著作

　　戴维·伊斯顿1917年6月24日出生于加拿大的多伦多，他的大学本科就读于多伦多大学，并于1939年毕业，1943年他前往美国进行学术研究，此后一直到1947年，他在哈佛大学获得了硕士和博士学位，期间，他还一直担任该校的助教。但他的求学生涯并未因此结束。在1970年，他在麦克马斯特大学获得了法学博士学位，在1972年，他还进入了卡拉马祖学院。他是美国著名政治学家，政治系统论的创始人，后行为主义"新革命"的发起者以及后行为主义政治学的倡导人。

　　1947年，他在芝加哥大学的政治学系任教，开始了他的职业生涯。作为一名富有天分的政治学家，伊斯顿的职业生涯无疑是一帆风顺的。1953年，他开始在芝加哥大学担任副教授，1955年，即被聘任为教授。在1984年，伊斯顿被评为安德鲁·麦克利什社会思想杰出服务教授（Andrew McLeish Distinguished Service Professor）。1997年，他还被美国加州大学欧文分校任命为政治科学系特聘研究教授。

　　1955年，伊斯顿曾担任布鲁斯金学会的顾问。1955—1956年，伊斯顿任职于密歇根大学心理健康研究所。1957—1958年，他还曾担任斯坦福大学行为科学高级研究中心的研究员。1960—1961年，他受福特基金会赞助成为一名福特教授。在1962—1964年，伊斯顿担任了美国大学间政治研究联盟执行委员会委员。1964—1966年，任职于加拿大皇家双语与双文化委员会。从1966年起，伊斯顿担任了《政治科学方法论》《青年与社会》《国际政治科学文摘》等杂志的编委，负责政治理论方面的编辑工作。在1968—1970年，伊斯顿还担任了美国国家科学院国家科学研究理事会信息与行为科学委员会主席。

作为美国政治科学协会的前会长，伊斯顿被美国学术界公认为对政治科学的发展做出突出贡献的当代学者之一。他还是加州大学尔湾分校政治学系的杰出研究教授。

20世纪五六十年代，行为主义政治学崛起，并在美国政治学研究中居于主导地位。政治学中的行为主义是一种用观察到的行为来解释政治现象，努力使政治学成为一门真正科学的政治思维及运动，其核心信条是按照自然科学的方法论及模式来塑造政治学。在"行为主义革命"的推动下，战后几十年美国政治学取得了长足的发展，出现了大量的新主题，形成了许多新理论，一些原有的理论主题也得以深化或拓展。伊斯顿率先将"系统"概念引入政治科学，创立了政治系统论，并于1953年出版了《政治系统》一书，对政治学现状进行探讨。该著作在政治学说史上具有革命性意义。1965年，他先后发表了《政治分析的框架》和《政治生活的系统分析》，进一步完善了政治系统分析理论。这三本书被认为是政治系统分析的经典之作，并被誉为"政治系统分析三部曲"。

第二节　戴维·伊斯顿主要政策思想

戴维·伊斯顿政策思想最突出的特点，就是把系统理论引入政策分析领域，创立了政治或政策的系统分析理论。正是由于伊斯顿把系统理论引入政治研究，在政治学界掀起了系统分析的浪潮。许多著名的政治学家或是扩充和修正，或是具体应用了伊斯顿的政治系统分析思想，从而使之成为当代政治分析中影响最大的一种新的理论和方法。

一　戴维·伊斯顿政策思想的理论出发点

后行为主义政治学理论和系统科学理论，构成了戴维·伊斯顿政策思想的理论出发点。由于行为主义政治学自身的局限性，决定了它必然为后行为主义政治学所取代。为了推动政治学的新发展，使政治学能够真正为现实的政治服务，伊斯顿摒弃了政治学的行为主义传统，发动了政治学的后行为主义"新革命"。正是适应政治学后行为主义新革命的要求，伊斯顿把系统科学的理论和方法引入政治学，创立了政治系统论。伊斯顿的主要政策思想就体现在他的政治系统论之中。

1. 政治学后行为主义"新革命"

20世纪50年代，行为主义政治学迅速崛起，并在美国政治学研究中逐步居于主导地位。政治学的行为主义是一种用可观察到的行为来解释政治现象，努力使政治学成为一门真正科学的政治理论和政治运动，其核心是按照自然科学的方法论及模式来重塑政治学。在"行为主义革命"极大地推动了美国政治学发展的背景下，伊斯顿率先将"系统"概念引入政治学。

到了 20 世纪 60 年代，美国的政治领域出现了一系列新的问题，如种族冲突爆发、民权运动风起云涌、城市骚乱不断、反文化运动愈演愈烈、政治领袖相继遇刺、贫困和社会不平等加剧、深陷越南战争泥潭、政治环境恶化，等等。而行为主义政治学对此既不能做出合理的解释，也无法为解决上述问题提出切实可行的对策。面对如此状况，行为主义政治学遭到了猛烈的批评。这一切也引起了政治学家及其他社会科学家对自身社会责任感的反省，并对行为主义政治学主张的价值中立和纯客观研究产生了怀疑。以至于在 60 年代末和 70 年代初，发生了政治学后行为主义"新革命"。

后行为主义"新革命"实际上是美国政治学领域的一场改革运动，它的兴起标志着行为主义政治学的衰落。伊斯顿是这场后行为主义"新革命"的发起者。1969 年 9 月，伊斯顿开始担任美国政治学会的会长，他就职演说的题目就是"新的革命"。他在演说中指出：美国政治学正在发生一场新的革命……它的口号是关联与行动，它的批评对象是学科、专业和大学。他说，前一场革命，即行为主义革命还没有完成，就被政治时代日益增长的社会政治危机所抛弃。他认为，正是行为主义注重方法而忽视内容，注重事实而忽视价值等方面的缺陷引发了政治学研究的危机。为此，他呼吁政治学者要注重对那些迫切需要解决的社会问题的研究，关注人类价值，谋求社会福利，用知识促进社会改革，以科学方法为手段建设理想社会。伊斯顿的演说产生了广泛的影响，被称为后行为主义"新革命"的一份迟到的宣言。这场革命推动了传统的政治理论或政治哲学的复兴，也提升了政策科学或政策分析的地位。甚至有相当数量的学者主张用政策科学来取代政治学的研究。①

2. 系统科学的理论和方法

系统科学的理论和方法刚刚诞生，就在科学研究领域，尤其是社会科

① 陈振明：《当代西方政治学的新知识图景——学科、流派与主题》，《教学与研究》2004年第 1 期。

学领域产生了极为深远的影响。政治系统论也成为当代政治学中地位显赫的一个流派。把系统科学的理论和方法引入政治学，就肇始于伊斯顿。他面对美国政治学大大落后于其他社会科学，政治学理论的发展无法对现实政治做出有效的应对和缺乏起码的人文关怀等状况，提出了自己的看法。他认为，上述问题主要是由以下原因导致的，一是政治学的一些基本概念（国家、权力等传统主义政治学主流概念）含义模糊不清并缺乏有效的解释；二是在政治学学科发展的初级阶段，人们不太注重阐述命题的严格态度或表达概念含义的确切程度；三是政治学学科研究工作缺少可靠的知识以及系统表达见解的方式；四是对政治学研究的方法论问题关注程度不高，对资料收集的技术性问题重视不够；五是政治学理论不能适应时代变革的需要而发展，等等。这一切使政治学学科发展的成熟程度，远远落后于社会科学的其他学科，至今仍在发展的初期阶段徘徊。

正是在这样的背景下，伊斯顿提出要运用系统理论来克服美国政治学学科研究工作中的缺陷，并把系统理论作为政治学的一个重要理论来源，为此他对系统分析方法进行了具体的论证。在他看来，人类的政治生活必然涉及一个社会所实行的权威性政策及其付诸实践的方式这一重大的理论问题，而政治学家采用系统理论的研究方法来分析人类的政治生活，可以较为深刻地揭示政治生活中一些重要的变量性概念以及它们之间的关系，从而进一步揭示人类以何种方式影响权威性政策的制定和执行，进而达到实现参与政治生活的目的。他认为，形式分析已经过时，政治分析不能局限于法律认可的组织，而应研究政治过程、政治结构、政治系统和一切政治组织。① 伊斯顿把政治系统作为基本的分析单位，来研究各种系统的相互作用，并着重研究政治系统与环境之间的互动以及系统是如何满足需求、获得支持、维持秩序的。伊斯顿把政治生活看作一个复杂的过程、一个行为系统。在这一行为系统中，某种输入被转换为输出，例如官方政策、执行行动等。这一行为系统与环境（其他系统）总是处于相互作用的过程之中。传统政治研究中均衡分析的主要缺陷在于，忽略了系统对于环境影响的应变能力。伊斯顿认为系统处于环境中，易于受到环境的影响。系统为了维持下去，必须采取措施，形成必要的政策输出。

---

① 唐亚林：《政治体系·国家·无产阶级专政体系》，《华东理工大学学报》（社会科学版）2005 年第 4 期。

二　戴维·伊斯顿政策思想的基本内容

戴维·伊斯顿在《政治生活的系统分析》一书中，对一系列有关政治系统分析的问题进行了全面而深入的讨论，主要涉及如下问题：对一个政治系统产生影响的因素是什么？它们是怎样影响政治系统的？系统以什么样的方式缓解这种压力？如果系统要获得支持、稳定秩序，必须采取哪些措施？等等。对上述问题的讨论，同时也展现了伊斯顿政策思想的基本内容。伊斯顿主要运用输入—输出—反馈这一系统分析的基本框架，对政治系统进行了分析，从而揭示了政治系统中公共政策的运行机制。

1. 政治系统运行的一般模式

伊斯顿首先确定了影响政治系统运行的相关要素，为构建政治系统的运行模式奠定基础，并通过对各种要素相互关系的解释，提出了关于政治系统的运行模式。他认为，政治系统在运行过程中所涉及的要素，可以通过如下概念来描述：政治系统、环境、输入、利益诉求、支持、交换过程、输出、结果和反馈等。所谓"政治系统"是各种政治要素相互联系、相互依赖、相互作用所形成的有机整体，它通过对社会价值的权威性分配形成制度、过程和机制；"环境"是指同政治系统发生相互作用的各种因素，从不同的视角可分为内部环境和外部环境、生物学意义的环境和社会学意义的环境、政治环境和经济环境、个人环境和社会环境、国内环境和国际环境等，环境既对政治系统产生影响，也在某种程度上受制于政治系统；"输入"是指环境中作用于政治系统并引起反应的过程，它可以分为利益诉求输入和支持输入两类；"利益诉求"是一种反映某种利益要求的意见表达，希望政治系统能够按着某种特定的方式分配社会价值，如商品分配、工资法、劳工法、福利、公共运输、公共安全、市场控制、婚姻、健康、选举权、工作权等；"支持"指通过遵纪守法、纳税、投票、讨论提供人力物力等形式，推动政治系统沿着特定方向持续运行；"交换过程"指政治系统通过上述制度、过程和相互作用把利益诉求和支持转变为输出；"输出"主要是通过权威性的决定和行为，如法律、行政命令、司法判决和各种带有合法权威的机关发布的命令等方式影响环境的活动；"结果"指政治系统的输出给环境带来的变化；"反馈"是指通过政治系统的输出给环境带来的变化，以影响"利益诉求"再输入和"支持"再输入，使它们在性质、密度和数量上发生变化的过程。

伊斯顿所构建的政治系统运行模式（见图5–1），从一个侧面揭示了政治系统的运行过程，也在一定意义上揭示了公共政策的运行机制。公共政策的运行机制决定于政治系统和环境之间的关系。公共政策的运行过程通常是从输入开始的，包括利益诉求的输入和支持的输入。然而，无论是利益诉求的输入，还是支持的输入，都是环境影响的结果。这里所说的环境是一个极其复杂的因素，既包括社会内部环境，也包括社会外部环境。在环境的影响下不同的社会群体产生了不同的利益诉求，这些利益诉求通过不同的途径输入政治系统，要求政治系统作出反应。在利益诉求输入的同时，也输入所谓的支持，那就是通过各种形式对政治系统施加压力，从而使政治系统把利益诉求转换成为相应的公共政策输出出来，输出所导致的结果又通过一定的途径反馈到社会环境之中，社会根据所产生的结果或调整利益诉求，或调整支持方式，进行再输入。输入—转换—输出—反馈—调整—再输入……如此循环往复，这构成了公共政策运行的一般过程。伊斯顿认为，公共政策的运行过程，实际上就是政治系统对社会价值进行权威性分配的过程。一个社会分配价值和服从这种分配的相对次数，构成政治生活的基本变量。当它们超出临界范围时，压力就会产生。如果政治系统不采取措施对付正在形成的压力，就会崩溃。

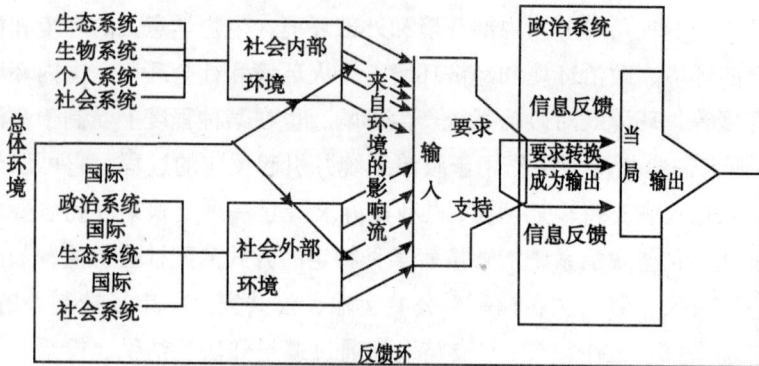

图5–1　政治系统的动力反应模式

资料来源：［美］戴维·伊斯顿：《政治生活的系统分析》，王浦劬译，华夏出版社1999年版，第35页。

2. 公共政策的具体运行机制

（1）利益诉求的输入

首先，利益诉求输入的通道。在伊斯顿看来，利益诉求是政治过程的起点，也是公共政策运行过程的起点。利益诉求产生于社会公共生活中现实状态和期望状态的差距，是由人们尚未满足的利益要求引起的。因此，利益诉求的一个重要特点就是具有明确性，并以实现自我为目的。伊斯顿把组成政治系统的官方机构称为当局，利益诉求直接指向当局。当人们受到自己在政治系统中所扮演角色的激励时，就会要求当局做出某种决策，把职责和义务覆盖全体人们，以实现特定的目标。利益诉求是通过一定的通道输入政治系统的。所谓通道，是指利益诉求作为单个信息或信息群，从一个子系统传到另一个子系统的流通路径。而由不同通道组成的复合体，称为"通道网络"。伊斯顿认为，在现代社会，利益诉求输入的通道是由利益集团、政党、精神领袖、大众媒介、政治领导人、立法团和未严格组合起来的公众等次级政治结构之间的相互关系构成的。当所输入的利益诉求的数量由于超过通道容量而得不到处理时，便会造成输入失败。[①]在这种情况下，政治系统必然面临一定的压力。

利益诉求以直接和间接两种方式对系统造成压力。直接压力与它自身的容量和内容有关。系统在特定的时间内只能接受和处理一定数量的利益诉求，如果超过实际处理限度，系统将承受"利益诉求输入超载"的压力；间接压力是指当利益诉求未得到满足时，系统中的人们就会减少对系统的支持所造成的压力。当然，在向政治现代化社会过渡的过程中，逐渐形成了政治和行政方面的官僚化和职业化，这些政治角色的分工和专门化增加了通道的容量，系统内的结构性分化也为人们提供了其他通道，此外，由于通道开放时间的增加也会进一步扩大通道容量，从而在一定程度上缓解利益诉求输入超载给系统造成的压力。

其次，利益诉求输入的调节。伊斯顿认为，为了解决利益诉求输入超载的问题，政治系统对利益诉求输入要进行调解。对利益诉求的原始输入进行调节，通常采用综合、修改或消除等方法来缩减利益诉求。缩减利益诉求的流量，通常是政府政策和意图的一部分。之所以要对利益诉求流量进行缩减，原因在于：一是在政治系统运行过程中，有效的可供选择的合适沟通渠道几乎没有；二是不存在能够涵盖全社会的大众媒介；三是为利益诉求的输入提供竞争性通道的政党、利益集团和行政机关或许不存在，或许运行极差，或许受到严格控制。因此，缩减利益诉求的流量势所必然。在政治系统内参与缩减的人员主要呈三种情况，一是系统中的所有人

---

①　[美] 戴维·伊斯顿：《政治生活的系统分析》，王浦劬译，华夏出版社 1999 年版，第 141 页。

都可以参与缩减行动；二是只有少数领袖甚至只有一位领袖参与缩减行动；三是在大多数情况下是介于两者之间，即部分人参与缩减行动。

在利益诉求输入过程中，参与缩减行动的人称为"守门者"，他们可以决定利益诉求的命运，也就是决定哪些利益诉求保留下来，哪些利益诉求可以缩减掉。当利益诉求越来越接近于对决策产生现实约束时，守门者在数量上会变得越来越少，而活动范围也变得越来越广阔。此时，利益诉求沿着两个基本方向流动，一是不经过任何人的干涉向外扩散到系统的全体成员；二是流向中间人，也就是流向现代政治系统中的精神领袖、利益集团、立法者、大众媒介、政治领导人或政党等结构形式。而且更多地呈现为第二种流向。守门者负责对利益诉求进行分类和整理，直到它们出现在公共权力主体的视野，建立相应的公共议程为止。这一过程处于持续不断的变化之中。系统中对缩减利益诉求具有影响作用的各结构之间，实际是通过一种相当普遍的、明确分工的劳动联系在一起的。每一种政治结构都总是要在更高一级的程度（政党的结构形式）和不断扩大的范围内集中和综合利益诉求。在政治系统中，公众的利益诉求在各种利益集团那里被缩减成数目很小的部分。这一部分利益诉求接着被政党加以综合，再通过立法和行政部门筛选后，成为政策的利益诉求被列入议事日程。

再次，利益诉求输入调节的方法。伊斯顿认为，调节利益诉求的原始输入主要有两种方法：一是利用政治结构，它决定什么样的利益诉求能得到表达。伊斯顿指出，大多数政治系统都存在不同程度的结构性差异，对利益诉求进入公共议程的调节大致可以分成两种，一种是把系统中的某些特殊角色与系统的一般人区别开来，系统结构中的政党、利益团体、民意领袖、行政官员等"守门员"根据自己的意愿、准则，对系统中人们的需求进行选择；另一种是利益诉求的输入点在整个系统中分布广泛，系统中的任何人们都可以成为输入者。在现实生活中，往往以第一种为主，第二种为辅。传统社会中，政治角色与其他社会角色融合为一体，利益诉求输入的能力极大地扩散开来。几乎不存在关卡转换的限制。但是在结构分化的社会中，很少看到这一现象。二是文化规范机制，这些规范决定什么样的诉求能通过。伊斯顿还指出，利益诉求的输入还取决于守门者所遵循的系统文化。这里所说的系统文化主要是指政治文化。所谓政治文化，就是系统中人们的政治取向，包括政治认识、政治信仰、政治价值、政治情感和政治态度等。它是系统中人们政治行为的心理基础，潜在地制约着系统中所有人的需求和选择。它通过系统成员间接地调节进入系统的利益诉求的数量和内容。系统中的人们在表达自己的选择愿望时，都受到了系统文化的影响，表现出自我约束性，这有助于控制输入的实际范围。许多约定俗成的或成文的行为规则，总是存在这样或那样的漏洞和疑虑，系统成员也会借此机会而逃脱主导原则的控制。而且某些文化规则也会扩大和强化所输入的利益诉求的差别，导致他们之间的冲突性争论。两种相反的文化原则对愿望转化成利益诉求会产生截然不同的影响。在专制系统中，愿望必须以合法政党或核心集团提案的形式获得法律效力，领导者在利益诉求输入的过程中起主导作用。在民主系统中，每一个人都有权利将愿望转换成利益诉求。但在发生困难时，只有某类人或某类团体才能把愿望转换成利益诉求。

伊斯顿认为，系统中可能存在着多种目标取向的政治文化。政治过程不可避免地要受到这些目标取向的限制。利益诉求的成功输入取决于在政治文化中占优势地位的目标取向，伊斯顿将它称为中心价值。这种中心价值通常为政治当局，主要指管理部门、军事机构、行政部门的政治领导人等政治官僚机构所拥有。中心价值对于社会的凝聚力以及稳定性都有重要影响。从利益诉求输入的角度来说，它为政治争论的内容确定了实际范围，减轻了利益诉求超载对系统造成的压力。此外，公众参与促使领导以政治利益诉求的形式去预测、表达其追随者的需求，这间接地影响着公众需求向利益诉求的转换。随着社会上人们参与政治生活程度的提高，即使大部分社会上的人们并不提出自己的利益诉求，政治领导人在政治职位的角逐时，也能感到来自社会下层的压力，他们会主动制定政策来满足这些公共利益。

利益诉求达到一定的数量，就可能当作决策的依据。在决策过程中，那些最富争议并有利于缩减利益诉求超载负担的问题往往得到优先处理。利益诉求进入公共议程的主要指标，是系统成员在多大范围内参与对这个利益诉求的讨论，以及这一利益诉求在多大程度上被行政当局执行。对公共议程的支持因素加以控制，是系统管理权力配置的一个重要指标。系统不管如何有效地减轻系统压力，也难以保证利益诉求转换为输出过程的正常运行。支持（一种重要的输入）的不断变动也对政治系统的维持产生重要影响。

（2）支持的输入

伊斯顿认为，支持是把系统和环境联结起来的一个重要变量。没有对政府的支持，利益诉求就不能转换成政策输出，也就不可能保证管理规则和政府的稳定性。支持的变化是系统压力的来源，支持像利益诉求一样可以实际度量。它有自己的度量指标，如支持的对象、支持的范围、支持的效力、支持活动的意向，等等。通过对上述指标的分析，可以确定系统是否获得了充分的支持，是否有条件制定各种权威性政策解决公共问题。

首先，支持的政治对象。伊斯顿认为，政治共同体、规则和当局是支持的三个基本政治对象。只有当所有的政治对象同时发生变化的时候，才能断定一个系统已经消失。

支持的第一个对象是政治共同体。伊斯顿认为，政治共同体就是由政治成员通过政治劳动分工联合在一起的人群团体，是政治系统的组成部分。政治劳动分工必然导致政治关系的多元化，将人们联结在一起。每一共同体都位于系统的不同层次上。共同体的凝聚程度形成共同体感，它意味着共同体人们支持现有的政治劳动分工（政治共同体）的程度。如果系统要想在没有形成一定程度的共同体感时能够经受严重的危机，那是不可能的。

支持的第二个对象是规则。规则由价值（目标和原则）、规范和权威结构组成，主要包括宪法和政治生活中已经形成的期望。规则是政治系统政治活动最主要的制约因素。规则的变化有利于减轻由于政策输出产生的动摇整个系统的强烈冲突。伊斯顿还对规则及其意义做了具体的分析。一是价值。一个政治系统所确定的目标和原则就是其价值的集中体现。政治系统的价值取向往往通过特定的意识形态表现出来。每一个政治系统都有自身居于主导地位的价值，正因为如此，政治系统的政治目标和原则通常为系统中大多数人所认可，但这并不意味着每一个成员的目标和原则都与系统的价值相吻合。然而，任何系统都有主导性的政治价值，它们会给政治行为、规范和结构确立基调和方向。占统治地位的价值对人们所采取的行为以及政府的行为施加广泛的限制，也为成员资格限定了最低程度的、相对稳定的范围。政治当局在此范围内运用公共权力，对社会价值进行权威性分配，把利益诉求转化成约束性的政策输出，建立公共秩序。二是规范。规范使利益诉求在提出和实现的过程中，把人们所期望和能接受的程序具体化。规范是政治活动中的游戏规则，通常是由习俗和法律组成的。其主要内容包括：系统中的人们是如何提出利益诉求的，又是如何把这些利益诉求转换成输出，如何影响公共政策的实施以及参与政治过程的最基本规则。正式的规范可以对公共权力主体的操作范围施加限制，因此有效的规范是利益诉求转化成约束性政策输出的一个必要条件。三是权威结构。权威结构也就是权威得以分配和使用的角色及权威之间的关系。权威结构通过分配和运用权威角色，使政策的制定和落实具有权威性。权威角色构成了政治系统权威结构的重要内容，有的权威角色是由法律明文规定的，有的则是由长期的习惯演变而来的。政治权威角色的组成部分是："规范的行为模式，对社会中特殊位置占有者行为方式的期望，以及系统的其他人应该如何在权威角色面前行事的期望。"① 权威角色的权力主要来源于人们对其合法性的普遍信仰。伊斯顿突出强调了合法性内涵的合道德性与正当性。合法性信仰是对政治秩序的正确性和正当性的信仰，因此是一种政治信仰。权威角色可以赋予公共权力的承担者以特殊的权利和行为的责任，并希望系统中的人们按照正常的程序，服从权威角色的决策和行动。在提出利益诉求和形成支持的过程中，政党、利益集团等所扮演的角色和纷繁复杂的人际关系聚合在一起构成一般的政治结构。正是由于这些政治结构的存在，权力才可能得到运用。规则是政治系统的重要组成部分，一个政治社会没有一系列约束人们政治行为的规则是不可想象的。对于规则的作用，伊斯顿指出："价值起到对授权指导日常政策的事务予以广泛限制的作用，同时，又不至于触犯共同体重要成员们的深厚感情。规范能使要求在提出和贯彻的过程中将人们所期望和接受的程序具体化。权威结构指定正式和非正式的模式，权力正是在这些模式中得以分配和组织，从而使政策的制定和落实权威化。权威结构也就是权威得以分配和使用的角色和权威之间的关系。目标、规范和权威结构既限制了政治行为但又使政治行为合法化，并以这种方式为我们提供了倾向于成为政治互动内容的东西。"② 这种方式使公共政策的制定成为一种政治互动。

支持的第三个对象是当局。当局是权威角色的承担者，如国家首脑、内阁僚属、议员等都是正式的权威角色。可以看出，伊斯顿所说的当局就是在系统结构中占有特殊位置的系统成员。在伊斯顿看来，当局至少在形式上代表着政治共同体和规则。支持或反对国家的基本规则通常集中表现

---

① ［美］戴维·伊斯顿：《政治生活的系统分析》，王浦劬译，华夏出版社 1999 年版，第244 页。

② 同上书，第 226 页。

为支持或反对政治当局。只要存在当局与整个系统成员之间法定的联系通道，就需要这样的当局。它的责任在于对能够满足利益要求的价值进行实际的分配，以解决公共问题，满足利益诉求。

其次，支持的下降和丧失。伊斯顿认为，政治系统之所以能够持续下去，不仅依赖于利益诉求输入的合理流量，而且依赖于政治共同体、规则和当局三个政治对象最低水平的支持，如果支持的输入降低到最低水平以下，系统就面临着解体的危险。在通常的情况下，支持的丧失是相对的而不是绝对的。但支持的最低限度毕竟是存在的，什么时候支持会达到最低点往往无法预测。最低限度的支持有一个波动的空间。最低限度的支持是政治共同体整合与稳定必不可少的条件。政治系统如果丧失了支持就会陷入动乱。这对于仍然依附于政治共同体、规则和当局的系统成员来说是一个危险的信号，因此他们必然采取行动阻止支持的大幅度丧失。支持的输入是可以调节的，团体和领袖人物在调节中发挥着重要的作用。

伊斯顿认为，导致支持下降的原因很多，输出失败是其中最重要的原因。以下情况可能导致输出失败：一是当局没有采取任何行动满足系统内相关成员的要求；二是当局没有对未来可能发生的事情作出预测并采取行动；三是当局的行动与系统成员的要求相悖。系统成员的要求得不到满足，支持就会下降。以上三种情况的出现往往是由多种因素造成的，其中最主要的因素就是当局本身的素质，如当局内部人为的过失、不太理智、缺乏统治技术、缺乏对系统成员作业的反应能力以及必要的物质手段等。此外，系统内部的分歧和冲突也是导致输出失败的重要因素。这种分歧和冲突发展到一定程度可能使系统分裂。系统必须对此作出反应，以便决定是否能够以某种方式避免出现这种现象。

再次，支持结构的调节。支持调节的核心内容就是消除输出失败。伊斯顿着重阐述了三种消除输出失败的方式：一是结构调整，就是通过结构变迁、调整结构以减轻政治系统的分裂。结构变迁主要手段是同质化，即融合、控制团体之间的意识形态、宗教、语言和其他方面的文化差异，加深彼此之间的认同感和尊重，从而增加他们对政治共同体的支持。为此，根据系统制定的文化融合计划修改规则，使之同其他规则一致起来，以减少不同团体之间的隔阂。如果每一个团体都承认、尊重和乐于慎重考虑其他团体的主要需求和要求，对共同体支持的可能性就会增加。融合和控制并不是消除文化差异，主要是增强互识感和互应感，以克服支持下降的倾向。调整结构就是通过结构上的变化避免政治系统分裂，例如，可以采取邦联制或联邦制，在承认差异的基础上实现系统的整合；可以通过代议民主制，实现不同团体和集团之间的和解，为弥补分歧提供机会。二是特定支持，就是通过相应的政策输出来激发人们对政治系统的特定支持。通过满足特定需求而赢得的支持就称为"特定支持"。有时由于受"利益延期"，即为了别人也可能是自己的将来利益而牺牲眼前利益；"要求的部分满足"，即为了满足其他人的部分要求而放弃全面满足自己的要求；"时间延缓"，即满足某种要求的政策输出到实际发挥作用有时会经历很长的时间差等因素的影响，会导致特定支持不足。为了缓和支持不足而形成的压力，系统会做出如下反应：调整输出，努力使政策输出更为恰当；对不服从的系统成员给予负报酬或进行制裁，强制其接受；刺激成员对系统的好感，即刺激成员对系统的合法感、共同利益思想和对共同体的认同。三是散布性支持，主要是指人们的支持与利益诉求的直接满足无关，而是对体制和共同体的一种普通和散布性的依附，愿意容忍那些明显与自己的需求和利益诉求相左的政策输出。散布性支持不受日常政策输出的影响，不会因为对政策输出失望而轻易减少。这种支持情感的蓄积在政策输出不能与利益诉求的输入保持均衡时，可以稳定公共秩序。也可以用来控制分裂造成的冲突，并促使冲突局限在系统的生存界限之内。伊斯顿分别阐述了对当局和规则以及对共同体的散布性支持。对当局和规则的散布性支持，主要来自于对合法性和共同利益的信仰。对共同体的散布性支持可以通过修改规则来获得，但在无法修改规则情况下，培养共同体成员对共同体的认同感，也是获得散布性支持的重要途径。无论是对合法性和共同利益的信仰，还是对共同体的认同感，都同意识形态密切相关。在伊斯顿看来，有三种不同的意识形态，即党派意识形态、合法意识形态和公有意识形态。伊斯顿指出："对于一个试图把系统成员聚合于一个政治实体中的领导者来说，意识形态的全部三个方面都提供了思想范畴，他可以以此将人们团结为一个适于控制和操纵的牢固的集体。这是动员支持的一个重要武器。"[1]

（3）输出

在伊斯顿看来，需求和支持经过一个复杂的过程转化为决议和行动，

[1] ［美］戴维·伊斯顿：《政治生活的系统分析》，王浦劬译，华夏出版社1999年版，第406—407页。

这就是输出。输出并不代表一个过程的终点，而是代表系统与环境之间的一种互动。输出也表明了系统对环境的反作用。正是由于这一点，伊斯顿把输出看作是特定支持的调节者。输出是由一系列源于系统内当局的活动构成的。作为价值的权威性分配、作为约束性决议和行动、作为系统与其环境之间的互动或交换，在一定意义上揭示了输出的一般性质。但这只是对输出所做的一般性考察，对输出还可以做更深入的分析。系统中占有特殊权威角色的人，通过输出这种特定的政治行为或政治活动，就能够对系统其他成员实施某种控制或领导。

伊斯顿把输出分为权威性输出和非权威性输出两种类型，而非权威性输出也称为相关性输出。权威性输出主要表现为，输出法律、法令、正式立法、规章、行政和司法决策等带有约束性的规则；相关性输出主要输出意识形态信仰和基本理论等。这两种输出是相互依赖和相互制约的，没有权威性输出相关性输出将是不可能的，反过来没有相关性输出权威性输出也无法发挥其应有的作用。不论是哪种类型的输出通常都采取两种方式，即陈述和执行。陈述就是通过言语表述输出的内容，以影响系统成员的态度，获得支持；执行就是采取具体的行动使输出产生某种结果。执行或是提供某些可见的目标和设施，或是提供某些不可见的服务。不同的输出会产生不同的结果，它可能激发特定支持，也可能抵消特定支持，因此输出可以决定一个系统的命运。

（4）反馈

输出和支持之间的关系可以决定一个系统的命运，因此输出是激发了特定的支持，还是抵消了特定的支持，就成为当局最为关心的问题。关于当局的决议和行动的性质与结果的信息反馈就起着决定性的作用。为了考察反馈在系统运行过程中的重要功能，伊斯顿首先对一些基本概念进行了界定：反馈就是信息向当局的回归；反馈环是指信息回归的通道；反馈过程就是信息的实际流通模式和相关结果。

为了考察反馈信息对输出进而对支持可能产生的独立影响，伊斯顿提出了如下假设：一是输出、要求和支持是相互关联的，如果一个系统成员以为他的要求正在得到满足时，他会更多地倾向于支持系统的各种政治目标；二是当局始终对他们得到系统成员提供的支持及支持程度的信息做出反应，并希望通过自己所能支配的一切手段增强这种支持；三是当局拥有实现其采纳的目标所必需的技能、想象力、知识和组织能力；四是当局拥有足以满足要求的物质手段和社会手段，从而可以激发成员的支持。① 正是基于上述假设，伊斯顿认为，对于政治系统来说，反馈具有误差性调节和目的性导引的重要功能。误差调节功能表明，当政治系统沿着特定的方向运行的时候，如果出现了偏差，通过反馈可以进行调解，以保证系统沿着既定的方向运行。目的导引功能表明，当系统选定的目标出现问题的时候，通过反馈的引导，可以探索征服新的目标。反馈的信息是调整和修正输出的根本依据。

伊斯顿认为，反馈过程中的信息通道构成了反馈环。在复杂的政治系统中反馈环不止一个，可能形成多种反馈环。通过不同的反馈环把系统所有成员都联系在它一起。但不管系统有多少个反馈环，也不管这些反馈环具体的构成要素有哪些，系统反馈环一般由四个环节构成，即反馈刺激、反馈反应、信息反馈和输出反作用。它们之间的关系（见图5-2）。

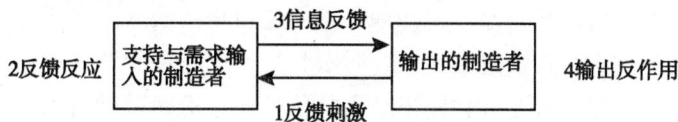

图5-2　系统反馈环的四个阶段

资料来源：［美］戴维·伊斯顿：《政治生活的系统分析》王浦劬译，华夏出版社1999年版，第455页。

伊斯顿对反馈环的运行做了如下描述：作为反馈反应的输出本身是一种特殊的刺激，当输出满足人们的利益诉求时，就会刺激人们对系统的支持。反之，如果输出不能满足人们的利益诉求时，就会降低乃至消除人们对系统的支持。反馈刺激可分为环境反馈刺激和认知性反馈刺激。环境反馈刺激是指输出真正改变了系统及环境，缓解现存不满和可预期的未来的不满，从而改变人们的支持方式。特别是根据对未来可能产生不满的根源的预测，现在就采取行动来避免它，这样就可以避免由于未来偶然事件引起的支持的下降。认知性反馈刺激是指实际并没有客观的刺激发生，但人们误以为输出对其产生了有利的或不利的影响，从而做出相应的反应。政府服务输出可能故意在数量和质量上模糊不清，而这种模糊性容易形成所提供的服务已经满足了人们的广泛需求的印象。一个人可能更愿意认为当

① ［美］戴维·伊斯顿：《政治生活的系统分析》，王浦劬译，华夏出版社1999年版，第435页。

局更多的是为他的利益或代表他的利益诉求而制定政策。一般情况下，人们通过一位信得过的领袖或一个有关团体感知输出。随后的支持也受代表人的影响。输出产生的刺激实际上一种直接感知和间接感知的结合。

　　作为反馈刺激的输出在赢得成员支持性反应方面可能成功，也可能失败。伊斯顿认为，这里有一个三重互动的过程，也可分为三阶段：第一阶段刺激成功地满足了现行要求或避免了未来要求的出现，因为要求的减少表明对当局的行动或环境的满足；第二阶段是培育出支持当局的态度；第三阶段是通过外溢性影响的作用，从总体上对当局或环境的满足使得他们保持对规则或共同体的满足。输出的成功或失败关键在于这些满足情感在人们之间的分配。

　　反馈反应的沟通途径主要是通过信息的流动实现的。它将人们的支持性态度和需要满足的程度等信息传递给当局。如果当局想要了解他们推行的政策是否成功，那么他们就必须获得上述信息。信息沟通通道的数量及容量多少、畅通与否及速度快慢、时限长短、反应接收者的数量及工作效率等，都会直接影响支持和输出结果的信息能否准确及时到达当局，从而影响当局能否采取恰当的行动，赢得人们的支持。有用的沟通通道越多，某些人想支配反馈反应偏向于某种方向的可能性就越小。伊斯顿指出："民主政体的规范鼓励轻易地释放情感。一方面，成员本身被孤立于自由地和经常地与当局相沟通；另一方面，当局不懈地在各种规范之内运作，所有当局者——代表、行政官员、甚至法官——都应当使自己不断地倾听人民的情感表达，并据此行动。沟通通道将在成员与当局之间及成员本身之间保持畅通，以便他们可以合理力图获得对其反馈反应的关注。"[①] 非民主政体往往会延搁和控制感情的释放。将愿望转换成利益诉求和将利益诉求转成政策输出过程中，处于核心地位的是利益团体、政党、政治领袖、大众媒介、团体等这些守门员。他们在缩减和传递信息中起着如同储存器的重要作用。

　　（5）再输出

　　再输出就是当局对其所获得的反馈信息再次反应，即调整正在执行的输出。在当局只关心输出对支持造成的结果，而不关心输出背后的动机的条件下，这里的反应包含两层含义：一是当局愿意考虑信息，并且是以输

　　① ［美］戴维·伊斯顿：《政治生活的系统分析》，王浦劬译，华夏出版社1999年版，第509—510页。

出的方式予以考虑；二是当局在积极的意义上进行这种考虑，即他们力图用反馈信息来防止或消除最初输出的政策或某些未得到满足的利益诉求引起的不满。伊斯顿认为，再输出对于支持的影响是由多种因素形成的，"用正规术语来表述，这些因素包括当局自身的敏感程度、反应反馈时的时间延缓、当局的能力及其可资利用的内外部资源。"[1]系统中的权力关系是决定政治当局反应的关键，亦是决定输出的关键。利益诉求的输入单元实际上也许是系统中强有力的集团。这并不能保证在所有情况下，当局都会对它们的反馈做出反应。从政治角度来看，当局内在的价值系统使其只能"代表"政治系统中某些部分的观点。为了实现公共利益，当局要适应利益诉求输入单元的一般价值观。当局的权限及其能够运用的内外部资源对再输出造成一种客观限制。外部资源来自于系统环境，是当局用来实现系统目标的物资手段，比如商品、服务等；内部资源是系统以自己的政治结构、组织行为规则等，所提供的实现公共目标的各种手段。当局并不总能预知自己所受到的限制，对于自己能干什么也存在很大的未知领域。对于当局来说，过去的经验是指导处理反馈反应至关重要的助手。但是，如果专门知识在社会科学中得到充分的发展，能够提供有关各种输出可能结果的可靠咨询的话，系统缺乏可利用的经验并非如此重要。

再输出时间延缓的原因主要有两个：一是当局抵制反馈反应中所包含的利益诉求；二是当局处理利益诉求的时间有限。这导致当局需要确定一些重要事项时，等待决策和行动的过程造成了另一些不满。伊斯顿指出，时间延缓也给当局能够反复掂量反馈反应的机会，据此采取更加理智的行动。也为人们介入决策过程提供了可能，从而使输出与这些人的利益诉求相符合。

伊斯顿对政治系统运行过程的描述，从一定意义上揭示了公共政策运行的过程。公共政策的运行过程也是从利益诉求和支持的输入开始的，经过政治系统特别是政治系统中当局的运作，形成特定的公共政策输出，经过对公共政策的陈述和执行产生特定的结果，再经过信息反馈环反馈到政治系统中的当局，对公共政策的再输出产生影响。因此伊斯顿的政治系统运行模式也被公共政策学界称为公共政策的系统决策模型。

---

① David Easton, *A Systems Analysis of Political Life*, The University of Chicago Press, phoenix edition 1979, p. 433.

第三节　戴维·伊斯顿思想简评

在公共政策学创立伊始，戴维·伊斯顿就将系统分析引入了这门学科，这对公共政策学来说是一件幸运的事情。因为从此以后，不但公共政策的研究有了新的视角，公共政策学学科本身也有了新的发展脉络，更为重要的是伊斯顿为后来的公共政策学者，在采用新制度主义理论进行公共政策研究，提供了有益的借鉴。除此之外，伊斯顿将公共政策运行体系视作一个输入、输出与反馈不断循环的系统，把利益诉求的输入作为公共政策运行过程的起点，因而他也是西方公共政策学历史上，最早将公民等被传统政治学排除在政策制定体系之外的群体纳入其政策模型的公共政策学家之一。这一点，无疑契合了拉斯韦尔在创立公共政策学之初的设想，即公共政策学是一门"民主的科学"的理念。这对其他国家的公共政策学者在研究公共政策问题时的借鉴意义则更为明显。这也是戴维·伊斯顿对公共政策学的一个重要贡献。

当然，戴维·伊斯顿的政策学理论体系也存在一定的局限性。一是从其政策学理论反观伊斯顿本身，他无疑是个结构—功能主义者。而他对于政策体系的考察则有些失之固化，忽视了政策体系本身的演进和变化，忽视了蕴藏在政策体系中的冲突与博弈。因而，伊斯顿的理论在应对变化的政策环境时，可能较难得出具有较高解释力的答案。二是伊斯顿在对公共政策体系内部进行描述时，依旧只提供给我们一个"黑箱"。也就是说，他没有提供利益诉求和支持的输入是通过一种什么样的机制转化为政策输出的。三是伊斯顿对各个政治体系的考察有失细致，没有将具有不同特点的政策体系进行明确的区分，而是将它们笼统地放在一个模型中进行讨论，这显然是不恰当和不准确的。四是伊斯顿的政策学理论鲜明的根植于美国公共政策体系，且具有突出的时代烙印。当然，这些并不能抹灭他对公共政策学的发展所做出的贡献。

第六章　阿尔蒙德的政策思想

第一节　阿尔蒙德生平和主要著作

　　加布里埃尔·A. 阿尔蒙德 1911 年 1 月 12 日生于美国伊利诺伊州。他是美国著名比较政治学家，结构—功能主义的创立者，行为主义政治学的主要代表之一，以对政治制度和政治发展进行比较研究而著称，深受英国的结构—功能主义奠基人马林诺夫斯基（Bronislav Malinowski）以及德国社会学家马克斯·韦伯和美国社会学家帕森斯等人思想的影响。1938 年在芝加哥大学政治科学系获博士学位，1964—1969 年任该系系主任。后曾执教于耶鲁大学、普林斯顿大学和斯坦福大学，担任过美国政治学会会长和美国社会研究理事会比较政治学委员会主席等职。此外，他还广泛参与各种社会和政治活动，担任过美国国务院、美国海军研究部门和兰德公司的顾问。1942—1945 年任职于美国战时宣传署。1963 年为加利福尼亚州斯坦福大学政治学教授，1964—1969 年任该系系主任。1968 年被选为美国政治科学协会会长。1956 年，他在《政治学报》上发表题为“比较政治体系”的论文，提出了开展比较政治研究的一些理论设想。1960 年，他在《发展中地区的政治》一书中，首次阐述了他的结构—功能主义政治学理论。1966 年，鉴于结构—功能主义在政治学界受到的批评，阿尔蒙德在《比较政治学：发展研究途径》一书中，把原先的理论体系同政治文化、政治社会化和政治发展结合起来进行新的探索。此后，阿尔蒙德在《比较政治学：体系、过程和政策》一书中，又对 1966 年的理论体系作了重大修改，在结构方面分为体系、过程和政策三个层次，对政策分析和政治评价的方法做了新的探索。

　　阿尔蒙德的主要著作有与 J. S. 科尔曼（James S. Coleman）合编的《发展中地区的政治》（1960），与 S. 维巴（Sidney Verba）合写的《公民文化》（1963），与 G. B. 鲍威尔（G. Bingham Powell）合写的《比较政治学：发展研究途径》（1966）、《政治发展》（1970）、《比较政治学：体系、过程和政策》（1978）和《当代比较政治学》（1980）等。

第二节　阿尔蒙德主要政策思想

一　阿尔蒙德政策思想的理论基础

结构—功能主义构成了阿尔蒙德政策思想的理论基础。20 世纪，结构—功能主义在西方政治学界盛行一时。阿尔蒙德就是一名结构—功能主义者。他认为，应当把人类社会所出现过的所有政治共同体都进行抽象，使之呈现为具有相同结构和功能的政治体系，以此为前提对各个政治体系的政治发展和结构实现功能的情况进行考察。因此，在研究阿尔蒙德的政策思想时，有一点需要注意，那就是它是以所有政治体系都具有相同的功能和结构层次的假设为前提的。阿尔蒙德提出要用政治系统、功能、角色等新的概念术语代替国家、权力、职位等传统的政治学术语。他认为，政治系统是由相互作用的政治结构组成的，如选民、利益集团、立法机关、官僚机构等。政治系统依靠合法的强制力量的支持，并与国内和国际环境持续发生相互作用。各政治结构又是由各种相互关联、相互作用的角色组成的。结构和角色这些术语是为了强调参与者的实际作为。他还提出，研究任何政治系统，除了了解它的实际作为外，还要了解它的基本倾向，它的心理方面即政治文化。

结构—功能主义表明，功能决定结构，结构实现功能。阿尔蒙德认为，所有政治体系都具有相同的政治功能，即体系（或叫系统）功能、过程功能和政策功能。这三个层次的功能构成了一个功能体系，并与三个层次的结构相适应。任何政治体系所发挥的功能都可以从这三个层次来考察。

第一，体系功能主要表现为社会化、政治录用、政治沟通等，它描述了一个政治系统自身维持和适应变化的种种方式。体系层次涉及体系的维持和适应。在政治体系中，必须吸收各种角色（外交官、军官、税务官等）的新任职者进入这些角色，他们要学会如何担当角色。随着环境的变化，新的角色会产生，老的角色会变化。同样，在社会的政治文化中，人们必定会形成种种态度，把某些态度维持下去，对某些态度做出改变，这就是社会化。而且人们态度的形成和某种行为的延续都依赖于人与人之间的信息交流。

第二，过程功能主要表现为利益表达、利益综合、决策、政策实施和裁定，它描述了一个政治系统是如何决策的。过程层次表现为政治体系的输入和输出。政治体系的运行过程可表述为，要求和支持的输入通过转换过程变成了权威性的政策输出。这一转换过程可以看作是由四个方面的功能组成的。一是利益表达。在这一阶段，利益集团或个人提出改变某一政策或继续某一政策的要求。二是利益综合。经利益表达提出的许多要求将综合成为少数几个重大的政策选择方案。大量的政治资源（如选票、金钱、传播工具的报道、武装力量）都在这些方案后面被动员起来。重要的政治竞争者彼此之间讨价还价，并结合成若干联盟。竞争性的政党可能努力动员选民资源来支持他们的政策建议；非竞争性的政党可能会去组织强有力的次级集团的支持；军人组织则可能寻求得到各地区指挥官的支持。三是政策制定。每个政治体系都有一套不断发展的法规，用以确定政治权力的范围，规定政治联盟制定权威性政策所必需的各类资源的性质。四是政策实施。转换过程的最后阶段是政策实施。尽管利益集团、政党、法院和其他结构也与实施有关，但政策通常必须由政府行政机构来实施。

第三，政策功能主要表现为提取、限制、分配和象征性输出，它描述了一个政治系统对社会和国际环境产生的影响。政策层次表明政策的实际作为。这一层次主要反映政治体系的实际行为（即一般意义上的公共政策）对政治和社会环境的影响，即政治体系的特点与政治输入、输出与反馈的情况。付诸实施的政治输出主要包括资源的提取、产品和服务的分配、行为的管制、象征和信息的交流。政策层次不仅关注输出本身，而且还包括对转换过程每一个阶段作政策上的分析。例如，许多政治结构都有其政策上的特点，人们可以根据政治联盟的政策重点来分析这些联盟。政策层次也同结果即政策输出的后果相关。那些旨在提高经济效益或使收入分配均匀的政策，从采用、实施到取得实际的成功将是一个很长的过程。政治体系的输出与环境原先的状态发生相互作用，又与环境中同时正在发生的其他事件发生相互作用。例如，教育开支的增加，可以因管理机构的效率低下和贪污腐败而减少。阿尔蒙德认为，政策分析关心反馈的作用。人们为改变环境所作的努力无论成功还是失败，都通过反馈作用对新一轮的输入产生影响。

以上三个层次之间又是相互作用的。必须把政治体系看作是一种有规律的计划系统。这些层次、功能和结构都是同时并存和相互作用的。实际上，体系本身的稳定也有赖于这三个层次之间的动态平衡。如果同样的结构（例如竞争性的政党、选举和立法机关）要在一段时期内持续不断地发挥同样的功能（例如利益综合和政策制定），体系、过程和政策三个层次之间就必须同时进行紧密配合。如果这种同步配合关系遭到破坏就会出现紧张状态，就需要遴选新的领导人。这些新领导人可能会利用现有的结构来创造新的结构。

在阿尔蒙德看来，由于所有政治体系都具备相同的政治功能，都可以从体系、过程和政策三个层次来考察和描述，但这只能从抽象的意义上来理解。而在现实中政治体系种类繁多、各不相同，其功能也无一例外地表现出多样性。

二　阿尔蒙德政策思想的主要内容

1. 政治体系与政策

阿尔蒙德认为，公共政策反映了在政治过程中形成的目标，反映了决策联盟期望的社会结果，反映了领导人认为可用以取得这些结果的手段。例如，一项住房政策可能规定了社会的最低住房标准，并规定政治体系在实现这些标准中所起的作用。这种作用可以包括由政府行政机构承担大部分住房的全部建造工作，如苏联那样；或是用豁免税额和给予贷款保证的方法在财政上大力鼓励私人建造住房，如美国那样；或是政府在住房问题上不加任何政治干预。

阿尔蒙德把政治结构分为体系结构、过程结构和政策结构。体系结构是指那些维持或改变政治结构的组织和机构，特别是指那些具有政治社会化、政治录用和政治交流功能的组织和机构所形成的结构。大多数现代的政治体系都具有专门的组织和机构，通过录用功能来管制其他政治角色的行为。在共产党政治体系中，党的官员通过党的下层组织和等级制的政府行政机构，来检查个人的录用和作为。在民主制度中，政治官员的行为由定期的选举加以管制。可以通过分析体系功能以及执行这些功能的结构来理解稳定和不稳定。如果在公民的体系、过程和政策倾向与作为的结果之间出现了平衡，那么，这些政权就是稳定的。公民体系、过程和政策倾向的重要性，依据公民在政治结构中所掌握的资源而定。如果倾向发生变化，资源发生变化，或者政策结果发生变化，那么，体系就可能变得不稳定，甚至可能崩溃，为另一个体系所取代。

阿尔蒙德还对政策体系作了界定，认为政策体系就是依靠合法的强制力，连续做出决策和实施决策的过程。为了精确地描绘政治过程的结构，必须了解这些具有特定专业化目标的组织实施多种功能的方式。阿尔蒙德以英国为例对此做了说明。在英国的政治结构中包括英国选民、工党、下院和英国军队。此外，还有许多没有专门政治目的的结构也履行着政治功能，例如家庭在政治社会化中起着重要的作用等。尽管政治结构是专业化的，实际上正式的政治结构通常都履行多种功能（见表6-1）。

表6-1　　　　　　　　英国的社会结构和政治功能

社会结构	正式目标	特别履行的政治功能
核心家庭	养育子女、提供伴侣关系	（政治社会化）
制造公司	为利润而生产商品	（政治态度的政治社会化）
英国工业联合会	表达工业的利益	利益表达（综合、交流、社会化）
选民	选择领导人	政治录用、利益综合
工党	选择政治领导人，动员人民支持工党的政策	政治录用，利益综合
下院	制定法律	政策制定，政策录用，政策执行（社会化、交流、表达）
内阁	执行政策	政策制定，政策执行（综合）
政府官员	执行政策	政策执行（表达、综合、政策制定、社会化、录用、交流）
监狱系统	监禁犯人	政策执行
军队	提供国防	执行防务政策（表达）

资料来源：〔美〕加布里埃尔·A.阿尔蒙德等：《比较政治学——体系、过程和政策》，曹沛霖等译，东方出版社2007年版，第55页。

即使发展出了专业化的政治输出结构，这些结构主要的目标是执行某些类型的政策，人们也必须随时注意识别这些机构实际上正在发挥的功能。正如政治结构中角色之间的关系从等级型到平等型各不相同，政治结构之间的关系也是多种多样的。作为过程一个方面的权威性决策机构和利益表达、利益综合机构，同作为过程另一方面的政策实施，这两者之间的关系值得深入探讨。阿尔蒙德认为，等级型和"命令式"政治过程结构与多元型、交易型政治过程结构之间的区别，常常被过分地夸大了，事实上它们之间的区别并不是像人们想象的那样。

2. 政策运行的内在机制

阿尔蒙德指出："政策制定和执行本质上是个不断摸索的过程。决策、执行、输出、结果、反馈和再次决策，构成了公共政策过程的各个阶段。"① 阿尔蒙德给出了一个政治体系的图解，较为详细地阐明了政治体系的作为，同时也明确地揭示了公共政策运行的不同环节和内在机制（见下页图6-1）。他认为，政治体系的作为，从分析的角度可以区分为五个阶段：政策制定、政策执行、政策输出、政策结果和反馈。政策制定过程就是利益表达和利益综合的过程。政策执行实质上就是按特定的目标分配资源和确定责任并加以实现的过程。阿尔蒙德认为，"在存在各种不确定因素的情况下，最好能把政策过程理解为一种探索，或一个不断摸索的过程。一种具体的政策结果可以被看作是一种尝试或试验。随着有关政策创制结果的信息反馈进入政治体系，它就会被其他试验赶上，更改或取代。""这些反馈循环线向政治过程的各个阶段报告进展或失败情况。一项政策的结果可能产生新的政治要求，或是消除一些过去提出的要求；可能增加或减少公众的支持；可能最终导致修改原来的政策或采用新的政策，然后，整个过程又重新开始了。"②

（1）利益表达

阿尔蒙德认为，利益表达的过程就是一个提出要求的过程，利益表达可以有许多不同的结构，也可以以不同的方式进行。除了个人的利益表达之外，利益集团在利益表达过程中发挥着重要作用。他把利益集团分为四种类型：一是非正规的利益集团；二是非社团性的利益集团；三是机构性的利益集团；四是社团性的利益集团。利益集团接近的渠道和施加影响的策略，包括合法的接近渠道和强制性的接近渠道。其中合法的接近渠道有个人联系、精英人物代理、大众传播工具、政党、立法机构、内阁、政府行政机构和抗议示威。强制性的接近渠道有罢工和阻挠以及使用政治恐怖策略。进而，阿尔蒙德从政策的角度分析了利益表达。他提到，要了解政策的形成，不仅必须知道哪些集团表达利益，还必须知道这些集团在表达什么样的政策倾向。

① ［美］加布里埃尔·A. 阿尔蒙德等：《比较政治学——体系、过程和政策》，曹沛霖等译，东方出版社2007年版，第337页。
② 同上书，第298页。

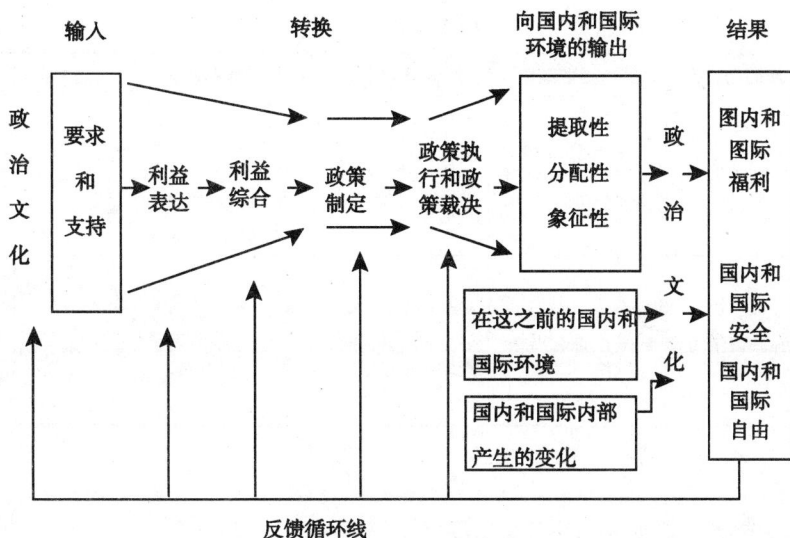

图6-1 政治体系的作为

资料来源：［美］加布里埃尔·A. 阿尔蒙德等：《比较政治学——体系、过程和政策》，曹沛霖等译，东方出版社2007年版，第299页。

　　阿尔蒙德还通过具体实例对利益表达和政策展望进行了说明。分别从国内的提取政策、分配政策、管制政策和对外政策四个方面，列举了个人利益表达、非正规的利益集团、非社团性利益集团、机构性利益集团、社团性利益集团表达的实例，说明利益表达存在多种方式。（见表6-2）

表6-2 利益表达的过程和政策展望（各政策领域中利益表达的实例）

利益集团的类型	国内提取政策	国内分配政策	国内管制政策	对外政策
个人利益表达	农民家庭寻求保护人在税收法上予以帮助	奥地利工人要求党的官员给予住房帮助	美国的家庭企业要求不受污染标准的限制	英国农场主写信反对共同市场
非正规的利益集团	20世纪50年代尼日利亚妇女因税收问题上的谣传发生骚动*	波兰工人因工资政策举行罢工*	1958年委内瑞拉学生和市民举行反对美国侵略独裁统治的罢工*	美国学生示威反对美国侵略柬埔寨的政策
非社团性利益集团	墨西哥企业领导人与总统商讨税收事宜	旱灾地区的农场主要求贷款和补助	20世纪60年代苏联作家要求更多的言论自由	沙特阿拉伯王室成员支持石油禁运

续表

利益集团的类型	国内提取政策	国内分配政策	国内管制政策	对外政策
机构性利益集团	天主教教会要求基督教派反对梵蒂冈的税收	国会中的黑人核心集团要求为少数民族中的失业者提供就业	20 世纪 60 年代苏联法理学家要求在"寄生虫"法中有更适当的程序	1962 年苏联政治局中某些人反对苏联在古巴部署导弹
社团性利益集团	1974 年美国劳联—产联主席要求减税	英国医学协会在卫生部支持下谈判薪水问题	美国零售杂货商为通过公平贸易法进行院外活动	20 世纪 60 年代法国秘密军队组织针对法国政府的阿尔及利亚政策发起恐怖爆炸活动*

注:* 表示运用强制力、非法的接近渠道和策略的某个例子。

资料来源:〔美〕加布里埃尔·A. 阿尔蒙德等:《比较政治学——体系、过程和政策》,曹沛霖等译,东方出版社 2007 年版,第 203 页。

(2) 利益综合

阿尔蒙德把由各种要求转变成重大政策选择的功能称作利益综合。他指出:"各种要求得到大量政治资源的支持,就转变成重大的政策选择。所谓政治资源,是指支持候选人的公民的投票、议员的投票、文官集团的支持以及在录用和决策中可能加以动用的武装力量等。要使各种政治要求成为真正的政治选择,必须得到一种政治体系中能起决定作用的资源的充分支持。因此,政治综合是由把各种要求汇合进政策选择并动员支持这些政策选择的资源的过程所组成的。"[1]

阿尔蒙德认为,利益综合是一种重要功能,在体系、过程和政策等不同层次上都有重大意义。一是从政治体系层次上看,它有助于思考不同的竞争者用什么政治资源来支持自身和政策;二是从决策过程层次上看,利益综合对于决策过程的重要意义在于它是一个重要的桥梁,能够把大批集团和个人分散的利益和资源,同得到多数联盟支持的权威性政策的制定连接起来;三是从公共政策层次上看,结构采取什么样的利益综合模式直接影响着政策的实质性内容。阿尔蒙德认为,从事利益综合的结构主要有个别精英人物、利益集团、竞争性的政党、非竞争性政党等。利益综合结构如分裂成彼此对抗的联盟,就可能使决策迟缓并使那些不满现状的集团与

[1] 〔美〕加布里埃尔·A. 阿尔蒙德等:《比较政治学——体系、过程和政策》,曹沛霖等译,东方出版社 2007 年版,第 209 页。

政治体系疏远。简言之，利益综合会影响具体的政策结果。如果利益综合使某些政策、方针得到了多数的支持或决定性的支持，这些政策就可能得以通过。如果利益综合产生若干个竞争者，那么，在决策阶段上将取决于他们在利益综合过程中各自向其追随者所作的政策许诺，取决于他们已经积累起来的资源的规模和类型。

（3）政策决策与执行

阿尔蒙德认为，"决策是政治过程的关键性阶段，是把有效的政治要求转换成权威性决策的阶段。"[①] 从逻辑上讲，决策之前的政治录用、利益表达和利益综合过程会把竞争者和他们的资源聚合起来，形成赞同某些政策选择的联盟或潜在联盟。政治联盟作为权力—政策的集合体，它们既取决于决策之前的过程，也受决策规则的制约。

在阿尔蒙德看来，权威性政策的制定和实施必须有某些固定的决策规则，也就是关于制定规则的规则，以决定谁能在政策制定和实施中从事什么活动。决策规则包括授予当局基本权限，或对其权限予以限制，如中央和地方单位之间的权力分配，政府机构之间的权力划分，保障私人权利不受政府权力侵犯，等等。决策规则还包括，在特定的机构中起作用的更为具体的程序和组织法规，诸如立法机构中有关辩论的程序、法院中有关作证的程序、行政机构中有关授权的法规。阿尔蒙德从以下几个方面对决策过程进行了深入的探讨。

第一，政策和实施。制定决策规则之后，便开始了决策的过程。政策决策和政策实施是两个连续的过程。政治行政首脑和立法者并非总能预计到他们制定的政策在开始实施时会发生什么样的情况。在正常情况下，他们将给予或授予负责执行某项法律的官员以一定的处理权限。例如，交通警察实施规定时，并不仅仅是在机械地执法，他们有一定的处理权限，并可以根据气候的好坏有区别地解释交通安全规则。决策者通常都授权专门的行政机构，让它们颁布与法律条文相一致的法规。这些法规是细则性的，隶属于总的政策所确立的目标和方法。

第二，问题领域和政策专业化。认为一个国家的决策是一个单一而同质的过程，这仅仅是从抽象意义上的理解。为处理不同的问题，决策过程的活动也是不同的。达尔在对纽黑文市政治所作的开创性研究中表明，不

---

① ［美］加布里埃尔·A. 阿尔蒙德等：《比较政治学——体系、过程和政策》，曹沛霖等译，东方出版社2007年版，第245页。

同的政治集团参与不同问题上的决策过程。这个根据问题领域决定决策专业性的理论具有某种普遍意义。例如，在美国联邦政府中，所有的决策总是包括行政和国会之间的某种协调方式。但是参与制定外交政策、国防政策、税收政策、福利政策、能源政策的是行政和国会中的不同部门。而且在这些专业化的领域中，决策结构也往往不同。制定外交政策的过程更多地集中在行政，而制定税收和福利政策的过程则更多地集中在国会。因此，确定决策过程的特点，并不是简单地描述对某些机构的授权，而是要通过实际调查研究，辨别各个共同参与制定专门化政策的政治和政府机构各种不同的参与方式。

　　第三，政策协调和控制。预算是现代政府用以保持或改变政府行动的重点，也是协调政府行动的各个领域和提高政府行动效率最重要的手段之一。民主国家的预算是通过政治行政首脑、高级官员和立法机关间的交互作用制定的，但又因国而异。阿尔蒙德还比较了富国与穷国的预算制定。这种比较是从静态的意义上来把握这些过程的，把预算看作是政策的原因。但是，预算作为政策和政策执行的财政总结，也必须被看作是国内和国际政治的结果。

　　第四，领导和决策。结构和决策上的安排告诉我们，政策是如何制定的；环境提出的挑战则告诉我们可以制定何种政策。但是，要做出全面解释的话，需要有一个能动而富有创造性的组成部分，它的活动与结构和过程相联系，通过政策选择或做出决定来对付挑战和利用机会。这一创造性的组成部分可以是个人，也可以是集体，它可能出现在政治体系之内，也可能出现在体系之外。在政治体系的已有组织中，这一组成部分可能出现在政治行政部门、立法机构、高级文官机构，有的甚至可能出现在法院。它既可能出现于正常时期，也可能出现于非常时期。历史上关于个别领袖领导重大的结构和政策革新的例子屡见不鲜。胡佛和罗斯福两人面临的都是大萧条时期的美国，但是他们的政策和领导方法却截然不同。日本发生的两次危机，即19世纪60年代的明治维新和20世纪30年代议会制政府的崩溃，都是由集体领导所支配的。

　　（4）政策类型与功能

　　阿尔蒙德从政治体系实际作为的视角，重点阐述了政策输出的四种类型。这也从一定意义上揭示了公共政策的基本功能。第一种类型是提取性输出。所谓提取性输出，就是从国内和国际环境中提取资源，包括提取金钱、产品、人员或服务等。在现代政体中，最普通的提取形式是税收。阿尔蒙德通过对各国税收总量的比较，说明即使是在最富有的国家之间，政府岁入与国内生产总值的比例也存在巨大的差距。除了经济发展程度这一限制因素外，政策目标和战略对资源提取的程度和形式也起了重大的影响作用。此外，国家还从其全体人民中提取服务，如担任陪审员和履行兵役义务等。

第二种类型是分配性输出。分配性输出指的是政治体系的分配活动，也就是把金钱、商品、服务、荣誉、地位和各种机会分配给社会中的个人和团体。对分配方面的实际作为也能加以衡量和比较。与之相关的因素包括：各种分配物的数量、这些利益所影响人类生活的领域、享受这些利益的特定人口部分、人类需求与旨在满足这些需求的政府分配之间的关系等。阿尔蒙德对各国在教育方面开支的比较，说明了世界各地的政府为了提高人民的教育水平做出多大的努力，以及在最近十年中这方面所发生的变化，富国和穷国之间的差距就很明显地反映出来了。从中可以看到，可获得的资源、社会需要、各种联盟的选择倾向和战略三者结合在一起，是怎样影响政策输出的。所有的政治体系都必须对从环境中提取多少，怎样分配及对谁分配做出决策。不过，富裕的体系能够比较容易地提取，并且在做出分配决定时也不太困难。

第三种类型是管制性输出。管制性输出主要指政治体系对社会个人和集团行为施加的控制。阿尔蒙德在根据各国对强制手段的使用进行比较时，谨慎地区分了管制的各种类型、严厉程度和法律程序。那些目的在于保护人身和财产的管制，同用来加强物质福利和健康的经济管制，在性质上是不同的。而对于政治交流、政治组织和政治活动的管制又是另一种形式的强制。如果对政府活动表示不满的权利得到保护，如果社会中个人和集团都有机会影响政策过程，就能改变令人不满的政府的实际作为。

第四种类型的输出是象征性输出。象征性输出就是通过政治性演讲、典礼和仪式以及政治人物的肖像等，增强政治体系的实际作为。阿尔蒙德指出："政治领导人的演讲大都采取号召的形式——号召人们进行历史回顾；号召人们发扬本国历史传统中所体现的勇气、勇敢、智慧和高尚精神；或号召人们坚持如平等、自由和共同性的意识形态价值观。"[①] 象征

---

① ［美］加布里埃尔·A. 阿尔蒙德等：《比较政治学——体系、过程和政策》，曹沛霖等译，东方出版社 2007 年版，第 300 页。

性输出还可以采取对未来的成就和报酬做出许诺的方式发挥作用。这可以增强人们的信心，当然这同政治体系以前的表现有关。如果一个政治体系具有很强的公信力，象征性输出在增强人们信心方面就会发挥更大的作用，反之，如果一个政治体系缺少甚至丧失了公信力，象征性输出在增强人们信心方面的作用就会降低，甚至失去其作用。

阿尔蒙德指出，在把握政治输出的类型时，必须看到它们之间的关系是非常复杂的。同时不能把政策和输出两个概念混同起来，因为政策往往包含着一系列的目的和手段，一项政策不会只依靠单一的输出类型。

关于政治体系在国际上的实际作为，阿尔蒙德认为，外交政策同国内政策一样，也是由提取、分配、管制和交流这些基本的输出部分组成的。然而，国际交互作用是在一个同国内完全不同的政治舞台上发生的，具有不同的决策规则，也就是说，国际行为虽然也有相应的规范，但并没有国际政府和行政机构来执行和实施这些规范。各国往往依靠自己的力量或盟国的支持来保卫自己的利益和领土完整。各国的地理位置、面积大小、资源、文化和意识形态造就了许多不同的外交政策，有些国家施行的是侵略和扩张的政策，发展并部署了大规模的军事力量；而有些国家则是主要关心安全和贸易的"心满意足"。

（5）政策结果与反馈

政策输出在特定政治文化的作用下形成政策结果。阿尔蒙德对政策结果从福利、安全和国际作为三个方面进行了分析。并强调在考察公共政策结果时，要搞清楚这种结果是有意造成的还是无意产生的；要区分是即时发生的还是随后出现的。由于存在着政治家和行政官员无法控制的因素的作用，即使是即时发生的结果也会偏离人们的意向。

第一，公共政策的福利结果。对于公共政策的福利结果，阿尔蒙德重点分析了收入、保健和教育三个方面。这三个方面实际上都是同社会中的价值分配联系在一起的。价值分配和由价值分配所产生的福利结果，作为公共政策的主要结果之一，事关政治稳定。问题的关键在于分配是否公平。分配过程离不开政治体系和经济体系的相互作用，如果分配的不平等超过一定限度，就会提出再分配的要求或者为交换利益而改变支持的形式，并把这种结果反馈进政治体系，目的是通过再输出校正这种不公平，或者缩减不公平的程度。公共政策在收入分配过程中的作用，来源于政治系统的提取性输出和分配性输出的相互作用。

　　第二，公共政策的安全结果。在阿尔蒙德看来，公共政策的安全结果同政治系统的管制性输出直接相关，或者说是管制性输出影响的结果。人身和财产安全以及公共秩序是衡量和进行安全结果评价的重要因素。阿尔蒙德主要用犯罪率、骚乱或自发性集体暴力发生率，来评价公共政策的安全结果。同时他也认为，安全输出同公共秩序之间的关系是复杂的。并不是说在一个国家安全力量的规模越大，犯罪率、骚乱或自发性集体暴力发生率就越低，因为影响国家公共秩序的因素非常复杂。一个国家社会和政治秩序的特征，似乎是影响公共秩序的更重要的因素。此外，收入水平、经济增长、分配公平以及政权对自由的总的控制模式等，都会影响公共秩序。

　　第三，公共政策的国际结果。在分析国内政策中使用的输出类型和结果类型，同样适用于分析国际领域的政策。国际舞台上的政治体系也相互提取资源，也在彼此间分配产品和服务，并从事强迫他国（和受他国强迫）的活动以及开展相互间的交流。这些输出会导致国际领域里的某种福利和安全结果。然而，国际范围内的输出和结果之间的关系，较之国内范围内的关系要模糊和微妙得多。对国际领域中政策的结果，也可以从福利和安全两个方面来分析。从福利方面来分析，阿尔蒙德主要关注两方面的因素，即一个国家的提取和分配的净差额和这个国家在这些交往中受人支配的程度。如果一个国家接受援助的总额比较高，又没有因此而放弃主权，外援对这个国家来说就是一种福利。此外，外贸的数量、构成和模式也是一个至关重要的福利领域。从安全方面来分析，阿尔蒙德认为，各国的国际安全输出都具有一定的动机，但有时动机和效果之间不一致，因为，外交和安全决策并不是一个国家能够单独决定的，要受到其他国家的影响。例如，一个国家在最初进入国际政治时，其政策的宗旨是防务性的和安全性的，如果遇到了另一个侵略性的国家，它可能被迫采取侵略性的政策，以维护国家的安全。在国际政治中政策和结果之间的这种冲突往往会引起战争，造成灾难性的后果。

　　阿尔蒙德认为，在分析政策结果时一个重要问题不容忽视，那就是在政策意图和政策结果之间往往存在着很大的差距。导致这个差距的重要原因主要有两个，一是政策要经过执行的过程，而在这个过程中，政策会被改变；二是政策所影响的国内和国际环境中的社会、经济和文化过程的相互作用。转换过程直接的输出就是政治体系与其环境之间发生的占有、给予、强迫和交流等权威性行动。政治决策者试图用这些行动来造成各种社会结果。但是政治体系的实际作为和政治体系所要影响的环境之间的相互作用，常常并没有被决策者充分理解，或者这种相互作用受到无法预测的外部因素的影响。

反馈是指输出产生的结果通过一定的通道流向输入和转换环节，并对输入和转换产生影响，使再输入和再转换发生变化的过程。阿尔蒙德在讨论反馈环节时，特别强调政治文化的作用。在公共政策运行过程中，政治文化的作用贯穿于整个过程之中。阿尔蒙德尤其强调了在输出和结果之间、结果反馈和再输入之间政治文化的重要作用。他指出："政治文化在过程的两个阶段——当输出变成结果时，以及当结果变成反馈时——影响着政治体系的实际作为，而政治文化本身也可能在这个过程中发生变化。"[①] 政治文化在阿尔蒙德的思想体系中具有非常重要的地位。他指出："政治文化是一个民族在特定时期流行的一套政治态度、信仰和感情。这个政治文化是由本民族的历史和现在社会、经济、政治活动进程所形成。人们在过去的经历中形成的态度类型对未来的政治行为有着重要的强制作用。政治文化影响各个担任政治角色者的行为、他们的政治要求内容和对法律的反应。"[②] 阿尔蒙德认为，政治文化的作用主要表现在：政治文化影响公民对政治体制的权威性输出是否服从、权威人物的有关支持储备和政府的合法性储备、政治精英人物的象征性输出等。在讨论公民的过程倾向时，阿尔蒙德提到了公民的不同政治文化特征，主要涉及狭隘观念者的态度、顺从者的态度和参与者的态度。

从对共同体和国家的经验研究中，阿尔蒙德获得了这样的认识，即认为在不同政策的领域里会有一致的政治功能行为，是一个严重的错误。事实上，在外交政策或国防领域中承担利益表达、利益综合、政策制定和政策执行功能的结构，同那些涉及税收政策、教育或福利的结构常常是很不相同的。阿尔蒙德通过对美国外交政策的研究，发现了非常专业化的政策结构，其中有那些对外交政策特别感兴趣并忙于接触精英人物而鼓动舆论的公民大众，有影响很大的私人组织、国会专门委员会和国务院、国防部门的行政机构等。这些结构有些也进入其他政策领域，但多数结构相对来说只是专门活动于外交政策领域。可以把过程和政策结构视为观察政治体

<hr />

① ［美］加布里埃尔·A. 阿尔蒙德等：《比较政治学——体系、过程和政策》，曹沛霖等译，东方出版社 2007 年版，第 371 页。

② 同上书，第 26 页。

系的两种方法。从过程观点来看，多种多样的结构在不同的问题领域里以不同的方式参与，如利益表达、政策制定之类的活动；从政策观点来看，多种多样的结构在政策过程的不同阶段上，参与影响如防务或福利之类的政策。凡是政策选择性呈现多极化的地方，往往可以看到内部政策看法一致的各种具体结构，但在该政策领域中表达利益的各结构的组合也会出现多极化。

3. 政治体系的比较与政策

阿尔蒙德还对不同国家的政治体系进行了较为深入的比较研究。他认为，比较研究的内容和范围极为广泛，主要包括：一是对各种政治体系的比较研究，即在宏观上对各种各样的政治制度进行横向比较和纵向比较。横向比较是比较当代不同的政治体系；纵向比较是比较不同历史阶段的政治体系或同一政治体系的历史演变过程。二是对各国政府机构的比较研究，即在微观上对各种各样的立法、行政、司法机构，以及能够影响政府机构行为的政党、利益集团等组织进行比较。三是对其他与政府机构没有直接联系的组织形式的比较研究，如部族、共同体、社团、工会等，分析这些组织形式对政治的影响。

各种政治体系的规模、正式结构、风俗习惯以及政策千差万别，对这些体系进行描述和比较并非易事。人们试图对政治体系进行比较时，一个依功能而定的结果很容易使人产生误解。相同的结构实际上可能起着完全不同的作用。因此，为了对政治体系进行充分的描述和比较，人们需要懂得各种政治体系是怎么样发挥功能的。阿尔蒙德等人的结构—功能分析，就是有针对性地解决这一问题的。他们直接提出如下问题，即在每一个政治体系中，什么样的结构在发挥利益表达、政策制定等各种功能？能够进行比较也就能着手建立各种理论。阿尔蒙德认为，概念和比较都不是理论，因为它们是以定义和定义之间的关系为基础的。而理论以实验观察为基础、并且可以为经验所验证。

阿尔蒙德在比较政治学方面有着许多概念上的创新。他用政治系统、功能、角色、结构等新的概念术语来代替国家、权利、职业、机构等传统的政治学术语。新术语的使用不仅是词语上的变化，而且体现了一种考察政治的新方法。这套新术语既包括对旧的政治事务改用新名称，也包括使用某些新术语来表述原先未作为政治范畴的活动和过程。也就是说，术语的创新往往也会导致研究范围的创新，从而使人们注意到原先被忽视的相关领域。阿尔蒙德用"政治体系"这一概念取代了传统政治学中的"国家"、"民族"、"政府"等概念，从而使政治学的研究范围从原来所关注的法律制度和政府机构，扩大到与政治有关的所有其他方面，包括亲属关系、社会等级集团、政党、利益集团和大众传播工具等。在这里，阿尔蒙德并非完全否定传统的政治学，而只是在新的时代背景下对其所作的修正和补充。此外，他认为政治系统应该是由相互作用的政治结构组成的，如选民、利益集团、立法机关、官僚机构等。它们依靠合法的强制力量的支持，并与国内和国际环境持续发生相互作用。各政治结构又由各种相互关联、相互作用的角色组成。结构和角色这些术语是为了强调参与者的实际作为。他还提出，研究任何政治系统，除了了解它的实际作为外，还要了解它的基本倾向，它的心理方面即政治文化。

　　阿尔蒙德的比较政治理论和政治发展理论紧密相连。阿尔蒙德提出，政治发展就是在社会经济现代化比较广泛的环境中，已经发生和正在发生的一系列相互关联的政治系统、过程和政策的变化。政治现代化的标志：一是文化现代化，如人们参政倾向的增强；二是结构分化，如出现新型的专门化的结构和角色。他指出政治发展的基本动力是社会和经济的现代化，反过来，政治发展也越来越成为社会经济现代化的原因。

　　为了对不同的政治体系进行充分的描述和比较，研究者不应该仅仅关注政治体系中的静态的法律制度和政府机构，以及这些制度和机构的正式目标，还要关注这些制度和机构在实际政治生活中的行为和表现，而且在对不同的政治体系进行分析比较时，也扩大了人们的视野。不仅包括欧美的几个主要国家，也包括了非西方世界的发展中国家；不仅分析比较了现当代的不同的政治体系，还考察了不同时代政治体系之间的异同。他提出了政治体系的新分类方法，即把大多数国家的政治制度分成英美型、前工业化型、极权型和欧洲大陆型四种，并应用于分析西欧、北美洲和亚洲、非洲、拉丁美洲的政治模式。后来他采用了一种更简单的分类法，即把大多数国家从经济上划分为工业发达国家和发展中国家；在政治上划分为民主型政权和极权型政权。在不同类型的政治体系中，公共政策的运行机制会呈现出不同的特点。

第三节　阿尔蒙德思想简评

　　作为一名贯穿了公共政策学发展三个时期的公共政策学家，阿尔蒙德对这门学科长期持续的贡献是不可以被忽视的。一是他对于公民文化的研究为公共政策的政策环境部分增添了新的内容，同时也让众多政策学家和公共政策制定者了解到原来被熟视无睹的文化因素对于公共政策的巨大影响，为后来的公共政策学者采用社会学制度主义的视角进行公共政策研究提供了先例和成功的经验。二是由于阿尔蒙德本身还是一位杰出的比较政治学大师，他对于不同国家不同的公共政策体系之间的比较研究，开创了公共政策学比较研究之先河，同样为公共政策制度研究提供了一种新的视角和方式。三是阿尔蒙德采用大量实地调研的方式进行政策研究，这在早期的公共政策学者之中并不多见。而这也拉开了后来行为主义在公共政策学中的广泛兴起的大幕。阿尔蒙德的结构—功能主义是当代政治科学理论中的重要分析模式之一。他开创的政治文化研究带动了 L. W. 派伊（L. W. Pye）等学者的政治发展理论和政治文化理论，他的主要著作对比较政治学的发展产生了重大影响。

阿尔蒙德的政策学思想同样不可避免地也存在一定的局限性。一方面，阿尔蒙德在考察其他国家的公民文化时，采用的仍然是西方传统的文化观念，凡是不能相容于当时西方的主流文化的文化，都被他轻蔑地称之为"反文化"。因而，当他以一种俯视的方式对其他国家的社会现状进行描述时，他的政策学思想也必然会被他的傲慢所带动而变得偏颇。另一方面，阿尔蒙德也犯了与他同时期的其他结构—功能主义者一样的错误，他把不同阶级、不同社会地位和职业的人群全都纳入同一"民族"视角下进行考察，虽然简化了分析过程，但却淡化了阶级特性，因而他的政策分析也存在一定的弊端。尤其是他的比较政治学上的结构—功能主义，实际上是以西方发达国家政治制度为基本模式，以资本主义国家政治生活原则为标准，来衡量和评价发展中国家的政治制度，不免有失偏颇。

第三编

公共政策学过程理论的完善

第七章　德洛尔的政策思想

第一节　德洛尔生平和主要著作

叶海卡·德洛尔 1928 年生于奥地利音乐之乡维也纳。1938 年移居以色列，曾在耶路撒冷希伯来大学和美国哈佛大学学习法律、政治与社会学。1968—1970 年任美国兰德（RAND）公司高级参谋、顾问，在此期间撰写了政策科学三部曲：《公共政策制定的再审查》《政策科学探索》《政策科学构想》。为了政策科学的发展，他力荐拉斯韦尔的开创性著作《政策科学的展望》一书，并鼓励拉斯韦尔写了《二十年之后》一书，总结和评价政策科学当时所处的地位。他还与兰德公司数学部主任爱德华·奎德一起创立了《政策科学》理论刊物，并倡导了第一个政策科学国际培训班。1975—1977 年任以色列国防部高级策略分析顾问。他还撰写了《以色列高压计划》(1966)、《疯狂的国家：违背常规的战略问题》(1980)。而 1986 年出版的《逆境中的政策制定》，堪称他实践经验的总结之作。

德洛尔除了在理论上有许多重大贡献之外，还担任了 20 多个国家组织、国家政府及多国公司、大型企业的政策顾问。在顾问、咨询工作上，他主要涉猎政策规划、高级决策系统、关键性抉择优化、战略构想、行政管理改革和具体政策研究等领域。因此，德洛尔获得了政策科学与政治学领域的肯定。1975 年他被选为世界艺术与科学学会会员；1983 年作为"一位对公共政策的理解做出贡献的著名学者"被国际政策研究联合会授予首届哈罗德·拉斯韦尔年度奖；1986 年在美国政治学联合会举行的年会上，他又荣获"纪念福尔布莱特 40 周年的著名学者"称号。自 80 年代中期以来，德洛尔把政策科学的研究集中到高层政策制定领域。

后来，他把政策科学的研究推向深层领域，对逆境及逆境中的政策制

定进行了广泛的考察，提出了政策哲学、高层政策推理、多值逻辑在政策
科学中的应用等众多新的课题。曾任耶路撒冷希伯来大学教授、政治终身
教授，并任欧洲公共行政管理研究院政策分析教授与课题负责人。

第二节　德洛尔主要政策思想

一　德洛尔对政策科学的总体设计和构想

德洛尔与第一代政策学家拉斯韦尔等人相比，与其说是政治学家，毋
宁说是管理学家或系统论专家。他从管理学的角度开展对政策科学的研
究，构建了整个政策科学的基本框架，为后来公共政策研究奠定了重要的
基础。

1. 创建政策科学的重要性和必要性

德洛尔通过对传统的科学方法的批判，阐述了创立政策科学的重要性
和必要性。德洛尔认为，以前的科学方法存在很多缺陷，一是容易把问题
纳入一套特定观念之中；二是把有用的实践知识、含蓄的原理性假说和一
些临时性理论等混在一起，极少注意它们的有效性；三是忽视了政策和政
策制定工作的特点，忽视主要政策问题与政策制定工作特点之间的关系，
忽视以政策为主旨的研究工作的重要特征，等等。由于以前的科学方法无
法满足人类在处理紧迫决策时的迫切需要，因此建立政策科学就显得十分
必要。

德洛尔通过揭示行为科学和管理科学对于改进政策制定的局限性，阐
述了建立政策科学的重要性和必要性。德洛尔首先肯定了行为科学和管理
科学在改进政策制定方面的重要作用。在德洛尔看来，虽然行为科学和管
理科学是与改进政策制定工作有特殊关系的学科，但在指导政策制定方面
也存在不足之处。这从反面证明了建立政策科学的重要性和必要性。他认
为，行为科学是一个包括社会学、社会心理学以及政治学在内的广义的学
科概念，对于改进政策制定可以发挥一定的作用，但是行为科学由于自身
的缺陷，使之无法完成改进政策制定工作的任务。德洛尔并对行为科学的
主要缺陷作了分析，认为行为科学的主要缺陷包括：一是它不能严格区分
个别行为的微观理论和宏观理论；二是它回避了复杂而生动的社会问题和
社会成员的伦理道德问题；三是它缺乏自觉意识，没有自己的方法论。缺

乏方法论正是行为科学未能使政策制定工作得到改进的主要原因之一。

德洛尔还对管理科学的局限性进行了分析。在德洛尔看来，虽然管理科学对政策科学的发展有帮助，但是管理科学也有许多弱点，他把管理科学的缺陷概括为以下七个方面：一是管理科学缺乏对制度问题的研究，忽视了建立组织的问题；二是管理科学无法处理政治问题；三是管理科学不能处理非理性现象和不确定情境下的各种情况；四是管理科学不能处理涉及基本价值原则的问题；五是管理科学以追求最大功效为原则，但未能解决如何创立全新抉择的问题；六是管理科学不能处理复杂的社会问题；七是管理科学不能直截了当地处理"宏观政策"问题，并且忽略了总体政策问题。德洛尔的结论是：管理科学可以就改进某些管理决策或者甚至某些次要政策问题提供一些探讨的方法和手段。但是，由于管理科学存在着上述缺陷，因此并不能为改善政策制定工作做出重要贡献。正是基于以上的分析，德洛尔提出必须创建政策科学。

2. 政策科学的学科性质和研究规范

德洛尔认为，与当代普通科学相比较，政策科学更具有革命性。这种新型的"政策科学"并不是当代科学的替代品，也不是行为科学和管理科学的替代品。政策科学应当成为另外一种把系统知识、有结构的推理、有组织的创造力，应用于有意识的社会方向和社会变革的新探索。政策科学或政策研究是融合了管理科学、行为科学、经济学和政治学等多学科知识的一门全新的跨学科研究领域，其核心是把政策制定作为研究和改进的对象，包括政策制定的一般过程以及具体的政策问题和领域。

德洛尔指出，政策科学的创新之处在于它的各种规范，也就是政策科学的总体形态。在《政策科学的构想》一书中，德洛尔对政策科学的规范作了概括，其主要方面：一是政策科学关注社会的发展方向、着眼于宏观，致力于研究社会指挥系统和公共政策制定系统；二是政策科学打破了许多学科之间的传统界限，特别是打破了行为科学与管理科学之间的界限，是一门跨学科性质的学科；三是政策科学在纯理论研究与应用研究这两大常规分支之间，架起了一座桥梁，把改进政策制定工作作为最根本的目标，从而把纯理论研究与应用研究结合在一起；四是政策科学明确承认超理性过程（诸如创造力、直觉知识、超凡的魅力以及价值判断力）和非理性因素（如强烈的激动情绪）的重要作用；五是政策科学把政策制定看作是一个动态的过程，与环境的变化相联系；六是政策科学试图成为一门自觉的科学，对自身不断研究、检验和重新构思是政策科学研究的主要任务之一；七是政策科学既要修订公认的科学原理和基本方法论，又要把研究范围扩大到公认的科学调查的界限之外，这正是政策科学假说和方法论的革新方向。这些规范构成了政策科学的概念、方法论和方法的基础。

3. 政策科学的基本特征和学科界限

德洛尔在他为斯图亚特·S. 内格尔主编的《政策研究百科全书》撰写的《政策研究的基本概念》一文中，对政策科学及其本质特征等问题作了简洁的说明。他认为，政策科学或政策研究的核心是把政策制定，包括政策制定的一般过程以及具体的政策问题和领域作为研究和改进的对象。正因为如此，政策研究的主题范围极其广泛，而且它的学科边界又是模糊的、开放的；研究的内容包括广泛的事件、态度倾向、方法论和具体方法以及利益问题；研究的主要任务是理解政策如何演变，并在总体上，特别是在具体政策上改进政策制定过程。政策科学如此广泛的研究对象、主题、内容和任务，决定其研究的任何实质性进展都需要以大量的客观知识和主观知识为基础，这种需要远远超过了迄今为止人们对跨学科知识的需要。政策科学研究所需要的知识包括心理学、人类学的组织论以及政治学和社会学等社会科学和行为科学知识。当然，政策科学独特的行为观察方式也要求有自己的方法论。

德洛尔认为，政策科学的本质特征在于它的科学性。这就需要在政策研究中保持一种科学的态度。政策科学在政策研究中需要的是政策分析者而不是政策辩护者、是政策科学家而不是社会评论家、是政策的专业贡献而不是政治的行动主义，同时要把理智活动的价值分析与人类需要的价值信仰区别开来。他强调要真正实现上述要求，必须处理好以下关系，一是处理好理智和情感的关系。对事物进行观察时，在情感因素介入的情况下也能保持观察的客观性，即使受到强烈的情绪干扰也能保持理智，保证有充分冷静的意识。二是处理好个人价值观和服从于权力的关系。也就是在具体政策的个人价值观和服从权力之间保持动态的平衡，这是非常重要的。三是处理好知识和权力的关系。在知识和权力之间取得协调统一。科学性可以说是政策科学一个非常难以实现的特征。

德洛尔认为，政策科学的方法特征在于它的论证性（prescription）。论证需要根据现实优化模型进行，或依公认的相关价值而定，通常要把两者统一起来，两者结合的形式具有重要意义。政策研究的最低要求是"尽可能地阐述含蓄的价值和实证假设，并对全部建议进行灵敏性分析，保证在基础假设和价值观中，理论比较充足"。① 政策科学家必须对自己的假设和价值有自我意识和自我批判精神，要尽量以局外人的身份考察这些假设和价值。论证性是政策研究成为人类提高对未来影响力的重要手段。但是，论证性也给政策科学的政策研究带来了两个方面的困难，一是区分规范性、价值来源、手段的规则、价值决定与价值灵敏性测验以及价值假设的引申等论证的困难。二是采用论证方法的困难，这主要是因为，从政策研究学者的来源来说，主要来自于社会科学领域，特别是政治学领域，而政治学领域几乎没有论证性方法；从研究方法的形成来说，大部分可行的论证方法来自于经济学、运筹学和决策科学等相对简单的问题和假设；从研究机构的需要来说，需要一种与大学不同的研究机构。因此，缺少复杂问题的论证方法是政策研究的主要弱点。

德洛尔指出，政策科学应当认清楚自己的学科界限，阐明自己的适用范围。他认为，政策科学对于本身就难以实现并超出理性范围的过激革命行为不相干；政策科学对于超出理解能力并无法加以指导的深奥的社会变革（例如新宗教）无能为力；政策科学对于通过遗传工程而出现的超人、对于开发智力的药品、对于拟人计算机的共存以及其他等都不相适应；政策科学要依靠实证哲学进行推理。

4. 政策科学的基本内容

德洛尔构建了政策科学的基本理论体系，并确定了政策科学的基本内容。根据德洛尔不同时期著作对这一问题的阐述，政策科学的基本内容可以概括为：（1）政策哲学。德洛尔认为，政策制定需要哲学基础，这是高质量制定政策的基本前提。对政策哲学可从价值论、认识论、行动哲学三方面进行研究。（2）政策分析。德洛尔认为，政策分析是政策科学的主要内容之一，它在一定程度上以管理科学为基础，特别是建立在广义的系统分析之上，目的是为较优的政策方案提供一种启发式的鉴别方法。（3）对现实和问题的理解。德洛尔认为，对现实和问题的理解是政策制定的基础，在行为性方面，从认识论和感知性的角度，提出人类和人类组织怎样理解现实，提出问题并制定出决策的先后次序；在论证性方面，需

---

① ［以］叶海卡·德洛尔：《政策研究的基本概念》，载《政策研究百科全书》，科学技术出版社 1990 年版，第 8 页。

要有一种哲学意义的扎实的方式提出问题和考察环境，并找出可行的方法尽量真实地理解现实，做出决策。（4）宏观政策或关键选择。德洛尔认为，在政策决策中，应对最基本的政策范例作进一步的探讨。在行为性方面，需要对基本政策及其基本假设进行研究和作出解释，探讨导致宏观政策僵化和约束关键选择的因素；在论证性方面，应创造出作为政策主题的宏观政策和关键选择的方式，探讨宏观政策分析方法。（5）跨渐进主义。德洛尔认为，尽管政策制定的渐进形式还比较流行，然而，跨渐进主义更具有重要意义。在行为性方面，要搞清楚何时采取渐进形式，何时采取跨渐进形式。当务之急是要进行政策制定的创新性研究；在论证性方面，需要为渐进性政策可以接受的条件以及如何制定更好的、更有创造性的跨渐进性政策提供指南，要用论证性政策设计和分析方法来处理跨渐进性问题。（6）复杂性。德洛尔认为，由于大量紧密联系和不断变化的多样性因素的作用，复杂性构成了政策制定的主要特征。在行为性方面，要理解相关政策系统，要研究政策制定机构对复杂性的反应；在论证性方面，要发展对付复杂性的方法，要改变面临复杂性时学术方法上的无能局面。（7）模糊性决策。德洛尔认为，所有决策都面临着不确定性，都可能遇到面临重大问题的知识缺乏，决策选择大都包含未知参数和概率。因此，在行为性方面，需要有一套方法来测定不确定性的程度以及认识组织对不确定性的反应；在论证性方面，需要有一套方法来减少和模拟不确定性，发展出在不确定性无法减少的情况下能吸收不确定性的决策策略，发展出能减少对不确定性处理不当的政策制定方法，并测试这些方法使其规范化。（8）学习。在德洛尔认为，学习是政策制定的基本方面。在行为性方面，必须对现实中的学习、学习不足、学习不当进行研究和解释；在论证性方面，需要研究加速和改进学习的方法，如评价方法和政策实验技术。（9）政策结构。德洛尔认为，政策结构引入了创造力因素，并同时产生把政策研究与计划联系起来的需要。创造性在政策方面的重要性与日俱增。在行为性方面，要注意影响创造力的变量问题；在论证性方面，则应注意如何鼓励政策创造力的问题。（10）困难的选择。德洛尔认为，所有政策都涉及价值选择以及不同价值观之间的交换率，这给政策选择带来了痛苦。因此，在行为性方面，要测定价值并研究选择的机制；在论证性方面，要处理价值选择的一系列难题，如政策专业人员和政治家及其他阶层在价值选择中的恰当作用、改进价值选择的可能程度、提高价值选择能力和构建包容的价值选择系统等。（11）政策的原则。德洛尔认为，政策原则就是"制定政策的政策"，也称为元政策。这方面涉及的问题很多，如不同政策制定主体的作用、政策制定的信息与反馈模型、基本政治结构对政策内容的影响等。在行为性方面，应研究具体政策的演化；在论证性方面，试图改进具体政策。① （12）实施战略。德洛尔认为，实施战略包括理解关于政策制定变化的动力、识别关于政策制定的改变工具、建立政策科学确定这些工具三方面的内容。政策科学的一个重要规范就是要把政策制定的改进工作认真地承担起来，通过政策科学的实际应用和政策科学各种建议的实施，来改进政策制定工作的各种手段和方法，并取得实际效果。

5. 政策科学的基本原理

德洛尔指出："政策科学必须更多地注意其本身的基本问题，从而为自身创造不断发展的机会。各种根本假设、知识、哲学以及有关政策科学社会功能的思想都需要加以阐述和重新考虑。实用主义不足以处理政策科学的诸多问题，包括有关认识论、价值论、社会角色、专业在实际行动中的反映等方面的问题。同时，由于政策科学与一般社会科学的差异过大，因而依靠后者来提供思想基础，就后者的发展水平来说是不适宜的。因此，政策科学需要有清醒的自我认识，需要全力注重自身基础的发展。"②

政策科学的基本原理，即科学地确定政策科学基本的概念和范畴，并予以准确界定。德洛尔关于政策科学的基本原理的研究，主要围绕如下概念、范畴及其相互关系展开：政策科学的学科性质（区别与管理科学和行为科学）、政策科学的本质特征、政策科学的主要内容、政策科学的研究方法、政策系统论、政策困境与政策赌博、政策中枢决策系统、宏观政策和总体政策的关系、政策制定与政策改进的关系、政策形式价值和产出价值的关系、政策系统分析和实证分析的关系等。德洛尔希望通过历史和逻辑相统一的方法，建立起一套适合政策科学的相对完善的体系。但政策科学的基本概念和范畴有哪些，可谓仁者见仁，智者见智，还没有达成共识，因此这种设想只是一种奢望。

---

① ［以］叶海卡·德洛尔：《政策研究的基本概念》，载《政策研究百科全书》，科学技术出版社1990年版，第11—12页。

② ［以］叶海卡·德洛尔：《逆境中的政策制定》，王满传等译，上海远东出版社1996年版，第222页。

德洛尔自己也指出，政策科学的基本原理应是政策运行超越社会制度的一般规律，切不可用不同制度下的特殊规律来取代一般规律。但"必须指出的是，基于美国情况的部分政策科学理论所存在的某些极端亲市场倾向需要予以克服，因为这种倾向妨碍了人们恰当地研究在政府具有极大能动性的情况下怎样改进政策制定。"① 因此在制定各国政策时还应根据地区实际情况总结出适合本国的基本原理。

二　德洛尔政策哲学思想

德洛尔除了构建出政策科学的基本框架，奠定了政策科学的基础外，还把政策科学上升到哲学的高度，从哲学理性的高度来把握政策科学。德洛尔从价值论、认识论和实践论的高度，对公共政策问题进行深入的探讨。

1. 价值论

德洛尔认为，"价值问题是政策制定哲学中一个受到广泛注意并且越来越得到人们重视的主题。"② "政策制定作为一种追求目标的方式，它不同于规范的途径，也不同于'有效性'途径。此两者中，前者往往为政策制定规定特别的价值观；而后者则在假设目标既定的前提下，专心于取得较理想的结果，尽可能地扩大利益与成本的比值。它往往隐藏在诸如效用或偏好函数等名词后面。"③ 因此，要建立一种"关于价值追求的哲学"来指导政策的制定。在寻找各种途径、方法和技术的基础上，设计现实可行的未来蓝图，为政策制定提供富于启发性的指导。他认为，建立价值追求的哲学尤其重要，因为，在逆境中价值观需要修正，即使是现实可行的未来蓝图也需要修正，这都需要价值观的指导。要发展这样一种哲学，它的基本起点是摆脱那种认为科学能得到最终价值的过分简单化的观念。

价值观对于激发中央政策制定系统中的主要行动者，起着十分重要的作用。因为，如果没有相应的价值观的引导，政策制定就会被所谓的欲念（指那种类似本能的欲望）所支配。以欲望为核心形成的政策模型，接近于某些超现实的政治学模型。这些模型认为，行动者都依据经济学的原则

① ［以］叶海卡·德洛尔：《逆境中的政策制定》，王满传等译，上海远东出版社1996年版，第232页。
② 同上书，第140页。
③ 同上书，第141页。

行事，目的是最大限度地满足其自我中心的权力倾向和物质欲望。这种解释是脱离实际的。形象地说，价值观就是政府中枢决策系统的"超我"。

德洛尔还对"形式价值"和"产出价值"进行了区分。他认为"形式价值"涉及政策制定的主要模式和机构，如结构、过程和人员配备。"产出价值"则与通过广义的政策制定产出而实现的价值相关，如法律和秩序、公平等都是西方国家期望实现的产出价值。一般说来，在社会呈现成熟、稳定的顺境时，应给形式价值较大的权重；而在逆境中，则要赋予产出价值较大的权重。这就是说，逆境中应当遵循产出价值优先的政策原则。对于产出价值优先原则，德洛尔还作了如下说明：一是价值优先权只是一个程度问题，产出价值优先并不等于无限制地压低形式价值或者广泛地转移形式价值的权重。实际上，产出价值优先是以满足最低限度的形式价值为基础的，如果丧失了最低限度的形式价值，那本身就是一种严重的逆境。二是在逆境中产出价值优先原则，实际上给出了政策方案选择的优化标准。两种价值都得到满足的方案是最优方案，当不能兼顾、两全时，应优先满足产出价值。只要一项政策方案保证了最低限度形式价值的满足，它也可以算是满意可行的方案，而一味损害产出价值，追求形式价值的方案，因为它无助于克服逆境，是不可取的方案。

2. 认识论

德洛尔认为，"认识论是政策制定哲学的另一关键部分。"[1] 政策的形成过程也是人类以改变客观对象现存状态为目的的认识过程，必然要遵循人类认识的一般规律。对人类认识能力有限性和无限性的正确认识，使我们对政策决策科学性的把握更趋于合理。尤其是社会历史领域的选择性和规律性的统一，要求政策认知遵循特定的认知规律。对政策认知图示、政策认知过程、政策认知逻辑的探究，预示着人类可以在理性和非理性的统一中把握政策过程。在现实生活中由于认识论没有得到足够的重视，"求实主义"使政策制定误入歧途。德洛尔认为，政策科学认识论一直没有得到过改进的原因在于："除了某些例外，大部分研究认识论的哲学家对政策制定都不感兴趣；即使是那些少数感兴趣的哲学家，他们对政策制定也完全无知。更加糟糕也更无情可原的是，除了极少数例外，政策科学家对哲学领域内的有关研究一无所知，甚至没有意识到这些研究与政策制定

---

[1]　［以］叶海卡·德洛尔：《逆境中的政策制定》，王满传等译，上海远东出版社1996年版，第141页。

之间可能具有的联系。"①

3. 行动哲学

德洛尔认为，在哲学领域内，与行动哲学相关的研究其起源可以追溯到康德。与政策制定相关度比较高的是：德国思想界关于"目标引导的行动"的论述、对"行动理论"的研究以及对决策逻辑的广泛探讨。对于"目的"、自由意志、理智、实践理性以及其他方面的论述，也与政策制定有着富于启发性的联系。现代行动哲学所关注的中心问题，如"合理性"的研究、对"存在理性"的相关论述、从行动理论的角度对马克斯·韦伯等人的古典著作进行的分析以及人类行为学等，都同政策制定密切相关。但行动哲学也忽视了一些重要问题，如广泛的不确定性所独有的特征、"作为模糊赌博的决策"的独特条件等，因此行动哲学在政策制定过程中还需要强化与深入。

三　德洛尔政策科学方法论思想

德洛尔认为，政策科学要发展多维的方法、方法论和技术。政策科学需补充新的探寻方法，如启发性方法、应用哲学、历史过程考察、主观实践经验的提炼和想象实验等，另外，还应依靠分析者技能和技巧来提高政策分析的能力。与拉斯韦尔的工具理性不同，德洛尔认为，政策科学的方法论应是实证分析和价值分析的结合。而且他更强调要从系统的观点对政策科学进行研究。

1. 实证分析和价值分析相结合的分析方法

德洛尔认为，政策制定与政策科学在方法、方法论和技术手段上，都有必要进行扩展和创新。为了增强实用性，政策科学对方法和技术的研究可谓卷帙浩繁，人们编制了各种各样的公式和模型。定量分析手段和经济学方法被广泛应用于政策分析之中，但实际效果并不理想，没有为政策实践带来根本的改善。原因在于数量化手段和经济学的方法，只有在消除不确定性，各种因素及其关系可以量化的前提下才有实际意义。然而，社会并不是由一系列可以准确测量的客观物体组成的，而是一个充满不确定性的世界，政策实践面对的公共问题更是如此。以定量分析为主的政策分析方法，其局限性是显而易见的。无论政策分析的方法发展多么快，由于行

① ［以］叶海卡·德洛尔：《逆境中的政策制定》，王满传等译，上海远东出版社1996年版，第142页。

为主义所倡导的实证分析的研究方法，被使用的范围与其发明者的描述相去甚远，使人们产生了诸多的困惑。可以说，政策分析实际发挥作用的领域，使其创始人及其追随者的设想大打折扣。这在一定意义上证明，把政策分析建筑在科学哲学以及实证主义方法的基础上的倾向是不正确的。

因此，在实证分析的基础上还必须补充新的探索，"具体表现为启发性方法、应用哲学（例如在价值分析方面）、历史过程的考察、主观实践经验的提炼（部分但并非主要地与量化处理过程相结合）和想象实验等（必须坚决摒弃那种将有些在许多自然科学领域本身都不能应用的所谓'科学'方法应用于社会科学的做法）。"① 这就要让政策改进上成效卓著的实际工作者，在政策科学建设和理论创新上也担当重要的角色。大部分政策科学家都应当交替从事教学、理论与经验研究以及实际应用等工作。而那些优秀的政策分析实际工作者，则应当积极地进行政策科学的理论研究。

2. 系统分析方法

德洛尔在对管理科学进行分析时指出，为所有管理科学共同适用的方法有"系统方法"和"定量分析"。他认为，系统方法比定量手段更重要。因为，从根本上说系统方法承认不同问题、争端和事件是相互联系的，不考察一个具体变化对整个系统运转所产生的影响，就不可能知道一个单独的组成部分的进展是否有助于整个系统目标的完成。系统方法使决策者有更广阔的视野，能重新安排决策问题，能够得到一个较为可取的方案。系统方法对于处理复杂的政策问题也有很大的帮助，因为它可以提供先进的定性结果，而且在定量技术之外还可以容许其他改进决策方法的发展和应用。

另外，德洛尔在系统分析方法的基础上提出了"系统群研究方法"，并把它视为政策科学的方法论基础。"系统群方法"注重的是"整体"，而不是"个体"。虽然社会科学家们知道整体比个体重要，但是却不太清楚应该如何把握整体。"系统群研究"解决了这个问题。它先把有可能对整体产生强烈影响的"具有代表性的个体"罗列出来，接着勾勒出一个整体大系统——系统模型，然后将其中若干个体加以移动，看整个系统有什么变化。这种做法通常被称之为模拟实验。如果模拟系统的动向与现实

_____

① ［以］叶海卡·德洛尔：《逆境中的政策制定》，王满传等译，上海远东出版社 1996 年版，第 236 页。

不太一致，那么就重新选择一些"有代表性的个体"，建立新的系统模型。这样重复几次，就可以对"政策替代方案"进行比较研究。这就是"系统群"研究的操作方法。由于研究中出现了复数以上的整体系统，所以这种方法不叫"系统研究"，而叫"系统群研究"。

四　德洛尔逆境中政策制定思想

德洛尔 1986 年出版的《逆境中的政策制定》一书，提出了逆境中政策制定的思想。他借助"逆境"这一既属于理论思维的产物，又代表政策制定现实中普遍特征的范畴，把一系列概念、方法、思想纳入到一个理论框架之中，对深受逆境影响而又试图正面应对逆境的政策制定进行考察。德洛尔关于逆境中政策制定的思想，主要包括如下内容。

1. 政策中枢决策系统的概念和意义

德洛尔认为，政策中枢决策系统是个神秘的话题，在当代政治社会学和其他各种政治学中一直把它当作"黑箱"来对待。政策中枢决策系统，"它可以与中央政策制定过程系统这一概念互换使用，两者都围绕着政府高层决策的结构问题。人们也可以用社会控制与调节过程系统的高层集团，或者操纵统治核心部分的国家理性等来表述。"① 政策中枢决策系统主要机构并不公开，但随着科学研究的需要，部分机构及其相互关系单独处理后已经公开化了。政策中枢决策系统是整个逆境中政策制定的核心主体。改革要成功需要政策中枢决策系统，具有卓越的制定改革政策的能力。政策中枢决策系统需要经过周密的构思并以可靠的价值为基础，对未来前景设计现实可行的蓝图；动员各方面的力量，促使公众在某种程度上接受目前的困难；对改革中的存在的问题作复杂化的理解，并选择行之有效的改革战略；指导改革工作制定宏观政策，进行政策分析，等等。政策中枢决策系统在整个政策制定过程中都发挥着重大的作用。

2. 逆境的分类和主要特征

德洛尔认为，所谓逆境，泛指在制定政策时所面临的各种形式的严重困难。根据不同的标准，可以从不同的角度对逆境进行分类：一是从逆境原因是否容易把握的角度，可将逆境分为简单的逆境与复杂的逆境。简单的逆境是指由明确而易于把握的因素造成的逆境，如一种"敌对势力"

---

① ［以］叶海卡·德洛尔：《逆境中的政策制定》，王满传等译，上海远东出版社 1996 年版，第 6 页。

所导致的逆境；复杂的逆境是指由多重而又难以把握的原因造成的逆境。二是从逆境可驾驭难度的角度，可将逆境分为可以处理的逆境与难以驾驭的逆境。可以处理的逆境是指能够运用已知的、可行的政策措施来应付的逆境；难以驾驭的逆境是用尽各种已知的办法也无济于事的逆境。三是从逆境延续时间长短的角度，可将逆境分为短期逆境与长期逆境或时代性逆境。短期逆境指只限于在一小段时间内出现的逆境；长期逆境或时代性逆境根源于社会基本结构的内在因素，会持续很长时间，而且会反复出现的逆境。四是从逆境形成根源的角度，可以将逆境分为内生性逆境和外生性逆境。内生性逆境就是根源于统治机制的内部，是政治制度本身特征中固有的；外生性逆境就是与政治制度以外的乃至超社会的现象相关，即由所考察的社会及其范围之外的各种因素造成的逆境。德洛尔对逆境的分类，对于政治系统正确地分析逆境，采取不同的措施有效应对各种逆境具有重要意义。

　　在德洛尔看来，在当今世界，逆境是普遍存在的。尽管今天的人类在物质条件与经济、科技、文化水平等许多方面都大大优越于以往任何时代，但与此同时，无论在主观上还是客观上，人类社会都越来越陷入严重的困境之中。考察这些逆境可以发现其主要特征：一是政策问题的转变和跃迁（指政策规范、政策假设、政策习惯、政策原则以及许多大政方针的改变），使政策内在动力曲折演化，政策问题的实质特征发生巨变，新的困境由此出现。德洛尔还从不同方面将这一特征具体化，如发达国家经济增长的逆转；贫国和富国矛盾的升级；国际债务问题；大型毁灭性武器激增；地区或全球性的粮食、能源和自然资源的匮乏；信仰观念的激进倾向，等等。二是政治基础的侵蚀，也就是有效政策制定的政治基础越来越薄弱，包括超验正当性的消失、信誉降低、政治资源分裂等。三是缺乏可靠的政策指南，政策制定必须承担"风险处理"这一任务，包括对待风险的态度和模糊的政策赌博问题。目前还没有可用以指导政策的指南来解决这些问题，因此很容易使困境逐步升级。

　　3. 政策对逆境的作用

　　德洛尔认为，从政策制定的意义上来看，逆境便是一种政策困境。逆境的一个显著特征，是政策制定本身固有的无能与克服逆境所需的高质量政策制定之间，存在着巨大的政策质量赤字。为了缓解直至克服逆境，就必须减少这种赤字。不幸的是，逆境正是这种赤字不断加大的结果，换言之，逆境正是政策制定固有的无能所造成的低质量政策的产物。因此德洛尔说，应付逆境的对策必须从消除政策制定的无能入手，改进政策制定系统的复杂结构。

在德洛尔看来，尽管摆脱逆境的途径可能有很多种，如大规模的群众运动、科学技术发展、市场机制等对社会经济自发进行调节的所谓"看不见的手"，等等。但是作为具有主观能动性和富有理性的人类，应付逆境的一条重要途径便是政府的政策制定，因为诸如"看不见的手"和大规模的群众运动等社会运行机制，往往不能按人们所期望的方向引导社会发展，其结果也极不确定，而科学技术在短期内难以取得实质性的巨大飞跃，况且，任何途径都必须借助于政策制定才能有效发挥作用。因此，德洛尔认为，对付逆境，政府中枢决策系统的政策制定是其他途径所不能替代的，提高政府中枢系统的决策能力、改进逆境中的政策制定，理应成为各国政府行政与政策研究的当务之急。制定高质量的政策，才是应付逆境的必要条件。

4. 对逆境的政策反应

对逆境的政策反应有各种不同的形态，并以不同形式的组合表现出来。一旦政府中枢决策系统意识到国家正处在逆境之中，总会做出相应的反应。在德洛尔看来，政府中枢决策系统对逆境做出的反应，可以分为初始反应模式和改进模式两大类。

德洛尔认为，对逆境的初始反应具体包括：对逆境的认识出现偏差、试图影响公众对逆境的认识、逆境常规化甚至美化、名义性或表现性行动主义、对政策制定的责任实行再分配、大规模的行政改革、削减公共开支、非教条性宏观政策革新、改进政策制定本身，等等。其中对逆境的认识出现偏差主要表现为，一是否认逆境的严峻性，认为逆境是暂时的，很快就会消除；二是对逆境的性质和原因作过于简单化的理解，把逆境解释为若干因素作用的结果，不进行深入分析；三是归因于外，即把造成逆境的原因归结为使政策既定系统无能为力的外部因素；四是固执地维持认知因式的一致，从已经不合时宜的视角和立场来认识逆境。名义性或表现性行动主义是指政府中枢决策系统颁布一系列政策法规，采取多种行动，给人一种政府正在努力采取措施克服逆境的印象，从而既可安慰公众又可满足高层政策制定者自己的心理需要，但这些行动一般对于应付逆境起不到实质性的作用。

在德洛尔看来，对逆境的改进反应主要有：采用"国家计划"；建立专门机构；建立服务政策中枢决策系统的政策规划和分析系统；鼓励和建立智囊团通过发表研究成果来启发公众的政策争论；将跨部门专门政策的审核程序机构化；设立特别政府部门和超部门，将政策结果评估与政策学习制度化，等等。德洛尔认为，这些政策改进的尝试作用零散，其效用受到一定的限制，需要其他变量的配合才能发挥作用。只有极大地改变政策制定系统乃至整个统治系统的有关组织、过程及其构成要素的主要特征，才能真正提高政策制定的质量，有效地应付逆境。

5. 应付逆境的政策原则

德洛尔认为，要进一步探究应对逆境的政策内容和形式，必须遵循一系列的原则。由于政策原则介于具体的政策内容与政策制定过程一般抽象的中间层面，因此它可以指导逆境中具体政策的制定。应付逆境的主要政策原则如下。

第一，社会改造原则。德洛尔认为，社会改造原则指对社会机构和过程实行重大结构性调整，是应对逆境的一条根本原则，也是实行起来最困难的原则。在社会改造中起主导作用的是中央政府。社会改造原则的主要特征：一是广泛性；二是目标的能动性和复杂性、蓝图设想的多样性；三是高质量的、丰富的政策工具；四是综合的和纵向的决策框架；五是向渐进转变。社会改造原则的根本出发点是支持出台应对逆境的创新方案、支持不同于常规的超渐进主义变革。然而这种调整与变革不是社会自发的行为，而是政府中枢决策系统自上而下的、经过认真规划设计的自觉行动。社会改造过程对政策制定的基本要求是高质量、低成本。

第二，临界质量原则。在德洛尔看来，政策要取得效果必须达到适当的临界质量，它足以对其目标产生预期的影响。临界质量主要涉及决议的范围、使用工具的数量、时间跨度、综合方法处理问题的覆盖范围等。如何坚持临界质量原则，受许多复杂因素的影响。一般来说临界质量有"最高阈限"也有"最低阈限"，超过这个阈值，干预力度过大就会走向事物的反面。因此，临界质量原则不能不加区别的运用。渐进主义原则在应对逆境中，通常是无效的。政治的折中倾向和政治的模棱两可倾向，同临界质量原则也是相矛盾的。此外，分裂的政治是以分散的权力为基础的，通常无法应付高阈值的逆境。德洛尔认为，当所遭遇的困境需要具有大的临界质量的政策时，权力集中的政治体制要比权力分散的政治体制优越。

第三，有选择的激进主义原则。德洛尔认为，通过制定政策来应付逆境，在大多数改革过程中都会遇到两难困境。通过渐进的方式进行改革风险比较小，但要改变阈值高的现实和受传统束缚的公共机构其影响作用较小，难以奏效。相反，实行全面、激进的改革要付出高昂的成本，而且要冒较大的风险，因为大规模的改革会使得社会变化难以驾驭，产生无法预料的不良后果。因此，有选择的激进主义就成为一条切实有效而且可行的途径。在德洛尔看来，有选择的激进主义与社会改造是两条彼此独立又相互关联的原则。在逆境不十分严重、有可能通过少量社会变量的改良而得到纠正的条件下，就不必要进行全面的社会改造；反之，当逆境较为严重、必须进行整个社会改造时，有选择的激进主义也不失为一种较为稳妥而有效的策略。

第四，承担风险和避免万一的原则。德洛尔认为，在面临不确定状态的时候，政策就具有赌博性，那么，确定适当的风险标准，为承担风险作好准备就成为一条重要的原则。在逆境比较严重的情况下，政策干预不冒重大的风险往往是不可能的。如果不通过政策进行坚决的干预，带来的风险可能更大。准备承担风险是逆境中必不可少的政策原则。如果在逆境比较严重的情况下，仍然采取渐进主义的方法，认为这样可以避免风险，降低成本，事实上是错误的。在这种情况下，采取小心翼翼和避免风险的政策，可以肯定地说，往往既需要付出很高的成本，也会承担更大的风险。当然，准备承担风险的原则并不是鼓励去冒险，同时还要坚持避免万一的原则，也就是要避免最有害的情况发生。

第五，产出价值优先原则。德洛尔认为，政策制定的全过程要受到"形式价值"和"产出价值"两套不同的价值、目标与要求的支配。产出价值是指政策对现实影响方面的价值；形式价值是制定和执行政策的形式方面，如公众参与、公开性等。从系统分析的角度看，由于产出价值与形式价值的交叠以及不同人的价值观的差异，会使政策目标的追求处于两难境地。因此，有必要在不同的政策环境下，对上述两套价值观的相对权重给以适当的估价。德洛尔指出："与繁荣、富裕和不断进步的形势相比，在逆境形势下，实现旨在应付逆境的产出价值更为迫切。因此，逆境要求优先满足政策的产出价值，相对来说，在较顺利的时期，形式价值可得到较重的权数。如果面临万一出现的严峻形势，就更应优先满足政策的产出价值"。① 但是坚持这一原则必须注意，产出价值优先只是相对的，不能取代形式价值；产出价值优先要以最低限度的形式价值为基础；有时形式价值的额外满足对应付逆境也许很重要；是优先满足形式价值还是产出价值，取决于价值判断。

第六，能动乃至强制的原则。德洛尔认为，"应付逆境的政策需要有能动性，必要时甚至需要强制性。面对各种僵化的体制和机构，遇到各种抵制时，往往需要在上层控制与指导下，改变社会的重要特征。"② 能动的政策可以克服僵化体制和机构的惰性。在德洛尔看来，在应付逆境的决策中存在巨大意见分歧的情况下，政策必须带有强制性，这就需要政府中枢决策系统必须具有发号施令的权威，否则，就有可能出现政策制定障碍。

6. 逆境中政策制定的具体要求

德洛尔通过对逆境中政策制定的综合考察，针对政策制定存在的质量问题，为提高政策制定的质量，以更好地发挥政策在逆境中的作用，提出了政策制定的二十一项具体要求，主要涉及以下方面。

第一，政策哲学与政策范式。德洛尔认为，政策哲学是高质量制定政策的根本要求，但它并没有得到足够的重视，已有文献中缺少适当的论述。政策制定需要一种系统的政策制定哲学，主要包括价值论、认识论和行动哲学。逆境的一个重要特点是政策环境和政策困境的急剧变化，要求打破政策正统，对政策范式重新加以考虑。

第二，政策制定过程的环节。德洛尔认为，诊断、议程安排和备选方案的创新，构成了政策制定过程的重要环节。诊断是考察更为具体的政策制定的必要条件，考察满足这些条件的制约因素的过程。由于诊断影响政策制定的全过程，对于政策制定的质量至关重要。诊断过程包括感知和初步说明有关现实及其意义和未来的可能情况。议程安排是将已经被认识的和初步描述的事项与问题有主次地列入决策议程。主次先后影响到问题的解决。问题的表述是议程安排的固有内容，它通过把思想转换成明确表述的词语等途径预先决定最终决策。备选方案的创新是说由于政策困境的不断变化，渐进主义越来越不适应，需要在主要领域进行广泛的政策创新。

---

① ［以］叶海卡·德洛尔：《逆境中的政策制定》，王满传等译，上海远东出版社1996年版，第113页。

② 同上书，第114页。

备选方案的创新需要个人、组织及社会不断提高超理性的创造力。

第三，复杂情况与危机决策。德洛尔认为，要处理政策困境的复杂情况，既依靠适当的直觉能力，更需要技巧、方法、机构和专业人员，同时适当的认知图示、思维模式、直觉和统觉方式以及决策文化也必不可少。处理复杂情况，要求政策制定者具有广阔的视野与长远的眼光。处理复杂情况还有一个重要特征，那就是模糊赌博性渗透和制约甚至主宰政策制定过程。政策赌博的极端形式就是彻底创新，完全出乎意料地选择方案，这也是处理复杂情况一种可取的政策制定方式。此外，危机决策也是逆境中政策制定的一种特殊方式，其实质是控制危机使其转化为原有的状态。危机决策通常集中在政府中枢决策系统的核心部位。危机决策的改进方案包括：积极的冗余和多方主张；决策机构的试验；开放的应变规划；在危机决策班子中增补决策心理顾问；确保适当的沟通和控制机制；说明复杂性的各种信息；等等。随着政策困境的加剧，"悲剧性抉择"越来越重要，也越来越难以实现。所谓悲剧性抉择，一是指在不可选择的对象中做出抉择，对本身具有绝对意义的价值观和目标排出先后次序和相对重要性；二是把全部损失强加给特定群体。这往往会导致严重的矛盾困境和价值冲突。

第四，应用社会科学。德洛尔认为，应用社会科学是政策制定的重要知识来源，也是提高政策制定质量的重要条件。但在实际运用过程中存在着诸多障碍，在政策制定中的实际作用有限。因为，社会科学存在很多缺陷，具体说来，在理解宏观变化以及急剧的社会变革方面没有取得进步；在诊断和解决社会问题方面没有提供可靠的诊断和有效解决方法；没有提供全新的备选方案和对政策范式的有效探讨；没能超出西方文化假设和价值观；缺少与政策相关的一致公认的科学知识；几乎没有发展任何面向改革的方法；与各种规范性方法论完全分离，而这一切影响了社会科学在改进政策制定上的价值。

第五，集中力量和受制约的统治。德洛尔认为，集中力量涉及逆境中政策制定所需的能量水平、意志强度和持久力。尽管影响因素非常复杂和变化不定，但其出发点可从以下方面来把握：一是必须剖析政府中枢决策系统，考察其内部各要素间相互摩擦的程度；二是把共同的未来蓝图乃至革命热情与政府模型相结合，实现力量集中；三是建立政府中枢决策系统的核心区；四是对高层政策制定精英实行一体化培训；五是强硬的统治者是集中力量的一个主要因素。逆境中高质量的政策制定要求权力集中，但权力必须受到相应的制约。

第六，政策精英、政策事业家和政策公众。德洛尔认为，要提高政策质量，需要具备适当素质和凝练方法的政策精英。政策精英既要提高知识和能力，以满足精神理智方面的要求，也要保持和发展充分的凝聚力，使政策制定有一个严密而团结的群众基础，以满足权力集中方面的要求。为了维护政策制定的自主性，高层精英既要立足现实，又要超脱于现实。政策精英是需要培养的。在公共政策领域，政策事业家的形成是一种重要现象。他们是适应改进政策制定的需要而产生的。政策事业家的主要功能是方案创新和权力集中，此外，他们在政治战略及创造性的调整技巧方面，能提出前所未有的方案以及取得政策执行上的突破。政策公众同逆境中高质量的政策制定直接相关。公众对政策问题的态度、争论和见解、理解政策问题的能力，决定公众对政策制定的影响力和政策制定的质量，因此必须提高公众的政策见解水平。

第七，执行指导与执行机构改革。德洛尔认为，执行问题也是逆境中政策制定的组成部分。政策制定的实际效果取决于执行，因此，执行指导成为政策制定必不可少的一项要求，也是创新政策取得成效的先决条件。政策制定过程中必须考虑执行的可行性问题。执行过程离不开恰当的决定记录和执行指导。由主管机构设计计划批准执行，然后按照相应的标准对执行情况作详细报告，并进行执行检查和结果检测，这构成了执行的全过程。一个强有力的政府中枢决策系统，同时承担执行指导的核心职能，可以极大提高执行的可行性。这就需要对执行机构进行改革，建立专门的监督组织。

第八，政策思想多元化。德洛尔认为，政策思想多元化也是逆境中高质量制定政策的一项要求。它是通过各种意见的相互补充、充实以及见解的多样性和错误的排除来克服政策制定系统局限性的主要途径。尤其是政策范式的创新更依赖于政策思想多元化。由政府维持的指导机构、立法机构的专业配备、政党研究组织、从事政策制定效果审计的专门机构等体制上的设计，是保持政策思想多元化的重要形式。

第九，及时的政策学习。德洛尔认为，政策学习能力是政策制定取得成功的主要决定因素。政策调整需要政策学习。政策学习也是一种政策借鉴。如果把政策学习放到政策运行周期中考察，其任务在于终止无法实现目标的政策，也就是通过政策修正和促进政策更替来干预政策的自然生命周期。

第十，元政策制定和统治方式重建。德洛尔认为，"元政策制定是针对政策制定的政策制定，包括提高政策制定质量的各种努力。"[①] 在政策制定质量不高的情况下尤其需要元政策的制定。元政策制定同统治方式的重建是交织在一起的，主要针对的是中央政策制定系统、政府机构中对政策制定和执行至关重要的部分、同中央政策制定密切相关并影响其质量的整个统治机构。元政策制定在改进政府中枢决策系统过程中，必然涉及统治方式的重建。

五　德洛尔的政策赌博思想

"政策赌博"是德洛尔针对社会、政治环境中的不确定性、突变机制的考察后提出的一种危机决策和应急决策。德洛尔在其出版的《政策赌博》一书中，对这一思想做了全面的阐释。

1. 政策赌博的含义和原因

政策赌博指的是在一系列定义不清或无法定义的不确定与未知状态中作出抉择。之所以出现这种情况，原因在于影响决策结构的各种动因还没有被认识，而且表现出不确定、不连续和跳跃的形式。具体说来：一是结果和结果可能产生的风险无法预测；二是无法确定其概率；三是重复同一行为可能产生不同结果；四是决策中价值观和目标缺少恒常性；五是低概率事件往往发生的概率很高；六是即使有权了解现实和获取全部信息也只是对未知情况作些说明。因此，模糊赌博的政策制定恰似一种吉凶未卜的玩牌游戏。

2. 政策赌博思想的意义及运用

由于社会发展过程和物质运动过程都包含着大量的不确定性，决策行为在本质上带有赌博的色彩。当决策的未来形态和决定变化的原动力都具有不确定性时，决策就成了一种模糊赌博，其中掺杂着不可知的变量和一些尚未确定的回归函数关系，最终结果可能是违背期望的或是未曾料及的，甚至会一发不可收拾。因此，当一个国家或组织面临关键性抉择时，除了进行"与历史的赌博"之外几乎别无他路。政策赌博的逻辑是把主

---

① ［以］叶海卡·德洛尔：《逆境中的政策制定》，王满传等译，上海远东出版社1996年版，第214页。

观愿望同或然性价值区分开来，并在综合运用不同预测方法和手段的基础上，整理出能缩小不确定性的提示性方案。它可以将预测结果制成图表、注明不可预见的不确定因素、随机因素和未知变量。要注重和决策者进行沟通，避免决策者将排误过程定型化。

3. 政策赌博思想在方法论上的创新

政策赌博思想不仅是政策思想方面的创新，更对政策科学具有多方面的方法论意义。具体说来，一是它有利于理解概率、质的不确定性、无知状态、不明确状态、有意外倾向的局势等概念；二是它明确指出必须考虑主要决策者的政策制定行为也是一种"赌博"；三是它提倡运用模糊赌博观念对实际政策的形成及其后果进行思考。明确地考虑相关现实中内在的不确定性，探求处理这种不确定性的方法及其对实际政策后果的作用，尤其要关注：一是内在的不确定性以及随机成分的重要性；二是政策制定的案例研究必须注意与此相关的模糊性；三是随机成分和应付各种不确定性的行为；四是发展另外的框架专门考虑政策执行。政策赌博思想指出在模糊赌博的形势下，不可能从政策制定所导致的直接短期结果来给政策制定质量下结论，因为在相同条件下类似的政策可能会产生完全不同的结果。因此要修正评估思想，以便适应政策制定赌博观。另外，政策赌博思想还提出，用政策赌博的启发式方法取代适用范围极其有限的决策分析和价值预期方法，对不确定条件下的"择优"决策方法重新予以评价。政策赌博思想对于逆境中的政策制定有着积极而重要的作用。

六　德洛尔的宏观政策分析思想

德洛尔一直致力宏观政策的研究，早在《政策科学的构想》一书中，德洛尔就提出宏观政策是政策科学的重要内容之一，而在《逆境中的政策制定》一书中，又把宏观政策的制定作为政策科学需要突破和改进的重要内容。

1. 宏观政策的概念和内容

德洛尔所说的宏观政策主要是指高层的大政方针，也就是对具体政策应采取的态度、设想和应该遵循的主要指导原则。它是一种总体的政策，同琐碎的具体政策有明显的不同。对宏观政策的研究，反映了政策科学不同于当代其他科学的主要特点。在德洛尔看来，政策分析在高层领导人那里遭到冷落的最主要原因，是目前政策分析在技术水平上的不足，无法解决高层领导人面临的关键性问题。为此，他提出了能够应付高层大政方针的政策分析，即"宏观政策分析"。德洛尔还确定了宏观政策的主要内容：一是"制定总体目标"，也就是把指导具体政策的路线通过综合目标反映出来；二是"确定政策范围"，也就是在空间方面界定政策的边界；三是"设定时间单位"，也就是确定政策的时间界限；四是"设定风险承受力"，也就是确定能够承担风险的程度；五是"选择渐进主义还是革新主义"，也就是从风险承受能力出发选择采取渐进主义的政策还是革新主义的政策；六是"选择普遍性还是特殊性"，也就是根据政策的性质确定选择普遍性较强的政策还是选择特殊性较强的政策；七是"选择协调式还是侧重式"，也就是侧重于系统的均衡协调还是以保护弱者为重点。以上七个方面是德洛尔提出的宏观政策的重要组成部分，它们并非各自独立，而是相辅相成的。

2. 宏观政策分析的原则

第一，宏观政策分析必须以判断和行为哲学为基础、以超理性为依据、以宏观政策为焦点，从国家兴衰、革命和政权的命运、发展规划以及类似的"宏观事业"的成败这一高度来思考问题。德洛尔认为从根本上讲，政策分析是一项"实践的"而不是"科学的"工作，所以，把政策分析建立在科学哲学基础上，固守实证主义方法的倾向是不恰当的。宏观政策分析不能死抱着"硬性"方法论和实证主义方法不放，相反，它在处理不够清晰和明确的难题时，有必要更多地依赖理解技巧和其他"软"方法。德洛尔认为，在分析现实问题时不能忽视非理性因素，因为，从事实际行动的人本身不可能摆脱非理性的影响。必须充分认识到各种形式的非理性和反理性行为同宏观政策的关系，尤其是要把"超理性"观念作为宏观政策分析的重要依据。宏观政策分析还应以历史和理论假设为思维框架，深入思考国家与政权的兴衰、革命运动的远期影响、发展规划的成败以及类似的宏观事业的前途。

第二，宏观政策分析是从历史的角度出发对未来因素的一种设计，要对形势进行广泛的、远期的以及动态的预测。宏观政策分析的重要原则之一，就是必须坚持在历史中进行思考，要从长远发展的角度考虑问题，并且要注意到特定的时间范围内存在的各种不确定性和产生的各种变化。还要注重目前的发展方向同所期望的方向是否一致，是否存在着向相反方向转化的可能。更要注意对一些转瞬即逝的机会和突发事件等问题的研究，例如是否有必要进行革新性的干预，是需要采取突破性战略还是渐进性政策等。它们为宏观政策分析提供了重要的启示。

第三，宏观政策分析要注重协调、注意关键性抉择，避免不利结局，争取良好绩效，清除弊病。协调是宏观政策分析的一个重要特征。宏观政策分析应着力于鉴别关键性抉择，并为它们配备尽可能充足的资源以便改进政策。德洛尔特别指出，对关键性抉择的研究必须有协调一致的观点与之相配合，注意维持各项互不关联的具体抉择之间的平衡。德洛尔认为，在宏观政策分析中可以通过强化自我意识、进行反向思维、利用多种语言等途径来克服谬误。他指出，对此必须避免简单化的倾向。从理论上讲，宏观政策分析应该是"冷酷"的，与政治"炽热"的本性恰好相反，但感情因素在宏观政策分析中也不是不发挥作用。确切地说，感情因素是一个重要但易出问题的因素，因此，对宏观政策分析"冷酷"性的相对作用以及对各种感情过程的精细理解，是进行宏观政策分析并为其清除弊病的基本要求。

第四，宏观政策分析要根据新情况，修改旧决定，要在动态环境交互作用的意义上进行分析，并对问题进行深层的处理。德洛尔认为，一方面必须把环境监测和环境反馈作为了解情况的根据，必须将仔细设计的了解情况的过程与分析本身融为一个连续的过程；另一方面，不应机械呆板地看待宏观政策分析，而应将其视为一个认识不断得到修正的过程。宏观政策分析倾向于，从主体与反应灵敏的环境之间动态交互作用的角度来思考问题，它同那种低估环境对系统反作用的倾向形成鲜明对照。因此，也要对一系列交互作用的关系链进行分析。另外，宏观政策分析远不止是对付表面上的复杂性，而是要发掘出问题的缠结错综之处，并正确地对待处理深层问题的内在的复杂性。在德洛尔看来，面对深层的复杂性就意味着处理矛盾，必须采用正确的策略。要在宏观政策分析中利用多种学科知识、理论框架、研究手段、视角取向、认识方法以及分析工具等。

第五，宏观政策分析追求价值分析，提倡创新与创造性、注重沟通。价值分析的基本目的是确定某种目标是否值得争取、采取的手段是否能被接受、改进系统的结果是否良好。目标是决策者通过其决策试图完成或实现的东西，目标的确定与阐释本身就体现着一定的价值偏好。德洛尔强调指出，必须考虑目标与资源之间的关系，必须注意在分配和使用稀有资源时设置优先顺序的必要性。宏观政策分析比正统分析方法更强调用全新的眼光评价政策，而不是在原来的思路上进行优化，因此，注重创新是宏观政策分析的重要要求之一。沟通的针对性是宏观政策分析的一条重要原则，其目的是给决策者提供机会，让他们能通过理解高质量的政策分析及其含义而从中受益。为此，宏观政策分析者首先要运用恰当的途径和组织结构，使研究成果接近主要决策者以及那些为他们出谋划策并能左右其思维的人；其次要设法将复杂的分析以适合现有信息处理能力，并且符合高层决策者口味的形式呈现出来。

第六，宏观政策分析在保持政治上的周密性和相对独立性的同时，要和社会过程成果保持联系。宏观政策分析必须在做到政治上周密的同时，保持自身同政治的相对独立性（但不是相互隔绝），具体地说：一是应把政治现实视为一种约束，但不能过于狭隘和刻板。二是必须了解政策分析的政治，包括政治推理的需要和方式与宏观政策分析基本世界观之间的矛盾。三是要避免使政策分析沦为有关如何摄取权力、建立权力和维持权力的政治建议，警惕政策分析被人误用或被用于政治目的。但是宏观政策要和广泛的社会、知识、文化和政治过程保持富有成果的联系，因为各种实际的假设、阐释性的探索、社会批评以及其他思维产物等各种社会信息，都会成为宏观政策分析的重要材料。

第三节　德洛尔思想简评

德洛尔对公共政策学发展最重大的贡献，是拯救了濒临崩溃的公共政策学，将政策学从拉斯韦尔所遗留的弊病中解脱出来，重塑了公共政策学的研究规范。但德洛尔并没有完全摒弃拉斯韦尔的政策科学传统，而是在拉斯韦尔政策思想的基础上进行了扬弃，发展出了公共政策学的"拉斯韦尔—德洛尔范式"。而德洛尔也因其对政策科学的突出贡献被誉为"政策科学之父"。

具体说来，德洛尔对公共政策学的贡献主要集中在以下几个方面：一是指出了原有的公共政策学发展方面存在的问题，尤其指出了它过于注重行为主义方法论的弊端。二是为公共政策学的未来发展指明了方向，提出了公共政策学下一步应着力取得突破的14个方面的内容，并提倡将系统群研究方法引入公共政策学，丰富了公共政策学的研究方法。三是阐明了研究政策哲学对于政策制定的重要性，并确定了政策哲学的主要研究内容。四是提出并界定了"元政策"、"超政策"和"系统政策"等概念，并以此作为他公共政策思想的核心。五是由于自身深厚的公共政策研究的从业经验，他一再强调公共政策学的跨学科性质和实践特性。在德洛尔看来，新的公共政策学应该将管理科学、行为科学、系统科学、政治科学、经济科学和决策科学等学科融为一体。

当然，德洛尔的政策思想并非完美无瑕。由于时代的限制，德洛尔的政策思想也存在一定的局限性。一方面，由于德洛尔所处时期，公共政策学面临的问题在于纠正拉斯韦尔不切实际的构想，克服行为主义方法论的局限性，因而更多地涉及政策哲学问题，不可避免地导致德洛尔的政策思想有过于形而上之嫌，无论在理论上还是在实践中都有让人难以理解的地方（这一点连德洛尔本人也不得不承认）；另一方面，德洛尔要求公共政策学成为一门多学科兼容并蓄的新学科，但在实际过程中，无论是指导公共政策实践还是进行公共政策理论研究，都很难满足这一要求。因而这一设想难免有沦落为空想的可能性。

第八章 托马斯·戴伊的政策思想

第一节 托马斯·戴伊生平和主要著作

托马斯·戴伊毕业于宾夕法尼亚州立大学，在那里他获得了理学学士及文学硕士，在宾夕法尼亚大学获得博士学位。戴伊是美国著名非营利教育机构——林肯公共服务研究中心（the Lincoln Center Public Service）的主席，曾任佛罗里达州立大学麦肯齐政府研究系教授。同时，他也曾任教于乔治亚大学、威斯康星大学、宾夕法尼亚大学。他以竞选捐助中的基金会、智囊团、利益集团以及华盛顿媒体等对政策的决策中的所扮演的角色为研究对象。

他的作品已被翻译成多种文字，包括俄文和中文，并在国外出版。他曾担任南部政治学协会政策研究组织的主席、美国政治科学协会秘书长。因在政策科学研究的贡献而获得了哈罗德·拉斯韦尔奖，并因对联邦制的研究的贡献而获得 Donald C 奖。他于 2001 年获得了宾夕法尼亚州立大学文学杰出校友奖，他在以色列的 Bar-Elan、布鲁金斯学会、华盛顿和其他地方大学担任访问学者，被列为美国遗产基金会指导委员公共政策专家。

戴伊教授在美国政府和公共政策研究领域享有盛名，撰写了大量专著和论文。其在美国政府与公共政策方面撰写了许多书籍和文章，许多著作被多次再版。其中包括《民主的讽刺》（已印至第 13 版）、《州和社区中的政治》（已印至第 12 版）、《理解公共政策》（已印至第 12 版）、《谁掌管美国?》（已印至第 7 版）、《政治在美国》（政治学教科书，已印至第 6 版），此外还有《自上而下的政策制定》《权力与社会》《政治在佛罗里达州》《美国政治中的媒体时代》《美国联邦制》等。

托马斯·戴伊在《自上而下的政策制定》一书中，构建并具体论证了影响比较大的精英决策模型。戴伊的《理解公共政策》是一本公共政策领域的经典著作，它不仅提供了理解一般公共政策的具体途径，并且为分析具体领域的公共政策提供了明晰的工具。戴伊的《谁掌管美国——卡特年代》一书的明显特点，是采用大量当时人物的资料加以分析，说明美国统治集团人物的情况和"掌权阶层"的构成。

第二节　托马斯·戴伊主要政策思想

一　戴伊的政策分析思想

1. 对政策分析的基本认识

戴伊首先对公共政策给出了一个著名的定义，即"公共政策就是政府选择做与选择不做的事情"①。正如戴伊自己所说的那样，这一定义与很多人对公共政策的一般设想形成鲜明对比。通常人们都把政策看作是政府一系列持续不断的活动，但实际上政府的不作为同它的作为一样同样会对社会产生重大影响。因此不能把政策仅仅理解为政府选择要做的事情，即政府的作为，而政府的不作为、无力作为和不能作为也都是一种政策。这极大地拓展了政策的范围，也拓宽了理解公共政策的视野。在对公共政策概念界定的基础上，戴伊阐述了他对政策分析的基本认识。

第一，政策分析的主要任务。戴伊认为，政策分析的主要任务就是描述和解释政府行为的原因和结果，其具体内容：一是描述公共政策内容；二是分析社会、经济和政治力量对公共政策内容的影响；三是探寻各种制度安排与政治过程对公共政策的影响；四是评估公共政策实施对社会产生的预期和非预期的结果。

第二，政策分析的目的和意义。戴伊认为，政策分析的目的就是弄清政府在做什么、为什么这样做、这样做的结果是什么。政策分析的意义在于，一是通过政策分析能够对公共政策做出描述，从中了解政府在社会福利、国防、教育、医疗卫生、环境、公民权利和税收等领域正在做什么，或者不做什么；二是通过政策分析能够描述公共政策（政府在什么方面做了哪些工作），并追问公共政策的原因或决定因素（为什么政府会采取某些行动）；三是通过政策分析探究公共政策的后果或影响（政策评估）

---

① ［美］托马斯·戴伊：《理解公共政策》，谢明译，中国人民大学出版社 2011 年版，第 1 页。

等政府行为的内容，可以知道政府为什么会采取这些行动以及它们会产生怎样的影响。

第三，政策分析的基本特征。戴伊认为，政策分析的基本特征可以在同政策倡议的比较中做出判断。其基本特征包括：一是解释性和说明性，即它是对公共政策的原因和结果做出解释和说明，而不是建议政府应该制定何种政策；二是知识性，即政策分析的结果是要形成关于影响公共政策的各种力量以及公共政策实施结果的科学知识；三是前导性，即通过政策分析提出政策倡议和政策实践的先决条件。

第四，政策分析的制约因素。戴伊认为，政策分析受到很多因素的制约，因此其局限性不可避免。具体说来：一是政府权力的限度决定了政策无法解决所有社会弊端（如阶级结构等社会力量的限制）；二是人们对问题的看法不同阻碍解决方案的出台（如价值问题的冲突）；三是研究人员对分析结构和结果解释的主观性致使无法做到决策的价值中立（如个人价值观的影响）；四是社会科学研究设计本身的内在局限性对研究结果形成了制约（如无法控制现实世界中所有影响因素）；五是人类行为的复杂性导致无法准确预测政策的未来影响以及解决政策的可靠性问题。

第五，政策分析的性质。戴伊认为，"公共政策分析既是一门艺术，也是一种技术。说它是一门艺术，是因为在社会问题的确认、社会问题的描述、政策方案设计和政策效果评估时，需要洞察力、创造力和想象力。说它是一种技术，是因为在完成上述这些任务时需要掌握经济学、政治学、公共行政学、社会学、法学和统计学学科知识，政策分析实际上就是要综合运用所有这些传统学科知识。"①

2. 政策分析模型

戴伊认为，模型就是关于现实世界某些方面进行简化的表现形式，它可能通过一种真实的物质形式表现出来，也可能通过图表的形式表现出来。戴伊在阐述了一系列对公共政策问题理解的同时，深入浅出地介绍了在政治学领域得到广泛应用的分析模型，这也构成了戴伊政策思想的重要内容（见表8-1）。

① ［美］托马斯·戴伊：《理解公共政策》，谢明译，中国人民大学出版社2011年版，第7页。

表 8 - 1　　　　　　　　　公共政策分析中政治学领域的分析模型

公共政策分析模式	对公共政策的解释	在公共政策领域的应用
制度模式 Institutional model	政府制度结构安排对公共政策的影响，取决于社会与经济的力量	美国的联邦制政府分权
过程模式 Process model	政策决策过程由问题确定、议程设置、政策形成、合法化、贯彻和评估构成、政策制定的方式与公共政策的内容相互影响	医疗保健与社会福利
理性模式 Rational model	政府以"社会收益最大化"为目标，进行理性的政策选择，但理性决策面对很多障碍	刑事司法
渐进模式 Incremental model	将公共政策看作政府过去历史行为的延续，只是一些增量性改动	经济政策
团体模式 Group model	政治是团体（政党）之间为了影响公共政策而展开的斗争；因共同利益组成的各种团体间的互动、平衡，是政治的核心内容	文化教育税收政策
精英模式 Elite model	公共政策被看成统治精英的偏好和价值体现，而非源于大众的需求	国际贸易与移民公民权利
公共选择模式 Public choice	对非市场的公共决策运用经济分析方法进行研究，各种政治团体在政治活动中，皆通过集体决策追求个人收益最大化	环境保护政策
博弈论模式 Game theory model	在竞争环境中，参与选择的决策者相互依赖，体现为通过抽象和演绎对可供选择的方案的理性选择（判断收益价值）过程	国防政策

资料来源：根据［美］托马斯·戴伊《理解公共政策》，谢明译，中国人民大学出版社 2011 年版，第 11—24 页整理所得。

　　戴伊对模型和模型方法的实际价值进行了分析，认为模型能够排列并简化现实、能够确认公共政策的重要内容、能够与社会现实相结合、能够提供有意义的交流与沟通、能够指导调查研究、能够提供对公共政策的解释。

　　戴伊认为，不存在哪一个模型优于其他所有模型的问题，没有一个模型能始终提供解决社会问题的最佳方案，因此不存在所谓的"最佳模型"。然而，人们可以通过确定政策模型有效性的评价标准对其有效性进行评价。戴伊给出了如下标准：一是能够对现实政治生活进行排列和合理简化，有助于明确理解现实世界中存在的各种关系；二是必须能够确定公共政策中真正重要的方面，将人们的注意力聚焦到公共政策的真正原因和重要结果上；三是必须适合现实，真正具有经验性的指向；四是能够进行有价值的交流，大多数人应在某个概念的含义上持有相同的意见，确保必要的交流功能；五是具有可操作性，有助于通过对现实世界的观察、测量、验证，指导公共政策领域的探索与研究；六是所提供的方法应当能够对公共政策提出某种解释方案。

3. 政策制定过程分析

戴伊认为，政策研究的重点是对政策制定过程的研究，也就是要回答"政策是如何制定出来"。重点是要揭示政治体系内的一系列政治活动和行动过程，这些活动所涉及的参与者。他以美国为研究对象，对政策制定过程较为固定的进程及其相关要素进行了梳理。（见表 8-2）

表 8-2   政策制定一般过程

过程	行为	参与者
问题确认	公布社会问题，表达对政府行为的要求	大众媒体、利益集团、公民组织、公共舆论
议程设定	决定对哪些问题进行决策，政府要解决哪些问题	精英，包括总统和国会选举的候选人、媒体
政策形成	提出解决问题和改善困境的政策建议	智囊团、总统和行政官员、国会议员、利益集团
政策合法化	对政策方案作出抉择，寻求政治支持，使之成为法律，决定期合现行	利益集团、总统、国会、法院
政策执行	组织有关部门和机构，提供相关费用与服务，征税	总统和白宫成员、行政部门和机构
政策评估	报告政府项目的结果，评估政策对目标群体和非目标群体的影响，建议政策变更或"改革"	行政部门和机构、国会监督委员会、媒体、智囊团

资料来源：［美］托马斯·戴伊：《理解公共政策》，谢明译，中国人民大学出版社 2011 年版，第 28 页。

戴伊认为，政策制定可以看作是一个过程，它划分为不同的环节。但是在实际的政策制定过程中，不同环节往往相互交织在一起，并不是界限分明、截然分开的。当然为了分析的需要，可以把它们抽象出来进行分析。

第一，问题确认与议程设定。在戴伊看来，政策议程的设定就是决定把哪些社会问题转化为政策问题，这在政策制定过程中起着关键性的作用。决定哪些社会问题成为政策问题，比决定这些问题如何解决更重要。在政策议程设定这一环节，戴伊重点关注如下问题：一是政策议程设定的途径。关于政策议程的设定主要有自上而下和自下而上两条途径。自下而上途径强调了公共舆论的作用。在戴伊看来，公共舆论能否决定公共政策问题，在哲学层面永远无法解决，就是在经验层面，实践证明要回答此问题也比较困难。即使公共政策同公共舆论相一致也无法回答谁影响了谁，因为公共舆论实际上为政府所控制，通常是公共政策塑造了公共舆论而不是相反。自上而下途径则强调精英、政治企业家、行政机构和行政官员、立法机关和立法人员、利益集团的作用。他们才有权决定哪些社会问题可以转化为政策问题。二是"不决策"及其原因。把一些问题排除在政策议程之外，是一种重要的政治策略。其主要原因包括：占据统治地位的精英阶层的压制、官员为了满足精英阶层的需要、政治体系对强势利益集团的偏向等；三是大众传媒在议程设定中的作用。控制传媒就会拥有巨大的权力，因为它既是政治游戏的运动员，又是裁判员。大众传媒的权力往往集中在少数人手中。媒体可以为政策制定者确定问题并设定议程、影响观众对政策问题的态度和价值观、改变投票人和决策者的行为，因此在政策议程设定中发挥着极为重要的作用。

第二，政策形成。戴伊指出："政策形成是指为解决提上公共议程的问题而对备选方案进行研究开发。政策形成发生在以下场合：政府的官僚机构，利益集团的办公室，立法委员会的会议室，特别委员会的会议，负责政策规划的组织，以及其他类似智囊团的组织。"① 戴伊认为，智囊团作为政策规划组织，是政策制定过程中的核心协调机构。大多数智囊团有自己的专门研究领域。智囊团在政策制定过程中之所以发挥核心协调作用，因为它可以把企业和金融机构的领导、基金会、大众传媒、一流的知识分子以及政府中有影响力的人物，聚集在一起开展相关研究，目的是提出政策建议。此外，利益集团在政策制定过程中也发挥着重要作用，这主要表现在利益集团可以通过直接游说、政治行动委员会、人际接触、法院系统和动员草根组织等方式影响政府的政策。

第三，政策合法化。戴伊认为，立法机构是政策合法化的主要机构，此外，法院在政策合法化中也承担着重大的责任，行政机构当然也承担一定的责任。戴伊还进一步阐述了政党、总统、选民、资助者对政策合法化的影响。一是政党的影响。政党的影响主要通过国会选举中，与政党的忠诚和党内统一相联系的"政党票"以及政党所寻求的社会阶层的支持发挥作用。不同的政党有着不同的社会阶层基础，因而也有不同的政策主张。二是总统的影响。总统通过演讲、向国会呈递倡议、发布年度预算；与自己所在的政党控制的国会合作；行使否决权等方式影响政策合法性。三是选民的影响。选民对政策合法性的影响往往很小，原因在于国会成员

---

① ［美］托马斯·戴伊：《理解公共政策》，谢明译，中国人民大学出版社 2011 年版，第 36 页。

通常把自己看作是思想独立、有公共精神的代理人，而不是由选民选出来传递信息的代表。而且选民们在很大程度上不知道他们选出的国会成员在国会中的投票记录，他们可以不为选民所左右。四是资助者的影响。资助者在政策合法化过程中发挥着非常重要的作用，因为国会竞选需要巨额的竞选资金，所以大企业公司、利益集团的政治行动委员会和富有的个人等成为国会的真正选民。巨额资助者常常通过各种方式把他们的观点传递给他们所支持的现任议员，使议员了解什么问题与资助者相关。吸引更多的资助者就成为议员在国会投票的主旨。

第四，政策执行。戴伊认为，国会通过法律并由总统签署后，政策制定任务就由国会转移到行政官僚机构即政府部门，执行活动就开始了。在戴伊看来，政策执行是政策制定的继续。戴伊指出："政策执行涉及为执行立法机关所确定的政策而设计的所有活动。这些活动包括设立新的组织机构……或者给现有的机构分配新的职责。这些机构必须把法律转化为可操作的规则和制度。他们还必须雇佣人员，制定协议，支出资金，并执行任务。所有这些活动都包含着官僚的决策，即决定着政策的那些决策。"[1]随着社会规模的扩大和越来越复杂，官僚机构在政策制定中的作用也不断提升。政策实施需要官僚机构制定相应的规章和制度，对不遵守法律和规章的行为官僚机构作出判断并给予处罚和纠正，行政人员还拥有相当程度的自由裁量权，这都为官僚机构和行政人员在政策制定中发挥重要作用提供了前提。

第五，政策评估。戴伊认为，政策评估是政策制定过程的最后一步。它主要是对政策是否实现了既定的目标；需要多大成本；对社会产生什么样的后果（包括预期的和非预期的）等问题进行评估。政策评估可以确认新的政策问题，使政策运行进入新的政策制定过程。大多数政策评估往往是通过利益集团的不满、新闻媒体的揭露、立法听证对行政官员的质询和公民对政府的抱怨等方式表现出来，因而是不系统的和表象性的。戴伊强调政策评估必须仔细、客观、科学，对目标和非目标的情景和群体、近期以及长期的效果、直接和间接的成本收益等进行系统的评价。

4. 政策分析的局限性

戴伊认为，政策在影响和改变社会状况方面存在着诸多问题：一是一

---

[1] ［美］托马斯·戴伊：《理解公共政策》，谢明译，中国人民大学出版社 2011 年版，第 46 页。

些社会问题基于其被界定的方式，注定无法得到彻底解决（如相对贫困的消除）；二是人们的期望可能总会比政府的能力增长得快（如公共教育问题）；三是解决某一群体问题的政策可能会给其他群体带来一些问题（如解决社会的不公平问题）；四是一些社会变迁是无法由政府强迫推动的（如源于种族的居住模式）；五是人们可能会调适自己的行为致使公共政策变得毫无用处（如社会保障提供的负效应）；六是某项具体的政策无法根除引发社会问题的多个原因（如就业政策对伤残人士作用的局限）；七是一些社会问题的解决可能需要比问题本身成本更大的政策（如以牺牲民主为代价的压制社会混乱的高压政策）；八是政治体系的建构可能不完全适宜于进行理性决策，政府没有能力以理性主义的方式形成政策（如民选官员对选民的非理性回应）。基于上述问题，可以看出"公共政策分析并非万能的"，存在着自身的局限性。

二　戴伊的政策制定精英模式

精英主义认为，公共政策是社会少数精英价值偏好的表现。现代精英政治理论肇始于意大利学者莫斯卡（Gaetano Mosca）和帕累托（Vilfredo Pareto），到第二次世界大战后逐步成为西方国家特别是美国政治学研究的一个重要途径。米尔斯（C. Wright Mills）1956 年在《权力精英》一书中对精英理论进行了经典的论述。1975 年托马斯·戴伊和哈蒙·齐格勒（Harmon Zeigler）在《民主政治的讽刺》中提出了政策制定的精英模式。2001 年，戴伊又出版了《自上而下的政策制定》，通过对美国政策过程的考察对精英模式进行了论证。

1. 精英模式的理论假设

自上而下的政策制定也称为政策制定的精英模式，其理论前提是精英主义。精英主义的基本理论假设主要有以下几个方面。

第一，精英主义认为，公共政策不会反映民众的要求，而是反映精英的利益、价值和偏好。因此，公共政策中的变迁和创新只是精英对自己的价值观进行重新定义的结果。由于精英一般都持保守主义态度，他们关心如何保护这个系统，因而公共政策的变迁是渐进的而不是革命性的。公共政策可能会被经常修改，但很少被完全代替。只有当一些事件威胁到政治体系的安全，那些以自我利益为行动基础的精英开始进行改革来保护体系，或改变在体系中的地位时，政治体系的性质才会发生改变。贵族的义务感可能会渗透到精英价值观中，大众的福利也可能会成为精英决策中的重要因素。公共政策中的精英主义并不意味着对大众福利采取敌对态度，只是认定大众福利必须肩负在精英而不是大众自己身上。

第二，精英主义认为，大众在很大程度上是被动、冷漠和缺乏信息的，因此大众情感在更多的时候被精英所操纵，并且在大多数情况下，精英与大众之间的沟通是自上而下的。因此，大众选举和政党竞争并不能形成大众统治。决策很少由人民通过选举，或者政党通过表达对政策选择的意见来实现。在大多数情况下，"民主"制度如选举和政党的重要意义仅仅体现在象征性的价值之上。通过让大众在选举日（或者他们能够认同的政党中）扮演某种角色，这种制度有助于将大众与政治体系绑缚在一起。精英主义认为，大众最多只是对精英的决策行为实施间接的影响。

第三，精英主义声称，精英在关于社会体系的根本规范上拥有共识，精英们同意基本的游戏规则以及社会体系自身的延续。系统之所以能够保持稳定，或者继续生存，是因为精英们的共识代表体系的根本价值，政策的选择只有限制在这个共识之中，才会得到认真的考虑。当然，精英主义并不意味着精英们从来没有不同意见，从来不为追求卓越而相互竞争。不可能存在一个没有精英竞争的社会，但是精英主义意味着竞争将围绕着一些范围狭窄的事务展开。精英们的共识多于分歧。

2. 精英模式的实质

对于精英模式，戴伊也称为自上而下的政策制定模式。他指出："自上而下的政策制定模式描述的是，国家的精英集团通过什么样的过程将他们自己的价值观念和兴趣喜好转化为公共政策。"① 这实际上揭示了精英模式的实质。戴伊认为，美国的大权和财富实际上集中在那些大型的团体和组织机构中，而精英集团占据着团体组织机构中能够分配社会资源的权力位置。他们制定政策、管理政策、调控政策，同时他们又形成、管理和调控政府、公司、银行、保险和投资公司、大众传媒公司、著名的律师事务所、主要的基金会和大学以及有影响的民众和文化组织的活动与行为。当然，在美国社会各种团体组织的领导者中，存在着相当程度的自主性和独特性，存在着某些势力范围或者影响力范围的划分，甚至还存在着国家领导人之间彼此争权夺利的敌对和竞争。但是，对于国家领导人之间的关

---

① ［美］托马斯·戴伊：《自上而下政策制定》，鞠方安等译，中国人民大学出版社2002年版，第5页。

系来说，更多的是合作、联系和沟通，更普遍的做法是讨价还价，迁就调和、退让妥协，而不是对抗冲突。在如何谋求公众利益的途径和方法方面，领导者之间会产生分歧，但公共政策的取舍往往以达成一致而告终。

3. 精英模式的运行过程

精英决策模式运行过程可作如下描述，即政策的形成过程、领导者的选举过程、利益集团的运作过程和民意的制造过程。这个过程也就是现代资本主义国家中，作为大资产阶级核心的权势集团，怎样以他们掌握的巨额财富为载体，将他们的意志和要求传达给直接决策者即政府、议会和法院，而掌握表层政治权力的直接决策者，又是怎样将逐步集中起来的权势集团的利益要求，有序而周全的变成国家的政策、法律和法规的过程。然后，再通过政策执行产生政策结果，并依据政策结果对政策进行评估。戴伊还对精英决策模式运行的四个过程做了详细的分析。

首先，政策的形成过程。戴伊认为，政策制定过程开始于政策议程的设定。在自上而下的政策制定模式中，政策议程的设定决定于掌握社会财富的精英集团。戴伊指出："当行业组织机构的领导者（主要指商界、金融界和传媒业的巨头们）认为社会的发展威胁到自己的价值利益时，他们就会牢骚满腹、怒气冲天。这时，他们就要自上而下地重新制定政策。"[1] 因此，在戴伊看来，政策议程的设定开始于银行家和企业家的会议里、律师事务所和投资公司的起居室里、媒体大亨的编辑部会议室里、基金会和智囊团代理人的聚会里。当精英集团的想法通过不同途径传达到各种基金会、智囊团以及政策策划组织之后，政策议程得以确定，政策制定过程由此开始。

戴伊认为，在自上而下的政策制定过程中，基金会、智囊团和政策策划组织发挥着关键性的作用。而在三者的关系中，基金会的作用更具有决定意义，因为智囊团和政策策划组织，包括大学的研究机构，都要受各种基金会的操纵。基金会往往是由企业公司的老板经理们和富有的个人设立的。也就是说，企业公司和个人的财富通过各种途径转到基金会，基金会再向智囊团和政策策划组织提供资金资助。基金会通过资金资助来操纵政策制定过程，主要作用是确定国家应该优先解决的问题和支持研究新的政策导向。智囊团和大学也可以独立进行研究并提出建议，但是如果不符合

---

① ［美］托马斯·戴伊：《自上而下政策制定》，鞠方安等译，中国人民大学出版社2002年版，第48页。

基金会确定的研究问题，研究结果只能是迷失在书山文海里。在基金会发挥决定作用的前提下，智囊团和政策策划组织发挥中心作用，支持哪些研究项目，提出哪些政策建议，都在国家主要的智囊团里做出决定。在政策制定过程中媒体也发挥着重要作用。除了智囊团的政策主张要通过媒体发布出去之外，媒体还通过新闻的导向作用决定着公众讨论的日程表，左右着社会公众和政府官员将要讨论什么问题，因此也一定程度上左右着政策议程的设定和政策主张的传播。当然，在政策制定过程中，精英们也常常产生矛盾，彼此钩心斗角，不同的基金会赞助和支持的研究项目和产生的研究结果会彼此冲突，不同的智囊团也会争名夺利，明争暗斗，但是这种冲突和矛盾是在公共政策基本目标一致基础上产生的，并不改变公共政策价值的精英取向。

关于政策制定过程中政府官员的作用，戴伊作了如下描述："政府官员们名义上是'最直接的政策制定者'事实上他们仅仅将别人早已制定好的政策合法化，并执行这些政策而已。在政策合法化和执行过程中，政府官员们的确可以增加某些政策条款，可以对政策规定一些执行条件，进行一些修订和阐释，以至于对政策本身产生影响。但是，所有这一切通常只不过是辅助的增删而已，特别是对于那些直接受到这些政策影响的人们而言不能说这些变化无关紧要。但是，细节终归是细节，他们只有服从公共政策所规定的目标和方向范围，这些目标和方向是既定和不可逾越的。"①

其次，领导人的选举过程。政治领导人毕竟在政策制定中发挥着重要作用。在美国，政治领导人往往是通过选举产生的。但正如戴伊所指出的："在美国的政治生活中，金钱左右着领导人的选举过程，如果没有巨额的资金来源作为竞选的后盾，那么任何人都别想正式去竞争美国的某个高级公共职位。"② 竞选时要花费金钱，而且数额又在不断增加。竞选中所花费的金钱主要来自于精英集团，即那些左右政策制定过程的公司企业、银行、律师和投资公司、媒体大王和个体富翁。他们支持竞选的目的就是要左右公共政策，谋取更多的利益。想要竞选的人能否成为正式候选人，就看能否得到"大款"精英集团的资金支持。因此为了得到资金支

① ［美］托马斯·戴伊：《自上而下政策制定》，鞠方安等译，中国人民大学出版社2002年版，第51—52页。
② 同上书，第82页。

持，他们千方百计地使"大款"精英集团相信，他们的信仰和价值观念同"大款"精英集团是一致的，并承诺当选后一定把"大款"精英集团的价值观念和利益取向反映在公共政策之中。同时还要让"大款"精英集团相信，自己有能力赢得选举，他们才能够获得相应的资金支持。通过一系列复杂的政党组织、政治行动委员会、独立的团体组织以及竞选人的金库，大笔大笔的金钱分流出去。候选人的募捐能力就成为能否赢得选举的决定性因素。

在政策制定过程中，对当选的领导人在竞选中提供大笔资金支持的人，通过各种途径同自己支持的当选领导人进行沟通，直接提出自己的意见和观点，要求政策上给予倾斜。一般来说，捐助者所要求的政策优惠都是具体的，当选的政府官员做出有利于捐助者的政策选择往往并不是什么困难的事情。而且他们会通过各种手段进行技术上的处理，使广大社会公众无法察觉。当然，如果出现了极为困难的情况，他们也会说服捐助者作出让步，并让捐助者相信妥协是必要的，当然，前提是绝不会严重影响和损害捐助者的利益。

再次，利益集团的运作过程。戴伊认为，在自上而下的政策制定模式中，利益集团的活动主宰着政策制定。而利益集团的发起人、主持者和财力支持者也就是那些公司企业、银行、保险公司、律师事务所、媒体大王等，精英集团也正是由他们组成的。事实上，政策决策机关往往被这些利益集团的利益代表者所包围，这些代表者通过各种院外活动对政策制定施加影响。尽管这些院外活动代表着不同利益阶层的利益，但实际上，绝大多数代表的是公司、商业、贸易和行业组织的利益，因此仍然是经济组织主宰着利益集团政治。

戴伊总结了利益集团影响政府政策的主要方式：一是直接游说和院外活动，包括在委员会的听证会上提供证明证据、与政府官员进行直接的接触、提供研究的成果以及协助起草制定法律等；二是通过政治活动委员会向各候选人"发放"竞选资助基金；三是人际交流，包括组织旅行和旅游、举行娱乐联欢活动等；四是通过司法程序进行有意识的诉讼活动，迫使政策改变；五是通过全民动员活动来影响政策的制定。

院外活动也需要花费大量的金钱，想要对政策施加影响的产业甚至每年花费达数十亿美元。这也从一定意义上说明了政府的政策究竟代表谁。此外，还有成千上万的律师，特别是超级律师成为职业说客，他们活跃在公司、银行、财团、智囊团，甚至在国会、总统、行政机构和法庭之间进行交流和谈判活动，在各个环节影响政府的政策。戴伊指出："利益集团的院外活动之所以能够成功，其最根本的筹码在于他们在竞选斗争中的捐款。是这些资金最终保证了他们通向政府政策制定和决策者的道路。"①

最后，民意的制造过程。戴伊认为，在自上而下的政策制定过程中，媒体精英们扮演着重要的角色，主要表现：一是媒体的领导者们本身就是国家精英集团的主要组成部分之一，他们的权力和能量与在顶尖企业公司、金融保险业、投资公司和政府中的精英是平起平坐的；二是媒体要把精英集团的观点传达给政府里的政策决策者以及民众，告知当选的官员们，他们必须解决哪些问题，同时要告诉受众哪些问题与他们息息相关；三是媒体还决定民众将要和能够知道什么，将要思考和谈论什么，以引导民意。媒体之所以能够发挥如此重要的作用，根本原因在于它们主宰着信息资源，能够制造新闻和阐释新闻、使受众熟悉政治文化、提供说服和规劝大众的工具。

戴伊认为，事实上，民意是由精英们制造出来的，但只有通过媒体所制造的民意才能自上而下地流向政府和民众。政策制定所要解决的社会问题是精英通过媒体制造出来的，也要通过媒体对社会问题进行界定。媒体是精英阶层与政府官员和广大民众进行沟通的基本途径和手段。当然在这个过程中真正发挥更大作用的是那些精英媒体。

正因为媒体在民意制造过程中发挥如此重要的作用，被戴伊称之为媒体政治。当然，媒体政治最基本的驱动力还是经济利益，这就要求媒体必须拥有最大量的受众。媒体为了吸引和打动受众可谓无所不用其极，新闻制造过程中的理性受到了强烈的摧残，致使暴力、阴谋、谣言、腐败、犯罪、色情和恐怖事件充斥媒体。此外，竞选活动中的媒体广告和宣传费用进一步提高了竞选的成本。媒体通过竞选活动中的广告和宣传的高昂费用，进一步加强了金钱精英们的权力和能量。

戴伊认为，在自上而下的模式中，政策的合法性并不是由全体选民通过投票获得的，通常是通过选举产生的领导人来实现的。立法机关、行政机关和司法机关在政策合法化过程中发挥重要的作用，但只是表面的程序性的作用。

---

① ［美］托马斯·戴伊：《自上而下政策制定》，鞠方安等译，中国人民大学出版社2002年版，第121页。

4. 对精英模式的认识

戴伊认为，正如在所有的国家一样，美国的公共政策反映了统治阶级精英集团的价值观念和兴趣喜好。那种宣称公共政策反映了"民众的要求和呼声"的断言，与其说是表达了民众的真谛，倒不如说是描述了一种神话。无论人们多么广泛地相信这一神话，也无论学者们多么巧妙地维护这一神话，但事实却是：公共政策是自上而下地制定的，是精英们的价值观及兴趣爱好转化为公共政策的过程。

但是，戴伊同时也认为，自上而下的政策制定并不一定意味着对民众的压迫或者剥削。国家精英集团的行为有时是出于狭窄、自利的目的，有时也会出于开明、为公的动机。他们有时为了大众的利益而发起改革，甚至自己偶尔还会慷慨解囊。他们这样做的动机也许是利他主义使然，但更多的可能是一种开明的自我保护。就是说，国家精英集团会进行广泛的改革，以保持现有的政策体制，维护他们在此体制中的角色地位，保证民众对此政策体制的支持，由此避免民众的不安定。然而，公共政策是精英利益和价值观的反映，并不意味着精英的获利总是以牺牲大众利益为代价的。精英决策模式真正的内容是：政策的制定主要受精英观点的影响，精英决定着公共政策的方向，而公众对此表现冷淡或知之甚少。当然，精英也可能会选择和"公众利益"相关的政策，使大众获益。

第三节　托马斯·戴伊思想简评

戴伊是全球公共政策学领域的重要代表人物之一，有着深厚的理论和实证研究能力，是一位在政治学和公共政策学领域具有卓越影响力的学者。而作为一名承上启下的公共政策学家，托马斯·戴伊对于公共政策学的贡献主要集中在以下几个方面。

第一，解开了美国政治运作的黑箱。戴伊为我们解开政策制定的黑箱，为了解美国政府政策制定这样一个异常复杂的过程，提供了很好的依据。戴伊让我们看到了，在美国这个号称民主神殿的国家里，公共政策也并非反映了"民众的要求和呼声"，而是通过自上而下的制定模式反映了占统治地位的精英集团的价值观念和兴趣爱好。尽管自上而下的政策制定模式不是很受欢迎，但戴伊认为，在国家精英集团的权力切实受到宪法限制的前提下，自上而下的政策制定与民主的真谛并不矛盾，并不会损害到美国民主的核心价值观。

　　第二，详细地论述了精英集团的角色和功能。即美国智囊、利益集团、媒体在公共政策制定过程中的角色和功能。论证了如下的观点：一是在许多焦点问题的政策取向上，美国公众的意见和观点与现行的国家政策存在着明显的分歧；二是国会本身在很大程度上按照自上而下的领导关系行使其功能，而且，维持国会运行的费用也最终决定了国会议员们对大款精英集团的依赖；三是执行贯彻政策过程的权力虽然掌握在华盛顿官僚机构的手中，但这一过程却密切地受到国家精英集团的直接操纵和利益集团的监控；四是在精英集团看来，政府最重要的功能——货币供应政策的制定，不是由任何当选的官员来掌握，而是由联邦储备委员会独立地运作。

　　当然，戴伊的公共政策学理论肯定也存在有待完善的地方，主要表现在有以下两方面：一是从政治视角解释政策制定模式对公共政策领域分析的适用性是有限的。戴伊尝试在政治视角下使用解释政治生活中的一些概念和模式，通过寻求"最佳模式"，来分析存在于政策制定"黑箱"内的操作过程。但对政策制定过程中模式如何选择，如何根据事实对不同模式进行检验和修正，并没有给出选择和评判的依据和标准。另外，戴伊在具体政策分析过程中，对于描述政策的素材，也存在"人为筛选，人工处理"的痕迹（即为了说明某种模型的适用，节选有用的素材，忽略客观存在的但与该模式无关或不对应的素材），这种素材的"选择性偏差"会导致政策分析过程的偏差。二是美国国情背景下的公共政策理论的指导作用也是有限的。不容否认的是，戴伊相当多的思想都是以美国的国情为背景和条件，应该说，戴伊把大量的笔墨置于美国的政治生态环境中进行分析，是在美国民主宪政的体制下去理解公共政策的。

第九章　詹姆斯·安德森的政策思想

第一节　安德森生平和主要著作

詹姆斯·E. 安德森，1933 年 7 月 6 日出生。美国政治科学协会、中西部政治科学协会、西南政治科学协会、南方政治科学协会和政策研究组织的成员。本科就读于在得克萨斯西南教师学院社会科学系，1955 年毕业后，随即开始了教师生涯。1956—1959 年，他担任得克萨斯大学的教学助理；在 1958 年，他还担任过西南得克萨斯州立大学的指导员。随后，1959—1960 年，他又转任维克森林大学政治科学部的指导员。当然，他并未放弃继续学习深造，1960 年于得克萨斯大学的政治科学系获博士学位。可以说，这一时期的安德森，基本处在半工半读的状态。

在博士毕业之后，安德森开始担任维克森林大学政治科学部的助教，直到 1966 年，他转投休斯敦大学，担任政治科学部的副教授，并于 1969 年被聘为该校的教授直到 1986 年。在这期间，他还在 1977—1978 年成为得克萨斯大学的访问学者；1978—1979 年，他被选为政策研究组织的主席；在 1979—1986 年间歇性地在莱斯大学授课。1986 年之后，安德森前往得克萨斯农工大学政治科学部任教并持续到 2005 年；而在 1987—1988 年，他还担任过美国政治科学协会的秘书。2005 年，安德森被评为名誉教授。

安德森的学术研究主要集中于美国政治和公共管理，尤其是美国公共经济政策的结构和管理部分。在他漫长的教学生涯中，安德森主要讲授美国政府、国会政治、政府与经济、管制政治、公共行政、政策与行政、公共政策制定、政治能量与环境，还为研究生开设了公共行政研究、公共政策理论、美国政治机构、美国政治和公共政策等课程。他的代表性著作主要有：《现代管制型国家的崛起》《政治与经济》《政治与经济政策制定》

《得克萨斯政治》《公共政策制定》《公共政策制定案例》《经济调控政策》《美国政治与公共政策》《80 年代的公共政策》《管理宏观经济机构：约翰逊时期》等。

第二节　安德森主要政策思想

一　安德森政策分类思想

安德森把政策定义为："一个或一组行动者为解决一个问题或相关事务所采取的相对稳定的、有目的的一系列行动。"① 他认为，对于公共政策可以从以下几方面来理解，一是公共政策是具有目的性或目标导向性的行动；二是公共政策是指政府官员活动的方式和过程；三是公共政策是对政策需求的回应；四是公共政策是政府实际所做的事；五是公共政策可以是积极的也可以是消极的；六是公共政策是建立在法和权威基础上的。

公共政策的数量巨大，内容极为丰富，为了对公共政策进行研究，必须对其进行分类。传统的分类方法通常从政策内容或政策主体的角度对之进行分类。安德森从不同的角度对公共政策进行了分类，这也是他政策思想中非常重要的内容。

第一，实质性政策和程序性政策。安德森认为，实质性政策是指通过对相关收益和成本的分配，给人们直接带来利益或不便的政策；程序性政策是对由谁采取行动和怎样采取行动的问题作出规定的政策。由于程序性政策规定了"谁来做"和"怎样做"，不同的主体、不同的程序，对实际结果会产生重要影响。因此，人们往往利用程序性政策实现或阻止某种实质性结果。

第二，分配性政策、管制性政策、自我管制性政策和再分配性政策。安德森认为，分配性政策就是把服务和利益分配给特定的个人、团体、公司和社区的政策。它通常涉及使用公共资金支持特定的人群。管制性政策就是对个人或团体的行为加以约束和限制的政策。它实质上是某种程度地减少被管制对象的自由和权力，其主要形式：一是提出行为的基本准则，规定可以采取的行动和不可以采取的行动；二是确定某种标准，阻止不符

---

① ［美］詹姆斯·E. 安德森：《公共政策制定》，谢明等译，中国人民大学出版社 2009 年版，第 3 页。

合标准的产品进入市场；三是对竞争进行监管，决定将利益赋予哪些人或不赋予哪些人。自我管制性政策也涉及对某些事务或某些团体的限制和控制，只不过是限制和控制更多地来自被管制团体自身，原因在于某些团体把这种政策作为保护和促进自己成员利益的手段。再分配性政策主要涉及社会各阶层和团体中财富、收入、财产和权利的转移性分配。由于它涉及金钱、权利或权力的重新配置，往往难以制定或通过。

第三，物质性政策和符号性政策。安德森认为，物质性政策是对有形资源和实质性权力进行分配的政策。符号性政策不分配有形的利益，对人们几乎没有真正的物质性影响，主要涉及人们所珍视的价值观问题。在安德森看来，纯粹的物质性政策和纯粹的符号性政策是不存在的，大多数政策都是由物质性因素和符号性因素构成的，只不过是不同的政策两种因素的比例不同，而且物质性政策和符号性政策在一定条件下可以相互转化。

第四，涉及集体物品的政策和涉及私人物品的政策。安德森认为，有些政策是用来提供集体物品的，所谓集体物品就是具有非排他性和非竞争性物品，即要提供给一个人消费，就必须同时提供给所有人消费；一个人对集体物品进行消费，不能阻碍其他人也对此进行消费。集体物品必须由政府来提供。而私人物品就是具有排他性和竞争性的物品，可以通过市场来提供。有时政府提供的社会物品也具有私人物品的特征，也要向使用者收费。有时通过政府行动可以把私人物品转化为社会物品，也可以把社会物品通过合同方式由私营企业来提供。

二　安德森政策主体思想

安德森把政策主体划分为官方政策制定者和非官方参与者，并具体分析了不同政策主体在政策制定中的地位和作用以及所从事的不同的政策制定活动。

1. 官方政策制定者

安德森认为，官方政策制定者就是由宪法赋予的拥有合法权威的公共政策制定者，主要包括：国会议员、政府首脑、行政人员和法官。官方政策制定者又可以分为首要政策制定者，如国会无须依赖其他机关可以行使立法权；辅助政策制定者如国家行政机关，其行动需要首要政策制定者授权。不同的政策制定者在政策制定中拥有不同的权力，扮演着不同的角色。

（1）立法机关

立法机关在政治系统中担负着政策制定的主要任务，具有真正独立的决策功能。美国的各级立法机关都能够独立行使立法权。安德森认为，美国国会的工作人员，包括为国会议员个人服务的私人工作人员、作为各学科领域专家的委员会和亚委员会等专业委员会工作人员、向国会提供信息服务的机构性工作人员。这些工作人员提供的服务，提升了国会的政策制定能力，同时也减少了国会对行政机构和利益集团的信息依赖。国会议员在立法过程中既关注国家及公共利益，同时也尽力关照州及地方政府的利益。当然，他们也有自己的价值观和利益偏好。有一点值得关注，同为议员但发挥的作用是不均衡的，那些有权、有钱，又有活动能力的代表的需求和利益更容易在政策中得到回应。在不同制度的国家，立法机关的作用是不同的。安德森指出："在政策形成过程中，民主国家的立法者比独裁国家的立法者更为重要。在独裁国家里，立法机关只是政治剧院，用以传达一种政策制定过程中公共代表的印象而已。在民主国家中，总统制国家（如美国）立法机关通常比议会制国家（如英国）的立法机关作用更大。在一些国家……根本没有立法机关，公共政策由政府首脑或国王制定，然后传达给国民。"①

（2）行政决策机关

在美国，宪法和有关立法明确规定总统有行使立法权的权力。总统可以向国会提交立法建议，还可以通过敦促、说服和呼吁公众的支持来影响国会。当然，总统并不是独自处理相关的政策事务。总统行政办公室作为总统的参谋机构，其任务就是协助总统履行职责，包括政策开发和执行。协助总统制定政策的还有白宫办公厅的私人助理和顾问、国家安全委员会、经济咨询委员会等。安德森认为，这些机构不仅使总统有能力制定政策，而且有能力制定出有效的政策。

（3）行政执行机构

安德森认为，传统的政治性机构制定政策，行政执行机构负责政策实施的观点已经不成立了，政治和行政本来就是不可分的。行政执行机构参与政策制定已是不争的事实。行政执行机构参与公共政策制定的主要形式：一是获得授权作出和颁布具有深远政治和政策影响的规定和规章；二

① ［美］詹姆斯·E.安德森：《公共政策制定》，谢明等译，中国人民大学出版社2009年版，第58—59页。

是成为立法建议及其思想的重要来源；三是积极游说议员以求通过自己支持的法案或扼杀自己反对的法案；四是与国会进行广泛交流达成非正式协议等。

（4）法院

安德森认为，美国法院在政策制定中扮演的重要角色，是其他任何国家都无法比拟的。在美国，法官非常愿意介入政策政治，而且往往以其所在党派的价值观和政策偏好影响政策制定。法院参与政策制定的途径：一是通过司法审查权来决定立法机关和行政机关的活动是否符合宪法，并发现和宣布同宪法相冲突的活动无效；二是通过司法解释使某些政策偏好得以实施；三是在制定某些经济政策中发挥重要作用，如关于财产权、合同、企业及劳资关系等相当一部分法被法院加以发展和应用。法院在政策制定中发挥着越来越积极的作用，它不仅详细说明政府不应该做什么，而且还对政府必须做什么作出规定。安德森指出："有几个因素使得司法可以持久地介入到政策制定当中：政府对民众生活影响力的日益扩大；立法部门针对一些问题的行动失败和不作为；民众对立法的不满情绪；法院的参与意愿；民众中至少有一部分人颇具诉讼热情。现在美国人已经习惯将政治问题转化成法律问题，然后再由法院裁决。"①

2. 非官方参与者

安德森认为，在政策制定过程中，除官方政策制定者之外，还有许多其他参与者加入到政策制定者的行列之中，如利益集团、政党、研究组织、媒体和公民个人。他们在政策制定中发挥着重要作用，有时甚至是决定作用，但他们没有作出政策决定的法定权威，不能直接作出决定。

（1）利益集团

利益集团在政策制定中发挥着重要作用。利益集团的重要功能就是利益表达。它们表达诉求，并为政策行动提供替代方案。它们为公共官员提供大量的、其他渠道得不到的技术性信息，为政策制定的合理性作出贡献。美国社会利益集团众多，但并不意味着所有的社会利益都能得到充分的代表，某些弱势群体往往得不到充分代表。不同的利益集团在政策制定中发挥的影响作用有所不同。在安德森看来，影响利益集团作用的因素主要包括：成员人数的规模、掌控的资金以及凝聚力、领导力、社会地位、

① ［美］詹姆斯·E. 安德森：《公共政策制定》，谢明等译，中国人民大学出版社2009年版，第66页。

是否有竞争性组织、公共官员的态度、政治系统中政策制定的场所等。那些组织良好、规模较大和领导较为成熟的利益集团发挥的作用更大。在政策过程中利益集团的工作通常由集团代表和游说者来完成。

(2) 政党

在美国，政党对政策的影响主要表现在国会中党团的作用，尤其是在众议院，政党更加团结和更具有政策导向意义。由于不同政党代表着不同的社会阶层，因此在许多政策议题上存在分歧。国会中不同的政党成员往往依据本党的政策立场进行投票，如果一个政党能够控制国会或者总统，本身就具有重要的政策意义。当然，在不同的州政党在政策过程中的重要性有所不同。政党在政策过程中的作用主要表现为，通过自身利益聚合的功能，将众多利益集团的诉求转化为一般的政策选择。

(3) 研究组织

研究组织通常由政策分析专家和研究人员组成，有些人曾担任过政府官员。在政策制定中研究组织扮演着"智囊团"的角色。它们的主要作用，一是为政策议题提供基础性信息和数据；二是为解决问题提出政策选择和建议；三是评估公共政策的有效性和结果。许多研究组织都具有明显的政策偏见和意识形态倾向，不是保守主义的就是自由主义的，它们为政策制定提供专业性的但不是中立性的信息。尽管意识形态倾向损害了研究组织作为专业和中立信息来源的信誉，但是它们的研究成果对于提升政策的合理性还是有帮助的。

(4) 大众传媒

传媒在政策制定中的作用主要通过以下方面表现出来，一是提供和传递信息；二是协助人们决定思考的问题；三是充当民意的塑造者。传媒不仅帮助政策制定者确定政策议题，而且还推动政府官员把传媒的看法转化为政策。当然，官员并不是被动地对媒体作出反应，他们还利用媒体达成自己的政策目标。

(5) 公民个人

安德森认为，公民个人在政策制定中也发挥着重要作用，这往往被忽视了。公民个人对政策制定的影响方式主要有：一是公民可以通过投票直接参与政策决策，如某些立法需要公民投票通过才能生效；二是公民的利益诉求是政策决策的重要依据，即使是独裁者和专制政权为了社会的稳定也会关注和满足人民或公民的需求；三是公民可以通过投票选举总统和其他政府官员的方式，推动公共政策发生根本性的改变。四是公民通过灵活和煽动性的活动为公共政策提供新的思想和指导；五是公民通过激进的政治活动对政策产生实质性的影响，如通过民权运动促进民权立法的发展等。

三　安德森政策环境思想

安德森认为，脱离政策环境无法对政策作出合理的解释，环境的作用主要表现在，环境的矛盾是一切政策行为的根源；环境规定了政策行动者有效行动的方向。政策环境主要包括：地理特征，如气候、自然资源、地形；人口统计变量，如人口规模、年龄分布、地区分布；政治文化；社会结构或阶层体系；经济体制；国际环境。其中政治文化和社会经济条件是政治学家最为关注的政策环境。

1. 政治文化

（1）政治文化的类型

文化表明了一个民族的全部生活方式，而政治文化主要是指关于政府应该做什么、如何来做以及如何来处理政府与民众关系的价值观、信念和态度。政治文化通过社会化过程实现代际传承。政治文化一经获得便成为人的心理结构的一部分，直接影响人的行为。安德森借用了政治学家丹尼尔·J. 伊拉扎（Daniel J. Elazar）对政治文化的分类。他把政治文化分为三种类型：一是个人主义的政治文化，强调个人利益，把政府看作是用来实现民众需要的功利性工具；二是道德的政治文化，把政府看作是发展公共利益的机制；三是传统主义的政治文化，以家长主义和精英主义的观点看待政府，认为权力掌握在少数人手里，政府是维护既有社会秩序的工具。

（2）政治文化的作用

政治文化对政策的影响主要表现在：一是影响政策的取向。例如，个人自由、平等、进步、效率和实用构成了美国社会主要的价值取向，它们同民主、个人主义和人道主义等价值，对政策制定有重要影响。使美国的政策更讲究实际、注重实效，并强调对当前面临问题的解决；反对政策对私人活动的限制，主张为私人拓展更大的空间。二是影响政策的执行。例如，就管制政策的执行而言，"瑞典的政治文化鼓励相互尊重和乐于助人的行为，这使瑞典的官员可以利用非正式的、双方情愿的手段来执行政策。相反，美国自我主义或敌对的政治文化促使官员使用正式的、侵略性的行政手段，严格按照规定办事并孕育了一种针对商业的敌对立场。"①三是影响政策的形成。阿尔蒙德等将政治文化分为教区性政治文化、服从性政治文化和参与性政治文化。安德森认为，在这三种不同的政治文化背景下，政策的形成过程是有差异的。他指出："在教区性政治文化中，因为政府与多数公民之间关系不大，所以公民参与政策制定在本质上是不存在的。在服从性政治文化中，不管个体喜欢与否，其对公共政策的影响都非常有限。这一认识可能导致公民对权威型政府行为的被动接受。在某些情况下，当失望和不满达到顶峰时，人们就会通过暴力手段来寻求补偿和变革。在参与性政治文化中，个人组成团体，通过影响政府行为来排解心中的不满，因此，公民认为他们可以对政府及公共政策进行控制。也可以说，较之于生活在教区性或服从性政治文化中的公民而言，生活在参与性政治文化中的公民对政府的要求更高。"②

2. 社会经济条件

安德森认为，一项政策决定是如何作出的，政策的具体内容又是由什么决定的，除了考虑政治因素之外，还应考虑社会经济条件。社会经济条件是影响公共政策的重要环境因素。社会因素和经济因素在对公共政策发生影响时通常是不可分的，但可以分别进行考察。

（1）经济因素对公共政策的影响

安德森认为，经济因素对公共政策的影响主要表现在：一是经济活动是公共政策形成的主要原因。公共政策通常是不同团体矛盾冲突的产物，经济活动导致的利益矛盾是产生冲突的一个主要原因。在经济活动中，处于弱势或不利地位的人，希望政府通过公共政策予以帮助和保护；由于经济的变化和发展会改变现有的利益格局，那些担心自己利益受损或受威胁的团体，也要求政府采取行动保护他们的利益或建立新的均衡。二是经济发展水平决定政府的公共政策资源。由于经济发展水平的不同，政府所能运用的公共政策资源也不同，有时受资源的限制，必然影响政府通过公共政策向社会提供公共产品和公共服务的质量。

---

① ［美］詹姆斯·E. 安德森：《公共政策制定》，谢明等译，中国人民大学出版社 2009 年版，第 48 页。

② 同上书，第 50 页。

（2）社会因素对公共政策的影响

安德森认为，社会因素对公共政策的影响主要表现在：一是社会变化导致的冲突需要政府干预，如女权运动要求政府采取行动支持妇女运动、保护妇女权益。二是科技发展导致的伦理和道德困境要求政府干预，如人类克隆和转基因农作物问题。或者要求政府提供政策支持，或者要求政府运用相应的政策手段加以限制。

四　安德森政策过程思想

安德森指出："政策形成指的是政策制定、采纳和执行这个完整的过程，也可以称之为政策过程。"①

1. 政策形成过程

（1）政策问题

第一，政策问题的内涵。安德森认为，政策问题可以被界定为：社会上一部分人对社会产生了新的要求或者不满，于是便想通过政府行动来加以解决或进行重新调整。一般说来，政策问题来源于公共问题。所谓公共问题就是给大部分人造成影响而且意义重大，通常又是个人无法解决的问题。社会状况本身还不能称为公共问题，它必须同一定的判断准则和标准联系起来，被认为不合理而又适合政府处理，才能够成为公共问题。公共问题转化为政策问题的条件就是它必须由政府采取行动的议题，而且政府有能力和办法解决它。

第二，影响政策问题界定的主观因素。要想解决问题，首先必须对问题进行界定或认识。安德森认为，对于某种状况是否成其为问题，是什么样的问题，不仅决定于客观因素而且也决定于主观因素。个人和团体的价值观、掌握的信息和经历是影响对问题进行界定或认识的主观因素。不同的个人和团体由于价值观、掌握的信息和经历不同会形成不同的认识，因此在解决问题的方案上也会产生分歧。

第三，界定政策问题的重要步骤。安德森认为，寻找问题的原因是界定问题的重要步骤。弄清问题产生的原因是解决问题的前提。但有许多问题要想找到原因并达成共识非常困难。

---

① ［美］詹姆斯·E. 安德森：《公共政策制定》，谢明等译，中国人民大学出版社 2009 年版，第 96 页。

（2）政策议程

第一，政策议程设立的程序。在社会不同成员成千上万的要求中，只有一小部分能够得到政策制定者的关注。那些引起政策制定者关注并认为应该在一定时间内采取行动的诉求，才能被列入政策议程。问题要想进入政策议程首先必须引起争议。安德森对政策议程设立程序做了描述（见图9-1）。

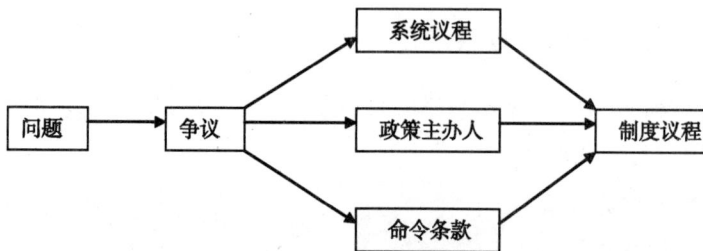

图9-1　议程设立程序

资料来源：［美］詹姆斯·E. 安德森：《公共政策制定》，谢明等译，中国人民大学出版社2009年版，第103页。

第二，政策议程的类型。政策议程可以划分为系统议程和制度议程或政府议程。安德森认为，值得公众关注的问题形成了系统议程，其实质是一种讨论议程，主要特点是概括性和抽象性。制度议程也称为政府议程，它由立法者和政府官员认为有责任关注的问题组成。制度议程也是行动议程，具有详细性和具体性的特点。

第三，政策议程设立的途径。安德森给出了政策议程设立的十条途径，也是影响政策议程设立的十个方面的因素。一是利益集团。当利益集团的平衡状态受到威胁时，就会努力使一些问题提上政策议程。二是总统。出于对政治利益，或是公共利益，或是政治声誉的考虑，政治领袖们会密切关注某些问题，并提出解决方案。总统在政策议程设立过程中处于重要地位，可以通过国情咨文、预算报告和特别报告来建立国会议程。当然，总统提议要同国会提议竞争后才能被提上政策议程，如果国会被反对党控制，总统的作用就会下降。三是国会议员。国会中有一些活跃的议员，他们渴望社会变革，因此总在不断寻找问题并努力使其转化为国会议程。四是政府实体。联邦的某些政府实体也可以通过对联邦基金的控制，使某些问题转化为各州的政策议程。五是法院。最高法院的决定有时也有助于一些事项提上国会议程。安德森指出："那些推动政策建议的国会议员、利益集团代表、政府机构官员、公民通常被称为政策促进者。他们的大部分时间、精力和资源都花在形成问题、建立支持、提上议程和寻求行动上了。"① 此外，还有五个方面的因素直接影响政策议程的设立。一是危机事件。如自然灾害或轰动事件往往会使问题激化，引起广泛关注，迫使公共官员作出反应。二是抗议活动。这也是使问题引起政策制定者关注，并列入政策议程的一条途径。三是媒体报道。媒体通过报道自己关注的问题也能转化为政策议程。四是统计数字。统计数字的变化也会使人们认识到一些问题并提上议程。五是政治变故。如选举结果、行政改革和民意变化等，都可能成为议程设立的途径。当然，还有一些其他途径。

（3）议程否决

安德森认为，在议程形成过程中议程之争不可避免，许多问题会在议程之争中被否决而不能提上政策议程。问题反对者抵制议程的主要策略：一是否认问题存在；二是认为问题不适合政府采取行动；三是提出也就是有意制造政府采取行动可能带来的不良后果；四是解说问题用非政府手段解决更合适；五是辩解问题需要进一步研究。此外，"不决定"手段也可把问题隔离在议程之外，主要方法：一是使用强制手段压制某种诉求；二是占主导地位的政治文化，如价值观和信念，可以把某些问题拒于议程之外；三是政治领导人和政治组织为了自身的生存而阻止某些问题进入政治领域。有时某些已经进入议程的问题也会在议程中消失，主要原因：一是问题的环境发生了变化；二是出现了更紧迫的问题；三是习以为常的问题会被认为已不是问题。

（4）政策建议

安德森指出："政策制定通常是指为解决公共问题而提出相关的、可接受的行动建议（通常被称为备选方案、政策建议或可选方案）的过程。"② 提出备选方案可以利用原有的政策观点和政策知识，或在原有政策的基础上做少许的修改，完全创新的政策建议很少。提出政策建议必须考虑政策建议的技术可行性、预算成本是否合理、能否获得立法者和官员的支持和公众是否接受。政策建议的参与者主要有总统和总统办公室、政府机关、立法者、利益集团等。

---

① ［美］詹姆斯·E. 安德森：《公共政策制定》，谢明等译，中国人民大学出版社 2009 年版，第 108 页。

② 同上书，第 120 页。

2. 政策采纳

（1）政策采纳过程

安德森认为，政策采纳实质上是针对某一方案所采取的行动，也就是使方案获得通过。这一过程就是一些建议被否决、一些建议被接受、一些建议被修改的过程，也是减少分歧，达成妥协的过程。政策采纳过程中，决策权掌握在公共官员手里。通过采纳政策就具有公共权威性。公共官员拥有的合法权利决定了政策的合法性。合法性是政府采纳的政策赢得公众支持和认可的前提。

（2）政策采纳标准

如下因素影响到政策的采纳，安德森称之为政策采纳标准。一是价值观。安德森认为，在政策采纳过程中，决策者的价值观起着重要甚至决定性的作用。指导决策者决策行为的价值观主要有：组织价值观。决策者坚定地相信本部门的目标和项目是至关重要的，以此为出发点作出决策。专业价值观。在决策过程中不同专业往往有不同的偏好，专业人士会主导组织的决策。个人价值观。决策者有时会受个人价值观的引导作出决策。政策价值观。决策者有时会根据他们对公共利益的理解，对适当的、道义上正确的公共政策的理解作出选择。意识形态价值观。意识形态是条理化、理论化的价值和信仰，是人们行动的指南，会左右政策选择。二是政党联盟。安德森认为，政党忠诚是一项重要的决策标准，因此政党联盟直接影响国会议员的立法投票，进而影响国会的决策；政党联盟也影响着联邦法官的决策。三是选民利益。安德森认为，由于选民能够决定国会议员能否有权投票的最终权力，议员在对政策问题进行投票时往往扮演着选民代表的角色，在选民利益明确和强烈的情况下，背离选民的利益会有很大的风险。有些行政官员虽然不是民选产生的，但也可能扮演选民代表的角色。当然，各级行政部门往往同一些利益集团关系密切。四是公众意见。安德森认为，公众意见是政策决策过程中的重要标准。公众意见可以通过给政府官员和媒体的信件、公众集会、示威游行、发表声明、公布选举结果、立法者与选民的接触、公民投票以及电台谈话节目等途径来把握。然而，把握公众意见最普遍的形式是对公众进行抽样调查。受群众意见影响比较大的是政策方针，也就是公共政策的大体边界和大致方向。五是依从。安德森认为，有时决策者在决策过程中会依从他人的判断。行政官员可能依从上级的指示，也可能依从国会议员的建议和判断。国会议员在对自己不大感兴趣的问题进行投票表决时，有时会参考政党领导人、委员会主席和政策专家的建议。法官在决策时也可能依从立法机关的意图。六是先例。安德森认为，行政官员和立法人员也经常依据先例进行决策。

（3）政策采纳类型

政策采纳的主要类型有：一是讨价还价。安德森认为，在美国的政治体系中，讨价还价是最常见的决策类型。它是两个或两个以上的权力主体对不一致的目标进行调整，以形成各方均可接受的行动方案的过程。讨价还价之所以成为美国主要的决策形式，其原因在于社会的多元化和宪法惯例。讨价还价的主要形式包括互投赞成票、一方付费（为预期的支持者或联盟成员所提供的奖励）和妥协。二是说服。说服就是运用事实、各种数据和其他信息证明自己的论点，或通过逻辑推理让其他人相信自己的观点是正确的。安德森认为，说服实际上是让人们相信自己的立场的价值所在，或让人们相信接受自己的立场有利于实现公共利益。三是命令。安德森认为，命令就是运用上下级之间的等级关系，上级利用奖励或惩罚等方式使下级服从他们的决定。

3. 政策执行

政策采纳阶段完成以后，政策过程就进入执行环节。政策执行实际上就是法实施的具体过程。这一过程也是政策作用于对象，实现政策目标的过程。安德森认为，政策采纳和政策执行是不可分的；政策执行对于政策成功的程度意义重大；政策执行过程也存在着激烈的政治斗争。

（1）政策执行者

安德森认为，对政策执行者可从以下方面进行分析：一是行政组织是最主要的政策执行者。行政组织包括行政领导部门、独立管制委员会、政府公司和独立机构。行政组织在政策执行过程中，执行的政策通常是内容宽泛和模棱两可的法令，这就为执行者留下了很大的选择空间，可以行使自由裁量权。所以执行者也成为利益集团追寻的政治目标。在执行过程中由于立法者有意掩盖利益矛盾，某些政策往往含糊不清和没有定论，这就需要执行者在执行过程中填补细节，使政策更加具体和明确。这同时也使行政过程成为立法过程的延伸。从一定意义上说，行政部门政策执行过程也是其政策制定的过程。二是立法机关有时也在行使政策执行的功能，国会议员可以采取一些技术来影响行政行为，促使行政机构履行职责，也可以通过详细立法削减行政机构的自由裁量权。三是法院在有些情况下也参与政策执行，因为有些法律就是要通过司法来实施。四是压力集团也以其特有的方式参与政策执行活动。那些具有很大自由裁量空间的政策出台以后，利益集团之间的争斗就转向执行环节，通过对政策执行的影响达成对自己有利的政策结果。五是社区组织和其他组织也参与政策执行活动，这种参与式民主形式对政策在基层实施产生广泛影响，也得到广大公众的支持。此外，还有政党、新闻媒体和行政辅助机构也都以不同方式参与政策执行。

（2）政策执行的控制技术

安德森认为，所有的政策都含有某种控制因素，因此控制技术就成为公共政策的重要组成部分。在政策执行过程中，允许使用什么技术对政策内容和结果有重要影响。控制技术是以行为假设为前提的，经济激励技术以"人是效用最大化者"的假设为前提；劝说技术以人的行为基于信仰和价值的假设为前提；权威技术以惩罚可以阻止人的不可取行为的假设为前提。为了使政策更有效地发挥作用，应允许执行者使用恰当的控制技术。主要有：非强制性技术（政策声明、建立标准、调节和协调、宣传、教育和示范）；检查；发放营业执照；贷款、津贴和福利；签约；控制项目支出；市场和所有权的运用；税收；指令性权力；服务；非正式程序（谈判、妥协、协商、咨询、会议、对话、数据）；奖惩等。

（3）政策执行中的服从

安德森认为，政策要有效地发挥作用必须以服从为前提。服从的主要原因：一是习惯力量的作用，对权威的尊重与服从通过社会化过程成为人们心理的组成因素，并成为一种习惯的力量有助于对政策的服从；二是理性思考的结果，通过理性思考相信政策的合理性、必要性和公正性，有意识地接受政策；三是相信政策的合法性，认为政策是符合宪法原则的，是由具有合法权威的官员作出的，制定过程遵循了正确的程序，应该服从；四是获利动机的驱使，因为接受政策的规则和标准可以带来某种利益；五是利于遵从的舆论氛围，如果某些团体对法的权威给予特别的遵从，通过法的存在就会创造出有助于对其遵从的舆论氛围；六是避免制裁的反应，制裁有助于获得人们对政策的遵从；七是实施时间的作用，政策实施的时间越长越有利于人们接受它。

安德森认为，不服从的主要原因：一是法与人们或团体特定的价值观和信念相冲突，对法的选择性不服从同法与价值相冲突密切相关；二是立法与人们在意识形态领域的观念相背离，如经济立法与人们认为政府应更少地干预经济的观念；三是周围人的影响，一个人的同事、朋友和所属团体成员的不服从行为会影响这个人的行为；四是急功近利也是不服从的一个重要原因，如为了获取不正当利益的欺诈行为；五是法本身存在的问题，如法表述含糊不清、规定不具体或标准自相矛盾；有时虽然很好地理解了法，但由于受条件的限制执行有困难，这也是导致不服从的重要原因。

安德森认为，行政活动的主要目的是获取人们对政策的服从，而不是对不服从行为的处罚。行政机构推动服从的主要途径：一是努力形成、改变或利用人们在作出选择时运用的价值观，可以运用教育、说服和劝导的方式，让人们相信政策的合理性、必要性和合法性，使公众理解和赞同政策；还可以利用宣传的方式，促进政策与人们普遍具有的价值观和信念的认同而服从政策。二是把提供给人们的选择限制在可以接受的范围内，如运用奖励和处罚；三是以促使人们服从政策的方式来解释和执行政策。

4. 政策评估

安德森指出："如果把政策过程看作一种连续有序的行为模式，那么它的最后一个阶段就是评估。"① 政策评估主要是对政策内容、执行情况、目标达成以及其他影响所做的评价。通过政策评估可以确定影响政策成败的重要因素，可以识别存在的问题与缺陷。

（1）政策评估模式

安德森认为，政策评估从其发展过程来看，经历了三种模式：一是功能性评估。这一评估模式往往依靠的是印象或直觉判断，大多是建立在传闻或支离破碎的事实论据基础上，而且还要受到价值观和利益因素的影响。评估者由于价值和标准的不同，对同一政策可能会得出不同甚至是相互冲突的结论。二是过程性评估。它立足于政策运行的全过程，关注的是支出多少成本？谁得到了和得到多少好处？这项政策与其他政策是否重叠和存在相同之处？是否遵循了法律标准和程序？是否被忠实执行？这一评估模式力图对政策的准确度和效率作出评价，但它无法提供某一政策产生社会影响的可靠信息。三是系统性评估。系统性评估主要运用社会科学方法论，测量政策的社会影响和实现预定目标的程度。它利用社会科学家的

① ［美］詹姆斯·E. 安德森：《公共政策制定》，谢明等译，中国人民大学出版社 2009 年版，第 296 页。

能力来收集各种相关信息，并对其进行严格分析，尤其是可以运用定量方法或统计技术进行分析。这一评估模式采用的最主要的评估设计有实验设计、准实验设计和前后对照设计。实验设计主要是通过随机抽样确定比较群体，再通过实验群体和控制群体的比较，对政策的有效性作出评价。但由于受条件限制，实验设计往往缺乏可行性。准实验设计不需要采取随机抽样的形式，只是把实验群体同另一个基本相似的群体进行比较，然后作出评价。尽管有时群体的差异不是来自于政策绩效，而是由群体内在特性决定的，使政策评估的可靠性打了折扣，但人们还是普遍认可这一评估模式。前后对照设计就是将政策执行一段时间以后产生的结果同之前的状况相比较，然后作出评价。这种设计优点是成本较低，缺点是对发生的变化可能作出相悖的解释。但不管怎样，系统性评估可以使政策制定者和公众认识政策的实际影响，评估结果可以用于修正现行政策，并有助于未来的政策设计。

（2）政策评估内容

政策评估就是要搞清楚政策是否实现了预期目标，社会变化是否是由政策行为带来的，变化是否按预定的途径发生？安德森认为，政策影响是由政策输出和政策结果构成的，进行政策评估必须首先把两者区别开来。政策输出是政府部门关注的政策决定和政策声明；政策结果是指社会发生的想得到的和不想得到的结果。对政策影响可以从以下维度进行分析：一是确定政策试图影响的人和预期影响，某些政策可能产生预期影响，也可能产生意想不到的影响；二是政策的第三方作用、溢出效应或外部性，这种作用可以是消极的也可以是积极的；三是政策的现实影响和长远影响，有些政策的未来影响可能具有发散性和不确定性；四是政策成本问题，包括直接成本、间接成本和机会成本；五是政策的影响可以是物质的，也可以是符号的。

（3）政策评估过程

安德森认为，很多政策评估是由非政府部门作出的，也可以说形成了一个"政策评估产业"。参与政策评估的非政府部门主要有：一是大学研究中心。很多大学都设有公共政策研究中心，愿意承担政策研究项目。二是私人研究组织（智囊团）。这类机构成立的目的就是从事政策研究，而且他们的研究活动相对于政府机构来说更具独立性。三是新闻媒体。媒体更关注带有偏差的政策，因为政策丑闻往往更具有新闻价值。

联邦政府框架内的官方评估主要有：一是国会监督。它主要通过案例调查、委员会听证会和调查研究、拨款过程、批准总统的任命、委员会的人员研究等途径，对政策和政策执行者作出评估。二是总统核算办公室的研究。总统核算办公室有权审核联邦机构的运作和财政活动，并形成报告提交国会及相关部门。三是总统活动委员会的活动。其主要职责就是政策研究和政策评估，但通常对政策制定的影响不那么直接。四是行政部门。很多政策评估是在行政部门内部产生的，包括正式评估，目的是帮助官员在政策执行过程中修正和改进政策，改善执行状况；累计性评估，主要是用来向高层政策制定者提供重要的政策计划和政策成果。

安德森认为，有许多因素影响着政策评估，因此在政策评估中，一是要确定政策的真实目标和目标的实现程度往往很困难；二是要确定哪些社会变化是由政策行动引起的这一因果关系也不是容易的事情；三是政策影响的分散性和长远性为分析政策的影响带来了困难；四是正确获得相关统计数据和各种信息的缺乏给政策评估者造成障碍；五是官方抵制妨碍评估者进行评估；六是有限的时间前景使政策评估忽视了政策的长期影响，导致评估缺陷；七是评估结论对政府政策的影响很小或根本不产生影响，导致评估动力的缺失，等等。

（4）政策评估结果

政策评估带来的一个重要的结果就是政策终结。安德森认为，通过政策评估对一项政策作出鉴定，当政策的成本过高或政策结果不理想、政治反对的发展和扩大，都要求政策作出回应，其中就包括政策终结。安德森指出："政策终结有很多原因。包括意识形态、节约的愿望、政治环境以及明显的政策失败。"[①] 但政策终结往往难以进行，原因在于：一是任何出台的政策都有一定的政治支持，他们会保持这种支持而抵制变革；二是政策的反对者和批评者可能会比较松散，利益导向也不一致，不容易形成旨在取消政策的强大联盟；三是国会内部拥有政策决定权的人倾向于保护政策，抵御政策变化；四是政策终结意味着潜在地承认失败，终结后还会产生一系列令人不愉快的后果。因此，大多数公共官员更倾向于某种形式的政策修正或政策创新，而不倾向于政策终结。

---

① ［美］詹姆斯·E. 安德森：《公共政策制定》，谢明等译，中国人民大学出版社 2009 年版，第 331 页。

第三节　安德森思想简评

安德森政策思想最活跃的时期，恰恰是公共政策学过程理论兴起和逐步走向完善的时期，他正是迎合了公共政策学发展的这一特点，对公共政策过程做了初步的探讨。安德森对公共政策学的主要贡献，一是初步构建了公共政策学理论体系，以公共政策制定为核心对公共政策执行、评估和终结问题进行初步探讨；二是对公共政策内涵的理解和对公共政策类型所做的分析丰富了对公共政策的认识；三是探讨了政策环境同政策行为的关系，重点探讨了政治文化和社会经济环境对政策的影响；四是揭示公共政策同公共利益的本质联系；五是对政策评估模式、内容、过程和结果做了较为系统的研究。

然而，安德森重点探讨的是公共政策制定问题，对公共政策过程的分析也是局限在公共政策制定的框架下进行的，把政策执行和政策评估都作为公共政策制定的一个环节。对政策终结的认识也是初步的，仅仅把政策终结看作是政策失败的结果，实际上这只是政策终结的一种形式。当然，这并不能影响安德森对公共政策学发展所做出的贡献。

第十章　史蒂文·凯尔曼的政策思想

第一节　凯尔曼生平和主要著作

史蒂文·凯尔曼出生于 1948 年，是在公共管理学界享有国际声誉的著名学者，他于 1978 年在哈佛大学以优异的成绩毕业，并获得哈佛大学博士学位，1986 年晋升为哈佛大学教授，并于 1995 年被选为美国国家公共行政科学院院士。2001 年，他获得了赫伯特·罗巴克纪念奖，这是美国合同管理学会的最高成就奖；2003 年，他又当选为采购圆桌会议主任。

凯尔曼曾任哈佛大学肯尼迪政府学院 Weatherhead 公共管理学教授、《国际公共管理期刊》（IPMJ）主编、"国际公共管理网络"（IPMN）协会副主席等职务，并担任包括《公共行政研究与理论期刊》（JPART）、《公共组织评论》（POR）等国际学术期刊的编委会成员。

他于 1993—1997 年担任美国国会管理与预算办公室联邦采购政策办公室主任，在他担任署长期间，发挥了再造政府工作主管部门的主导作用。1994 年起担任美国国家采购管理协会顾问，身体力行参与了重塑政府和采购政策改革的实践，对美国政府运作也有非常丰富的认识和独到的见解。

凯尔曼教授的研究方向为：公共预算、政府采购、研究方法、公共组织理论及政府绩效等。他长期投身公共个案教学，并参与政府公共事务管理及公共政策制定等。其研究和思想对美国乃至国际公共管理研究与实践，都产生了广泛而深刻的影响。而他对于公共政策的研究主要集中在《制定公共政策》一书中。

凯尔曼的《制定公共政策》是从制定公共政策入手分析美国政府的现状，不失为当时值得参考的一种新方法。这一著作被列入《美国政府基本著作丛书》。

第二节 凯尔曼主要政策思想

一 凯尔曼政策制定过程思想

1. 政策制定是一个政治过程

凯尔曼首先提供了一个政策制定过程的政治活动分析框架。他认为，政策是意见分歧的人们集体选择的结果，是一种政治活动。政策制定过程是一个政治过程，组织结构设计的选择和参加者的态度、权力及采取的策略等发挥着非常重要的作用。

（1）组织结构的作用

凯尔曼认为，组织机构的选择构成了政治体制的基本特征，决定着政治过程的实际结果。组织结构之所以能够对政策产生重大影响，主要是因为：一是它决定了政治过程的权力配置，也就是正式权力的归属问题；二是它规定了政策决策遵循的程序，使拥有正式权力的人在听取公众意见后才能作出决策；三是它影响着政治活动的结果，左右着拥有正式权力的人对利益的分配。

凯尔曼认为，组织结构设计本身也是选择的结果，而且这种选择不是凭空作出的。不同国家尽管都是民主国家，但在组织机构设计上也大不相同，即使一个国家在不同的年代也有很大的区别。随着组织结构设计的不同选择，决策程序和决策规则也会发生相应变化，从而导致利益分配格局的重组，致使一些人想通过组织结构的改变来改变决策规则，进而改变政治过程的结果，以获取更多的利益。当然，按照民主原则进行的组织结构设计，可以起到促进热心公共精神的作用。

（2）参加者的作用

凯尔曼认为，政治运行过程的组织结构是由人组成的，在政治运行过程中人作为政治过程的参加者，其态度、权力和策略等影响着政策的实质性结果。

第一，参加者的态度对政策结果的影响。一个政治过程的参与者对某个政策问题采取的立场直接影响政策结果。当政策立场既有好的一面，也有不好的一面时，就需要进行权衡。按照理性选择模式，参加者支持的是能够获得价值最大净收益的政策，这就需要在不同价值之间进行权衡。大多数人只根据一种价值来估量不同的政策。参加者的态度和依据此态度作出的选择直接影响政策结果。

　　第二，参加者的权力对政策结果的影响。参加者拥有了政治权力，就拥有了影响政治抉择甚至改变政府决定过程的能力。作出决策的正式职权显然是影响政策选择结果的关键性手段。掌握政治权力的人还可以施展种种诱导的本领，诱导人们改变态度。在政治生活中，宣传工具的力量表明了诱导手段对影响政策结果的重要意义。

　　第三，参加者的策略对政策结果的影响。参加者熟练展开政治策略的能力，影响着作出更符合倡导者观点的政治抉择。策略技巧伴随着政治成就的扩大，所起的作用也越来越重要。参加者可能采取的策略很多，如改变决策程序的策略、改变多数参加者态度的策略等。参加者所选择的策略是否有效直接影响政策的结果。

　　2. 政治活动组织机构及其作用

　　凯尔曼认为，美国的政治机构包括国会、总统职位、政府机构、最高法院。政策制定离不开上述机构的相互作用。

　　（1）国会

　　凯尔曼对美国国会权力的看法是：从表面上看，美国国会的权力要比其他国家议会的权力小，因为它不参与对行政部门首脑的选择。美国体制在设计时把选举产生的总统与国会相分离，从而达到正式分权的目的。宪法规定立法机关的人不得在行政部门任职。而国会却因为可以通过或否决立法提案而握有真正的权力。国会中政治过程的许多特点都是来自体制上的这些设计。国会内部权力的分散和国会议员所面对的时间上的巨大压力，就是其中最突出的特点。

　　第一，国会内部的权力分散。这种权力分散实际上是体制设计的结果。凯尔曼指出："如果国会要认真地对待立法提案而不是简单地在其他部门送来的提案上加盖橡皮图章，其内部的权力就必须是分散的。为了能够认真对待提案，国会必须对送交它的提案所包含的问题具备专门知识，然而国会议员不可能成为万事通，他们必须专门化。"① 国会的专门化是提高效率和完成复杂任务的需要。国会权力常常分散给各个委员会，进而分散到议员个人手中。研究立法提案的任务可以由委员会中的个人来承

① ［美］史蒂文·凯尔曼：《制定公共政策》，马清槐等译，商务印书馆 1990 年版，第39 页。

担。每个委员专门从事少数几个领域的政策研究工作。委员会在政策制定过程中发挥着重要的作用。一个议案只有在委员会通过才能提交国会。凯尔曼认为，这不可避免地产生如下问题：一是委员会主席的选举程序和委员成员选择的程序就显得尤为重要；二是一个议案选择哪一个委员会来考虑会决定该议案的命运。由于国会内部的权力分散，一方面使局外人的观点有更多的机会进入国会；另一方面使国会有能力"软化"新的政策主张或充当政治"孵化器"。这无疑创造了一个有利于提出新的政策主张的环境。

第二，国会议员面对时间上的巨大压力。凯尔曼认为，由于政府任务的不断增加，国会的负担也在增加，在国会议员人数不变的情况下，由于工作时间和强度的增加，国会议员感到了巨大的时间压力。由此造成的影响：一是会促使国会放弃一部分政治抉择的权力。工作负担的增加使国会议员无暇认真考虑必须由他们表决的议案内容，同时也限制了国会在立法时做出具体而明确规定的能力，为此，国会不得不放弃一部分政治抉择的权力。二是进一步增强了委员会成员对其政策范围内议案的支配权力。由于委员会的势力比原来的更大，院外活动集团的说客有可能把力量集中用在委员会身上，而不是用在一般议员的身上。三是导致国会工作人员在政策制定中的作用越来越大。国会工作人员不同于国会议员，他们往往对某个政策领域有专门的研究，加之经常向国会议员兜售新的政策思想，使得他们成为企图影响国会的人的重要接近点。说客们经常更多地同工作人员而不是同议员打交道，在参议院内尤其如此。因为同工作人员打交道，对于那些希望自己的思想被提上国会议事日程，或者进入政策思潮中的人来说往往是一条重要路径。工作人员实际上起着把有政策思想的人们与国会议员联系起来的中间人的作用。四是提高了那些较为无权的鼓吹者所掌握的时间的价值。他们可以用这些时间一心一意用于宣传他们感兴趣的问题。

（2）总统职位

公民通常认为总统在指挥政府，但实际上按照宪法规定，总统的主要职责仅仅是监督法律的忠实执行，并担任武装部队的总司令，同时被赋予在征得参议院同意后缔结条约、任命最高法院法官和某些行政部门官员的权力。国会制定法律，政法部门制定条例，总统的作用一般只限于谋求对其他正式受权者做出的决定施加影响。然而，凯尔曼认为，总统的权力在不断增长。

第一，总统对国会权力的增长。长期以来，总统在政治过程中的作用仅限于宪法所规定的最低限度之内。历届总统也力求对国会很少或者根本不施加任何影响，他们向国会提出的提案数量有限，而且也不会为促使这些提案通过做出更多的努力。然而到了 20 世纪，与以往不同，从威尔逊开始，总统开始力图影响国会的政治抉择。凯尔曼认为，总统对国会权力增长的主要表现：一是通过立法方案和预算提案来安排国会的议事日程。凯尔曼指出："总统在安排国会议事日程方面所起的作用毕竟是影响国会政治过程结果的一个重要根源。显而易见，能够发挥这样重要的作用以确定在国会能够讨论的许多问题中哪些是确实需要认真考虑的问题，绝不是无足轻重的。"① 二是起草提案的初稿。由于总统获得了拟定立法提案初稿的有利条件，就等于有了初始话语权。从而使某些鼓吹者们集中精力影响总统，力图把某些项目列入总统的议事日程。三是利用种种手段影响议员的表决。总统影响议员的手段基本上可归结为总统说服议员的能力以及总统在公众中的声望。

第二，总统对政府机构权力的增长。凯尔曼认为，总统对于政府机构做出的决定内容施加影响的作用，是以宪法规定总统应监督法律的忠实执行这一条为依据的。总统对政府机构权力增加的主要表现：一是控制机构预算。机构的预算必须先向总统提出申请，经行政管理和预算局批准后提交国会。二是控制高层官员。总统不仅任命内阁部长，而且任命负责各项具体政府计划的助理部长，助理部长又任命某些高级官员，其结果是使政府机构的高层官员更多地受到总统的控制。当然，总统影响政府机构的最重要的手段，也是利用他在公众中的声望。但由于政府官员不是公众选举产生的，加之政府机构做出的政治选择很少具有国会做出的重要决定所具有的那种透明度，因此，总统用公众对政府机构施加压力同对国会施加压力相比作用有限。

尽管总统对国会和政府机构的权力在增长，但这种影响的效力如何？凯尔曼认为，这依赖于总统的政治技巧。因为根据体制设计，国会和政府机构才拥有正式的决策权力，总统除了外交政策以外，同其他缺乏正式权力的人一样，在政治决策中主要依靠影响别人作出抉择来发挥作用，成功

---

① ［美］史蒂文·凯尔曼：《制定公共政策》，马清槐等译，商务印书馆 1990 年版，第 61 页。

与否、效力大小很大程度上取决于他的政治技巧。

（3）政府机构

凯尔曼认为，政府机构之所以成为政治过程的一部分，主要是因为，国会常常授予政府机构以正式权力去做出具有法律效力的抉择，此外，政府机构往往是政治过程其他参与者所使用的有关政策问题信息的一个重要来源。而立法机关之所以授予政府机关某些权限，主要是因为立法机关所要作出的决定越来越多，而且高度专门化。一个立法机关有许多复杂的问题要处理，又要做出数量如此可观的决定，实际上是不可能的，这就不可避免地大规模向政府机构授权。同其他民主政体相比，美国的官僚机构在政治过程中所起的作用相对要小一些，这是因为美国民主政体的发展先于强大官僚体制的发展。结果出现了政府机构中的高级职位由选任官员任命，而非由职业文职人员凭资历获得的倾向。当今，官僚参与政治的现象已经有了持续发展。

凯尔曼认为，政府机构参与政治过程，一是制定规章。尽管官僚机构在立法机关的授权下可以制定相应的规章，但是，美国人对赋予官僚机构以正式权力的措施仍感不安，因此总是在想方设法地约束官僚。最重要的就是官僚在做出具有法律效力的决定之前，必须遵守非常明确的程序。这一程序通常包括：公布全部拟议中的行动，允许人们提出书面评论；公开举行意见听取会，吸收更多的人参与，还要为会后评论留出时间；规章发表时必须附加一份"理由说明"，解释每项条款为何被采纳，并对反对论点作出答复；由法院进行司法审查等。凯尔曼指出，事实上，世界上没有任何其他国家为政府行政部门规定一套如此详细的决策程序，也没有哪个国家法院如此广泛地参与并审查这一程序。二是对立法的非正式投入。主要是指行政部门对政治过程初期阶段的介入，也就是在某项立法起草期间向白宫和国会施加影响。但这种介入是非正式的，因为官僚机构没有参与的正式权力。非正式介入的方式可以有多种，"在立法主题不超过一个行政部门的范围时，该部门往往同有关的一个（或几个）国会委员会进行非正式的合作。在其他的情况下，一个行政部门可能参与白宫已建立起来的任何政策制定过程。"①

由于行政部门的官员是非选任的，选任官员必须对他们加以限制，使

① ［美］史蒂文·凯尔曼：《制定公共政策》，马清槐等译，商务印书馆1990年版，第85页。

之无法随心所欲地作出决策。向官僚机构授权是白宫影响官僚机构政治抉择的主要途径，其他的影响作用相对有限。凯尔曼认为，总统所任命的助理部长可以说是总统在行政机关的代理人，也是总统影响官僚机构的一条途径。但是，由于种种原因这种影响的作用是要打折扣的。一是总统并不是在执政之初都要任命许多助理部长；二是总统也不能随心所欲地任命助理部长；三是总统在行使解除任命官员的正式权力时不可避免地要付出政治代价，所以对这种权力也只能有限使用。这就限制了总统通过非正式手段对政府部门施加影响的能力。国会对官僚机构的影响也存在一定困难。所以，选任官员对官僚机构以内的政治过程的影响能力是不确定的，它取决于政策范围和已经确立的政治体制上的安排。

凯尔曼认为，把正式权力授予政府机构可以对政治抉择的结果产生影响，这主要表现在，一是使种种政治抉择更多地体现一个机构的价值观。由于政府机构中的官员同外界人士的非正常接触受到严格限制。此外，有钱有势的人无法利用金钱影响官僚机构，因为政府机构中的官员不需要为竞选接受捐赠，所以官僚机构中的政治过程要比国会的政治活动更干净。二是它可以减少急速决策或使政策偏离的可能性。

（4）最高法院

凯尔曼指出，美国的法院在四个方面享有的正式权力，是其他国家的法院所不能比的。一是美国有相当数量由法官制定的习惯法条例，这些条例是随着立法机关所通过的法律而发展来的，多半具有契约和民事侵权行为法的性质。它们对平民百姓之间的关系进行规范，也是政府向人民生活施加影响的一个重要方面。二是美国法院有权解释国会所通过的法律用语。法院对法令中没有明确列出的一些要求，只要自己认为应该由某条法律列出，就可以作出规定。三是美国各行政机构做出的决定，无论是关于个别事件的裁决，还是制定普遍适用条例的决定，都要由决定者提交法院审核。最高法院只复审并批准行政机构所作决定的一小部分。法院拥有否决行政部门决定的正式权力，它一旦否决了行政部门的一项决定，会对行政部门今后的决定产生重大影响。四是美国最高法院拥有司法复审权。最高法院有权宣布国会所通过的法律不符合宪法，因而是无效的。最高法院也可以通过法律手段裁定宪法阻止某些立法，也能裁定宪法要求订立某些规章。"最高法院是政治过程的最后站口。"①

凯尔曼认为，美国最高法院之所以拥有上述正式权力，是因为特定的体制安排使法官们在行动上不同于当选官员。最高法院在设立之初就确定了一系列方法把法官同外界隔绝。一是最高法院法官实行终身制，任职期间薪俸不得削减；二是最高法院的审议是秘密的，不做任何文字记录；三是完善各种准则，禁止当选官员和利益集团进行活动影响法院裁决。这一系列的体制设计和非正式的标准，目的是使最高法院更少承受民主的压力。当然，最高法院的体制设计已考虑到了民主问题。对最高法院的民主控制，最主要的就是最高法院法官由总统提名并由参议院批准。此外，可以通过一些法律使最高法院的裁决失去效力，也可以通过立法的稍加修改来对付法官依据宪法某些条款提出的反对意见。

在凯尔曼看来，由于法院权力对政治过程结局产生的影响，使之在整个政治过程中显得更为重要。一是最高法院的裁决往往尊重先例，这比国会的裁决更具有延续性；二是法院在政治过程中同其他机构相比更加重视权利，当然也关注义务；三是最高法院同国会和总统相比，较容易实施在法律论证和探讨方面体现出来的价值观；四是授予最高法院正式权力可以提高论证和探讨能力，以通过法理推断影响政治裁决的内容。当然，对最高法院的权力是否合法的问题还存在着很多争论。持否定观点的认为，在一个民主的社会里，没有理由把正式权力授予非民主体系的最高法院，让一个不是通过民主选举产生的机构进行政治抉择是有问题的。持肯定观点的认为，不是所有的事情都要受民主控制，少数派的权利尤其如此，最高法院的作用就是要保护这样一些权利。

3. 政策实施是政策制定过程的一个阶段

根据凯尔曼的定义："实施政策是政策制定过程的这样一个阶段：那种把机构之外的人也卷进来的政治争论已经平息，留给该机构的工作就是落实那些已经决定由政府采取的行动。"② 虽然这是一条模糊的界限，但它有利于运用对组织和工作管理的研究成果，去了解政策实施过程中可能发生问题，并考察怎样才能改进政府机构的工作质量。最近的研究表明，如果政策没有达到预期的效果，那是因为实施环节出现了问题。凯尔曼认为，实际上，研究表明某些政策没有取得成功，问题不在实施阶段，是因

---

① ［美］史蒂文·凯尔曼：《制定公共政策》，马清槐等译，商务印书馆1990年版，第99页。
② 同上书，第116页。

为最初的政治选择设想不周到导致的。无论问题出在哪里都与组织的设计有关。组织是通过分工来完成一项活动的系统，专门化有利于提高效率。如何设计一个组织的合理分工，使之能够获得优良的成绩，这就涉及组织落实的问题。作为政策制定过程一个环节的组织实施需要完成如下工作。

（1）工作规划

由于一个组织的业务范围很大，为了达到合理的工作质量必须进行规划。规划可以使组织内部由分工导致的各项专门化的任务紧密配合，并可以预测每个人任务的完成情况。工作规划最大的难题就是在工作设计时，既要加强工作的一致性和可预见性，也要加强其应付异常情况或环境变化的适应性和灵活性。前者依赖于详细的规章和程序，而后者恰恰需要摆脱规章和程序的束缚。工作规划必须规定人们的行为在多大程度上受标准工作程序的限制，有多大程度的自行决定权。标准的工作程序是预先制定的规章，它简化了从事一项工作所要求的技术，从而解决了可测质量和一致性两个难题。标准的工作程序由于事先规定了应该作出的反应，不再需要赋予人们更多的自行决定权。标准的工作程序使普通人能够按部就班地完成不平凡的业绩，因此功不可没。

然而凯尔曼指出，过分依赖标准化程序会使机构的较高层次负担过重。即使有了更多的标准工作程序，自行决定权也是不可避免的。而且，规章制定得越多，人们面对新形势时就越不知所措，规章限制了人们的独立思考。标准的工作程序限制了人们的创造性工作。因此，还有另一种工作规划策略，那就是给人们以决定自己行动的切实自由，这需要更高的技能，需要雇用受过更多教育因而身价也更高的雇员。

那么，到底是利用标准工作程序好，还是给人们以更多的自由好？凯尔曼认为，"这要看情况而定。例行的、没有什么变化的工作，或者需要紧密配合的工作，可以用考虑制定标准化程序。而工作越是复杂易变，越适合给人们以自行决定采取什么行动的自由"①。

（2）人力资源的管理

凯尔曼认为，政策实施离不开人力资源管理。为了获得优良成绩，各种组织要在以下方面强化自己的能力：一是注意选择和培训合格的雇员。在选择人员的过程中，既要注重选择对象的技术水平，也要注重他们的思

---

① ［美］史蒂文·凯尔曼：《制定公共政策》，马清槐等译，商务印书馆1990年版，第125页。

想倾向。政府机构一定要选择热心公益，并有意为该机构努力做好工作的人。对选择的人员不仅要在上岗前进行培训，而且在工作周期间歇时也要开展培训。二是建立能够促进优良成绩的组织文化。组织大多数成员共有的价值观念构成了组织文化的核心内容。如果一个组织建立的文化体现了能够促进工作的价值观，组织成员就倾向于努力做好工作。组织文化的特征一定程度上同组织工作的性质有关，如果政府机构的工作包括制定政策，那它就要提倡体现热心公益精神的文化；组织文化的性质也同其成员参加组织前的背景有关；组织的使命也是影响组织文化的重要因素。三是提供以优良成绩为依据的刺激。通常标准的工作程序不如自由行动和自行决定更能激发人们的积极性。

凯尔曼认为，在实施的过程中，诱导手段影响实施过程的结果。对那些不愿做超过最低限度以外工作的组织成员，有必要利用诱导手段来改变他们的行为。对那些经常愿意做分外工作的人，也可以使用奖励的办法进行诱导。随着时间的推移，那些通过诱导手段激发的行为也许会变成自觉的行为。利用诱导手段的前提是必须制定工作标准，必须能够确定一个人的工作质量。诱导手段主要包括，一是物质的诱导手段，其中最普遍的物质诱导手段是金钱，当然还有其他物质手段；二是规范的诱导手段，即对优秀工作给予表扬，对不良工作给予批评。政府机构对于能够促进该机构公益目标的行为予以表扬，就是一种规范性的诱导手段。

(3) 规划的落实

凯尔曼认为，新的计划需要形成新的组织能力。规划没有得到落实，也许表明有关机构无法找到完成具体任务的方法。落实新的计划一般需要解决许多问题，这些问题的性质不同，以至于解决一个问题并不一定就能找到解决另一个问题的方法。然而只要有任何一个问题解决不了，都会使整个计划陷于失败。为了保证规划的落实和新计划的成功，在计划制定过程中，一是制定人员事先就要仔细考虑计划的落实问题。要对完成任务将要采取的方法可能遇到的障碍进行充分的预测，准备好替代方法；要对可能出现的意想不到的问题准备好防范措施，以应对可能出现的意外事故。二是要发挥智囊团的作用，至少要几个人一起磋商。三是"细节高于一切"，每一个细节都可能影响整个计划的成功。四是尽量设计得简单易行，每项任务的程序直截了当，涉及的单位越少越好，尽可能减少不同单位之间的配合。

　　凯尔曼认为，新计划的实施往往需要改变现有组织的行为，这是一件非常困难的事情。一是最困难的是人的改变。这一方面是因为人们往往固执己见和墨守成规，更重要的是变革会给人们带来许多问题，往往受到人们的抵制。二是标准工作程序的改变也很困难。由于标准工作程序已经深深植于人们的生活之中，并已深入人心，而且各种组织成员也许根据程序所建立的模式对生活的其他方面进行了安排，加之一个程序的改变会引起其他程序的连锁反应，必然是一件很困难的事情。三是组织文化的改变更不易办到。组织文化是构成组织能力的重要因素，一旦深入其人员的头脑就很难清除出去，而成为组织变革的障碍。

　　通常情况下，组织制定标准工作程序和形成一种组织文化，有助于它完成任务。但凯尔曼认为，在各种反常现象出现的时候，生搬硬套原有的工作程序必然导致不恰当的结果。职业的价值观也会造成不恰当的或反常的行为。

　　（4）实施的组织机构

　　凯尔曼认为，文职机关是政策实施的组织机构。在设计文职机构的过程中，面临的基本难题是机构的职能问题。政府机构力图通过制度来解决这一难题，但往往束缚了自己的手脚。主要表现在以下方面：一是雇佣和解雇制度。文官制对管理者用人和解雇人的决定权有及其严格的限制。许多人事决定有关机构无权做出，而是由人事管理局和择优录取制保护委员会做出决定。部门主管人要解雇一名雇员，该雇员可逐级上诉，直至由择优录取制保护委员会审查。部门主管人如被上诉，必须证明解雇决定具有充分的证据。持久的上诉过程以及此类决定可能被根据许多手续上的理由加以推翻，使得解雇一名联邦雇员实际上非常困难。在雇佣和解雇中的这些做法，妨碍了主管人雇佣他们认为能把工作做得最好的人和开除那些干得不好的人。二是工作衡量标准。在制度设计中，对于为政府工作人员制定工作表现衡量的客观标准注意不够。问题在于要找到一些同实现政府机构目标密切相关的简易标准，往往比在私营部门更加困难。政府内目标含糊不清，而且难以用制定的标准来确定一个雇员活动的最终结果。三是工资结构。联邦的工资基准同私营部门的工资基准不同步。大多数联邦工作的入门工资可以同私营部门竞争。联邦政府里的各种低层工作人员的工资往往比较高，但中层和上层的工资比私营部门低得多。这样的工资结构就产生了一种情况，那就是政府机构经常用比较多的时间为入门职务网罗人员。但是，随着他们的专业水平的提高，要把他们留下来很困难。最优秀的人员，在政府里得到了为他们在私营部门工作所需要的在职培训，几年以后就离开了，到待遇较好的私营部门去任职。既然存在着诸多问题，为何对文职机构还如此设计，这主要是由历史原因造成的。凯尔曼认为，对这样的文官制度必须进行改革。

二　凯尔曼政策主体公益精神思想

1. 公益精神与公共政策制定

凯尔曼认为，制定公共政策必须具备"公益精神"，即摆脱利己主义而为大多数公众利益着想的精神。公益精神是制定公共政策的前提。凯尔曼并不否认利己主义在实际生活中和在制定公共政策过程中的存在。他认为，在政治过程中，公益精神与利己主义相比，前者占主导地位。在美国最强大的利己主义力量就是利益集团。在制定公共政策的过程中，它们能否受"公益精神"准则的制约至关重要。利益集团受"公益精神"准则制约的实质，就是在利己主义上相互达成妥协，这对于保持社会稳定是必要的。公共政策的制定可以说是这种妥协的结果。

凯尔曼认为，在制定公共政策时必须大力提倡公益精神。因为使用公益精神教育公众，以发挥公众的主观能动性，使公益精神在公共政策制定时占据上风，本来就是政府的职能之一。换言之，政府过程应该起到学校的作用，通过政府的宣传和教育，使参与政策制定过程的人们具备极高水平的公益精神，使他们认识到，政府的决策不只是为了自己，更重要的为他人、为公众。

2. 政治机构与热心公益精神

凯尔曼认为，我们的政治机构在几个方面起着热心公益精神的作用。民主体制本身就鼓励公益精神，政府机构就是按照鼓励热心公益福利设计的，作出决策的正式权力也在促进公共精神。

第一，国会与热心公益精神。凯尔曼指出，人们普遍认为在参与政治过程的机构中，国会是唯一最不可能从有利于整个国家的角度检验各种政策的机构，因为国会议员是由选区选举产生的，为了能够再次当选，他们更关注哪些政策对选区或竞选捐助人有利，而不是考虑是否对国家有利。尽管如此，许多国会议员在决定自己的行动时还常常表现为热心公益精神，因为国会也具有鼓励热心公益精神行为的某些特征。一是选民不一定非要他们的代表绝对为了选区的利益进行表决，这使国会议员不一定非要按照选区大多数人的意见进行表决，而是根据自己的最佳判断作出抉择。二是国会中的工作人员日益重要，他们关心种种问题的讨论并想对政策产生影响，由于他们不直接面对选举，不像国会议员那样关心选区或关心竞选捐助，往往把自己看作是组织松散群体的代表或洁身自好的人士。三是委员会成员并不享有让整个国会无条件服从的权利。他们必须注意正在研究的议案，能否被国会更广泛地考虑和接受。如果委员会利用这种推断去谋求狭隘利益的话，其提案就可能被国会否决。此外，指派几个委员会审查同一个问题的做法，也减少了委员会从个别狭隘的观点考虑议案的危险。四是选区的利益和竞选捐助人的利益也许是相反的，这种相互对抗的压力能够为议员们运用独立的判断创造机会。五是国会议员不仅为他们自己的选民或政治行动委员会所注目，而且置身于同僚和新闻媒介的注视之下。越是受同僚重视越有可能影响表决和立法，这就促使议员们能够作出受人重视的行为选择。此外，新闻媒介的影响也使议员们不能仅仅关注和维护自己选区或政治行动委员会的利益。议员们认为，保证他们能够履行参与制定公共政策的重要职责，才是对选民的关心。因此，热心公益精神在国会里没有被人们遗忘。

第二，总统职位与热心公益精神。公众的一般看法是，全国性的总统选举使总统更多地关心国家的利益。凯尔曼认为，全国选民作出的反应只会鼓励注意大多数人的要求，并不足以鼓励热心公益精神，有时正确的政策可能会牺牲多数人的利益。总统职位还有其他鼓励总统热心公益精神的因素。一是总统的职责促使他热心公益精神。总统是国家的代表或是国家的化身并以这种身份采取行动，这一准则表明了总统应尽的职责。对总统职位的崇高看法，使大多数总统过于注重热心公益精神而不善于同别人妥协。二是公民的期待促使总统热心公益精神。许多公民希望总统做他认为是正确的事情，不去管他是否符合流行的看法。人们认为总统最重要的两个特征是"把国家的利益置于党派关系之上"和"对问题持有坚定的立场"。"表明自己的见解，即使它不符合流行的看法"，很可能正是选民对总统的期待，与总统的选区是整个国家这一简单的事实一样，鼓励着历届总统按照他们自己的政治趣味力图秉公办事。选民希望总统成为这个国家德高望重的领导人，他要是做不到这一点，就会在选举中受到惩罚。"由此可见，总统职位所面临的危险不同于国会，国会面临的危险是，如果只关心地方利益或竞选运动捐助人的利益，热心公益的精神就会逐渐衰退。对总统职位来说，危险在于其热心公益的精神相当顽强，因此不善于变通妥协。或者说有点狂热，因此会竭尽全力去实现他自认为正确的主张。"①

第三，政府机构与热心公益精神。在美国，人们担任文职人员的一个较强的动机就是希望促使正确的政策出台，因为这些政策往往同他们所在部门的使命有关。凯尔曼认为，政府机构在政治过程中的种种制度安排，如进行决策时要说明道理，并且要以档案中的论据和证据为基础，同时要对反对的论据予以答复；法院要对这些裁决进行复审；选任官员要对其进行审查，这一切都在谋求良好的公共政策，促使政府机构热心于公益精神。

第四，最高法院与热心公益精神。法院作为一种政治机构，其明显意图就是鼓励决策者按照正义的标准，而不是按照决策者个人利益来考察政策。法院之所以应该遵守热心公益精神的准则，是由设立法院的根本目的决定的。设立法院的根本目就在于公正地仲裁争端，为了使这样一种制度合法化，那些握有正式权力的人必须努力从事公正无私的探索，以做出正确的裁决。这种态度构成了热心公益精神的核心内容。

3. 公共精神与公共行为

凯尔曼认为，不可否认，个人利益在推动人的行为方面起着巨大的作用。之所以如此，根据进化论的观点，不关心自己处境的生物就不能很好地生存和繁衍下去。据此，关心他人也能成为行为的动力，因为人是群居动物，人要依靠他人满足自己物质和精神上的需要。因此，把人紧密联系在一起的人脉使人对他人的处境产生移情作用。这种移情作用是与生俱来的，它表明利他主义像个人利益一样，也具有遗传和进化的基础，是人性中的一部分。利他行为和利己行为都有适宜表现的场合，在有些场合人们显示利己行为，而在有些场合则显示利他行为。

从公共精神同政策制定过程的关系来看，公共政策制定属于公共生活领域。凯尔曼认为，公共生活的特点决定它是适合表现公共精神的场合。人们在进行集体决策的时候，不仅是在为自己也在为他人作出决定。在以民主的方式作出决定的时候，需要他人的合作和同意。公共政策制定过程是适合利他主义表现的场合。此外市场是追逐个人利益的场所，人们在市

---

① ［美］史蒂文·凯尔曼：《制定公共政策》，马清槐等译，商务印书馆1990年版，第75页。

场上没有机会表现对他人的关心，那么就期待政府具有这样的功能。因此，判断公共政策制定过程的一个标准，就是政府能够在多大程度上发挥作为适合显示利他行为场所的作用。

三　凯尔曼政策制定过程评价思想

1. 政策制定过程的评价标准

第一，政策制定过程是否趋向于产生良好的公共政策。凯尔曼认为，政策制定过程要具有如下两个特点就趋于产生良好的公共政策，一是具有高度热心公益的精神；二是具有适当的能力。热心公益精神涉及政策制定过程参与者个人的态度。热心公益者行为的动机是努力制定良好的公共政策，并以寻求制定正确的政策为先决条件。它要求无私，也就是无论是政治过程的参与者还是负有生产责任的政府机构工作人员，都争取制定把每个人都考虑在内而不是只考虑自己的政策。凯尔曼的结论非常简单，"如果人们努力争取良好的公共政策，结果往往就是良好的公共政策。"① 热心公益的人当然可以对什么是良好的公共政策持不同意见，政治过程的讨论和审议本身就是以不同的看法为前提的。政治过程的讨论和审议可以说是一个意见市场，真理就是在意见的纷争中出现的，前提是参与者应当容易说服并愿意学习。

第二，政策制定过程本身是否培养了人们的尊严和品格。凯尔曼认为，政府不仅仅是用以达到某些有价值的具体目的的工具，人们还要通过政府谋求自己的尊严和价值得到承认。政府过程也应该像学校一样，教育我们待人接物应有的道德，陶冶我们的品格。政府的作用之一就是对尊严和价值的承认。因为像尊严和价值这些"贵重品"通过市场机制是得不到的，想要社会承认的欲望也是无法靠市场供应来满足的。之所以确定这样一个标准来评价政策制定过程，原因在于供应这类贵重品的任务是政府的职责。政府如要顺利发挥作为承认价值和尊严的源泉的作用，热心公益精神也是必不可少的。政府的承认要具有重要意义，政府本身必须是一个高尚的机构。政府应该是全体人民的化身。

2. 政治过程评价

在政策制定过程中要想产生良好的公共政策，要想培养人们的尊严和

---

① ［美］史蒂文·凯尔曼：《制定公共政策》，马清槐等译，商务印书馆1990年版，第180页。

品格，就需要政策制定参与者和政府都要具有高度的热心公益的精神。这是确定政策制定评价标准的根据。凯尔曼认为，政策制定过程作为一个政治过程，在这一过程中赤裸裸的利己主义行为是存在的，但是一般说来，越是重要的政策，利己主义所起的作用往往越不重要。这已被政治过程所证实，同样也被新闻媒介的影响所证实。这也可以从以下几方面得到证实，因为热心公益精神是政治行为的一种准则。

第一，公民的政治行为。对于公民的政治行为，凯尔曼指出，早期对投票的经验主义研究认为，投票行为主要受利己动机的驱使。新近的研究则表明，投票者往往不是为自己的"钱包"而投票，因此，他们上一年的经济状况是改善、恶化还是保持原样，同投票行为基本上没有联系。然而，投票者对社会经济状况的总体评价，同个人的投票行为却有很大关系。总体来说，对什么是正确的政策的笼统看法，在影响公民对政治问题的态度上起着重要作用。当然，在人们的实际利益遭遇危机，而政府的政策又对这些利益有非常明确影响的情况下，利己主义在个人行为中的作用有可能增强。总之，热心公益精神对于说明公民在政治行为中的立场是很重要的。

第二，职业参政者的动机。关于职业参政者的动机问题，凯尔曼认为，尽管政治家和政府官员这些职业参政者的动机比较复杂，但有两种特殊动机是可以把握的，一是获得注意和奉承的愿望；二是希望参加制定良好的公共政策。奉承和注意的愿望同热心公益精神是并行不悖的。实际上，对许多职业参政者来说，热心公益精神是他们参政的重要理由。

第三，政府的根本特征。凯尔曼认为，热心公益精神是政治行为的一种准则。政府的根本特征决定了政府是人们表示对他人关心的论坛，因此形成关心他人的社会准则是极端重要的。准则在组织我们的生活并赋予其意义方面能够给予巨大的帮助。它能通过对某些方面的情况说明来简化我们的生活。准则对促进利他主义行为有重要影响。当然，热心公益精神的准则并不能保证一定产生热心公益精神的行为，但是能使这种行为处于有利地位，从而减少利己主义行为。热心公益精神不仅对政治过程产生完善政策的能力直接相关，而且同政治过程提供承认和陶冶品格的能力之间也存在着联系。假如政府热心公益精神水平很高，为人民实现个人尊严就成为政府的一项重要职能。给每个公民以选举权，除了允许个人对公共政策制定产生实质性地影响之外，还表明每一个人都具有受到同样尊重的尊严。承认尊严尽管只具有象征意义，但它是政府最崇高的作用之一。凯尔曼指出，政府里显然有许多利己的行为，但同市场相比，关心他人在公共行为中具有优先地位。对于制定完善的公共政策来说，也不需要利己主义从政治过程中消失。这是因为，一是利己主义参加者的政策建议，为制定可行的政策提供了有益的信息来源；二是在具有做出政治选择正式权力的人们当中，只要具有相当高的热心公益精神的水平，利己主义参加者的论点就会由看法比较开明的人们去评判。

第四，利益集团的制约因素。还应该指出的是，利益集团在影响政治过程结果方面发挥着巨大作用，而利益集团又是最为强大的利己主义力量，但是，伴随着利益集团的兴起也产生了广泛制约利益集团的逆反应。在选举过程中，反对一个政治候选人最有力的论据，就是给他贴上"特殊利益集团的工具"的标签。这种逆反应不是制度设计的结果，其产生的根据是人的心理。

第五，制度的设计。在凯尔曼看来，制度设计对于政治过程来说是非常重要的。制度设计不仅应当制约权力，而且要防止权力被滥用。在这方面，有倾向于"对抗的"制度设计，也有倾向于"和解的"制度设计。"所谓对抗的制度是指那些依照一种对抗的司法程序形成的制度。有不同看法的人在参加过程中各自提出最有利的证据。一个或几个公正无私并独立于各方之外的法官被赋予作出裁决的正式权力，有关各方都不介入。所谓和解制度是指这样一种制度：各有关方面同政府代表坐在一起，制定一个大家都能接受的解决办法。"① 而和解制度更有利于鼓励拥护者热心公益的精神。

3. 政府机构工作表现评价

凯尔曼认为，政府工作比它的名声好，但是还不够好。人民心目中政府的无能、冷漠和浪费的形象往往被夸大了。当然政府机构不是尽善尽美的，还需要通过一些变革来提高政府的工作质量。从小的变革来说，一是继续实行从职业文官中任命助理部长，这会收到获得高级管理人才的积极效果。这种人才在走上工作岗位以前，已经对这个机构有所了解，便于开展工作，此外，文职人员知道他可以在该机构里逐步爬上最高的职位，以鼓励优秀人员加入文职机关。二是要选择同总统价值观一致的人担任高级

———————————

① ［美］史蒂文·凯尔曼：《制定公共政策》，马清槐等译，商务印书馆1990年版，第232—233页。

官员，也就是任命文职官员时，包括助理部长及以下的官员，政治上同总统的价值观要协调一致。

凯尔曼指出，更大的改革是在政府里更加注意培养管理方面的素质。为什么提出这样的任务，原因在于许多职业政府主管是靠通过做好发挥个人才能的工作而提升的，不知道一个优秀主管不光是自己勤奋工作，更重要的工作是带领一个组织更好地完成任务。主管人应该承担主管人的工作，这就需要在政府内大力培养主管人意识。公共政策和公共管理方面的专业学校的增多，有助于提高公共管理的专业修养。为了改进政府机构的工作，最重要的就是增加政府工作人员的自由和个人责任。政府人员要做决定，要发挥更大的主动性，要创新，要对结果负责，就需要更多的自由。

关于改变官僚主义的倾向，凯尔曼有两点看法：一是在政府机构里发展以产出为方向的工作标准，并以这些标准来评价工作成绩。它不仅对改进工作产生直接影响，而且也冲击了政府机构里官僚主义倾向的主要支柱，那就是不求有功、但求无过。二是有意识地在政府机构里发展热心公益精神的组织素养。这也能够直接改进政府官员的工作。政府机构如果具有热心公益精神的素养，就能更容易地把政府工作人员看作是政府机构最重要的资源，这有助于放宽规制，给予政府官员更多的自由。

第三节　凯尔曼思想简评

当拉斯韦尔开辟出公共政策学的研究路径之后，一代又一代的公共政策学家便沿着这条路径开始不断的理论探索，而凯尔曼就是其中的佼佼者，他对于公共政策学的贡献则主要集中在政策制定领域。他把政策制定过程看作是一个政治过程，深刻地揭示了各种政治组织在政策制定中的作用。他把政策实施和政策评价也纳入政策制定过程予以考察，丰富了公共政策学关于政策实施和政策评价的思想，也为后来公共政策学把两者作为独立环节进行考察奠定了基础。凯尔曼对公共政策学的另一个也是非常重要的贡献，就是他着重指出了公共精神在公共政策过程中的重要作用，在他之前的公共政策学家中，强调公共精神的人较少。

理解凯尔曼的公共政策思想尤须考察其所处的时代背景，随着美国新闻传播技术的发展和社会矛盾的增加，美国民众对于政府的不信任感也在逐渐加强，这在现实社会中对于公共政策的制定和执行造成了较大的负面影响，而凯尔曼的政策思想就是在这种环境中应运而生的。这一思想旨在提高政府和公民在公共政策过程中的公共精神，改善公共政策制定，从而为政府和公民之间的相互理解创造条件。

当然，凯尔曼的政策思想因而也就披上了鲜明的时代外衣。他在强调公共政策过程中的公共精神的同时，却没有给出激发公共精神的制度设计，这也是他公共政策理论体系一个重要缺陷。

第十一章　威尔达夫斯基的政策思想

第一节　威尔达夫斯基生平和主要著作

艾伦·威尔达夫斯基 1930 年出生在美国纽约，是俄罗斯裔犹太人。他成长于伯克利大学，并在耶鲁大学获得博士学位。在耶鲁大学就读期间师从公共政策学大师林德布洛姆，是其首席大弟子。威尔达夫斯基还曾在欧柏林大学担任讲师助理，但除了在纽约拉塞尔·赛齐基金会担任两年主席之外，他人生的绝大部分时间都在伯克利大学中度过。直到 1993 年 8 月（一说 11 月）在奥克兰去世。

威尔达夫斯基早期研究过美国总统选举、联邦政策在奥克兰的运用、摩西的领导学、决策中的当代环境科学、发达国家与贫穷国家的预算以及其他各公共政策领域。直到 1980 年前后，他遇到英国人类学家玛丽·道格拉斯，受她影响，从此以后威尔达夫斯基开始尝试将文化理论运用到预算中来。

威尔达夫斯基师承于林德布洛姆，他的渐进主义预算理论成型于1960—1980 年，但由于时代的特殊性，威尔达夫斯基的渐进主义预算理论，又不完全等同于林德布洛姆的渐进主义公共政策理论。1965—1975 年是美国民权运动空前高涨的时期。这期间，在 1968 年和 1972 年的总统选举时出现了革命性变革，即政党候选人开始更多地依靠民众的支持而不是政党地方领袖的帮助。卡特的胜选代表着候选人开始更多地依靠民众支持的力量而不是政党精英的力量，这是美国总统选举史上第一次。这一时期，虽然美国经济发展遭遇困境，但政治制度却取得了长足进步，民主的福利开始真正波及广大美国民众。政治学上所说的发祥于 20 世纪末的新民主化浪潮，有可能真正开端就在于此。

威尔达夫斯基一生在公共政策领域涉猎广泛，尤其是在预算领域成就颇丰,其中最为著名的是他的预算文化理论。终其一生,威尔达夫斯基留下数以百计的文章和学术专著。具有代表性的公共政策学著作有:《权力吐露真实:政策分析的艺术和工艺》、与普雷斯曼(J. Pressman)共同完成的《执行——联邦政府的美好愿望是如何落空的》等专著;与马琼合作发表的《作为进化的政策执行》和独立发表的《政策分析》等论文。

第二节　威尔达夫斯基主要政策思想

一　威尔达夫斯基政策执行思想

政策过程包含发现问题、分析探索解决问题的方案、选择方案以及将解决问题的方案付诸实施。政策执行就是指政策一旦被采纳后,将政策所规定的内容转变为现实的过程。政策执行本质上是遵循政策指令所进行的变革,是为了实现政策目标而重新调整公共行为模式的过程。政策执行是政策运行过程的一个不可或缺的环节,对于政策功能的实现发挥着十分重要的作用。

1. 政策执行研究的兴起

对于政策执行问题的关注和展开专门的研究,是从20世纪70年代开始的。威尔达夫斯基和他的合作者开启了政策执行研究的大门。他们对政策执行问题的研究把公共政策学过程理论的发展推向了一个新的阶段。开创性成果就是威尔达夫斯基和普雷斯曼共同完成的《执行——联邦政府的美好愿望是如何落空的》一书。在这部著作中,威尔达夫斯基和普雷斯曼以美国联邦政府在20世纪60年代实施的奥克兰项目为研究对象,从执行的视角总结了其失败的教训。

2. 执行中共同行动的复杂性与政策失败

威尔达夫斯基等经研究发现,奥克兰项目最初是一项非常简单的计划项目。经济发展署开始曾设想独立执行这一计划项目,但在实际执行过程中同它们的设想相反,不仅有许多政府机关参与进来,而且也有许多非政府组织甚至个人参与到这一过程之中。这种现象在公共项目上往往带有普遍性。由于多主体的参与带来了一系列问题,增加了执行的复杂性,影响了项目的实施。一是诸多参与主体观点上的多样性难以达成共识和合力。不同主体对公共项目的认识不同,对完成的标准也有不同认识,因而采取了不同的立场。主要表现为：某些参与主体虽然认同该项目，但同自己的目标相冲突，因此更倾向于完成自己的任务；某些参与主体尽管同此项目没有目标上的冲突，但更喜欢其他项目；某些参与主体要做其他项目，不能把时间和精力全部投入到此项目中来；某些参与主体由于此项目同它没有直接的利益关系，因而没有紧迫感；某些参与主体在角色认知上存在差异，对组织中的什么人应该承担此项目有不同的想法；某些参与主体在项目与自己的利益相背时具有停止其项目的权力，迫使经济发展署不得不同他们搞关系；某些参与主体虽然支持该项目，但没有相应的可以用来帮助实施的资源。二是诸多参与主体形成的多点决策拖延了执行的时间。由于项目实施过程中涉及的主体过多，所要通过的决策点也必然多，阻碍了项目的顺利执行。三是计划项目的双重目标影响了项目的进展。该计划项目所要实现的目标有两个，那就是公共设施建设和解决就业问题，并行追求两个目标也成为影响项目进展的重要原因。综合以上各种因素，奥克兰项目虽然在开始是一个条件非常乐观的政策，然而在执行的过程中，受诸多人为和社会限制因素的影响，使整个计划项目以失败告终。共同行动的复杂性，是威尔达夫斯基等在进行上述研究中所重点说明的问题。换句话说，正是共同行动的复杂性，导致联邦政府的美好愿望落空了。

3. 作为进化的政策执行

随后威尔达夫斯基和马琼合作发表了《作为进化的政策执行》一文，重点从政策制定和政策执行的关系上，对政策执行问题进行了较为深入的探讨。他们认为，以往的研究不仅没有对政策执行作出正确回答，甚至连正确的问题都没有提出来。产生如此现象的根本原因在于，没有正确理解政策制定和政策执行的关系，因此正确理解两者之间的关系就成为解决问题的关键。

威尔达夫斯基等认为，在政策制定和政策执行的关系上存在着两种相互对立的观点，或者说是两种不同的模型，即计划控制模型和相互作用模型。计划控制模型有两个理论预设，一是把政策和执行看作是一个连续的过程，政策就是计划，而执行就是控制，执行要忠实地履行计划，把计划付诸实施；二是如果执行失败了，那是政策制定中的问题，是计划本身的错误导致的。这一模型的最主要的缺陷在于，一方面，没有看到在政策制定过程中由于受认识能力所限，对政策执行中可能出现的影响因素认识不可能充分；另一方面，没有看到政策执行中的各种条件随着时间的推移可能发生的变化，原有的制约条件克服了还会产生新的制约条件。因此执行过程中仍然需要探索，仍然需要在错误中学习，不能把执行活动过于简单化。相互作用模型则认为，以权威形式制定的政策只不过是执行者之间协商的出发点而已，执行并不仅仅是实施计划，更不是实现目标的过程，因而不能把目标同实际的行为联系在一起。这一模型只注重执行过程而不注重执行结果。它更关注执行过程对目标的认同，更关注执行过程中个人的自主性和调动执行者的积极性问题。不关注政策结果是相互作用模型最主要的缺陷。为了克服以上两个模型的缺陷，有必要对政策目标和资源的性质进行考察。

威尔达夫斯基等认为，从政策目标来看，大多数政策的目标往往是多元的，而且有时目标和目标之间又是相互矛盾的，甚至有时目标是不清晰的。政策目标的上述特点，决定了执行活动领域的广泛性和行动类型的多样化。政策目标的多样性也决定了政策结果的多样性。从制约资源来看，由于认识上的局限性和环境的动态性，只有执行活动开始后才能逐渐认识到资源的制约因素。一项看上去再好的政策如果不具有可行性，也不能付诸执行。即使具有可行性的政策在执行过程中，手段和目标也都有一个不断调整的过程。因此，政策在执行过程中，由于资源和目标的变化自身也在变形。也正是由于执行过程中资源和目标的变化，必须重新调整手段和目标。执行过程也是对政策进行重新设计的过程。执行影响政策，政策也影响执行。政策对执行的影响主要表现在，政策内容规定了执行过程的范围、执行过程的主要行为者及其作用、执行过程可利用手段的范围以及可能提供的资源。

威尔达夫斯基等的论文之所以在政策执行前面加上"作为进化"的定语，主要是因为在不确定的条件下，政策执行过程也是一个使政策不断进化的过程。威尔达夫斯基等认为，由于执行过程存在诸多的不确定性，不能把执行活动简单的程序化，执行者的裁量权是必不可少的。对执行者裁量权的控制，主要依赖于学习和发明等手段。在不确定的条件下，不可能得到具有完整答案的政策，更何况政策本身也是动态的。因此，政策创造者和执行者都必须是一个问题分析者。"他们通过解决方案来理解问题，并把政策理解为不仅是求得答案的过程，而且是界定问题的过程。这种过程最终把其意义放在实现政策想法上。但政策想法并不是固定的，而是受无数因素的影响而得到调整。有时，政策想法因解释者而变形。所以，政策想法既不是固定的，也不是最终得到实现的，只是不断的进化而已。"① 威尔达夫斯基等指出："由于政策在我们还没有实现的世界中形成，所以我们总是生活在过去曾经发生过的事件和将来发生的事件之间。把执行放在时间的流逝中去考虑，执行必然面临新的情况。在我们执行某种政策时，我们总得使它发生变化。我们在新的情况下执行政策时，如果通过过去的经验而纠正错误的化，我们可以改变的不仅是政策想法，还可以改变政策结果。可以说，这就是作为进化的政策执行所包含的重要意义。"② 在这种情况下，如何对政策执行进行评价，如何确定评价的标准？他们认为，社会的认同可以作为对政策执行评价的标准之一。

二　威尔达夫斯基政策分析思想

1. 政策分析的理论基础

林德布洛姆首先使用了政策分析这一概念。他在 1958 年发表了《政策分析》一文，文中把一种定性与定量相结合的渐进比较分析的政策研究方式称为"政策分析"。此后，一些著名的政策分析家对政策分析概念做出过如下界定：内格尔认为，政策分析是政府对社会问题决策的性质、原因和效果的研究。戴伊指出，政策分析关心的是政府做什么，为什么要做以及做出什么样的差别，它要描述和解释政府行为的原因和结果。奎德认为，政策分析是用来获得对社会技术问题更深刻的理解，并提出更好解决办法的一种应用研究形式，目的是帮助决策者选择最优的行动方案。邓恩指出，政策分析是一种应用性的社会科学学科，它使用各种研究和论证方法，产生并转变政策相关信息，以便政治组织解决政策同题。小麦克雷（Ducan Macrae）指出，政策分析可以定义为：凭借推理和证据的运用，在一组备选方案中选择出最好的政策。威廉（Waiter William）指出：政策分析是一种综合有关政策研究结果的信息和决定未来有关政策信息的工具。巴顿（Carl V. Proton）认为，政策分析是关于备选政策方案（计划或项目）的技术和经济的可行性、政治的可接受性、执行战略和政策选择结果的系统的评估 。韦默尔（David L. Weiss）认为，政策分析是面向当事人提建议，这些建议与公共决策相关，并反映社会的价值观。

① ［韩］吴锡泓等：《政策学的主要理论》，金东日译，复旦大学出版社 2005 年版，第366 页。

② 同上书，第366—337 页。

从上面这些引证中可以看出，西方政策分析家对什么是政策分析，并没有一致的看法。内格尔和戴伊的定义对政策分析作了最广义的理解，将它等同于政策科学。他们的定义明显地反映拉斯韦尔和德洛尔所提倡的政策科学传统。奎德和邓恩等人对政策分析作了中观层次的理解。他们把政策分析看作一种应用性的（社会科学）学科，强调使用科学研究方法去解决社会问题，产生政策相关知识或信息，其范围涉及从问题发现到问题解决的整个过程。小麦克雷和巴顿等人则对政策分析作了狭义的理解，即认为政策分析主要研究备选方案的评估和选择。而韦默尔等人则强调政策分析的职业化方向，即政策分析以当事人为方向，并突出政策分析与价值的相关性。上述理论给威尔达夫斯基的政策分析思想奠定了重要基础。

2. 政策分析的目的

威尔达夫斯基认为，当我们面临社会问题的时候，都会产生一种应该让这个问题以某种方式得到解决的倾向。政策分析的目的就是要解决所面临的社会问题，探讨在已经具备了合理性和可行性的条件下，应该采取什么样的方案来解决所面临的问题。然而整个社会是复杂多变的，我们面临的所有问题并不能一一得到解决。在有些问题由于受某种条件的约束不能从根本上解决的情况下，也可以通过政策分析来使这样的问题得到逐步的缓和和调整。同时，由于实际存在的社会问题可能牵扯到许多学科领域，因此在做政策分析工作的时候就不能局限于特定领域的学科专业。政策是一个过程，经历了这个过程之后会得到一定的结果。所以我们从事政策分析工作的时候，既不能只强调政策过程而忽视了政策结果的合理性，也不能只强调通过政策过程得出的方案的满意性，而忽视了整个政策过程的可行性。政策分析是一门学问，但其涉及的范围非常广泛，所以并不能将其严格限定在一定的学科领域之内。作为为了解决问题的政策分析，不仅要符合一定的程序，而且还要运用合理的方法来讨论整个政策分析的过程和结果，因此是一件非常困难的事情。威尔达夫斯基在他的《权力吐露真实：政策分析的艺术和工艺》一书中，详细讨论了政策分析困难发生的原因以及克服的方案。他将政策分析中所运用到的技术视为政策分析的工艺，把政策分析中对问题本身的分析和讨论比作艺术，并深入讨论了政策分析的各种属性，同时也指出了政策分析的局限性。

3. 政策分析的重要属性

首先，威尔达夫斯基认为，政策分析的一个重要属性，就是要设计和选择能够解决希望和资源之间矛盾的计划项目。人们的希望由于受资源限制无法完全满足，不同希望之间就会发生冲突，就需要作出让步和选择，也就需要政策分析。政策分析归根结底就是要解决如何让步和如何选择的问题。计划项目是解决希望和可利用资源之间差距的重要方法，政策分析就是要把它们之间的差距转化为计划项目中的选择。但是，由于政策分析无法把计划项目设计得完美无缺，有时甚至还可能作出错误的选择，因而任何计划项目都有局限性。这就需要对计划项目不断地进行调整。在大多数情况下，计划项目带有折中的性质。这主要是由于受种种条件的限制，政策分析所做出的计划项目更多考虑的是可行性而不是正当性；所要满足的不是最优原则而是满意原则；更关注的是结果的可承受性而不是是否值得。

威尔达夫斯基认为，计划项目并不是一成不变的，随着人们的欲望和社会资源的变化，计划项目就会发生一系列的调整。计划项目的调整并不是说已经解决了原有的社会问题，而是在社会环境发生变化的情况下，根据新环境所衍生出的所要解决的新问题做出调整。在有些情况下，计划项目确定的目标没有实现，并不在于该目标是否值得追求。如果实现目标要求投入的政治、经济、社会等方面的费用太高，目标和资源不匹配，只能放弃该目标。因此计划目标所要实现的结果，应该是在当前社会环境和资源所允许的范围内，这样也能更好地解决人们的欲望和现实资源限制之间的矛盾。人们的取向会随着时间的推移和社会环境的变迁发生变化。有些时候，人们并不能保证自己在当时所做出的选择和决定就是正确的。还应当认识到，在众多社会条件和因素的制约下，很多社会问题无法得到根本解决。在制定相应的计划项目的时候，'只能根据社会资源环境的变化来修正政策分析中的计划项目及其目标。

其次，威尔达夫斯基认为，政策分析的另一个重要属性，就是提出新的假设，以创立更好的理论和形成新的价值体系。政策分析的认识论基础是实用主义和经验主义。这不仅仅是因为我们在政策分析过程中更重视实际效果，更重要的是我们还可以从失误和失败的经验教训中得出什么是实际效果。因此，探讨根据原先的理论而形成的期待同实际经验之间的差距，就成为进行政策分析的主要动机。可能的失误导致了期待和实际经验之间的差距，对此，要么重新提出假设，要么根据"事实"重新检讨自己的主张，以消除失误带来的混乱。为了更好地说明世界，我们可能提出新的假设以创造新的理论。但事实上，所提出的新的假设不一定比原有的假设更好，因为从错误中学习也不是一件容易的事情。之所以如此，原因在于这种错误往往是由原有的知识导致的。认识错误只有到了错误明确的时候才更容易，而纠正错误往往是错误越小越容易纠正。因此，更好地纠正错误的前提是高度的识别能力和小规模的错误，在什么条件下才能具备这样的前提，这正是需要深入探讨的问题。

威尔达夫斯基认为，解决问题的过程既是认识社会的过程，也是重建社会的过程。政策分析在通过政策创造性地解释历史之中，也在改变社会结构。通过政策分析所形成的计划项目是社会人工制品，政策学者以此为基础，既在概念上重新整理世界观，也在重新构建价值世界。政策学家们通过提出新的计划项目，揭示把新的假设和社会关系转化为文化的新的价值。

威尔达夫斯基认为，政策分析家所揭示的解决方案作为社会人工制品，它实际上是在资源和目标之间寻求平衡。它不仅是通过因果关系来说明现实，同时还提出了社会关系的新结构。如果原先社会的相互作用结构发生了变化，社会关系的结构也必然发生变化。个人行为可以强化或调整社会结构形式，如果能够知道如何引发或强制这种个人行为，就可以通过文化把政策融入社会。在威尔达夫斯基看来，如果把文化理解为构筑社会关系的价值和信念，那么政策也包含在文化之中。

4. 政策分析的评价标准

威尔达夫斯基还提出了评价政策分析的标准，认为好的政策分析应该具有如下特征：一是不仅要比较个别的目标和资源，而且要比较不同计划项目所需的费用。关注的重点是资源如何分配，对这种分配如何评价，如何根据平等和效率观念调整资源分配。二是使错误容易识别出来，并能推动纠正这些错误。三是把评价过程独立出来，由外部结构和人员进行评价，而且要保证评价的连续性和重复性。四是要在历史进程中进行分析，以及时地纠正错误。五是分析要随着社会结构的变化而变化，更要关注对参与决策的人的分析。

5. 政策分析的局限性

威尔达夫斯基指出，由于受多方面的限制政策分析是有局限性的，因此对政策分析家不能过分的苛求。主要限制来自于：一是知识的限制。大多数知识是否定性的，教给我们的是什么不能做，什么是错误的，而不是教给我们什么能做，怎样纠正错误。如果知识能够教给我们怎样做，政策分析家就没有必要存在了。政策分析是一件复杂的工作，任何分析家都有自己熟悉的方面，也都有不熟悉的方面，非要从整体上来评价往往不切合实际。二是事实的限制。在社会政策中纠正了一个明显的失误，也许这一纠正本身又是新的错误。由于在现实世界中事实是流动的，分析家的主张今天可能是真实的，但并不等于明天也是真实的。此外，在民主政治下不可能有唯一的真实，真实总是部分的真实。因此失误是不可避免的，但失误可以成为发展的动力。三是权力的限制。政策分析家有多少吐露真实的权力？"给政策分析家一切权力"，不仅现在是不可能的，在最近的将来也是不可能的。即使在民主政治下，政策分析家的权力也总是有限的。正因为如此，政策分析所追求的不是什么是真理，什么是完美的，而是把重点放在什么是有吸引力的，什么是值得取向的问题上。虽然政策分析是有局限性的，但它提出了值得取向的政策，这也应该赞赏。

三 威尔达夫斯基的文化理论

1. 文化的差异分析模式

威尔达夫斯基认同文化就是指生活方式的界定，并在此基础上从文化的多样性出发构建了他的文化差异分析模式。他运用社会人类学家 M. 道格拉斯对文化进行简单分类的分析框架，来解释文化上的差异和偏见，并进一步丰富了这一框架。道格拉斯以"网格性"为纵坐标，以"集团性"为横坐标，并把这两种倾向分别以强和弱（或高和低）进行区分，由此构建了"网格—集团模型"。"所谓集团性是指，在社会生活中，个人对集团的归属程度越大，个人的选择就越容易依赖集团的决定。集团性是表现个人生活因集团而维持和社会整合的程度。例如，同其他人一起共同生活并共事的人可以说具有很高的集团性。集团性程度越高，就越倾向于做出以集团为中心的决策，对集团所属成员的控制也越高，而且区别所属成员与非所属成员之间的境界也越明显。也就是说，集团性是表示个人被集团整合的程度，所以对集团的归属、一体感、忠诚等是其重要因素。""格子是象征格子或网状的社会规范。也就是说，格子性以'人的行为被社会所规定'的假设为基础。换句话说，格子性表示个人行为根据外部的规范而被界定的程度。规范的范围越广，以及其程度越强，个人自己所能协商或妥协的领域就越狭隘。"① 根据网格性和集团性各自强弱或高低的不同组合，可以把文化类型划分为四种类型，即等级制文化、个人主义文化、平等主义文化和宿命论文化。

2. 文化类型与政策

威尔达夫斯基探讨了不同类型文化的主要特点及其同政策的关系。一是等级制文化。这是一种网格性和集团性两个量向均高，也就是强网格性和强集团性的文化。在这样的文化背景下，个人的行为选择往往被集团其他成员所控制，或者被社会角色的规范所左右；权威被制度化，因而获得了很高的地位；社会秩序主要靠集团化了的权威和成员的分工来维持；程序具有重要意义，每个人都具有各自的等级、地位以及责任和义务；自上而下的沟通方式决定只有遵守规则方能成功。二是平等主义文化。这是一种网格性弱和集团性强的文化。由于平等主义文化是一种集团性很强的文化，在"一体感"的作用下集团成员间的关系比较模糊；平等主义文化又是一种网格性低的文化，因此集团内部的角色区分较弱，人们都愿意在平等的基础上过自发的联合体的生活，权威往往被拒绝。合议制被认为是决策中最好的方式。对他人的控制依靠的是集团全体的名义和力量。三是个人主义文化。这是一种网格性和集团性两个量向均低，也就是弱网格性和弱集团性的文化。在个人主义文化下，社会秩序主要靠自我规制；崇尚机会均等，把成功与失败均归结为个人能力和努力的结果；一切规制人行为的界限都是暂时的，可以协商的；对他人的行为的控制主要是通过自由竞争和相互协商的方式进行。四是宿命论文化。这是一种网格性强和集团性弱的文化。由于集团性弱，人们往往被排除在集团之外，过的是听天由命的生活；由于网格性强，人们在生活中处处受到限制，缺少自由。人与人之间缺少信任。外部因素对人的控制过强，人们没有办法决定自己的生活。除了这四种文化以外，威尔达夫斯基等人又在这四种文化的中间地带区分出第五种文化。"这第五种文化被称为隐遁文化或自律性文化，这是个人脱离操作性社会关系的形态。这一文化拒绝同其他人的关系。他们既不愿意控制别人，也拒绝受别人的控制，因此，这是一种脱离社会控制的

---

① ［韩］吴锡泓等：《政策学的主要理论》，金东日译，复旦大学出版社 2005 年版，第88—89 页。

生活方式。"① 从以上可以看出，在不同的文化背景下，公共政策运行呈现不同的特点。

第三节　威尔达夫斯基思想简评

纵观威尔达夫斯基的生平和著作中的政策思想，可以看到，他是一位有着丰富的想象、敏捷的思路，对公共政策学抱有满腔热情，且对公共事业怀有奉献精神的学者。威尔达夫斯基对公共政策学最主要的贡献，就是开启了以政策执行研究为重点的公共政策学发展的新阶段。在此之前，公共政策学的研究主要是围绕着公共政策制定展开，重点探讨如何制定出更科学、更合理的政策。形成了政策制定的理性决策模型、系统决策模型、渐进决策模型、精英决策模型等诸多模型。认为只要制定出科学合理的政策，就可以有效发挥政策的作用，但事实并非如此。威尔达夫斯基和他的合作者通过对美国联邦政府推行的开发项目之一，即奥克兰大项目的跟踪研究，对其失败的原因进行了探讨。并通过共同行动的复杂性理论，丰富了公共政策执行理论。威尔达夫斯基的政策分析思想，深入地探讨了政策分析的各种属性，并指出了政策分析由于受种种条件的限制而导致的局限性，同时肯定了政策分析的作用和意义。他对政策分析理论的发展做出了自己的贡献，更值得一提的是他的文化理论开辟了公共政策学研究的新领域。

正是由于威尔达夫斯基公共政策学思想成型时间段的特殊性，其政策思想中开始出现更多的关注普通民众对于公共政策的影响，这为威尔达夫斯基转向文化理论奠定了基础。但威尔达夫斯基终究没有超脱其时代的束缚，其早期的思想仍旧受理性选择制度主义影响巨大，直到晚年，威尔达夫斯基开始投身文化理论后，他的政策学思想转而呈现出社会学制度主义的色彩。

---

① ［韩］吴锡泓等：《政策学的主要理论》，金东日译，复旦大学出版社 2005 年版，第90 页。

第十二章　斯图亚特·内格尔的政策思想

第一节　斯图亚特·内格尔生平和主要著作

斯图亚特·内格尔（1934—2001）在公共政策领域既是一位勤奋多产的作家、积极热情的鼓动者，也是一位社会实践家。他出生于芝加哥的西罗杰斯公园，曾就读于芝加哥西恩高级中学，而后又转学至芝加哥的中央青年会高级中学，在高中他就表现突出。在高中毕业那年，代表全班做了毕业演讲。此后，他考入美国西北大学，大学毕业获得研究生奖学金，于1958年获得西北大学法学博士学位，又于1961年获得西北大学政治学博士学位。毕业后，他在前往亚历桑那州立大学做助理教授之前，在宾夕法尼亚州立大学做了为期一年的访问学者。在1962年，他应美国伊利诺伊大学的邀请，出任伊利诺伊大学政治学教授，一直到1998年退休。作为一位社会实践家，他担任过《政策研究杂志》《政策研究评论》等刊物的主编，他还曾兼任政策研究组织（PSO）的财务秘书和出版统筹人，在美国的法律界也相当活跃。他曾是总统重组计划和人事管理部顾问，并担任过美国参议院司法委员会、美国全国劳工关系委员会以及美国法律服务公司的委托律师。他还长期受聘于美国、菲律宾及其他国家的政府机构，担任顾问。

斯图亚特·内格尔一生共撰写和编辑出版了一百多部的著作，发表了至少700篇文章。他的代表作有被称为三部姐妹篇的《公共政策：目标、手段和方法》《发展中国家的超优政策分析》以及《政策研究：整合与评估》。此外还有《法律、政策与优化分析》（1986）、《政策研究手册》、《辅助决策软件：技巧、难点与应用》（1990）等。由他编辑出版并有较大影响的著作有：《政策研究百科全书》（1988）、《全方位政策研究：通过国际间的交互作用改善公共政策》（1990）、《政策理论与政策评估》

（1990）、《公共政策、公共行政与中国》（1991）等。他的文章主要刊登
于《美国法庭协会杂志》《美国政治学评论》《立法》和其他法律专业的
杂志上。

由于他是美国西北大学的法学和政治学的双博士，总是耕耘于政治学
和法学的交叉研究领域，所以在政策科学的学科化方面有独到的见解。阅
读内格尔的著作可以看出，基本上按着"一般概念"、"程序"、"内容"
和"方法"的顺序展开。在他的著作中专门用一定的篇幅从不同方面论
述了超优政策思想的本质、方法和应用等问题。可以说，内格尔对超优政
策思想领域有独创的见解和开拓性的贡献。

第二节　斯图亚特·内格尔主要政策思想

20世纪80年代中期以后，政策科学开始重点致力于政策制定系统改
进的研究。德洛尔关于逆境中政策制定的研究，着眼于大政方针、高层政
策推理、元政策制定的探讨，代表了这一时期政策科学研究的热点。而内
格尔所从事的超优政策的研究工作，主要关注的是在面对相互冲突和竞争
的政策目标时，如何寻求一种合理分配政策资源，以获得超优方案的方
法，代表了当时政策科学方法论研究的主要方向。虽然，内格尔的超优政
策思想在20世纪80年代中期以后才逐渐成型，但以另辟蹊径的思维方
式、独特新颖的政策设计方法、勇于突破传统政策目标的进取精神为特征
的研究和所取得的研究成果，在短时间内就受到了美国政策研究领域的高
度重视，也激发了人们的研究兴趣。内格尔本人直到去世前仍一直致力于
丰富和完善这一政策思想，并结合最新的科学技术发展，特别是计算机技
术的进步，探索新的设计方法，探讨将这些方法用于实际公共政策制定的
可能性。超优政策分析思想构成了内格尔政策思想的主要内容。在这里重
点探讨内格尔的超优政策分析思想。

一　超优政策分析的本质

1. 超优政策分析的目的

超优政策分析的目的就是超越普通政策分析认为无法实现的最优方
案。内格尔认为，普通政策分析的目的是获得最优方案或优化方案。所谓
最优方案，就是收益与成本之间最大差的方案。然而，由于现实世界的复

杂性，政策制定者往往很难甚至无法得到最优政策方案，有时虽然表面上达到了优化目标，实际上却是一方受益必以另一方受损为代价，其实际结果往往不尽如人意。内格尔强调在这种情况下，就应该脱离传统的优化思想，转而通过提升政策目标和采用巧妙的方案设计方法等手段来超越原来的优化目标。也就是说，超优政策分析方法致力于克服传统政策方案的弊端，力求扩大政策的受益面，避免利益关系矛盾的激化，使社会指标不仅在数字上而且在实际效果上，都优于原先的所谓最优目标。在内格尔看来，通常政策分析的目的就是使政策实施后的收益成本差达到最大，也就是让人们从采纳一项政策所产生的良好效果中获得纯收益最大化。如果该目标得以实现，就可以把这项政策方案称为最优方案或优化方案。超优政策方案就是为超越传统意义上的最优目标而设计的方案。

内格尔把超优政策方案同合理性联系起来，认为公共政策分析中有三种类型的合理性，那就是意向合理性、结果合理性和程序合理性，它们均围绕收益成本差值最大而展开。意向合理性就是无论做什么都力图使收益成本差值最大；结果合理性就是通过制定政策成功实现收益成本差值最大；程序合理性就是建立一套能使收益成本差值最大化的工作程序。

2. 超优政策分析的功能

超优政策分析的功能就是实现共赢。内格尔认为，公共政策分析与制定过程通常是由五个相互关联的步骤组成的，即提出问题、确定目标、拟定方案、优选方案、实施政策。这些步骤之间的关系不是简单的单向线性关系，其中包含着各个步骤之间的多次反馈。公共政策分析的主要功能，就是为解决人类在相互作用中产生的各种争端提供备选方案。过去人们对公共政策的要求并不高，主要是缩短解决争端的时间。而当今社会是一个开放的社会，是从对抗走向合作的社会。人类在饱受争斗痛苦之后，谈判越来越成为人类解决争端的主要手段。在谈判实践中，坚持"二和出三"，寻求谈判双方共同的第三点，则是谈判取得成功，双方均能获益即"双赢"的必然途径。可以说，在当今社会，人们对公共政策的要求正逐渐被另一个更重要的目标所取代，即要求用双边互惠的方式解决争端，甚至要求解决方案使冲突各方均超过各自原先预计的最理想的收益。

内格尔指出，有两种思维，一种是对立思维，用互相排斥的不能同时兼顾的观念分析政策选择；另一种是超优思维，用兼容的"超优（Super-Optimizing）解"思维进行政策选择，即选择各方都受益的最适宜的政策。

内格尔认为，只有"超优解"的公共政策才经得起历史的检验。按照内格尔的想法，公共政策的"超优解"在美国的背景下可以理解为保障民主党、共和党以及其他党派所代表的利益集团共同受益的"多赢"局面。内格尔把公共政策的"超优解"也称为"双赢"政策（win-win policy）。

20世纪80年代以来，人们开始逐步探索一些能使冲突各方都受益的争端解决方法，例如，通过中间人调解使双方均为赢家的磋商谈判等。内格尔认为，这种双方均为赢家的磋商与那种必须指出谁是谁非的、刻板的裁决方法形成了鲜明对照。然而这里所讲的"双方均为赢家"，仅仅意味着各方都不至于落得最坏的预期结果而已。而超优政策分析则强调存在着更好的可能性，那就是使争端各方均获得优于其最理想的预计。这种可能性要比"各方都不至于落得最坏的预期结果"的所谓"双方均为赢家"的磋商方法更胜一筹，因而也更加诱人。这种解决争端的方法在思想上脱离了"零和"的思维方式。只要用超优思维的增长眼光看待资源，就能突破资源总量已定，一方受益必以另外一方做出牺牲为前提的思维局限，从而在某些情况下能够取得出人意料的超优的政策方案和政策效果。

二 超优政策分析的基本类型

内格尔认为，就政策制定而言，从超优政策方案所寻求的解决方法来看，客观上优于传统意义上的最佳方案。可以把内格尔的超优政策方案归纳为以下四种类型。

1. 超优目标方案

这种类型的超优方案远远高于传统上认为可能达到的最高目标的方案。例如，在处理失业问题时，除了减少或消除传统意义上的失业外，同时大幅度增加就业机会，使那些愿意并有能力做更多工作的人能充分就业，这部分人过去通常被认为不属于劳动大军，或被认为已经充分就业。采取这种双重措施的结果是在解决失业问题的同时使国民生产总值获得增长。

2. 超优整合方案

这种类型的超优政策方案是能使自由派和保守派均获得满足的方案。它常见于解决公共争端的过程中，使两派双方都认为，该方案在各自的目标和优先顺序等方面优于它们原先的最好预计。这类超优政策方案在解决最低工资和劳动力不足等政策争端中发挥了积极的作用。

3. 超优预期方案

这种类型的超优政策方案是指超过双方最好预期的方案。以解决有关法律诉讼或实施法规争端的方案为例，它能使法律诉讼或实施法规过程中，相互对立的双方均能获得优于其各自最好预期的结果。例如，当原告要求得到 90 万美元赔偿费而被告拒绝支付高于 30 万美元的金额时，如果双方同意由被告单位转让一批自己生产的商品，这些商品对原告来说价值可能超越 100 万美元，而其成本对于被告来说却可能还不到 20 万美元。结果超过了双方的最好预期。

4. 超优净值方案

这种类型的超优政策方案是使争端各方所获得的净价值大幅度增加的方案。还以上面提到的赔偿诉讼争端为例，如果被告同意授予原告出售由被告生产的产品的许可证，该许可证一年可带来 100 万美元的净利润，其中 50 万美元流向原告一方，而另外 50 万美元回到被告那里。这种增大总和的解决方法能使有关各方的总净价值均获得增长，当然各方净值增长的幅度有所差异，但只要没有任何一方低于最小满意程度，这种方法就是可取的。

内格尔补充到，任何一项超优政策方案，不仅应该在上述四个方面中的一个或多个方面取得最优，同时还应该使那些并未直接介入争端和交涉，但是受到该争端牵涉的第三者获得好处。

三　超优政策分析的原则和特征

1. 超优政策分析的基本原则

在内格尔的著述中，列举了很多解决争端和政策制定方面的案例，来证明超优政策方案在效果上要优于传统的优化方案。他通过与其他类型解决方法相比较，总结出超优政策方案解决争端的具有普遍性的基本原则，这些原则包括：一是应该尽可能从单一尺度向多标准发展；二是尽可能寻求"超优解"，使争端各方（包括社会）都取得超优结果；三是充分利用决策辅助软件来设计多标准解决方案，以便得出超优方案。

超优政策思想在方法上同其他政策分析方法相比的一个突出特点，就是积极寻求计算机软件的帮助。内格尔在超优政策方案决策辅助软件的开发和应用方面作了很多探索，并有多部专著问世。他认为，由于超优政策分析注重用多维度、多标准看待争议问题，以便从参与争端各方以及局外人的立场出发寻求代表各方利益的权重分配方法，并力求使各方获得以自己的标准看来为最理想的结果，这势必大大增加分析所涉及的变量，因此，充分利用决策软件来辅助决策，无疑是使超优政策方案更加准确、更具科学性的手段。

2. 超优政策分析的主要特征

内格尔对超优政策制定机制的特征做了如下概括：一是它超越传统政策制定理论中追求最优的观念，提出通过提升政策目标和采取巧妙的方案设计来超越原先优化目标的思路；二是它努力克服传统政策制定中一方受益必以另一方受损为代价的弊端，力求在政策制定中使政策问题所涉及的各个政治派别或利益集团，均能同时从该政策中获得较大利益，实现"双赢"或"多赢"；三是它避开了传统政策制定机制中只从静态角度分析利弊的"零和"思维方式，提出了用增加总量的方式从动态角度解决利益矛盾的思路，通过第三种方式实现超优的目标；四是它引入了增大资源总量的价值标准，明确提出公共政策制定的重点不是去简单解决在资源既定的范围内资源分配的份额问题，而是调动多方面的积极性去挖掘资源的潜力、去创造和开发更多可利用的资源，从而最终使参与分配的各方均获得优于原先最佳分配方案的收益；五是需要有较高素质的公共政策制定人员，并按科学化、民主化的程序办事。

四　超优政策分析的标准和方法

1. 超优政策分析的标准

内格尔在对政策目标的选择上，提出了超优政策分析的两个方面的标准，一个是与经济学有关的标准，另一个是与政治学有关的标准。

第一，与经济学有关的"三 E"标准，即效能、效率和公平。他在《公共政策：目标手段和方法》一书中，曾讨论过如何将公平与效率或效能联系在一起的问题，试图回答增加公平和提高效能或效率"哪一个更好"的问题。而在其几年后出版的著作《政策研究：整合与评估》中，他讨论了如何通过预测性关系而不是规定性和规范性关系，把效能、效率和公平联系在一起。当然，这里所说的预测性关系既可以是可观测的关系，也可以是推理得到的关系。为此，他提出了公共政策制定过程中处理效能、效率和公平之间关系的十条原则："（1）收益成本差是优化的总目标。（2）经验表明，当收益增加时，开支反而趋于减少，这是由于对开支的需求程度降低了。（3）经验表明，当开支增加时，收益也趋于增加，但正的利润增长率递减。开支反而趋于减少，这是由于对开支的需求降低了。（4）根据定义可知，收益与成本的变化将导致利润或纯收益的明显变化，但效率如何变化则难以定论。（5）根据定义可知，可以增大收益和降低成本或同时变化这两者来提高效率。（6）经验表明，当社会的效能和效率提高时，公平程度也倾向于有所提高。（7）经验表明，当公平程度提高时，很可能意味着社会的效能和效率有所提高，但当到达临界点时，由于其公平和平等程度如此之高，导致工作热情降低。（8）根据定义可知，收益公平能通过提高社会收益，降低最低收益水平，或减少分享收益的人数来提高。支出公平可以通过减少社会支出，提高个人纳税的最大支出水平，或增大共同分担支出的人数来提高。（9）部分/整体百分比法能够有意义地比较两个用来减少损害而不是增加收益的项目。（10）部分/整体百分比法能有意义地在各种活动或地方之间分配珍贵资源。""上述这些原则表明了在公共政策评估中同时运用推理方法和经验方法的重要性。其中原则1、4、5、8、9和10强调推理方法，尤其强调从诸如净值、纯收益、效率、收益公平、支出公平和部分/整体百分比等基本概念进行推理，原则2、3、6和7则强调经验分析与观测。这些原则，如利润递减原则，对各个国家具有相当的普适性"。①

第二，与政治学相关的"三P"标准，即公众参与、可预见性和程序性补偿过程标准。内格尔指出，公众参与标准主要是指公众参与政策决策的程度。这里的公众包括政策的对象群体、相关利益集团或其他群体和一般公众。他们作为决策者参与政策决策，这恰恰是通过民主程序实现既定目标的决策过程的突出特征。可预见性标准就是根据一系列客观标准做出决策，主要是指决策与宪法原则以及合理期望相一致的程度，依据相同的标准就可以作出类似的决策，使决策结果具有可预见性。所谓程序性补偿过程标准，是指那些认为在所制定的政策中自己权益受损的人，能够寻求有意义的补偿或豁免的程度，如被定罪者有权了解所犯何罪，有权出示证据，有权反诉，有权要求决策者不能作为起诉人，有权上诉，有权要求重新判决一样，在政策制定中也要有相应的程序设计。

2. 超优政策分析的方法

内格尔认为，对政策分析方法可以从不同的角度进行分类。在政策分

---

① ［美］斯图亚特·S. 内格尔：《政策研究：整合与评估》，刘守恒等译，吉林人民出版社1994年版，第65—66页。

析中有一种特别有用的分类方法，那就是以推导规范性结论的方法为依据所进行的分类。以此为依据，可以把政策分析方法分为五种类型。

第一，超优选择分析。超优选择分析也称为基本收益—成本分析，目的是在几种独立的备选方案中做出超优选择。其基本特点，一是整体性，每个独立的备选方案都是由一揽子计划构成的整体，在选择过程中不允许采纳某项方案的一部分；二是不重复性，在选择过程中不能重复采纳某一个方案。就是要选择一个使收益成本差最大化的方案。

第二，超优风险分析。超优风险分析是指在可能存在意外的情况下做出超优选择。在有些情况下，一个方案的损益程度，由于一个或多个概率性事件和风险事件的可能出现会受到影响，在计算收益成本时必须根据此类事件出现的概率进行折算。内格尔认为，在这种情况下必须考虑两类失误成本，第一类失误成本是指在相互排斥的方案中选择了错误较大的方案；第二类失误成本是指选择了失误较小的方案。如果某一事件发生的概率大于收益/成本比或者大于第一类失误成本与总失误成本的比率，那么就可以考虑选择这一方案。

第三，超优层级分析。超优层级分析是以找出最佳政策点或最优方位为目的的分析。内格尔认为，最佳政策点如果从正向效果来看就是使收益最大化；如果从负向效果来看就是使成本最小化；如果从正负效果相兼来看就是使收益成本差最大化。之所以称为最佳政策点或最优方位，那就是超越和不及都不是理想状态。存在两类情形，一类是在政策执行的最初阶段就产生收益，然后逐渐达到稳定的峰值区；另一类是在开始阶段成本逐渐降低，随后达到最低点并开始回升。超优层级分析的最终目标是在收益的峰值区找到一个成本的最低点。

第四，超优配置分析。超优配置分析也称为分配理论，指的是资源在不同实体之间的分配问题。内格尔认为，超优配置分析的目标是为不同的活动或地区分配稀有资源，并通过把分配纳入有效的预算，平衡不同活动或地区的边际收益率，以使在不同活动或地区之间的资金转移无利可图。这种分配要求获益大的活动或地区不能得到太多的配额。为了在分配中确定不同权重的目标的百分比，可以运用部分/整体百分比的方法进行计算。

第五，超优时间分析。超优时间分析是一种试图减少时间消耗的决策系统。它会频繁地运用超优选择分析、超优风险分析、超优层级分析、超优配置分析等分析方法，因此在这一过程中必须建立相应原则，以有效控制其程序、控制达成和办理的速度、寻求最佳路径，目的是使时间消耗最小化。内格尔指出："一些最优时间模型专门解决时间问题，诸如，（1）为提高信息的到达率和服务效率起见，减少等待时间和信息积压的质询理论；（2）为使平均等待时间最短而决定处理事务的先后顺序的最佳排队秩序；（3）为减少中间延误，而决定应该遵循何种自始至终的临界路径分析。"①

五　实现超优目标的一般手段

1. 激励理论的视角

从激励理论的视角来看，所有的政策问题都是社会激励机制问题。一个好的方案必须是能够解决公共政策如何才能鼓励社会期望行为的问题。内格尔注重从公共政策的潜能来探究公共政策。正是在这个意义上，他认为，政策是鼓励社会期望行为的刺激源，也是社会进步与社会改革的刺激源。他的这种观点对于说明政策研究的重要性颇有说服力，也为研究达到超优目标的一般性方法提供了理论依据。内格尔指出，在研究具体社会问题之前，公共政策是否具有的鼓励社会期望行为的潜能，就看其能否通过以下途径来发挥作用。一是增大正确行为带来的收益；二是减少正确行为付出的成本；三是增大错误行为付出的成本；四是减少错误行为带来的收益；五是增大产生这些收益和成本的几率。这可以看作是优化社会目标的最佳程序组合。当然，还可以进一步超优，那就是人们不再需要刺激才去做好事，也不再需要遏制才不去做坏事。这就需要使错误行为无论在物质上还是在精神上都成为不可能。内格尔认为，政治学、经济学、社会学、心理学、城市区域规划、自然科学和工程技术等，都从不同的角度探讨了激励措施问题。

2. 增长理论的视角

内格尔指出，在讨论达到超优目标的一般性手段时，必须看到用于适当的津贴、税收削减和规章制度的制定将要耗费大量的资金。但超优政策思想基于现实的客观可能性，往往对设立目标和实现该目标的手段抱有乐观态度。尤其是当事物沿着正确的方向发展时，就更有理由对此充满信心了。

---

① ［美］斯图亚特·S. 内格尔：《政策研究：整合与评估》，刘守恒等译，吉林人民出版社1994年版，第253页。

内格尔认为，从增长的观点来看，达到超优目标的经费主要来自经济的增长，而不是来自财富的分配。因为，无论财富如何分配都存在一定的问题。如果将财富分配从富人转向穷人，将会降低对储蓄、投资以及工作积极性的刺激，从而阻碍经济的增长。但是，如果通过减低税率和刺激投资等方法，把财富由穷人转向富人，则将进一步扩大贫富分化，不仅同样会影响经济的发展，而且还有损社会道德，并使社会失去稳定。在内格尔看来，增长的观点是保守派和自由派都能接受的观点。而且无论是保守派还是自由派都一致认为减少税收和提供政府津贴，是促进积极增长的主要手段。但是，他们在具体是采取减税还是补贴的问题上存在分歧。

总之，增长的观点使人们不再把政策优化的过程，仅仅看作是对既定的资源制定分配方案的过程，并且认识到可供分配的资源总量不是静态的而是一个弹性的、具有增长潜力的动态的量。这样，为了达到增大资源总量的目的，政策方案制定的重点就应从谁占多大份额的资源分配问题转向如何挖掘潜力，更有效地增加资源总量的问题，从而使参加分配的各方均获得优于原先自认为是最佳分配方案的收益。唯有如此，从政策效果来说才达到了超优目标。

六　超优政策方案的设计

1. 超优政策方案设计的前提

在内格尔看来，超优思维是超优政策方案设计的前提。公共政策需要超优思维的引导以寻求"超优解"。超优创造性（Super-Optimizing Creativity）是内格尔提出的一个概念，它是指"寻找一种超越任何最好的原定期望值或原定方案的解决问题的最佳方法"。[①] 按照内格尔的观点，原定的最佳方案并不一定最佳，还需要在其中再选择"超优解"。寻找这种"超优解"的能力就是超优创造性。从认识论层面上说，超优创造性的前提是最佳方案不是一次选定的，始终存在再选择的潜在可能性。

内格尔认为，寻求公共政策的"超优解"的过程就是超优分析的过程，而创造性思维是"超优分析"的前提。人最有用的技巧就是能产生创造性思想，而且创造性思维无所不在。高水平的创造性思维能引导人们获取诺贝尔奖，低水平的创造性思维只能引导人们去解决日常问题。

---

① Stuart. S. Nagel: *Public Policy Evaluation*: *Making Super-Optimum Decisions*, Ashgate, 1998, p. 110.

内格尔认为，现在还没有什么既定的办法能够保证增加一个人的创造性。在公共政策分析的语境中，能够激发人的创造性产生的因素，一是压力因素：通过讲授、讨论、问卷调查与他人交流公共政策的问题增加选择性思维的空间；自我投入研究，在撰写公共政策的论文中产生新思想。二是工具因素：参阅公共政策研究的文献，注重前人列举的公共政策选择性思维的清单，随时记录想法；写出目标、方案和因素的清单；细化研究阶段；征求他人意见优化目标、方案和因素的组合。三是激励因素：得到承认和荣誉；论文发表；咨询机会；报酬或奖金。① 以上这些因素如能很好地运用并有效发挥作用，都能够一定程度上激发人的创造性。

2. 超优政策方案的设计思路

内格尔认为，正因为超优政策方案巧妙地运用了创造性思维和创造性方法，因而解决了用一般方法不好解决的问题。然而，设计超优政策方案必须遵循一些基本的设计思路。一是开发可利用的资源，也就是利用各种手段刺激生产发展，以增大资源的总量；二是设立比通常优化目标更高的目标，当然所设目标必须切合实际；三是超优的解决方法，就是增大一方收益同时减少另一方损失；四是利用第三者的帮助，这个"第三者"常常是政府机构；五是综合互不排斥的方案，恰到好处地把两个方案结合起来形成第三个方案；六是消除或抑制产生冲突的根源，把注意力集中在导致冲突的根源问题上；七是设计一整套的备选方案以满足各方的要求，列出各方坚持其主张所依据的各项具体目标或标准，并针对这些标准制定相应的一系列措施或方案，以求各方主张者都满意；八是重新定义问题。以上八种设计思路分别适用于不同类型的政策问题，它们各有侧重，但都具有超优的解决问题的效力。

第三节　斯图亚特·内格尔思想简评

内格尔政策科学思想中含有许多颇具启发性的见解，这些见解对于政策实践具有重要的参考价值和借鉴意义。作为当代西方最享盛誉的公共政策学家之一，内格尔继西蒙提出了决策中的"相对满意的原则"后，率先提出了"超优政策方案"的理论和方法。这一理论和方法，在 20 世纪

---

① Stuart. S. Nagel：*Public Policy Evaluation*：*Making Super-Optimum Decisions*，Ashgate，1998，p. 110.

80 年代后逐渐成为各国政府公共政策制定中最重要的产出机制。它进一步丰富了宏观政策理论的研究，拓宽了政策科学的研究领域。超优政策思想的超优决策模式作为一种双赢的决策模式，特别适用于利益平衡和两难状态下决策的需要。它特别强调不能按传统的单方面思维去考虑利益，不能以单方面的利益最大化为抉择标准，而要超越利益双方的自我局限，找到一个最有利于双方的平衡点，使双方都能得到在现有条件下的最大利益。这不同于通常说的最佳决策，因为最佳决策是从如何能够使单方面获得最大利益的角度进行的一种决策。

内格尔的超优政策思维方式给予公共政策研究以诸多启示。超优政策思想最有意义的一点，就是使政策制定者和政策分析者摆脱常规的、较为狭隘的目标和标准的局限，开拓了新的思路。它鼓励人们以长远的眼光来看待问题。超优目标无疑给政策制定者提出了比传统目标更高的要求，向现实的政策实践发起了挑战。在生产力水平和社会文明程度飞速发展、各种因素瞬息万变的今天，用联系的、发展的而不是孤立的、静止的多目标和高标准方法对待政策问题更为重要，因此超优政策思想在其主导方向上是有积极意义的。

当然也应该看到，内格尔的政策科学思想也具有一定的局限性，甚至在某些方面尚存在一定的缺陷。一是所提的超优目标有时显得有些不切实际；二是其思想中也存在着过于理想化的东西，如把寻找"超优解"的超优思维当作万能钥匙的倾向。超优政策方案无疑是美好的东西，但超优政策制定方法的完善，也不一定能使一切公共政策都达到超优意义上的"双赢"。

第十三章　彼得·德利翁的政策思想

第一节　德利翁生平和主要著作

彼得·德利翁出生于 1943 年 8 月 21 日。作为政策分析家，曾供职于美国兰德研究所太阳热能研究部，并在 UCLA（加州大学洛杉矶分校）和 USC（南加州大学）授课，还担任过《政策科学》杂志的编辑。他最主要的研究领域是政策终结问题，并发表了大量的论文。自 1985 年以后，他在哥伦比亚大学担任政策研究生院的教授和副院长。此后，德利翁还担任过科罗拉多大学丹佛分校公共事务研究院的公共政策教授和博士生项目负责人。可以说，德利翁的一生都在高校和研究机构从事教学和研究工作。

德利翁比较有影响的主要著作，一部是由布鲁尔（Garry D. Brewer）和德利翁两个人共同完成的《政策分析基础》（1983），布鲁尔是拉斯韦尔在耶鲁大学的学生。这本书的内容主要是在拉斯韦尔"传统政策过程理论"的基础上完整地提出了政策过程理论。这部著作得到了包括拉斯韦尔在内的广泛的认可，并且成为公共政策学中的经典著作。另一部著作是由德利翁单独完成的《意见和同意：政策科学的发展》（1988），本书主要是比较了对政策科学研究有重要影响的政策阶段和过程划分这一框架的优势和缺点。此后还出版了《民主和政策科学》一书（1997）。德利翁一生发表了大量论文，有多篇涉及政策终结问题，如发表在《政策分析》上的《公共政策终止：停止和开始》（1978）；发表在《政策周期》上的《一种政策终结理论》（1978）和《政策评估和项目终结》（1982）等。

德利翁因为在公共政策学领域的杰出贡献获得了很多荣誉。在科罗拉多大学丹佛分校的网站做了这样的描述："In August 2000, he was awarded

the prestigious（and unsolicited）Harold D. Lasswell Award by the Policy Stud-
ies Organization as 'an outstanding scholar in contributing to our understanding
of the substance and process of public policy. '"（2000 年 8 月，德利翁由于
对公共政策本质和过程研究作出的杰出贡献，获得了由 PSO 颁发的哈罗
德·D. 拉斯韦尔奖。）可以说，他是在拉斯韦尔的基础上，把政策过程
理论进一步具体化的最具有代表性的学者。

此外，由于德利翁本人长期坚持废弃已久的概念，尤其是 1996 年 6
月 3 日，他在墨西哥城中央经济调查第二十届年会上的发言"政策过程
的阶段方法：何去何从"中，针对保罗·萨巴蒂尔对于政策过程理论的
质疑进行了很好的辩驳，因此被冠以"堂·吉诃德"称号。

第二节 德利翁主要政策思想

德利翁的政策思想主要是集中在政策过程和政策终结方面，而且颇有
建树。尤其是他对政策终结理论所做的突出贡献，使他成为该领域最具代
表性的人物。当然，德利翁关于政策科学史方面的思想也颇有代表性。

一 德利翁政策过程思想

政策过程理论是拉斯韦尔在创立政策科学之初提出的政策研究框架，
对政策科学学科的创立和发展产生了极为重要的影响。传统政策过程理论
作为有用的政策分析工具和了解政策过程的基本的甚至是唯一的途径而备
受推崇，由此形成了政策科学的过程范式。这一范式指导了许多著名政策
学者的整个研究过程。当然，后来也遭到了一些学者的质疑和批评。德利
翁作为政策过程理论的守护者，对各种质疑和批评进行驳斥的同时，也阐
述了自己的政策过程思想。

1. 正确理解政策过程理论

德利翁指出，拉斯韦尔构建了一个"概念图系"，把决策过程分为情
报、提议、规定、合法化、应用、终止、评估七个阶段，它使人们了解政
策决策的主要环节。后来拉斯韦尔的学生加里·布鲁尔（Garry
D. Brewer）又提出了一个派生的流程，即创始、预评、选择、执行、评
估、终止。它得到了拉斯韦尔的明确赞成，并为许多政策科学家所采用而
成为他们实际遵循的研究程序。

　　德利翁认为，对政策过程的阶段划分为思考公共政策提供了一种方法。当然，对政策过程不同阶段的划分是相对的，因为它们之间是相互融合的。但不可否认的是，每一个阶段都有着与其他阶段不同的特点、风格和过程。正因为如此，观察家们很少能够把政策评估行为和政策终止行为混同起来。这恰恰说明了不同阶段又都具有单独存在的价值。无论不同阶段的重叠性有多大，在概念上把它们区分开来十分必要。

　　德利翁认为，政策过程理论或称为政策过程框架，对政策科学的发展做出了重要贡献，具体表现为：一是大量学者从中获益。政策过程理论指导了学者们的研究，许多政策学者以此为逻辑框架形成了自己的政策学理论体系，也有很多学者在这一框架指导下，分别对政策过程的不同环节或阶段，如创始、预评、执行、评估、终止等环节进行了专门研究，取得了丰硕的研究成果。二是丰富了政策科学的内容。正是学者们对政策过程以及政策过程不同环节的研究，揭示了政策过程高度的复杂性，也使政策科学的内容更加丰富。三是使问题导向视角合理化。政策科学是以问题为导向的学科，它开辟了一个全新的研究视角，使研究不再依附于政治学中关于公共行政和制度的研究，不再依附于经济学偏好中的准市场研究，确立了政策科学的学科地位。四是涵盖了社会规范和个人价值观。政策过程框架把社会规范和个人价值观结合起来，在两者的关系中探讨政策运行的奥秘，这是当代政治性和经济性的考证中常常忽略和遗漏的问题。

　　2. 对政策过程理论批评的反驳

　　德利翁指出，某些学者认为政策过程框架在发展过程中出现了明显的滑坡趋势，那就是误导学者们在进行不同阶段的研究中忽视了整体性，导致许多学者和政策制定者把政策过程的各个环节看作是截然区分的。某些学者把政策过程看作是不同环节之间相互脱节、分散而不连续的过程，而且每个环节之间是线性关系，不存在反馈或者回归线路。如果不进行周密思考的话，这种研究范式就会成为理解公共政策的障碍。德利翁认为，这是因为某些政策学者是按照自己的理解来解释政策过程框架，那实际上是对政策过程理论的一种误解。

　　德利翁为了捍卫政策过程理论的地位，反驳了萨巴蒂尔对政策过程理论的抱怨。萨巴蒂尔对于政策过程在政策科学中作为一个统一的概念问题，提出了六个非常具体的抱怨：一是"阶段模型并非真正是一个因果关系模型"；二是"阶段模型并没有为经验假设检验提供一个明确的基础";三是"启发式的阶段在构建一系列的阶段时存在描述不严谨的问题";四是"阶段隐喻法会经受条文主义和自上而下关注等困扰";五是"阶段隐喻法不适当地将政策周期强调为暂时的分析单元";六是"阶段隐喻法没有能够为整合政策分析与贯穿公共政策过程始终的政策取向研究等作用提供一个好的工具"。① 同时列举几项最新的替代理论框架:制度性的理性选择框架、倡导联盟框架、多源流分析框架、间断—平衡框架、政策传播框架、大规模比较研究方法的因果漏斗框架、权力竞技场、文化理论、建构主义者框架、政策领域框架。②

面对萨巴蒂尔的批评,德利翁认为其主要缺陷在于,它反映了某种经验主义理论应用的褊狭性;忽视了拉斯韦尔所称的有助于整合政策事件的核心理论的存在。德利翁指出:"政策过程'模型'被比做一个医生、一个内科大夫,他可以很好的检查患者的血液循环或激素平衡,却不会忽视身体循环或生物化学分子属于整个系统并对它产生重大影响这一事实。"③

针对萨巴蒂尔在联盟框架中含蓄地谈及的政策过程的空白点,如政策创议的问题。德利翁引用了金登的"议程设定"理论和琼斯等人的"触发事件"产生"间断的均衡"理论予以反驳。德利翁认为,不管某些学者如何否定政策过程理论,实际上这一框架仍然作为政策研究和项目运作的有价值的启发式方法在发挥作用。萨巴蒂尔的联盟框架是否冲破了政策过程取向产生的范式,倒是令人怀疑的。

德利翁更倾向于把政策过程或阶段启发法作为一种基础,在对行为者和行为本身进行观察和分类时,能在一定程度上有助于分析和阐明既定的政策。"只要我们意识到它的主要优势和相伴随的缺陷以及因而要采取行动,对于争论政策过程是否表现为一个'模型'、一个'比喻',还是一个'启发',都没有太大的意义了。"④

3. 政策过程理论的包容性

德利翁认为,政策过程理论具有很大的包容性,政策研究的后实证主义主题,包括解释学和批评理论的研究,也可以融合到政策过程范式之

---

① [美]保罗·A. 萨巴蒂尔:《政策过程理论》,彭宗超等译,生活·读书·新知三联书店 2004 年版,第 30—31 页。
② 同上书,第 12—18 页。
③ 同上书,第 32 页。
④ 同上书,第 35 页。

中。有的学者责难政策分析缺少客观性，不能作为科学的"事实"来使用。但对问题界定的改进可以克服这种主观性，并通过交往理性的作用形成更接近于客观性的共识。拉斯韦尔把这个阶段称为具有"情报"功能的阶段，后来被称为创议阶段。这个阶段的分析活动可以把基于交往理性和后实证主义的新的政策分析方法囊括其中。德利翁认为，人种学方法和调停谈判学方法对政策研究也做出了新的贡献，它们的研究方法也可以放入政策过程模型之中，以改善为政府提供信息的质量。

二 德利翁政策终结思想

1. 政策终结在政策过程中的地位

政策本身是一个动态的、周期性的演变过程。政策的"制定—执行—评估—终结"构成了政策运行的一个完整周期。从政策周期的过程图中可以看出，政策终结是政策运行过程最后一个环节，通常被认为是同政策评估相联系的一种政策现象。政策评估和政策终结的关系可以概括为，政策评估是政策终结的前提，政策终结是政策评估的结果。如果在对一项政策的评估和监控中发现，已经完全实现了预期的政策目标，或者根本不可能实现预期的政策目标，甚至根本无法继续运行下去，该项政策就应被终止或者被新政策所取代。

2. 政策终结的含义及其类型

关于政策终结，德利翁给出了一个较为广义的定义：政策终结就是政府当局对某一特殊功能、计划、政策或组织，经过审慎评估而加以结束或终止的过程。他把政策终结分为完全终结和部分终结。完全终结是全面的、彻底的、一次性的终结方式；而部分终结则是稳健的、局部性的渐进终结方式。

（1）完全终结的类型

德利翁把完全终结分为功能、组织、政策、项目等不同层次。每一类型的终结都有不同于其他类型的特点。

第一，政府功能的终结。政府功能主要是指政府通过政策的贯彻实施而向民众提供的具体利益和服务。功能终结就是终止由政策所带来的某些具体的利益，也意味着终结政府对市民的某种服务。在政策终结的所有类型中，功能终结最为困难，因为，一方面，功能的履行或承担是政府满足人民需要的结果，若予以取消，势必引起各方面的反对；另一方面，某项功能往往不是由一项政策单独承担的，而是由许多不同的政策和机构共同承担的，予以终止需要做大量的组织和协调工作。

第二，政府组织的终结。政府组织都是为了履行某种特定的政府功能而慎重设计的，所以废除某一政府组织很困难。特别是由于政府组织通常是根据政府组织法等法律设立的，终结时其困难程度更可想而知。组织终结还涉及该组织成员的切身利益，他们必然采取抵制的态度，有时甚至是很强烈的抵制。这就是为什么许多本应随着某项政策历史使命的结束而应裁撤的机构仍然存在的根本原因。

第三，政策本身的终结。这就是具体政策的终结，主要表现为一项政策被另一项政策所替代，或者上升为法律。这与政策功能终结或组织终结相比阻力较小，因为具体政策目标比较单纯，容易进行评估并决定取舍。此外，某项具体政策更改的成本远比功能转变、组织调整要小得多，容易得到实际部门的认可。再加上政策的可选择性较大，也使得政策本身的终结在操作上比较容易实现。

第四，项目终结。政策是由项目构成的，项目终结就是政策的具体项目以及执行措施的终结。在所有终结内容中，项目终结最容易达成。这是因为，一是停止执行某项政策或项目，通常不会涉及组织机构和人员的问题，所以阻力不会很大；二是由于政策执行无效所带来的负面效果或资源浪费，大家有目共睹，所以停止执行比较有说服力；三是一旦某项政策被终结，对其执行资源的投入就会终止，执行活动也自然停止，不会引起太大的震动。

（2）部分终结的类型

在实际政策过程中，政策终结由于涉及面广、影响大，而且直接关系到政策相关者的切身利益。为了减少阻力，顺利实施，政策主体很少采取完全、彻底、一次性的终结方式，而多采用稳健的、局部性的渐进终结方式，即部分终结。

第一，替代型。这是用能够满足同样要求的新政策内容代替旧政策内容的终结类型。新政策在方式方法和操作程序上有较大变动，目的是为了更好地解决原有政策没有解决或根本解决不了的问题，以满足目标群体的政策需求，实现原定的政策目标。

第二，合并型。合并就是指旧的政策虽然被终止，但部分实际功能并没有完全取消，而将其合并到其他政策内容中去。政策合并一般分为两种情况：一是将终止的政策内容合并到一项已有的政策当中；二是把两项或多项被终止的政策合并为一项新的政策。

第三，分离型。这就是把原有政策划分为几项更为具体的政策。当原有的政策由于内容繁杂、目标众多而影响政策效果时，通过政策分离，将其分为若干目标具体明确、操作性更强的具体政策，往往能收到较好的政策效果。

第四，缩减型。指采用渐进的方式对政策进行终结，并逐步协调政策相关者各方面的关系，以消除政策终结所带来的负面影响，降低政策终结的成本。主要是通过逐渐缩减预算或项目调整等方式重新组织政策。

第五，断绝型。就是用新的政策来代替旧的政策，实际上是一种完全终结方式，是对政策进行终结的最果断、最彻底的方式，彻底结束旧的政策，完全取消其相关功能。

3. 政策终结的阻碍因素

政策终结不是一个自然消亡的过程，而是人为的政治过程，它涉及人员、机构、心理、利益等复杂因素，这些因素会给政策终结带来诸多困难和障碍。德利翁最初把政策终结难以实现的原因概括为五个方面，即心理上的和知识上的抵制；组织和政策本身的连续性；动态的保守主义；反终结联合体的形成和活动；法律上的障碍和高成本的执行。后来德利翁又进一步完善了自己的观点，认为阻碍政策终结的因素有七个方面。德利翁对政策终结的阻碍因素的概括比较经典。

第一，制度和结构性因素。组织和政策的持续性运行会产生惯性，本能地反对任何变故，而这一特征正是抵制政策终结的主要因素。组织机构具有很强的生命力，当政策的终结危及组织的生存时，它会千方百计地减轻所面临的压力，或改变策略，或调整结构，想方设法地延缓政策终结的进程，给政策终结带来消极影响。

第二，政治性方面。当政策终结威胁到某些人的利益时，他们会自觉或不自觉地联合起来进行抵制，使得政策终结难以进行。那些反对政策终结的行政组织，一方面，会要求它的内部成员齐心协力共同抵制；另一方面，则会想尽一切办法影响政府外的重要人士和政策支持者，形成一股强大的反对势力，对政策终结造成威胁。

第三，经济上的考虑。政策终结的高昂成本也是影响政策终结的重要因素之一。政策终结的代价包括两个方面：一是现有政策的沉淀成本；二是终结行为本身所要付出的代价。政府投入的成本越高，终结者下决心终结的难度就越大。

第四，心理上的抵制。一般来说，对政策终结存在抵触心理的主要有政策受益者、政策制定者和政策执行者。当这三类人结成反对政策终结的联盟，并开始反对的活动时，对政策终结的阻碍力量更大。

第五，伦理道德上的问题。在有些情况下，政策终结被认为是对现存政策的否定或不正常行为。当公共舆论对政策终结持消极态度时，就会阻碍政策终结的进程。

第六，理念和信念上的问题。对旧政策的依赖心理以及固有的习以为常的理念和价值观，使过时的、失效的政策难以终结。

第七，法律上的制约。终结某项政策对于立法机关来说，某种程度上意味着自身的立法活动缺乏科学性和有效性。基于自身利益的考虑，立法机关在考虑终止某项政策时，往往摇摆不定，顾虑重重，这无疑会增加政策终结的难度。

4. 政策终结的策略

德利翁给出的政策终结策略主要有："第一，使人们认识到政策终结不是结束而是开始；第二，政策分析家在政策评价阶段上特别注意寻找出有效政策终结的策略和手段；第三，要充分地利用政治行政或主要的人事变动等终结环境的'自然成熟期'。"[①]

三　德利翁政策科学史思想

德利翁认为，自 20 世纪 50 年代政策科学产生以来直至 20 世纪末，都在为构建一个政策取向的多学科与情境相关、问题导向和明确规范性的学科而努力。今天政策科学已不再为创立一门涵盖一切社会科学的综合性学科而花费经历了。政策科学由于没有产生客观、实证和规范的真理而受到挑战。对伦理和价值的强调拓展了政策科学研究的视野和范围，但也伤害了自己科学地位的可信度。作为政策科学基石的科学理性正在为更广泛的理性所取代。政策科学现正处于狭隘的有用性和更全面的理解的十字路口。

1. 政策科学产生的知识背景

第一，政治哲学先驱为政策科学确立了基调。德利翁认为，政策分析

---

① ［韩］吴锡泓等：《政策学的主要理论》，金东日译，复旦大学出版社 2005 年版，第495—496 页。

和政策建议作为一种实践形式可以追溯至久远的过去，但历史上它仅仅是一种非常人格化、个别化的行为，直到文艺复兴时期政策建议才采用了制度化的形式。马基雅维利、洛克和霍布斯等作为政策科学的部分先驱者，为后来的研究确定了基调。在历史的进步中，知识的日益增长以及对统治者的有用性，使政治哲学家对政治事件的参与和互动产生的影响越来越明显，并得到了统治者一定程度的认可。

第二，应用实证研究趋势塑造了政策科学的核心特征。德利翁认为，应用实证研究与公众对尖锐社会问题的意识是同步的。描述性统计数字被用来策划社会保障和社会福利项目。经济学对农业和自由贸易政策产生了更为突出的影响；历史学在脉络性研究中走在前列；政治学开始致力于研究与治理问题有关的事情；公共行政学关注的核心是宪法的执行问题。上述学科都把各自的技能和观点聚焦于社会问题，但它们都强调本学科的独立性，而对其他学科的观点采取强烈的排斥态度。尽管如此，应用实证研究的趋势，成为了塑造政策科学以问题为导向、以实证研究为基本方法的核心特征的主要贡献者。

第三，实用主义和工具主义为政策科学提供了基本的理念和方法论。德利翁认为，实用主义为扩大所有学科在社会生活中的科学应用和增强各学科之间的相关性，提供了哲学上的基本理念。因而，被纳入政策科学的概念之中。工具主义认为科学研究的目的是改变现实。知识和理论是行动的工具，必须根据行动的结果来理解。这种对知识作用的工具理念构成了政策科学的基本前提。工具主义提出的确定问题、设计不同方案、评估每个方案的影响、产生最佳方案的研究过程，实际上构成了政策分析的核心过程。

第四，应用社会科学多学科研究的必要性预示着政策科学即将诞生。德利翁认为，应用社会科学的宗旨是要解决社会问题，而社会问题的复杂性需要多学科的合作。现实的状况是不同学科都要保持自己的独立性，学者们都在忙于巩固和保护自己的职业身份和职业自我，或者太过于沉迷于学科的神圣传统。大多数都向内致力于本学科方法论的改进，很少对外针对社会问题。多学科研究及其在社会问题上的应用还是遥远的事情。当然也有的学者提出了"知识的目的是什么，是为了自己的利益还是为了使社会更好？"等问题。加之第二次世界大战以后不久，政府寻求将自己所主办的科学研究作为公共政策的一种工具。一些作为政策科学重要先驱的学者们愿意跨越学科界限，强烈支持把多学科研究应用到社会问题上，以树立科学的公共形象，这预示着一个具有综合性特征的政策科学即将诞生。

2. 政策科学的早期实现

德利翁指出，20世纪五六十年代是政策科学早期实现时期。拉斯韦尔作为政策科学的现代奠基人，在"政策导向"一文中对社会科学原则和实践的政策图示进行了描述，政策科学的随后发展呈现出三个基本特征。

（1）多学科视角

德利翁指出，拉斯韦尔最早提出政策科学本质上是政策导向的，需要多学科整合。政策科学自20世纪50年代初诞生直到50年代晚期和60年代早期，学科贡献基本上处于休眠状态，但是政策科学平台的多学科基础也正是在这一时期逐渐稳固起来了。在这一时期，运筹学和经济学迅速闯入政策领域。某些经济学者认为，政策科学应植根于经济学，并用资源分配理论对政策科学的起源进行定位。由于运筹学把系统分析方法应用到相对独立的具体问题上取得了一定成功，许多文献将系统分析和政策分析同等对待。不仅如此，对公共政策问题定量研究方法的出现，使政治学和公共行政学的研究遭到反对。成本效益分析、系统分析、项目计划预算系统和定量模式，一度成为政策分析的流行口令。但好景不长，系统分析很快被认为是鲁莽的、对公共政策问题不敏感。同时，人们也认识到了经济学的局限性。

有一个思想流派认为，政策科学应发展囊括一切政治互动的元理论，把社会科学和物理学整合起来，把社会物理学作为减轻社会疾病的工具。德洛尔提出，政策科学必须把各种知识整合起来集中于公共政策制定，建立一个超学科。对元理论的强调使政策科学偏离了其他核心特征。更为保守的学者把正在出现的政策科学运动，看作是整合不同社会科学的一种途径，因此强调各学科要保留自己的独立性。事实证明，大家普遍接受了单一学科的政策研究具有局限性，多学科的政策研究具有优越性的观点。

德利翁认为，有三个原因导致政策科学的多学科承诺，比早期的倡导更为根深蒂固。一是大学公共政策教程的多学科培训特色强化了多学科研究方法；二是政策问题的复杂性超出了学科的界限；三是专门从事公共政策研究的组织越来越多，突破了以大学背景为研究机构基础的状况。正是研究对象的多学科需要、研究方法的多学科培训、研究组织的多学科结构，巩固了政策科学平台的多学科基础。

（2）环境和问题导向

德利翁指出，拉斯韦尔关于政策科学的最初观点，明确提出以问题为导向和广泛使用情境方法，因为大多数问题都不能脱离政治、经济、文化和社会环境。拉斯韦尔关于问题导向和情境导向的观点，一个指向政策过程，一个指向政策的智力要求。后来他明确地把政策科学定义为政策过程的知识和政策过程中的知识。这两个方面形成两个独立的研究政策科学的方法，导致政策过程中的知识和政策过程的知识之间的分裂，从20世纪60年代中期一直延续至今。科学主义强调政策过程中的知识，行动主义强调政策过程的知识，形成了政策科学的双重特征，即科学分析特征和民主政治特征。"强调'科学'导致对整个系统的一个综合观点和全面理性分析，但是强调'民主'则导致对分离的、多元主义的高度政治化的政府过程的一个反综合的观点。"[1] 这两种观点构成了经验分析导向的政策分析和新多元主义的政策分析的差异。政策科学致力于把两者整合起来，但直到20世纪六七十年代政策科学的地位不断提升和认可度越来越高时，两者各自的特征还在不断加强，而且都在宣示自己的概念霸权。经验证明要把两者整合起来无论在运行上，还是在哲学上都是困难的。不仅如此，事实上已经形成了两套公共政策模式，一个是在经济学家和公共行政学者中占主流的，强调政策分析，依赖于杜威式理性研究程序的模式；另一个是在政治学家中占主流的，强调政策过程，关注确定政策过程各个阶段的模式。两种模式针锋相对，持续至今。

第一，政策分析。德利翁指出，政策分析模式主要之点包括：其一，基本假设。运筹学者和经济学家假设：政策问题和解决方案可以通过精确的量化分析和实证研究，综合、理性、准确地加以确定；政策方案应该是最优的，政府行为的影响是可以预测的。其二，模型和技术。斯托克利和泽克豪泽（Stokey and Zeckhauser）在《政策分析入门》一书中给出的分析模型和技术主要有：微分方程、排队模式、线性规划、成本效益分析。找到正确的技术模式，并认识其局限性是进行分析的好方法。其三，政策分析因素。爱德华·奎德（Edward Quade）认为，政策分析就是确定目

———————

[1] ［美］杰克·雷斌等：《公共管理手册》，张梦中等译，中山大学出版社2006年版，第540页。

标、确定备选方案、推荐政策行动、监督政策效果、评估政策绩效，其目的是寻找最佳备选方案。

第二，政策过程。德利翁指出，政策过程模式主要之点包括：其一，基本假设。林德布洛姆等人提出的假设：政策是多元主义的政治过程，并把它描述为断续渐进主义和渐进决策的过程。其二，政治策略。林德布洛姆等人认为没有统一的分析模式，只有政治策略，如连续的有限比较和党派相互调适等。琼斯（Jones）提出，多元决策系统的特征是妥协、渐进主义和持续调整。其三，政策周期。威尔达夫斯基等人对政策周期进行了描述，主要包括议程设置、问题分析、执行、评估、终结五个环节。

（3）明确的规范性

德利翁指出，明确的规范性是政策科学的重要特征，它关注人类价值。拉斯韦尔特别强调政策科学要关注价值问题。他将政策科学界定为"与价值整合有关的知识"，并提出通过人际关系实现价值整合。重视价值是政策科学方法的指路明灯，这说明了明确政策科学规范性特征的迫切性，但这一点往往被忽略了。政策科学规范性被忽略的原因，一是政府是"渐进决策"的，这种方法将包括或平衡掉任何规范性情况；二是定量方法基本上是价值中立的，不会非要关注伦理或价值问题；三是大多数政策分析人员认为，价值不属于政策制定者领域，它超出了分析者的职业能力和专业技能。

德利翁认为，上述观点明显偏离了政策科学最初的宗旨，一是脱离了规范性和意识形态的政策分析是空洞的，无法解释已发生的事情和可能出现的情况；二是政策问题的定量分析方法是不充分的，无法回答如公平和如何实现公平等问题；三是越来越多的人承认他们会将规范性问题，作为工作和最终建议的公开组成要素。因而许多政策分析人员提出"政策科学的民主化"问题。在实际的政策分析中应用规范性标准和意识形态的例证很多，表明规范性问题不能回避，价值问题仍然是当代政策科学的核心。政策分析者要提高分析的质量，必须把规范性标准公开公正地包含在政策分析之中。尽管政策科学家还不能用哪一套既定规范是正确的来说服政治政策制定者，但是可以对各种价值观作出解释，让政策制定者自己去判断。德利翁强调，规范性的进一步明确表明政策科学已经成熟，并回到了最初的拉斯韦尔框架。

3. 政策科学的成长和发展

德利翁认为，20世纪70年代是政策科学进一步发展时期。研究队伍发生了变化，新一代学者取代了老一代学者。新的领军人物许多是早期领军人物的学生。新一代的政治分析者要与不同性质的战争（如"越战"和"向贫困宣战"）和危机作斗争，引发了更大的政策科学需求。政策科学界自身的努力和外部的社会、政治事件，推动了政策科学进步和发展。

（1）政策科学研究范围的拓展

德利翁认为，政策科学按照自身的逻辑扩大了理论研究和应用的范围。政策分析和政策过程两种方法，都争相解释政策过程中新发现的因素或阶段，用有序和系统的方法提出了评估、使用、执行和终结等话题。

第一，评估。德利翁认为，社会目标可以通过更有效果的项目来实现，政策分析的主要目的就是确定公共项目的效果，因此，评估必不可少。学者们把20世纪70年代及以前的评估研究分为三个阶段，即作为效率的评估阶段、作为领域的评估阶段和作为社会实践的评估阶段。在20世纪60年代晚期和70年代早期，政策评估被整个政策分析界普遍关注，新方法层出不穷。以问题为导向的评估研究对公共政策制定做出了巨大贡献，但也存在一个致命的缺陷，那就是大多数评估者关注的是学术研究，与公共官员的需要相脱离，学术目标和官僚目标之间完全不同。对这一点，许多评估者或者没有认识到，或者认识到了不愿意去解决，致使评估对政策的影响远没有达到应有的程度。评估不仅无法回答政治系统问题产生的原因，而且几乎不能提供政策制定者需要的高质量的信息，更重要的是不能回答一些关键性的政策问题。总体来讲，这一时期政策研究界主要研究政策评估，忽视了政策过程的其他方面。

第二，使用。德利翁指出，法学、政治学、运筹学、社会学、经济学、心理学和其他社会科学应用到公共政策中显现出来的缺点，导致了它们普遍的身份危机和广泛的悲观主义。学者们提出了许多疑问，例如"政策研究能帮助政策吗"、"社会科学对公共政策制定者来说是否只是实现了'启蒙功能'"。有的学者宣称，政策分析在缓和社会问题上成功的可能性比随机发生的也大不了多少。有的学者甚至认为，政策研究在许多领域完全无知。也许是社会太复杂无法通过分析来把握，即使通过跨学科的方法也无济于事。但是随着单学科的无能为力，社会对解决问题的政策需求却在增长。政策科学一直致力于"使用"问题，并且将继续围绕迫切需要解决的问题展开。

第三，执行。德利翁指出，由于评估和使用都存在不足，在70年代中期，政策科学在确定政策失败的原因时，关注的焦点再次发生转移。转移到了以往被忽视的政策过程的执行环节。普雷斯曼和威尔达夫斯基的具有里程碑意义的研究表明，项目失败的罪魁祸首是执行问题。执行中产生的各种困境，催生了政策研究的执行分析。围绕着政策执行的困难以及怎样预测和减少困难，产生了大量的案例研究材料。政策学者提供了执行类型方面的研究成果，有些学者还尝试性提出了一般的政策执行理论。但对执行的强调也产生了诸多的混乱。结果证明，执行远比执行分析者所提出的，甚至对那些声称代表"第三代"的人来说都更为复杂和困难。政策研究界在 70 年代中晚期研究的重点是执行问题。

第四，终结。德利翁指出，到 70 年代末，各级政府产生了节俭的需求，纳税人坚持要求政府降低开支更强化了这一需求，而且这一趋势得到了民选官员的支持。减少政府支持，收缩政府职能，项目终结就成为政策研究的流行主题。政策科学家就把他们研究的重点转移到描述和确定终结策略上，但终结研究没有提供有效的建议。政策终结要削减的项目和机构大多数遭到明显的抵制，再次证明了"政府组织的永垂不朽"。政策终结研究并没有在实证方法上留下值得关注的建议。

尽管如此，德利翁认为，政策科学的上述努力没有白费，产生了大量文献，并且伴随着传播在一定程度上开始深入人心。政策学界远比 60 年代早期要明智得多。但存在的主要问题是忽视了各个环节和阶段的整合与平衡。拉斯韦尔早就告诫，政策过程中没有相互分离的阶段和因素，每个政策阶段都重复地与其他阶段相连接。政策过程实际上是一个无缝的网。德利翁认为，政策科学是以问题为导向的，在没有失去活力和存在的理由之前，不会退出政治和社会舞台。相信政策科学面对各种冲击不仅能够适应，而且能够取得成功。

（2）政治事件推动政策科学发展

德利翁认为，20 世纪六七十年代的一些外生现象，对政策科学产生了深远影响，证明政治和社会事件是推动政策科学发展的重要力量。

第一，"反贫穷战争"对政策科学产生了根本性的影响。德利翁认为，肯尼迪和约翰逊政府反贫穷战争的教训，可以应用于政策分析的所有环节。从教训角度看，许多项目议程依据的信息不准确；执行被留给了假设为中立的行政官僚；评估很晚才被发现远比想象的要复杂得多。也正是在"反贫穷战争"的推动下，政策分析获得了大量的财政支持；开通了同政策制定者联系的便捷通道；形成了大量的政策文献；创办了专业期刊；建立了政策分析专业研究生培训项目等。与此同时，政策研究者的理论假设和方法论获得了学术传统上的可信度，但缺乏实践基础。尽管这些问题名义上得到了系统分析和政策科学经济学传统的承认，但反贫穷战争用无可争辩的事实让人们明白了其中的经验教训。

第二，"越南战争"推动了政策科学定量和定性方法的整合。德利翁认为，从政策分析的角度看，美国在越南战争中存在严重问题，例如，信息传递问题、错误模拟、排斥社会和政治变量以及渐进决策制定中的不足。政策分析界从中至少可总结出五个方面的教训，一是政治领域中理性决策制定的不足；二是数据的主观性和被操作的问题；三是渐进主义的保守性；四是忽视了政治环境的变化；五是必须履行的责任表述不清晰。这一切迫使政策科学家修补对系统分析和定量分析的信任，导致政策科学在定量和定性方面产生新的整合，而且定性分析的作用更加突出。

第三，"水门事件"为政策科学重估价值问题提供了巨大的理由。德利翁认为，"水门事件"证明早期政策科学支持者重视政治道德忠告的意义。道德标准应该成为政策科学方法的核心标准。仅仅关注效率而忽视政府公正是导致政治腐败的重要原因。同时也加剧了道德和价值判断如何进入政策执行的操作层面的争议。这些情况推动了政策科学重新估价和更新自己对规范和价值的承诺。

第四，"能源危机"强化了政策分析者和政策制定者之间的共生关系。德利翁认为，能源危机为政策分析者提供了在政府最高当局面前展示自己模型技能的机会，使他们的发现能够决定政策。但也暴露了定量模型的主要问题，那就是它绝没有接近预测精确数字、忽视了不确定因素、掩盖了分析者的政治基础和社会设想的真实动机。政策制定者往往把模型分析结果作为证明自己政策"合理性"的证据。事实证明分析人员对负责任报告的承诺和分析结果完全被滥用了。能源危机加强了多学科的需求，也要求把必要的、复杂的技术分析转化为政策制定者能够理解的语言，在表达建议时不能脱离政策制定者所处的政治环境。

4. 从政策科学到政策追问

德利翁认为，20 世纪 70 年代末和 80 年代，政策科学处于健康的怀疑主义阶段，许多人相信政策科学方法的积极意义，也有许多人怀疑它的贡献。80 年代伊始，有的学者就提出政策科学的"可信度"问题。主要是因为政策科学诞生以来，并没有产生像它的科学理想所承诺的客观实证的真理。政策科学对复杂的社会问题虽然做出了最系统、最重要的分析，但它也仅仅是处于竞争状态的不同"理性意识形态"中的一个。从80年代以来，政策科学发生了复杂的变化，但其早期的信条并没有改变。也就是在80—90年代，为了弥合长期的冲突，也为了提高自己的学术和在政府中的地位，政策科学重新提出了原有的主题。

（1）重新探访旧主题

德利翁认为，20世纪80年代以来，政策科学仍然有两件没有完成的事情，一个是政策科学的规范性问题，主要是面对一个纠缠着社会、职业和政治伦理及价值的网络时如何实现规范性？另一个是如何整合公共政策的认知和分析之间以及组织和程序之间的分裂？为此提出了公共政策要同公共管理联姻以解决上述问题。

第一，政策科学中的伦理和价值。德利翁认为，当拉斯韦尔等人赞成明确的规范性政策分析时，他们是以某种选择理论为基础的。也就是说，政策科学为了产生政策"处方"，必须在各种备选方案中依据明确的选择标准作出选择。因为社会科学界名义上扮演着更为客观的角色，公开背离了以价值为基础的选择。因此，拉斯韦尔的视野一开始就是困难的。当前，规范性首先遇到的问题是价值是否应该包括在政策科学中，如果作肯定性的回答，那么又遇到怎样将价值和伦理问题包括在政策科学中的问题。在80年代和90年代早期，政策科学提出了研究伦理和价值问题的四种路径：一是社会哲学和政治理论路径。这是使公共政策中伦理和价值研究最牢固的方法，其主要特征是依据某种社会政治秩序确定政策价值内容，并贯彻到政策制定过程中。功利主义、社群主义和自由主义是最常用的道德理论。罗尔斯力图用"分配正义"系统取代主导伦理系统，而民主行政主张政策制定和执行的多元主义。二是伦理问题和社会道德路径。这是最适用于环境导向政策科学的局部方法，关注的是具体政策问题的伦理和价值内容。三是职业和行政伦理路径。行政伦理方法关注的是公共权利、公共责任，特别是行政官员的公共职责。四是元伦理和伦理分析路径。元伦理学是对伦理学的伦理研究，它否定了价值中立，并提出了"推理伦理论述"、"价值批评法"、"多种观点论辩"等政策分析方法。至今伦理分析的大量研究仍在继续，关注的重点集中在政策研究的逻辑以及公共政策的实证和规范性的整合问题。

第二，公共政策和公共管理的联合。德利翁认为，当政策科学集中关注评估、使用、执行和终结时，实际上是把宏观政策分析和建议转移到了实践操作和组织上来。解决政策实现问题，最好的途径是政策科学同公共行政结盟。但是，政策科学家和公共行政学家都强调两个学科之间的区别。政策科学家提出自己的学科规则和区别于其他学科的标准似乎很重要。然而，在公共管理经过一次再生后，更喜欢作为近亲的政策科学的多学科、问题导向和明确规范性等特征。公共管理采用了政策科学中非常成功的工具导向和实用导向，同时关注执行公共政策所必需的计划、组织、指挥和控制等具体职能。政策和管理似乎成了天然的合作者。在公共政策文献中出现了越来越多的战略管理和公共政策的讨论。政策和管理的联姻在组织机构上也得到了证明，出现了"公共政策分析和管理学会"，出版了《公共政策分析和管理杂志》，大学还建立了公共政策分析和管理的博士点和硕士点。这种联合对政策科学的发展是有益的。到 90 年代中期，两个学科进一步完善了它们之间的关系，期待出现更多的成果。

（2）新研究方向的确定

德利翁指出，20 世纪 80 年代，在政策科学的信任度遭到怀疑和攻击以后，政策研究完成了由政策科学到政策设计的转变。它所接受的基本假设是：通过政策研究和设计产生的知识能否作为实证真理是不确定的。它只是产生了多元化的可以确定的、系统的、理性研究过程的知识；它优先关注基本假设和执行战略，即内容和过程。正如越来越多的捍卫政策科学信誉的政策学者所证明的，它更关注未来。

第一，增加相关性和应用。德利翁认为，"政策导向"对于解决复杂的社会和政治问题的建议是中肯的，原因在于它可以有针对性地应用相关知识。事实上，公众关注的传统领域仍然在受到政策分析的影响，新的政策领域又为政策科学的发展提供了充足机会。尽管政策科学不同程度上同社会和政治相关联，但它也能容纳新的政治意识。对政府干预和公共问题的积极意义，政策科学有自己的假设。政策科学不是政策问题的最终仲裁者，它为"理性"意识形态政体做出了贡献。但拉斯韦尔强调政策科学要以科学知识为基础，这是明显的认识论上的转变。

第二，从政治科学到政策追问。德利翁认为，在经济学家那里，理性总是政策科学的核心解释，但是理性无法解决多样性和复杂性的政策现象。这不是说理性理论是错误的，但经验已经证明它是不完善的。针对理性理论存在的局限性，有的学者提出了社会中的推理理论，主张把传统的理性概念从技术和经济理性扩大到社会、法律和政治理性。将理性扩大到社会中的推理理论，仍然是80年代政策科学的一种理想。推理的政策研究取代了政策科学的"客观"模式，而且进一步增强了政策科学的环境导向和明确的规范性特征，其任务就是在特定的环境下，以某种特定形式针对特定的问题作出最好的决策。推理政策研究方法也称为政策论证或辩论的政策分析，是以社会中的应用理性和沟通理论为基础的。虽然它无法提供"正确"和"错误"的答案，但可以提供一个政策比另一个政策更优胜的理由。从政治层面来看，它应该是一个民主的过程。当然，它也常常受到攻击，认为它把政策研究变成了一个辩论论坛。

第三，政策科学中的后实证主义。德利翁认为，20世纪90年代，政策科学普遍关注后实证主义，而且特别关注参与性政策分析。表现出来的特点，一是更注重价值问题；二是主张政策过程的更广泛的参与，而这一点正是实现拉斯韦尔倡导的"民主政策科学"目标的前提。其基本假设是人类的现状是多变的，无法定量。但它也有局限性，应该有更新的研究路线出现。

第三节 德利翁思想简评

作为拉斯韦尔的亲传弟子，德利翁对公共政策学的发展做出了多方面重要贡献。一是他沿着老师拉斯韦尔给出的路径对政策过程理论进行了完善。不同于其他的公共政策学者，德利翁主张秉持一种中观视角对公共政策过程进行研究。中层理论或中观理论介于抽象宏大理论与具体经验之间。政策过程理论正是这样一种理论，它是建立在过去成功的公共政策经验基础上，然后将其抽象化、简单化、概念化的结果。它介于政策科学的宏大理论体系与具体政策实践之间。有了这样的中层理论，就能够搭建起政策科学宏大理论与现实政策问题之间的桥梁，更好地指导政策实践，推动现实世界的发展。二是他还发展出了自己独有的政策终结理论，填补了公共政策学相关部分的理论空白。三是德利翁的先天优势在于师承于政策学的创始人拉斯韦尔，因而他也就能够在更为宏观的角度准确把握公共政策学的发展脉络，他对政策科学发展历史的整理，为其他公共政策学者的相关研究以及公共政策学初学者对于这门学科的学习提供了重要的参考资料。

　　但是，德利翁的政策思想的局限之处也较为明显。一方面，德利翁紧随他的老师所给出的路径进行研究，并不断地为其理论大声疾呼，但他却没有注意到公共政策实践的发展和变化，一味固守原有的理论模式，因而他的政策学思想难免有"过时"之嫌；另一方面，德利翁的政策思想同20世纪70年代中期以来美国国内的政治经济状况有密切联系，还与追求合理主义的美国学术界的学术气氛有很大关系。

第四编

公共政策学发展的多元化

第十四章　萨巴蒂尔的政策思想

第一节　萨巴蒂尔生平和主要著作

保罗·A. 萨巴蒂尔生于 1944 年 6 月 17 日，主要研究领域为政策执行和政策变迁。他从本科到博士的专业都是政治科学。萨巴蒂尔在 20 世纪 60 年代末开始其政策科学的研究生涯。1968 年他开始就读于芝加哥大学，并于 1971 年获得硕士学位，3 年后又顺利获得了政治学博士学位。自 1972 年至 1979 年，他一直担任加利福尼亚大学达维斯分校的助教。在 1979 年至 1984 年，晋升为该校的副教授。在此期间，他曾到法国和德国做访问学者。1984 年，他成为该校的教授并一直授课至今。1988 年，萨巴蒂尔还曾到牛津大学担任短期讲学的大学研究员。

1973—1977 年是萨巴蒂尔的政策分析研究阶段。这一时期他发表了一系列文章，主要有《国家和地方的环境政策》(1973)、《国家和地方的环境政策：过去努力的适度回顾和未来话题》(1974)、《社会运动和管制机构：朝向更加适当和更少悲观的"委托代理人俘获"理论》(1975)、《管制机构的政策制定：朝向分析框架》和《地方土地利用决策的状态评论：加利福尼亚委员会》(1977)。

1978—1986 年是萨巴蒂尔的执行研究阶段。在该阶段，他出版著作有《有效的政策执行》(1981)、《公共政策和执行》(1983)、《管制有用吗？1972 年加利福尼亚倡议的执行》(1983)、《伟大的期望和喜忧参半的表现：欧洲高等教育改革的执行》(1986)；发表的论文有《行政机构的技术信息的获得和利用》(1978)，《有效执行的条件》(1979)，《公共政策的执行：分析的框架》(1980)，《政策执行》(1983)，《我们能从执行研究中学到什么》(1986)，《自上而下和自下而上的执行研究的方法：批判的分析和建议的综合》(1986)。在该阶段，它还得到美国国家自然科学基金会的资助以研究"国家土地利用政策的执行"问题。当然，在该阶段，他还研究了除政策执行外的其他政策过程，如政策制定和评估。1984—1985 年他获得美国国家自然科学基金会的资助以研究"外部控制的法律和政治机制：他们在政策制定机构的倡导政策模型中的角色"；1985—1986 年从加利福尼亚大学水资源研究中心获得资助研究"科学信息对太和湖环境政策制定的作用"。发表的文章有：《专注的精英在政策评估中的态度和观点的作用：加利福尼亚海岸委员会》《公共政策制定的多变量模型》《公共政策制定的自由主义、环境主义和伙伴关系》《对州立法决策的影响》《立法决策和实质上的政策信息》等。

1986 年以后，为萨巴蒂尔的倡导联盟研究阶段。倡导联盟框架是萨巴蒂尔首先创立的，也是自认为符合科学理论框架的一个框架。这一时期他出版的著作有《政策变化和学习：倡导联盟方法》《政策过程理论》。发表的论文有《政策导向的学习和政策变化》（1987），《把多重角色和指导工具结合到管制的政策制定模型中：倡导联盟框架》（1987），《政策转变和政策导向的学习：探索倡导联盟框架》（1988），《朝向更好的政策过程理论》（1991），《评估倡导联盟框架》（1994），《政策过程比较分析的几种模型的合适性》（1996），《评估研究的政治背景：倡导联盟的视角》（1998），《倡导联盟框架：欧洲的修正和关联》（1998）。由于信仰机制和利益团体在倡导联盟框架中的重要作用，萨巴蒂尔还发表了许多论文对其进行了探讨，如《魔鬼转换：对手的知觉和错误的知觉》（1987），《政府、利益团体精英和它们的选民的信仰一致》（1988），《利益团体领导和成员的信仰一致：三种理论实验性的分析和建议的综合》（1990），《利益团体成员身份和组织：多重理论》（1995），《在重叠的子系统中分享的信仰和加强的依赖作为同盟网络的决定因素》（1998）。组织的专业小组会议有美国政治科学协会的"政策网络中的交流和信仰转变"（1992），"政策精英的信仰系统"（1994），"政策精英中的学习和信仰转变"（1998），等等。

第二节　萨巴蒂尔政策倡导联盟思想

纵观萨巴蒂尔公共政策学的研究历程，大体上可划分为三个阶段，即政策分析研究阶段、执行研究阶段和倡导联盟研究阶段。虽然这三个阶段可以时间维度来划分，但由于萨巴蒂尔自身研究的传承性，政策倡导联盟的研究从政策分析研究阶段和政策执行研究阶段就开始萌芽；而在政策执行研究阶段和政策倡导联盟阶段的研究中，也有对政策分析研究的反思；政策倡导联盟阶段的研究则掺杂着政策分析和政策执行研究的影子。政策倡导联盟阶段研究持续的时间最长，超过了 20 年时间，而且，是萨巴蒂尔步入中年后，思维最成熟、实践积累最多的时间段所进行的研究。可以说，政策倡导联盟是作者研究的最主要领域，也是作者政策思想的精华所在。萨巴蒂尔的倡导联盟框架是在批判传统政策过程理论基础上提出来的。

一　萨巴蒂尔与传统政策过程理论

1. 传统政策过程理论被广泛接受的原因

萨巴蒂尔把传统政策过程理论称为政策的阶段分析模型。他认为，源自拉斯韦尔的政策阶段分析模型，已被公共政策研究者和实践工作者广为接受。原因在于：一是政策阶段分析模型是对传统政治学方法的补充。传统政治学注重对政治机构的研究，政策阶段分析模型把注意力转向了对政策过程的分析。二是政策阶段分析模型引入新的概念对过去制度性框架中较难觉察的议题进行分析。其中最重要的是对政策的影响，即结果或效应的分析。三是政策阶段分析模型把复杂的政策过程分解成不同的环节加以分析，取得了一系列有用的成果。特别是关于议程设定和政策执行的研究较为突出。学者们欢迎它是因为它同理性方法十分契合；官僚们认可主要是因为它使官僚结构在代表制体系中的角色地位合法化了。

2. 传统政策过程理论存在的严重缺陷

萨巴蒂尔认为，阶段分析方法存在严重缺陷。主要表现在如下方面：一是它没有揭示出不同环节之间的因果关系。政策阶段分析模型虽然把政策过程划分为不同的阶段，但是，它没有说明政策过程不同阶段的是如何联系在一起的；从一个阶段发展到另一个阶段的动力是什么；不同环节之间是怎样相互影响的？而这些恰恰是构成一个理论模型的核心因素。二是它不能为实证假设检验提供明晰的理论基础。由于缺乏对因果关系的揭示，不可能在实证的基础上对这一模型进行确认、修正和补充。三是它描述的政策过程不同阶段的顺序是不准确的。有时政策过程并不是按照设定议程、政策制定、政策执行、政策评估这样的顺序进行的。而且偏离这一顺序的情况经常发生。四是它忽略了政策过程的其他重要参与者。这一模型具有尊重法律、自上而下的特点，关注的是立法者的意图，忽视了政策过程其他重要参与者。当政策不仅仅先于立法，而涉及诸多参与者的相互作用，特别是不存在谁支配谁的问题时，这一理论缺少解释力。五是它以时间为元素对政策循环圈进行分析是不妥当的。实际上在政策过程中，由于有不同层级政府的参与，政策过程往往包含多重循环圈，不能仅仅关注一个特定层级（如联邦政府）所产生的政策循环圈，而要进行多层次的分析。六是它没有把政策过程同政策学习结合起来。这一模型把政策分析止于政策评估阶段，在政策研究中导致的结果就是把政策分析同政策学习割裂开来，由此形成了理性的政策分析模式和政治的政策过程模式的不可调和的分裂。

正是由于萨巴蒂尔对传统政策过程理论的如此责难，遭到了德利翁的强烈反驳。也有些学者认为，萨巴蒂尔的观点反映了某种经验主义理论应用的令人担心的褊狭性；忽视了拉斯韦尔所谓的有助于整合政策时间的核心理论的存在。不可否认，也正是萨巴蒂尔对传统政策过程理论的责难，成为公共政策学发展多元化时代的催化剂。

二 萨巴蒂尔倡导联盟思想

1. 倡导联盟框架的哲学基础

政策科学是在行为主义"新政治科学运动"中诞生的，其哲学基础是实证主义。一切知识都建立在可观察和实验的经验基础之上，这是实证主义的基本原则。根据这一原则，主观性的价值判断被排除在科学研究过程之外。早期政策科学受行为主义的影响，力图实现价值中立，把自己打造成与自然科学具有同样性质的经验科学，从而对政治现象和政策过程作出科学的解释和预测，由此产生了由拉斯韦尔提出的政策过程阶段分析框架。但是由于政策现象的极其复杂性以及与价值的不可分割性，使脱离价值分析的政策科学对许多政策现象无法作出有说服力的解释，遭到了各方面的批评。正因为如此，政治学的行为主义在诸多的质疑声中被后行为主义所取代。后行为主义政治学在后实证主义哲学里，找到了自己的哲学基础。政策科学也面临着从行为主义向后行为主义转变的问题。

萨巴蒂尔的倡导联盟框架正是在这样的背景下提出的，可以说，它得益于后行为主义的"新革命"。倡导联盟框架的提出就是为了取代传统政策科学的政策过程阶段分析框架。从倡导联盟框架的哲学基础来看，是以与实证主义完全不同的后实证主义哲学为基础的。

倡导联盟框架具有非理性主义和工具主义特征。"库恩在《科学革命的结构》中把范式理解为科学共同体所共有的信念，这种信念规定了他们解决问题的基本方法和观点。这种共同的信念与宗教信仰一样，无法在理性的认知范围内寻找，而是源于非认知的社会心理和社会历史。在常态科学时期，表现为既定的范式下的知识增长；而科学革命的实质就是范式替代和转化。范式变化不是认识的深化和进步，而是心理上的信念转化，即'格式塔转换'。新旧范式之间的转变实质是不同信念体系的更换，就像宗教信仰的改变一样没有连续性、进步性和可约性，而是与原来信念体系的决裂和中断。"① "倡导联盟框架正是诉诸库恩科学历史主义，它一反实证主义对非理性诸如价值观、信念的排斥态度，突出地强调非理性的信念在公共政策过程中的关键作用。实际上，'倡导联盟框架的主要特征就是集中倡导联盟的信念体系'。在倡导联盟框架看来，公共政策本质就是一种信念体系，它反映了各种价值观的优先次序，因此，政策过程就是竞争性倡导联盟实现其信念体系的过程。换句话说，信念体系对联盟成员的认知起着过滤和筛选的作用，从而突出和放大他们所认为的优先性的价值，同时也规范联盟成员对有关优先性问题的重要因果关系和各种问题的严重性的判断，从而支配了他们为实现这些价值所采用的手段和策略。"②

倡导联盟框架强调价值观的作用，尤其是强调信念体系的作用。"'倡导联盟还清晰地阐述了价值观在政策变化中的作用'。在政策亚系统中，占主导地位的倡导联盟，其信念体系通过认知性的政策取向学习而发生信念体系'次要方面'的改变和政策核心体系一定程度的调整，从而表现为公共政策是一个渐进的和不断演进的过程。然而，真正发生并替代原来主导联盟的不是认知性的原因，而是非认知的力量，即'当原先处于主导地位的倡导联盟被新的倡导联盟推翻后，由于这个新的联盟极力维护作为替代性的政策信念体系，政策因此将发生变化。'可见，这与库恩范式概念所要强调的一样，新旧联盟的转换实质上就是该政策亚系统的不

---

① 余章宝：《政策科学中的倡导联盟框架及其哲学基础》，《马克思主义与现实》2008年第2期。

② 同上。

同信念体系的转变。正是因为新的政策共同体所持有的新的信念系统占据了政策亚系统的主导地位，所以，旧新政策之间没有连续性、累积性和可约性，相反，表现为政策巨变、中断和创新。总之，由于倡导联盟框架关注信念体系与观念在政策制定中的作用，因而被看为政策分析中的后实证主义拥护者"。①

2. 倡导联盟框架的基本前提

萨巴蒂尔认为，倡导联盟框架主要有四个基本前提：一是理解政策变迁需要十年或数十年的时间跨度。之所以需要如此长的时间跨度，主要是因为政策分析的目的是改变政策制定者的观念和认识，这往往不是短期内就可以见效的，如果把注意力放在短期决策上会低估政策分析的影响力。历经十年或数十年可以形成一个由制定到执行，再到修正的完整政策周期，可对政策的成功与失败作出合理、准确的描述。二是考察的重点是政策子系统。政策子系统是指关注某一政策问题的参与者，主要由相关的政府机构以及其他公共机构和私营组织构成的。它突破了"铁三角"概念的局限，扩展到包括不同层级政府中积极参与政策制定和实施的人员，还有在政策理念形成、传播和评估中发挥重要作用的新闻记者、研究人员和政策分析家。三是政策子系统应包含所有政府层级的参与者。如果仅仅从国家层面上分析政策变迁容易产生误解，很多时候政策创新往往来自于国家以下的层级。四是公共政策可以用概括信念体系的方法进行概括。信念体系包括价值取向、对重要因果关系的理解、对世界局势的理解、对政策工具效力的判断等。

如（图 14 - 1）所示，根据四个前提条件，萨巴蒂尔主张公共政策应当是在若干个政策倡导联盟相互作用下渐进变迁的，而且是以一组政策核心理念的实现为最终目标的实施框架。但需要注意的是，萨巴蒂尔所谓的政策核心理念大部分均为抽象的概念或美好的愿景，并不见得都能实现。正如人类的发展实际上是一个不断试错的过程一样，政策核心理念也在不断的修正和变迁。

3. 倡导联盟框架的主要内容

（1）政策变迁的倡导联盟框架

萨巴蒂尔通过对影响子系统政策变迁的外部因素、政策子系统的内部

---

① 余章宝：《政策科学中的倡导联盟框架及其哲学基础》，《马克思主义与现实》2008 年第2 期。

结构及其相互关系的揭示，对政策变迁的倡导联盟框架进行了诠释（见图 14 - 2）。

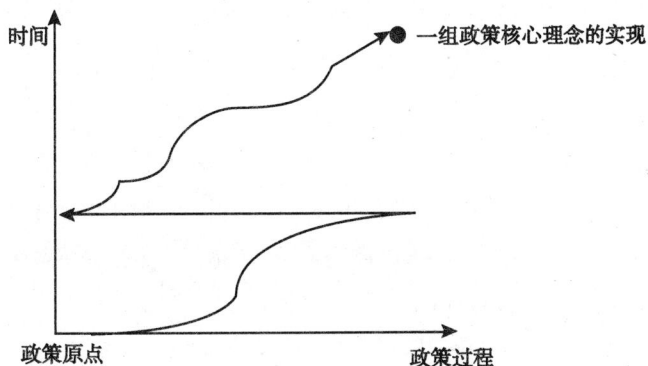

图 14 - 1 萨巴蒂尔的政策过程理论示意图

资料来源：根据［美］保罗·A. 萨巴蒂尔等《政策变迁与学习：一种倡议联盟途径》，北京大学出版社 2011 年版，整理而成。

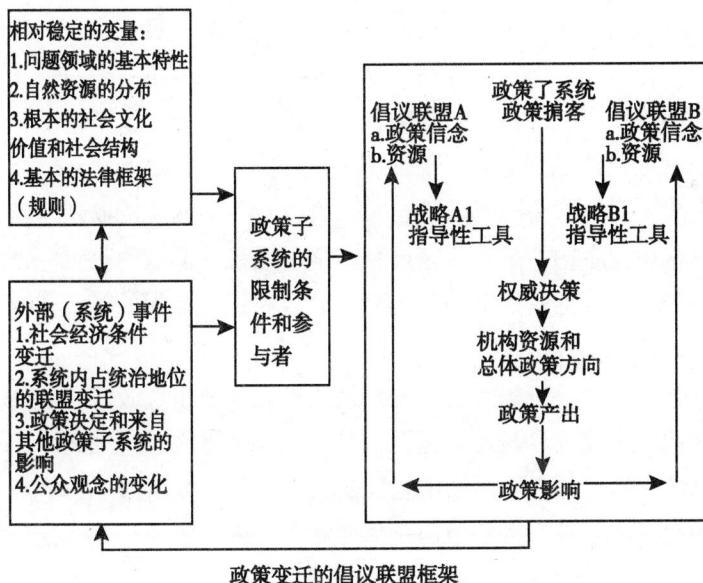

图 14 - 2 政策变迁的倡议联盟框架

资料来源：［美］保罗·A. 萨巴蒂尔等：《政策变迁与学习：一种倡议联盟途径》，北京大学出版社 2011 年版，第 18 页。

如图 14 - 1 所示，萨巴蒂尔认为，在政策变迁的倡导联盟框架之中，左边有两组外生变量影响政策变迁，其中一组相对稳定，短期内不会发生根本性的变化，很大程度上限制了政策子系统参与者的选择范围，另一组是动态的。相对稳定的因素主要有：一是问题领域的基本特性。涉及公共物品领域的问题，市场不能有效的解决，就需要通过政府来解决。问题领域的基本特性影响政策选择，影响以政策为导向的学习程度。更为重要的是，物品的性质随着时间的推移会发生变化，某些原本不是公共物品的事务会进入公共物品领域。这种变化通常是由倡导联盟的活动推动的。二是自然资源的分布。自然资源的分布直接影响政策选择的可行性。三是文化价值和社会结构。某些政策选择在有些国家是可行的，在某些国家不可行，这同文化价值有着密切的关系。国家的政治权威同收入分配、社会阶层、组织结构等密切相关。社会团体的影响力要发生巨大改变，往往需要数十年时间。四是基本法律框架。在大多数政治系统中，宪法和法律的框架非常稳定，也正是这稳定的规范，影响着以政策为导向的学习所能进行的程度。上述因素都是非常稳定的，要想改变也不是不可能，某些因素的改变往往需要倡导联盟十年甚至数十年的努力方能奏效。

动态因素是影响政策变迁的主要因素，一是社会经济环境与技术。这些因素的变化，一方面，可能突破现行政策的因果假定；另一方面，可能改变不同倡导联盟的政治支持程度，极大地影响一个政策子系统。二是系统内占统治地位的联盟。占统治地位的联盟通过"关键的选举"而发生根本性变化，新的联盟同时掌控行政长官以及议会两院的职位。当然，这种变化是很少发生的。三是决策以及其他子系统的影响。政策子系统往往要受到决策以及其他政策部门的影响，其自主性是有限的。上述因素的变化直接推动政策变迁。

萨巴蒂尔还对政策子系统的内部结构进行了分析。政策子系统是参与处理问题的一组政策参与者。运用网络分析方法确定所有的政策参与者，包括潜在的政策参与者。激活潜在的支持者是倡导联盟采取的一项重要战略。新的政策子系统产生的原因是倡导联盟中的子集成长到一定阶段形成的。政策子系统是由众多的政策参与者组成的。在政策子系统的内部，参与者被划分为不同的政策倡导联盟。在萨巴蒂尔看来，倡导联盟包括政府主体和社会主体，他们来自国家一级行政区、二级行政区和地方级行政区。他们也将信息和利益在政策程序中的作用捆绑在一起。行为主体因为共同的认识走到一起，经常以他们都掌握的关于公共问题的信息和共同利益为基础。对人类本质的共同认识和事物发展的共同愿望，构成了他们信仰体系的核心。当该核心稳定时，政策联盟得到巩固。同一倡导联盟成员在基本理念和因果关系上有着共同的信念和一致的行动，而不同的倡导联盟之间存在着冲突，冲突的程度取决于相关参与者是在信念体系的"次要"方面还是"核心"方面存在不同意见，这些冲突需要"政策掮客"寻找妥协方案以减少激烈冲突。

政策倡导联盟试图把他们的信念转化为公共政策或者政府项目，但是在任何一个政府间的体系中，不同的政策联盟可能分别控制各个政府单位。信念体系决定了一个政策倡导联盟寻求政府项目的努力方向，政策倡导联盟的能力主要取决于其自身的资源（资金、专长、支持者数量等）。虽然每个联盟都努力增加自己的资源寻求实现自身的政策信念，但是政治资源的分配发生重大变化往往是源于政策子系统的外部事件，并且大部分是源于政策子系统联盟活动之外的事件。而当政策联盟间掌握的能力和资源相对发生变化时，政策的进程也相应的发生改变（见图14－3）。

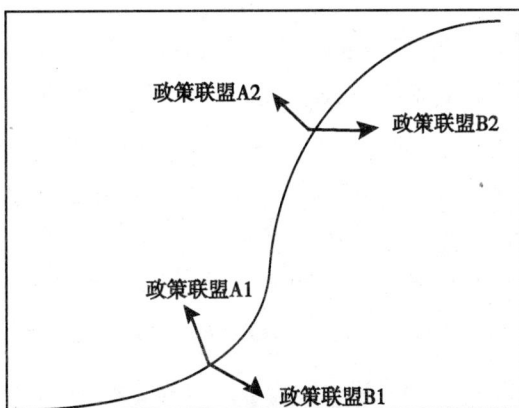

图 14－3　微观下政策变迁 1

资料来源：根据［美］保罗·A. 萨巴蒂尔等《政策变迁与学习：一种倡议联盟途径》，北京大学出版社 2011 年版，整理而成。

萨巴蒂尔在描述政策倡导联盟在政策变迁过程中发挥的作用时，还提到了另一种情况，即在原有的政策联盟中分裂出一个新的政策联盟，或新出现一个原本并不存在于政策系统中的政策联盟。这时，政策联盟间的力量对比也会发生新的变化，从而使政策也相应地发生改变。当然，政策联盟间能力和掌握资源的对比并不能完全直接地展现在对政策进程的影响上。萨巴蒂尔指出,有时候某些关键位置的人事任命,将会对政策的制定和进程产生巨大的影响(见图 14 - 4)。

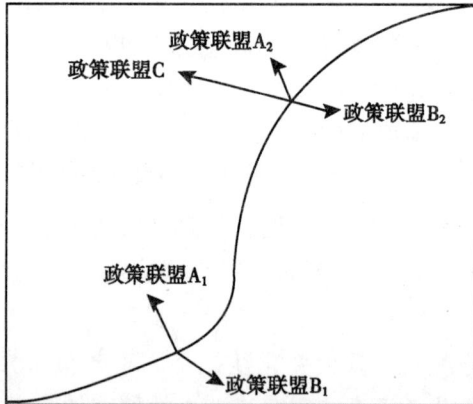

图 14 - 4　微观下政策变迁 2

资料来源:根据〔美〕保罗·A. 萨巴蒂尔等《政策变迁与学习:一种倡议联盟途径》,北京大学出版社 2011 年版,整理而成。

萨巴蒂尔认为,偶然出现的一些事件也可能会导致政策联盟集体同意重新修改政策。可以把萨巴蒂尔所述的这些偶然事件统一概括为"突发事件",需要注意的是,这里的"突发事件"并非单指战争、自然灾害等字面意义是突发事件,技术的进步、社会观念的变迁和其他政策的变迁也是这种"突发事件"的有机组成部分之一(见图 14 - 5)。

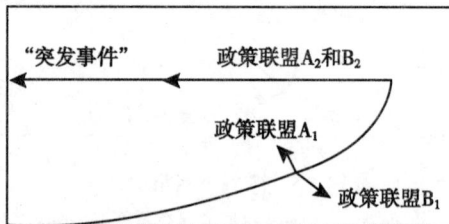

图 14 - 5　微观下政策变迁 3

资料来源:根据〔美〕保罗·A. 萨巴蒂尔等《政策变迁与学习:一种倡议联盟途径》,北京大学出版社 2011 年版,整理而成。

萨巴蒂尔也指出,在政策倡导联盟中的各个成员都相对较为温和,执行政策的行政官员其价值取向也较为中立,因而极端主义者可能是不适用于政策倡导联盟的理论框架的。由此也可以引申地探讨一下萨巴蒂尔的政策倡导联盟的其他局限之处，在该理论框架之中，萨巴蒂尔以抱有共同政策理念为识别基础，将政策子系统划分为不同的政策联盟。然而，这样的划分方式也必然会忽视了利益在政策过程中的巨大作用，又或者说政策理念也是利益的某种表现形式，但遗憾的是萨巴蒂尔并没有对这一点进行说明。

除了其核心内容和某些局限性之外，倡导联盟框架特别关注以政策为导向的学习，右侧的内部反馈循环圈、外部动态因素的概念以及对变量和其他因素的加深认识，都属于政策为导向的学习范围（见图14-2）。倡导联盟框架认为虽然以政策为导向的学习是政策变迁的一个重要方面，而且常常可以改变联盟信念体系的次要方面，但是政策核心方面的转变都是由政策子系统外非认知性因素（宏观经济环境、新的占统治地位联盟的产生）的动摇造成的。

关于以政策为导向的信念体系，倡导联盟框架有三个基本的出发点：一是期望效用模型；二是有限理性；三是政策参与者大多在其利益相关的政策领域有相对复杂、内部协调一致的信念体系。倡导联盟框架认为，政策子系统是由政策精英构成的，并且对所在政策子系统的主要问题具备推理论述能力的政策精英往往都存在适度偏好。倡导联盟框架把参与的政策精英的信念体系进行了内部划分（见图14-6）。

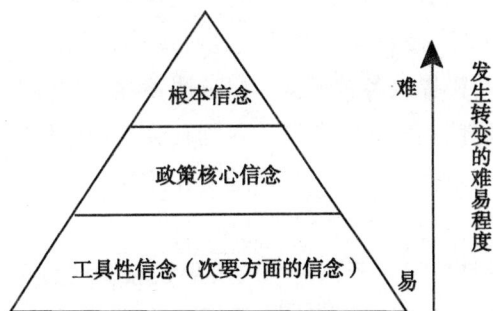

图14-6 政策联盟信念体系

资料来源：根据［美］保罗·A.萨巴蒂尔等《政策变迁与学习：一种倡议联盟途径》，北京大学出版社2011年版，整理而成。

（2）以政策为导向的学习

倡导联盟框架关注的核心问题是倡导联盟的信念体系。以政策为导向的学习关注的焦点，是联盟内部各自系统成员信念体系变化的轨迹。为此，萨巴蒂尔提出了四个基本假设：一是当两个联盟之间发生中等程度的冲突时，跨越信念体系的以政策为导向的学习最有可能发生。这就要求争论的双方都要拥有足够的技术资源；冲突将发生在一个联盟信念体系的次级层面和另一个联盟信念体系的核心层面，或两个联盟信念体系的次级层面。这一假设提出了推动不同联盟信念体系以政策为导向的学习的动力。二是包含大量量化数据和理论支持的政策问题，比那些定性的、十分主观的，或者两者都缺乏的问题，更容易推动以政策为导向的学习。三是涉及自然系统的问题比涉及纯社会和政治系统的问题，更容易实现以政策为导向的学习，因为前者的许多变量不是活跃的战略因素，实验条件则更为可控。四是当存在一个具有如下特征的论坛时，即声望很高，吸引了各联盟的专家都来参与或由专业规范主导的论坛，以政策为导向的学习就更有可能发生。

以政策为导向的学习指的是相对持久的想法或行为目的的转变，这个转变由一定经历引起，并与政策目标的实现（或修正）相关。它包括多个议题：一是提高个人对目标和信念体系中其他重要变量的认识；二是提高个人对信念体系内部逻辑关系和因果关系的认识；三是确认和回应对个人信念体系的挑战。

萨巴蒂尔指出："政策倡导联盟——特别是当他们不占主导地位的时候——具有充分的动机参与以政策为导向的学习，以便（1）证明现有政策的绩效差距；（2）提高他们对产生这种差距的原因的认识。占据主导地位的联盟存在动机提供各种证据，以证明不存在绩效差距。除非占主导地位的联盟具有压倒性的政治资源，否则就会出现分析辩论，每一方都试图说服其他人——包括中立派，特别是潜在的政策掮客——以证明自己观点的正确性。"[①]

萨巴蒂尔还指出："对于每一个政策倡议联盟的成员来说，这种说服工作相对容易，因为从联盟的定义上来看，他们的大部分核心信念都是相同的，他们的分歧主要局限在信念体系的次要方面。"[②] 而要实现跨越不同联盟信念体系的以政策为导向的学习，需要三重变量共同作用，即冲突的程度、问题的可分析性、分析论坛的性质（见图 14－7）。

---

① ［美］保罗·A. 萨巴蒂尔等：《政策变迁与学习：一种倡议联盟框架》，邓征译，北京大学出版社 2011 年版，第 54 页。

② 同上。

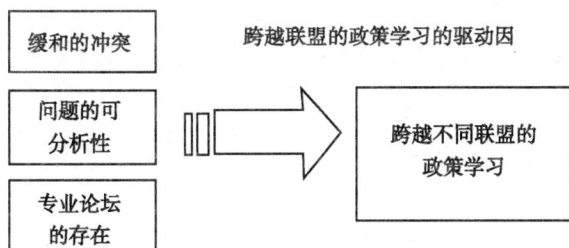

图 14 - 7　政策学习的驱动因

资料来源：根据［美］保罗·A. 萨巴蒂尔等《政策变迁与学习：一种倡议联盟途径》，北京大学出版社 2011 年版，整理而成。

第三节　萨巴蒂尔思想简评

　　萨巴蒂尔的政策学思想可谓独树一帜。他对现存的诸多政策过程理论的整理，为政策学的进一步发展打下了良好的基础，他本人所提倡的政策倡导联盟理论框架也为其他政策学研究者提供了一种新的研究视角。该框架不但避免了其他政策过程理论中将政策各个过程相互割裂的情况，从整体的角度对公共政策的过程进行考察，还能够较好地体现当代美国政府政策过程的现实情况，即公共政策不再是单纯的自上而下展开，相反，在很多情况下公共政策还会表现为自下而上，同时公共政策也不再是单纯的命令，而是不同的政策倡导联盟之间的相互博弈与协调。该理论框架更能将一些原本并不被纳入政策分析范畴的政策相关者列为政策倡导者之一，将其作为重要的政策主体进行分析。可以说，政策倡导联盟框架对于当下美国公共政策的实际情况具有较强的解释力。

　　但是，萨巴蒂尔的政策学思想也还存在一些有待完善的地方。一方面，萨巴蒂尔以假设每个政策相关者都有其政策"信仰核心"，并会一直为实现这个目标而奋斗，这虽然将政策相关者从传统的"经济人"假设中解脱了出来，还使政策分析变得更为便利，但其同样存在忽视了政策相关者利益需求的弊端，并不一定能够完全解释政策现象。另一方面，萨巴蒂尔的政策思想是基于美国联邦两党制的政治实际的，尤其是美国允许院外集团的存在，正是这些游说者的存在给萨巴蒂尔的政策思想提供了丰富的养料。因而，脱离了这种政治实际之后，萨巴蒂尔的政策学思想的适用性就有待验证了。

第十五章 弗兰克·费希尔的政策思想

第一节 弗兰克·费希尔生平和主要著作

弗兰克·费希尔出生于 1944 年 9 月 24 日，曾获纽约大学政治学和公共行政系美国政府博士学位、纽约大学和罗斯福大学经济学和公共财政博士学位，以及印第安纳大学社会心理学学士学位，任美国拉特格尔斯大学政治学教授。他还担任捷克共和国科学院科学技术和社会研究所、丹麦罗斯基勒大学公共行政系、奥地利维也纳大学政治科学系、南非约翰内斯堡 Witswatersrand 大学公共发展管理学院和开普敦大学公众健康系等多个国家和多所大学的客座教授，还是德国洪堡大学、荷兰莱登大学等多所大学的访问教授，并在印度喀拉拉邦环境和发展中心等多家研究机构和大学做过访问学者。他还是《组织和环境》《政策研究》《政策研究评论》《国际公共行政》《公共组织评论》《工业环境和危机季刊》《工商战略和环境》《城市实践网络》等多家期刊的主编或评委。

弗兰克·费希尔在公共政策领域主要关注的问题和研究兴趣包括：环境政治和政策、科学和技术政策、比较公共政策、政策分析、公共政策评估等，并取得了丰厚的研究成果。此外在公共部门和行政管理、社会科学理论和方法，民主政治理论和国家理论以及美国和德国政治方面也颇有研究和建树。他主要教授环境政治与政策、公共政策分析、美国政治与美国对外政策等方面的课程。因对公共政策实质和过程的理解以及在学术上的突出贡献，在 1999 年获得了政策研究组织授予的哈罗德·拉斯韦尔奖。

弗兰克·费希尔的主要著作有《重建公共政策》《公民、专家和环境：地方知识政治学》《公共政策评估》《技术专家治国论和专门知识政治学》《政治学、价值和公共政策：方法论问题》《重构公共政策：话语政治和协商实践》《民主与专业知识：调整政策咨询》等。

第二节　弗兰克·费希尔实证辩论评估思想

一　费希尔实证辩论评估思想的理论前提

费希尔政策思想的核心内容，主要反映在他的政策评估思想中。费希尔把政策科学或政策分析领域人们所从事的工作和活动统称为政策评估，因而他把政策评估定义为政策分析或政策科学的应用活动。在费希尔看来，政策评估贯穿于整个决策过程的各个阶段，包括政策问题的提出和确定、政策抉择的政策方案、选定政策方案的实施和实施完成后的最终影响。政策评估既包括"事前"评估，也包括"事后"评估。事前评估侧重于对政策预期效果的评估；事后评估则侧重于对政策运行后的实际结果的评估。

费希尔认为，拉斯韦尔在创立政策科学时也创立了一个广泛的，包括从人类学到物理学、数学特别是统计学等跨学科的方法，力图建立一个既着重于决策过程评估，又着重于结果评估的科学。尽管在政策实践领域政策评估工作有了很大的进展，但同拉斯韦尔的最初设想相比范围大为收缩。由于大量使用经济学的方法，尤其是成本效益分析法，政策评估被局限于对政策目标的经验主义结果进行评估的狭窄领域。政策评估越来越受到了质疑。

当代政策评估的经验主义方法是以"实证主义"为基础的。实证主义方法包含着一系列的实证—分析技术，如成本—效益分析、准实验研究设计、多元回归分析、民意调查研究、投入产出分析、运筹学、数学模型和系统分析等。人们把上述政策分析方法等同于政策制定的理性模型。由于这些方法的运用依赖于专家的作用，因此实证主义的政策评估被批评为"专家治国论者的世界观"的产物和代理者。它强调用技术手段解决社会和政治问题，贬低政治过程和民主决策过程。专家治国论遵循的实证主义原则就是事实—价值两分法。按照实证主义的观点，社会被理解为一系列可测量的客观物体。实际上社会本身也应该是一个有组织的价值世界，社会科学不能忽视价值的作用。

费希尔的政策评估思想摒弃了实证主义，其哲学基础是后实证主义。事实和价值之间既相互独立又相互联系的关系理论，构成了费希尔政策评估思想的理论前提。后实证主义方法具有三个显著特点：一是不再把自然科学及其方法看作是唯一的科学方法，而是把它们视为研究必不可少的工具；二是强调以个人的感官来研究事物，不需要寻找事实存在的客观法则，提出了经验事实具有主观特性的观点；三是客观实体是存在的，但由于认识能力有限，只能部分地认识事物的真实性，只能对某种理论进行证伪。后实证主义方法提倡实证与多元相结合，认为这样才能够尽可能地接近事实。

二　费希尔实证辩论评估思想的主要内容

费希尔力图在事实和价值统一的前提下，为政策评估提供一种新的方法。他把自己提出的公共政策评估的新方法称为"实证辩论方法"。费希尔为自己的实证辩论方法勾勒出一个逻辑框架，力图把能够纳入评估的经验的和规范的全部因素结合起来。他把政策评估分为两个层次，四个推论，第一个层次包括项目验证和情境确认；第二个层次包括社会论证和社会选择（见图 15 – 1）。

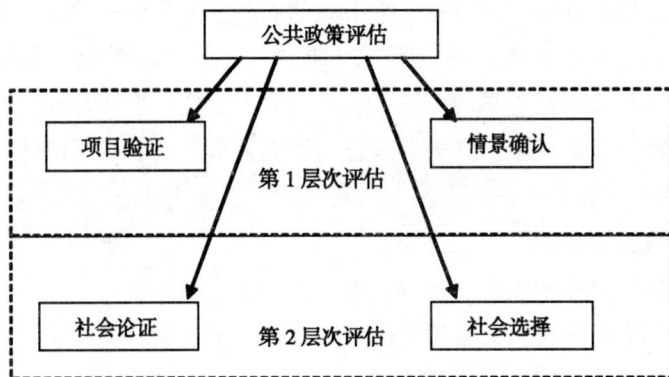

图 15 – 1　实证辩论方法

资料来源：根据［美］弗兰克·费希尔《公共政策评估》，中国人民大学出版社 2003 年版，整理而成。

第一层次着重于政策发起者特定的行动背景，探究特定项目的结果以及这些结果出现的情景。第二层次是评估转换到了更大的社会系统之中，着重于更大的政策目标对社会系统的影响，强调这种社会顺序背后的规范原则和价值评估。因此，政策评估必须沿着微观和宏观两个方向进行思考。

1. 项目验证

（1）项目结果的实证论证

费希尔认为，项目验证阶段实证论证的焦点是公共政策项目的目的。可以定量测量的实证描述是科学评估的根本特性。因此，实证论证关注的不是政策目标，而是由政策目标派生的可以量化的项目目的。依据量化的项目目的可以确定量化的项目标准。政策目标通常具有比较宽泛的社会导向意义，以更高层次的理想为基础，而依据总的政策目标确定的项目目的则更清楚、更具体、更容易量化。只有把政策转化成项目，才更容易纳入政府部门的议事议程。项目建立起一种手段与目的的关系，由此可以构建问题和政策之间的因果关系链条。

费希尔认为，项目验证所要回答的中心问题：一是从实证角度看项目是否完成了既定的目标；二是实证分析是否揭示了对项目目标进行补充的次要的或者未曾预料的效果；三是项目是否比其他可行的办法更有效地达到了目的。

（2）项目评估的主要方法

费希尔认为，项目验证要以实证调查为基础。科学调查的方法很多，对于项目评估来说，最能反映科学调查形式假定的方法是实验的方法。实验的方法主要是由应用心理学家倡导的，它强调的是问题情景或目标人群在某一项目的作用下发生了哪些改变，主要是通过对项目引进前后状态的分别测量分析其影响。在政策评估中，实验方法的重点在于分析基本的政策目的以及由政策目的而产生的相关后果，通常被等同于"结果评估"或者"影响评估"。实验研究通常涉及四个基本步骤：第一步是根据项目要达到目的明确分析标准。第二步是找出或建立能恰当测量的数量指标。第三步是选定适当的目标人群和相应的评估样本。理想的做法是随意把人群样本分为对等的实验组和控制组，通过实验进行比较。第四步是对实验数据进行分析。如果一个项目是有效的，实验数据就会反映出项目和实验组的反应之间存在显著的正相关关系，而项目同控制组的反应之间可以忽略的相关关系，找出两者之间的本质差别。

费希尔强调在实验研究过程中，要关注其外在有效性和内在有效性以及伦理等问题。外在有效性和内在有效性是判断实验调查结果可接受性的两个基本标准。"外在有效性指的是一个实验的调查结果是否能在相似的情景中复制，能不能推广到更多的人中。当不同的实验者在不同地方进行实验，得出同样的结果时，复制的可能性将得到最好的检验。实验能否推广到更多的人中首要决定因素是分析的主题和背景能否代表更多的人……内在有效性的问题跟实验的方案和完成的方法相关。要想把内在有效性最大化，研究者必须注重所研究的问题或假说的定义的明确性，注重建立为即时效果和长期效果提供早期评估的研究程序。"① 实验人员面临着那些无处不在的因素的挑战，包括外在事件、成熟过程、测试偏误、工具偏误、选择偏误、非对等性和减员等因素。此外，实验研究常常涉及重要的伦理问题，例如，对参加实验的个人或小组在经济或物质上造成的损害，只要存在这种可能性就要明确告知，参与自愿，退出自由。

　　费希尔指出，一旦通过实证确定了一个项目的结果，就可对结果作进一步测量，以对该项目输入与输出的关系作出判断，也就是要把取得"效益"的结果与导致这一结果的投入进行对照。这就需要运用成本—效益分析方法。通常的做法是先把项目的输入也就是投入的成本和项目的输出即结果，转化为可以衡量的货币价值，然后计算出项目的效率，即所支出的费用与所产生的效益的比例。在公共政策形成过程中运用成本—效益分析，决策者应秉承"为最广泛的大众提供最大的利益"的"功利主义"伦理规则。分析过程主要分为以下四个步骤：一是界定项目的投资者和受益者。通常政策的受益者是那些直接参与项目的人。二是把输入和输出冠以货币价值。费用在大多数情况下是预算即政府拨付的实际经费。预算开支主要包括物质费用和管理费用，此外还有机会成本。典型的效益包括税收、高生产率和创造的就业机会等。三是界定由时间带来的费用和效益方面的价值变动。也就是要计算折旧率和增值率。四是计算成本—效益率。也就是要提供总体费用和效益之间关系的数字价值，比率小于1.0意味着费用超过效益，比率大于1.0意味着效益超过费用。

　　费希尔认为，"费用—有效性分析"是成本—效益分析的一个重要变体。费用—有效性分析的特点是不确定项目的货币价值，通常用于难以用货币价值来衡量结果的时候。费用主要是与特定的输出水平对照进行测算。有效性主要是通过不同方法中哪一种将更好地达到既定的目的来衡量。计算与结果有关的平均费用是费用—有效性分析的基本方法。这种方法通常是要计算出各种备选方案的常规费用，要测量每一种方案的效果，

---

① ［美］弗兰克·费希尔：《公共政策评估》，吴爱明等译，中国人民大学出版社2003年版，第32页。

然后判断哪一种方案费用最少，效果最好。另一个"成本—效益分析"的重要变体是"风险—效益分析"。从根本上讲，风险—效益分析主要是以对个人或团体的风险种类和大小来衡量项目消极结果的分析方法。它是风险评估和成本—效益分析两种方法的融合。运用风险—效益分析方法，首先要进行风险评估，也就是对有害的技术和对健康有害的威胁带来的风险进行评估；然后进行成本—效益分析，即把有害行动产生的效益和带来的风险进行明确对比。

（3）项目验证的规范性局限

项目验证的规范性局限主要体现在以下三方面：第一，客观性。以验证为中心的评估包括政策实验和成本—效益分析，本质上是技术性的问题。其任务在于建构易于使用、易于论证的客观指标和记录措施。这是以分析者能够客观地辨别目标或者效益、选择指标和样本，能够把项目的进展量化并且对之进行测算为前提的。然而在实际的项目验证过程中，分析者在完成每一项任务时都需要进行规范评判，即究竟在政策分析中什么是重要的，什么是不重要的。评判不可能做到完全客观，不涉及任何价值问题。

第二，社会环境。项目验证不可能摆脱政治因素的影响。一是目标的意义和标准的确定离不开政治因素的作用。政策目标是否适当的问题往往要通过政治辩论，甚至谈判才能解决；测量指标的设定通常也要以政治决定为基础。二是研究方案本身也渗透了社会环境问题。在许多社会环境中，由于受到各种因素的限制，无法系统运用实验和成本—效益分析方法，如样本太少、数据缺乏、无法预料的变化、意想不到的结果和资金不足等。三是研究中甚至量化过程都伴随着主观因素。

第三，意识形态。实验和成本—效益分析在概念上，存在着歪曲政治过程的性质和公共政策功能的倾向。由于受"技术专家治国论"的影响，政策分析者把对技术合理性的强调扩展到整个社会中去。他们不承认这些方法的社会和环境的局限性，而常常把自己分析的失败归结为政治体制问题。成本—效益分析之所以具有歪曲公共政策本质的倾向性，主要原因在于它是以福利经济学意识形态为基础的。福利经济学意识形态的主要特点：一是强调个体利益的最大化。它把社会看作是只为自己利益着想的理性决策者的组合，社会关系就是独立个体之间的交换关系，追求的是自身利益的最大化，否定集体生活。政府逐渐成为在公民个体间分配费用和效益的慈善机构。二是强调市场机制。公共政策形成被看作是追求个体利益的理性的整体算计。对个体角色的强调还表现在对政策执行过程的解释上，认为政策具有应当自动执行的含义。三是否定政治的资源配置问题。政治和政策的实质是谁应该得到什么的问题。成本—效益分析甚至完全忽视了这一点。它最基本的意识形态问题就是把经济合理及其标准，推广到具有不同标准和控制过程的社会政治领域，把技术专家治国论的价值系统强加于政治过程，忽视了社会选择的规范性问题。

2. 情景确认

费希尔指出，情景确认阶段关注的是政策目标的适当性，即确定政策目标是否适合特定的问题情景。为此，评估的重点由经验主义的定量研究转向了规范讨论和定性分析的阐释方法。确认阶段的依据是经验情景和特殊规范标准之间的逻辑或解释关系；确认阶段的目的是提出有关特定变量之间经验关系的有效判断，用规范标准和规则约束经验主义背景；"确认阶段的目标是提出一个对经验关系内涵的解释，将事实置于标准和规则的规范背景之下。验证阶段在经验数据之间的关键关系是因果关系，而确认阶段的实质关系是逻辑关系。"①

（1）情景确认关注的主要问题

费希尔指出，情景确认主要围绕以下问题展开：一是项目目标是否与问题情景有关；二是情景中是否有关于项目目标的例外情况；三是是否有更多的与问题情景有关的对等目标？

第一，目标和情景关系的社会相关性。情景确认阶段首先要回答的问题是"项目目标与问题情景有关吗？"要回答这个问题必须把规范标准与情景事实结合起来进行思考。原因在于这两个因素的关系决定着问题情景的存在和性质。实际上，所谓问题就是规范标准和对现存或预期情景的认知之间的差距。也就是说，"问题"不是既定的事实，也不是来自外部世界的东西，而来自一种社会观念。至于政府目标的重要意义也是一种主观判断。规范标准和对现存或预期情景的认知，作为构成问题的两个异质性因素均具有社会观念的性质。因此，社会相关性是情景确认所涉及的基本要素的重要特征。通常认为，政策问题就是标准和情景之间的差距，是存在于我们之外的客观事物，实际上这是误解。标准和情景这两个社会构

① ［美］弗兰克·费希尔：《公共政策评估》，吴爱明等译，中国人民大学出版社 2003 年版，第 74 页。

造，都是建立在人的社会行为基础之上的。标准同人们的认可相关；情景同人们的某种知识相关。

第二，确定例外的情景讨论。情景确认阶段关心的第二个问题是确定既定情景下的例外，也就是情景中有没有关于项目目标的例外情况，或者说能否用这个例外来取代项目目标？有一个重要原则，那就是只有在目标例外比实现这一目标更好，或者是现有目标在特殊情景下可能带来不良后果的情况下，才能确定目标的例外。这既涉及不同标准之间的冲突问题，也涉及对特殊情景的界定问题。标准不同结论也不同。对特殊情景的界定也需要有充分的理由。这需要收集有关项目目标的不同意见和情景的经验事实，并使推理建立在逻辑规则的基础上。

第三，发生冲突的目标。情景确认阶段关注的第三个问题是相互冲突的目标。当一个被认为是不好的目标的某一方面被另一目标认为是好的时候，就发生了目标之间的冲突。要解决这一冲突，必须对哪一个目标应该优先作出决定。这就需要按照一个更高级的标准或目的将各种目标进行排序。当确定一个目标优于另一个目标时，那个优的目标就拥有"更高的"诉求权。当然，这有一个对标准自身的标准的确认问题。"评估者的任务是从逻辑上阐明这样的目标，它能满足冲突各方都同意的这个更高层目标的适当要求。简言之，政策评估者必须试图说明：一个特殊的诉求权对于更高目标或全部相关政治利益或主流社会准则来说是规范的、可接受的。"① 然而，这种努力的作用往往是有限的，因为冲突各方通常要受到政策的特殊规范和信仰的约束。

（2）情景确认的定性方法

费希尔认为，情景确认阶段由问题识别和界定本身的性质所决定，主要倾向于利用定性分析的解释框架。影响评估情景确认阶段最重要的因素，是规范标准和对适用于这些标准的情景的理解，而这些均为基于社会角色的主观看法，不适合应用经验主义的定量分析方法。定性方法的主要形式包括：直接观察、局部调查、二手资料、案例研究、详细描述、现场记录和现场采访等。案例研究是定性方法的最典型的形式，它可以对一个特定的政策目标及其执行的特殊情景进行非常详细的检测和证明。直接观察是在不做任何控制的自然状态下收集有关社会信息的最直接的方法。现

---

① ［美］弗兰克·费希尔：《公共政策评估》，吴爱明等译，中国人民大学出版社 2003 年版，第 79 页。

场采访主要是利用对情景有丰富知识的人的认知，尤其是政策主体及相关者的认知，收集政策情景和项目目标适用性信息的重要方法。

费希尔指出，定性分析当然有自身的局限性，它必须面对和警惕可能产生的各种偏见。必须关注如下问题：一是评估者必须注意不要让自己的价值观和想法无意中歪曲这一分析，特别是要警惕对项目目标的选择性检测；二是评估者不能用自己的观点影响别人的观点，也不能被那些观察或采访过的人的观点所影响；三是那些在官僚机构工作的评估者由于受到潜在或直接压力的影响，为了有利于组织生存的目标和宗旨，存在着歪曲分析的倾向，对此要有足够的认识。然而，在社会科学中没有绝对客观的价值中立的方法，评估者也不可能完全摆脱自己主观认识的影响。这只能期待研究者承认自己的主观倾向、方法论的偏见、组织的需求等因素对研究的影响，认识自己研究的局限性。

3. 社会论证

费希尔认为，社会论证把评估的焦点由具体情景转移到社会整体系统，其基本任务就是看政策目标是否与现存的社会格局相匹配，是否对现存的社会格局有帮助。社会论证主要围绕如下问题展开：一是政策目标是否对社会整体有方法性或者贡献性的价值；二是政策目标是否会导致意想不到的重要社会后果；三是实现政策目标能否导致公平分配的后果，也就是检验政策目标对公共物品、公共利益或社会福利和社会秩序的贡献。从根本上来说，对政策目标进行论证就是要检验其对社会系统运行过程的规范意义及其结果，特别是检验其是否有助于体现制度运作和社会系统的价值。

（1）系统视角的政策假设

费希尔认为，政策社会论证阶段参照的规范框架是社会系统。广义的社会系统概念是一个政治、经济、文化关系相互依存的集合。政策论证所涉及的社会系统，指的是由国土和经济构成的，在权力和金钱统治下的社会格局。他指出："论证通常要体现一定的社会系统的规范制度目标和价值，这些系统的目标和价值通常是保持不变的。问题是政策目标和手段怎样发挥推动、实现或支持这些较大目标和价值的作用？因此，判断目标对较大系统的影响是否成功的最根本的就是看系统本身对此是否有恰当的理解、实践和理论。"①

---

① ［美］弗兰克·费希尔：《公共政策评估》，吴爱明等译，中国人民大学出版社2003年版，第119页。

费希尔指出，社会论证阶段尤为重要的是对实现财富、自由、权力等社会核心目标和价值的政治经济机制的分析。而这些政治经济机制是以一系列政治信仰及其相应的"政策框架"为基础的，主要涉及如下问题：一是市场与政府行为的适当范围；二是权力和权威在各级政府中的适当配置；三是对最为重要的福利群体的辨认；四是在重大冲突性政策如"经济发展和环境保护"上的立场；五是在激励、提倡、强制等政策手段上的基本选择；六是社会系统不同阶层的政治参与意愿；七是对社会解决各种重大问题能力的认识。上述问题的不同立场反映了不同的政策信仰，因而选择的政策框架也有所不同。

（2）系统效应评估的实证方法

费希尔指出，论证阶段问题的性质决定了，完整的政策目标的论证需要花费很长时间，因为即使是参与者直接利益的实现，往往也要在计划执行相当长的时间后方能显现，至于该计划对较大社会系统的影响要显现出来则需要的时间更长。尽管这决定了评估的极为复杂性，但并不影响论证逻辑本身的直观性。论证过程主要包含两个步骤，一是对目标、价值和社会系统内制度安排行为的界定。设计政策的目的就是要影响、促进和改变社会系统。二是对政策在这些规范过程中预期影响的经验评估。通过同其他政策目标和假设的对比，看其对社会系统是否有实用的或有益的价值，主要任务是要提出政策目标和假设更广泛的社会影响的假说，并通过检验观察预期影响是否会发生。

费希尔认为，论证作为关于政策目标和假设对整个社会系统的作用及贡献的实质性检验，是一个复杂的实证问题，需要运用社会科学知识和技术。政策研究者必须折中地选择一系列方法，选择原则有两个，一是要有助于观点被人接受；二是要根据政策问题本身的性质进行选择。因此，要论证经济、政治、社会等不同的政策假设需要选择不同的方法。广泛收集实证数据的方法有：民意调查、大范围横截面分析、成本—效益数据、系统模拟、访谈、案例分析以及社会实验。还要对收集来的数据进行多元统计分析。

（3）社会论证的方法性逻辑

随着社会科学的发展形成了许多理论框架。费希尔提供了两个理论地位非常明显并符合社会论证要求的方法性逻辑，也可以称为方法性逻辑论证的理论模型，一个是基于社会和政治科学的，关于在社会结构和过程中个人与群体行为关系的分析；一个是基于经济和政策科学的，关于系统成本与效益的衡量。前者为系统功能模型，后者为系统效果模型。

费希尔认为，系统功能模型主要是在社会整体协调中观察、解释个体和群体行为。在论证中，主要根据政策目标与系统假设对社会整体的稳定作用，而对其方法性效用作出判断，目的是对在较大的社会系统内接受并坚持一项政策方针的后果进行衡量。社会系统理论家构建的分析模型和实证测量的方法，主要用来衡量系统目标之间和子系统标准之间的关系。在这方面，社会系统理论已建立了一套制度典范以及制度典范同更大的社会目标与利益之间联系的相互关系模型。系统功能模型的主要贡献之一，是区分了系统的"显性"功能和"隐性"功能。这就意味着，政策所宣称的功能和目标，对系统整体来说不一定是真的，也不一定是最重要的功能和目标。

费希尔认为，系统效果模型主要是对较大社会结构中，经济优化与政策影响的效率进行分析和衡量。经济学家和政策科学家构建了一个优化经济关系的分析模型。经济学家的系统方法曾被认为是政策科学完美典型的研究方法。系统效果模型本质上是用来实证地考察子系统和系统整体之间的关系，目的是对相互依存的规范结构与复杂组织系统运行过程的关系进行分析。系统方法之所以会有各种不同的表现形式，一方面说明，在复杂的系统中政策目标的结果并不像表现出来的那样直观；另一方面也说明，每一种形式的系统方法都有自身的局限性。

费希尔指出，"系统优化法"是用详细的政策标准进行分析的方法。通过对成本—效益分析这一逻辑外延的拓展，系统方法提供了一种"宏观"成本—效益分析模式。它是在保持微观分析逻辑不变的情况下，在社会系统范围内广泛收集机会成本和机会效益的实证数据，主要任务是分析范围广泛的、被微观分析忽略的"外部性"。所谓外部性就是"超出了特定的工程或项目的范围并没有被投资者或生产者直接计算在内的、但被社会成员承担了的成本。"宏观评估要把隐藏的、由社会负担的费用考虑在内。评估的范围确定以后，以社会福利为基础的宏观成本—效益分析，提供一条简单而实用的决策原则，即最好的政策措施是惠及某些个人和群体，但又不会殃及其他人。这一决策标准是整个社会中所有个体的净效用的汇总方案，被称之为"柏拉图优化理论"。费希尔认为，尽管在实际中这样可行的优化效用功能不存在，但是形成了许多最大限度地接近柏拉图理论的准则，如"卡尔多—希克斯标准"（Kaldor-Hicks criterion）。这一标准规定：最好的政策方案是那些从政策中获得好处的人在补偿受害者后还能维持净收益的方案。如果收益与成本之比超出卡尔多—希克斯标准所允许的执行范围，就有必要采取行动实施计划。① 此外，评估范围如何确立，也就是应该把多少外部性包括在内？沃纳·乌尔里奇（Werner Ulrich）创立了"关键系统探索"理论，为确立评估范围的边界提供了判断的标准。这要在评估的"社会选择"环节予以讨论。

4. 社会选择

在费希尔看来，社会选择从广义上来讲，就是想要在哪种社会中生活。社会选择主要涉及以下问题：一是建构可以接受的社会秩序的根本思想或意识形态，并看其是否为公平合理地解决相互冲突的观点提供了基础；二是如果这一社会秩序不能解决根本的价值冲突，是否有其他的社会秩序能够公正地解决相互冲突的利益和需求；三是常规的想法和经验证据，是否支持采用其他社会秩序所提供的备选意识形态和社会秩序。社会选择阶段的主要目的，就是要揭示上述理论问题是如何转化为政策评估任务的。政治哲学要为选择"意识形态"原则提供合理的基础。

（1）社会选择的意识形态原则

费希尔认为，意识形态概念通常被用来指明两种不同的思想体系：一种是指向"美好社会"的积极理想的思想体系；另一种则指向较为消极的自私政客、利益集团以及政治学者们认为的不太理想的信仰。现实一点说，意识形态用来指代一种理想化的世界观，从狭义的政治角度说，它是用来故意掩盖追求私利的辞藻。费希尔采用多比尔（Dolbeare）的观点，认为意识形态是由三部分组成的理想的思想体系。一是世界观，它提供了内容广泛的信仰，包括社会的政治和经济制度如何运作、为什么会以这种方式运作、哪些人会从中获得政治和经济利益。二是基本的社会和政治价值，认为这些价值对社会整体而言最为合理和必要，因此它们为推动社会沿着被认可的方向前进的高层政策进行目标定位。三是社会变化如何展现应付这种政治现实的合理的政治策略和方法。费希尔对意识形态的三个组成部分进行了考察。

第一，世界观或信仰的基本问题是人们对世界的感知把握。它思考的

---

① ［美］弗兰克·费希尔：《公共政策评估》，吴爱明等译，中国人民大学出版社2003年版，第128页。

主要问题，如社会秩序的本质是平等的还是分化的？社会制度的进化是因为人的天赋不同，还是其他原因？由于世界观或信仰的不同，对同样的事实，有人看到的是问题，有人则看到的是进步。不管信仰正确与否，问题是人们的行为是以信仰为基础的。

第二，价值和高层目标指明了意识形态的基本内涵。在它们的作用下，世界观与其理想和优先次序之间才有可能取得一致。意识形态以自由、平等和正义等基本价值观为基础，在价值观相互冲突的时候确定不同价值观的优劣。例如，对平等如何界定，是从法定的和程序化的视角来定义，还是通过具体的社会经济因素来理解？或者认为平等不重要？不同回答反映了不同价值观之间的冲突。由价值观所决定的高层目标定位，实际上就是一定的意识形态对现实生活状况与它所赞同的价值观之间的差距的认识。目标是推动人们的具体行动向广泛理解的价值观靠近的传导工具，也是促使政策评估从社会论证转向社会选择的连接点。

第三，社会变化的期望及实现的政治策略。在期望转化为现实的过程中，世界观可以在少量的历史性的决定因素的基础上提供特别的动力。人们渴望根本性的改变，但这取决于世界观对当前环境和社会权力分配的界定。同样的意识形态在不同的情况下，其策略方法会发生变化，以适应历史发展不同阶段的状况。政治策略包括革命策略和改革策略，也包括暴力的利用。赞同使用暴力的意识形态是少数，大多数意识形态认同革命策略。为了应对复杂的和具有不确定性的社会和政治现实，意识形态通常同意整合不同的策略和方法。

（2）意识形态与政治哲学

费希尔指出："社会选择的基本目标就是用理智来代替在生活方式和意识形态选择上出现的随意偏好或者私利。社会选择的第一个问题是理性检验的基础：社会秩序的基本思想是否为合理和公正地解决互相矛盾的观点提供了基础。"① 费希尔从政治哲学同意识形态的关系的角度，对政治哲学在政策评估中的意义进行了分析。

第一，政治哲学对理想社会的构建。在现实的政治领域中，意识形态实际上是社会信仰和政治利益的混合体，几乎都有自私的一面。人们为了赢得某种利益，都会把自己的信仰合理化。因此，在意识形态层面进行规

---

① ［美］弗兰克·费希尔：《公共政策评估》，吴爱明等译，中国人民大学出版社2003年版，第167页。

范化的评估，必须首先确认意识形态为自我服务的信条，这就需要依据经
验证据和严格的规范化检查对意识形态进行考察和提炼。这恰恰是政治哲
学的任务。政治哲学家为人们提供了各种美好社会的理想，如柏拉图的
《理想国》、霍布斯的《利维坦》和马克思的共产主义。如果他们美好社
会理想的道德原则，能够通过普遍化的检验，不出现逻辑上的自相矛盾，
就获得了正当性。

第二，政治哲学中相互冲突的原则。社会选择要解决的第二个问题就
是，如果某种社会秩序不能解决基本的价值冲突，是否有其他社会秩序能
够解决，不同社会秩序的竞争是否可以使秩序越来越和谐？政治哲学历来
存在着功利主义和法权主义（权利主义）的争论，这也是政策评估所面
临的重要争论。功利主义认为公共政策应该遵循"为最大多数人谋求最
大效用"的原则。这已成为公共政策评估的主要方向。康德的法权主义
向在经济学中占主导地位的功利主义提出了挑战。康德认为，一种行为是
否符合道德正义，应该以其内在本质来评估，判断的标准就看其是否违反
了"绝对命令"。这表明要确定一种行为是否适当或失当，不仅仅要遵循
功利主义的原则，关键看行为所遵循的原则是否具有普适性。在公共政策
中，"公共利益"通常被当作普适化的原则，但也有学者更关注个体道德
权利问题。罗尔斯在《正义论》中尽管没有全盘否定功利主义的"效用"
原则，但是他认为"效用"原则应从属于公正的法权原则。"效用"和
"公正"的争论也是公共政策领域争论的热点。

第三，政治哲学提供可选择的意识形态。政治哲学同政策分析之间有
着非常密切的关系，其中一个重要的表现就是，政治哲学可以给政策评估
提供以备选政治和社会制度为基础的决策标准、假设以及模型。为此，政
治哲学家们开始涉足政策科学领域。政策分析的改革必须以意识形态的辩
论为基础。有的学者甚至认为，政策制定领域可能没有对与错，因此从根
本上来说，政策分析应植根于意识形态的选择。

（3）意识形态和政策评估实践

费希尔认为，政策分析人员在政策评估过程中，他的分析判断不可避
免地要受到其意识形态背景的影响。这种影响甚至成为决定政策分析结论
和建议的主要因素。之所以如此考虑，主要是基于两个方面，一个涉及政
治偏见，另一个涉及政策知识本身的性质。偏见问题比较直接，为了避免
作出错误的解释和判断，政策评估人员必须清楚自己本身所带有的规范性

假设（可能产生的政治偏见）。至于知识本身的性质，政策评估人员必须明白，政策制定者通常以什么方式借助意识形态来填补知识的空白。意识形态提供了各种概括性的认识："不同社会经济制度是如何运转的；为什么会以这种方式运转；它们是否是好的，如果不好，应当采取何种策略；等等。"① 意识形态在政策评估实践中的意义主要表现在以下方面：一是简化了决策选择的任务。作为政策评估框架，意识形态提供了政治判断中"谁优先于谁的标准"，也就是决策的规则，从而简化了决策选择的任务。二是为形成统一规范提供了基础。在政策决定中必须要有基本的政治协议，它可以把意识形态信仰系统中相互冲突的各个部分通过协调组织起来，从而为政策辩论中形成统一的规范提供基础。三是简化了政策评估过程。有了根本的意识形态协议，政策制定者可以把自身特定的信仰或者相类似的东西从思维中淡化出去，这就大大简化了政策评估的过程。

需要说明的是，政策评估可以从以上四个推论阶段中任何一个阶段开始。选择从哪个阶段开始由解决政策问题的角度决定。尽管论述从最具经验型的问题开始，但在实际的政治生活中这个过程往往从意识形态的考虑开始，再回到项目的经验主义层面中去。

第三节　弗兰克·费希尔思想简评

公共政策评估是公共政策学最为重要的研究对象之一，如何对一项公共政策进行合理的评估是每一代公共政策学家都必须正视和解决的问题。早在拉斯韦尔创立公共政策学之前，实用主义哲学家杜威就提出了自己的评估理论。在 20 世纪末，政策评估重新又成为政策学家进行政策研究的热点。因为在 20 世纪末，公共政策问题愈发复杂，社会环境变化加速，各个利益集团之间的矛盾和各自的需求也越发多样化。原有的公共政策评估方法这时就显得过于呆板，无法适应现实社会的需要。尤其是当单纯的价值评估或事实评估都不足以解释现实问题时，将两种评估方法结合起来就显得尤为重要。费希尔所提出的"实证辩论方法"强调在政策评估过程中要把事实和价值统一起来，力图超越了以往政策评估理论割裂事实和价值的弊端。费希尔的政策评估理论是对评估常规方法的创造性突破，它

---

① ［美］弗兰克·费希尔：《公共政策评估》，吴爱明等译，中国人民大学出版社 2003 年版，第 179 页。

提供了一种综合的政策评估方法，打造了一条在评估实践中将专家和普通公民联系起来的通道。费希尔政策评估模型的四个具体阶段，作为方法论框架，形成了社会科学和政策评估的新概念，构建了政策评估的新模型。他所提出的方法超越了实证主义传统的经验主义倾向，这也是费希尔对公共政策学的政策评估理论作出的最主要的贡献。

当然，费希尔的政策评估理论也有自身的局限性，他的实证辩论方法所提供的项目验证、情景确认、社会论证和社会选择的政策评估四个阶段的具体方法，想要实现事实和价值的统一。但是，在项目验证和情景确认两个阶段突出强调的是事实分析，而在社会论证和社会选择两个阶段更强调的是价值分析，因此事实和价值的统一还是一种不同阶段之间的统一。如何把这种统一贯穿于政策评估的全过程，并具体体现在每一个环节之中，还需要进一步的探讨。

第十六章　罗伯特·克朗的政策思想

第一节　罗伯特·克朗生平和主要著作

罗伯特·克朗 1930 年 4 月 11 日出生，在美国匹兹堡大学获得硕士学位，曾在美国空军中队军官学校、海军军事学校指挥参谋学院、武装部队工业学院读研。1972 年，克朗在南加利福尼亚大学洛杉矶分校获得政治学博士学位（美国后备军官训练队的委托项目）。

他曾为南加州大学的名誉退休教授、La Sierra University 企业管理学院客座教授和南澳大利亚大学（UniSA）管理国际研究所的兼职教授，还担任过开普勒大学的教务长以及美国质量科学学会的会员。1952 年开始他的军旅生涯，直到 1975 年长达到 23 年之久，期间曾在美国空军中服役多年，因在越战中的表现获得多枚优异飞行十字勋章，并担任过发放此勋章的美国国家优异飞行十字勋章委员会秘书以及老兵纪念馆中心主任委员。除此之外，他还担任过皑地坞艺术荣誉会员董事会董事，1987—1990年他担任南加州大学的全球系统管理系主席。

作为一名政策科学家、作家和顾问，作为一名拥有全球影响力的学者，他涉猎非常广泛，研究范围综括政策科学、伦理学、战略系统、资源管理系统分析、质量科学、国际贸易及管理理论和实践。他独自撰写或合作撰写了 6 本学术著作，在学术期刊上发表了 70 余篇文章。其中主要有《政治和战俘》（1970）、《北大西洋公约组织核政策制定》（1972）。特别是 1980 年出版了《系统分析和政策科学》一书，把系统分析作为政策科学的主要研究方法，奠定了他在公共政策学领域的重要地位。在此书中，克朗表达了利用系统分析的方法，可以帮助人类更好地处理日益复杂和困难的问题，从而更好地掌控人类的未来的思想。他与迈克尔·奥布拉道奇（Michael Obradouitch）合著出版了《企业生产管理的个案研究》（1990），出版了《系统管理随想：领导准则》（1991）。还与雅搭布（Ignatius I. Yacoub）合撰了《全球质量管理》（1992）一文。此外，还发表了《帕累托最优》（1998）、《科学和技术的目的》（2005）等文章，出版了《超越陆地：太空中人类的未来》（2006）等著作。

1981—1992年克朗与C. C. 克罗弗德博士（C. C. Crawford）合作，在系统分析等方法领域做出了突出贡献，成为世界范围内的领军人物。20世纪90年代，他们根据克罗弗德博士在1925年提出的"克罗弗德纸片管理方法"发展出了"无约束想法"（Ideas Unlimited）的方法，把克罗弗德博士的方法从原来的手工操作应用到数字计算机上，这种方法可以在很短的时间内获得更多的想法，在全球网络时代用途非常广泛。2000年克朗和他的妻子注册了"Ideas Unlimited"商标。

第二节　罗伯特·克朗政策系统分析思想

一　政策系统分析的理论前提

在克朗看来，人类的知识从远古发展至今，大致可以被分为三个部分，即环境知识、人的知识和管理知识。而公共政策学作为一个多学科交叉的新兴学科，更是与上述三大领域的知识密不可分。

1. 系统分析的认识论前提

克朗提出了政策系统分析的九个认识论前提：一是马歇尔·波莱尼的人本知识理论的理性主义；二是必须承认人类系统具有改善的空间并具备可操作性；三是现实对于人类系统的改善和设计的需要与人类实现系统改善的能力之间存在巨大的差距；四是相对价值理念和非理性因素对于系统中的可测量因素有着巨大的影响作用，有时相对价值理念的作用更大；五是在批判吸收亚里士多德及其经院学派的演绎法和弗朗西斯·培根（Francis Bacon）及其追随者的归纳法基础之上建立起来的推理逻辑；六是人类能够通过观察、描述和一系列定量分析方法以及所谓的"超理性"因素的作用，不断地拓展科学知识，使人类系统的知识得以继续产生和发展，并付诸实践；七是对于不同社会环境中的人类系统进行比较，能够加深研究者对自身所处系统的认识和理解；八是托马斯·库恩的理论是目前对于科学知识演变和发展的最好诠释；九是分析的核心，可以是定量的，也可以是定性的，但在大多数情况下，它是定性与定量两种方法的结合。①

2. 系统分析中的科学方法

克朗为政策科学提供了系统分析方法的基本框架（见图16－1）。科学规范体系、研究和分析、行动和评估，构成系统分析方法的三个组成部分，包括反馈和交流，构成了政策系统分析方法的主要内容。克朗认为，政策过程中的系统分析方法不同一般科学研究方法，最主要的区别就在于有决策者的参与。

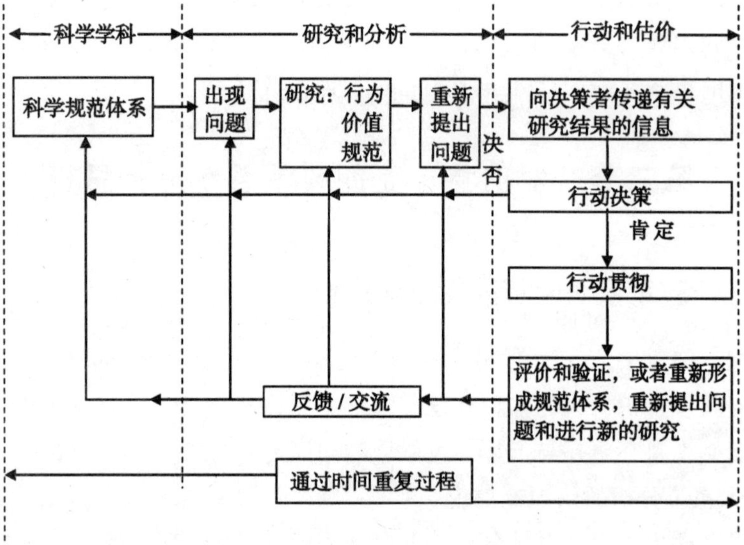

图16－1　系统分析中的科学方法

资料来源：［美］R. M. 克朗：《系统分析和政策科学》，陈东威译，商务印书馆1985年版，第8页。

3. 系统分析的基本特征

克朗认为，与政策科学相关联的系统分析，既是一门科学，也是一门艺术。他指出"把系统分析视为科学，是因为它为解决政府、企业、军事、工业、农业、服务业、交通和通讯等方面的系统中的各种特殊的管理与计划问题，提供了能够加以验证的理论、模型和技巧；把系统分析视为艺术，是因为在分析的过程中要做出创造性的选择，并且需要把各种定性

---

① ［美］R. M. 克朗：《系统分析和政策科学》，陈东威译，商务印书馆1985年版，第5页。

和定量的工具巧妙地搭配使用。"①

4. 系统分析与理论和模型

克朗认为，任何研究包括系统分析在内，理论和模型的意义不可忽视。理论是对现在和以往的知识的系统化，它可以为系统分析提供理论上的指导。克朗指出：所谓的理论，"可被视为一组相互关联的，'如果甲则乙'或'甲是乙'等形式的科学命题的集合。构成理论的命题集合包容了各个方面，因而要比其中任一单个的命题更为稳妥可靠"②。模型是对事物某种程度和某种形式的简化，可以简化分析的程序和步骤，离开特定的模型任何分析都无法进行。克朗指出：所谓模型是指"人类用以表述、实现或检验理论思维成果的主要工具。模型本身是对现实事物的简化、模拟和抽象"③。在克朗的政策思想中，公共政策学理论对公共政策实际的反映程度越高，其预见能力也就越强。因而，克朗提出，人类系统要减少失误，要提高系统的有效性，在公共政策系统分析中，必须了解使用什么样的理论和模型，采用什么样的管理手段和技术性方法，最有可能获得成功。

同时，在理解克朗政策思想时，尤需注意到一点，即正如克朗自己指出的那样，人类系统具有复杂多变的特性。这也就造成了人们运用系统分析方法进行公共政策分析的困难，主要表现为：一是人们可能无法对政策问题进行完全的分析；二是对政策问题已然采取的解决办法可能使问题更趋复杂化；三是人类知识的有限性，可能会使我们在短短数年之后就推翻原有的结论。但是，克朗也指出，无论如何，在过去、现在和未来，系统分析方法都不失为一种解释、分析和指导公共政策的优良办法。问题不在于系统分析方法能否有效运行，而在于人们如何正确运用系统分析方法进行有效的政策分析。

二　系统与系统分析方法

1. 系统方法与科学规范

科学的发展必然伴随着科学规范的转变，也必然带来方法论上的变

---

①　［美］R. M. 克朗：《系统分析和政策科学》，陈东威译，商务印书馆1985年版，第10页。

②　同上书，第11页。

③　同上书，第11—12页。

革。传统的科学规范带来的是微观孤立和单一的研究方法，更强调把研究对象孤立和分割出更小的变量，然后借用精细的测量手段尽量去探究研究对象的具体细节。由于这种研究方法存在的弊端导致被系统方法所取代。克朗对系统方法的相关概念，包括系统的含义、系统的特征、系统的功能和系统方法能够解决的问题等进行了具体考察，并做了较为系统的阐述。尤其是对系统的主要功能和系统方法作用的阐述，为运用系统方法进行政策分析做了很好的铺垫。克朗认为，系统的主要功能包括：自我保持、政策制定、计划、目标设定、存贮、控制、学习、反馈和交叉反馈以及聚合力等。系统方法可以帮助理解系统以及进行系统之间的比较；鼓励对系统的各个不同部分进行同时研究；开拓新的知识领域；有助于突出未知的东西；能够从不同的角度提出问题；迫使在考虑目的和解决问题的要求时，也同时考虑到协调、控制、分析水平和贯彻执行的问题；诱导新的发现；意味着要进行从目的到手段的全面询查；成为决定系统质量的一个因素；提出知识上的挑战。这一切无疑对公共政策的制定、执行和评价具有重要意义。

当然，系统方法作为科学规范发展过程中的一个阶段，必然被新的规范所取代。克朗对未来可能取代系统方法的新方法进行了设想。克朗把这种新方法命名为"现实21"，它是一种直接对现实进行模拟的方法。他是这样描述的："直接在经验的基础上收集、再现、累积和整理信息的能力，使我们可以及时获得现实世界的影像……再现现实的方式，是产生一个三维的激光全息图像，标附着有关的数据，并随时可在任意维上进行灵敏度分析。"[①] 但它毕竟不是现实，而是将来的事情。

2. 系统分析的两条路线

克朗指出，系统分析是由定性和定量相结合的方法组成的集合，它既是解释性的，又是规定性的方法论。系统分析从20世纪40—70年代沿着两条不同的路线发展，一是将数学和经济学用于新型武器防卫系统的研究，被冠以运行分析、运筹学、系统过程、损益分析等名称；二是体现在与大学相联系的教学和研究活动中，把众多学科系统理论化的倾向。一个是注重工具的系统分析，一个是注重理论的学院式系统分析。一直到70年代中期，经过政策科学家德洛尔和其他政策科学家的努力，两条路线开

---

① ［美］R. M. 克朗：《系统分析和政策科学》，陈东威译，商务印书馆1985年版，第15页。

始结合起来形成系统化的研究方法，用于决策系统分析和政策分析。

3. 系统分析的重要意义

克朗认为，把系统分析作为政策研究方法具有非常重要的意义。一是决策者能更充分地考虑面临的各种不同选择；二是能够更有效地利用稀缺而昂贵的人力及物力资源；三是能够更好更省地达到目的；四是能够在资源合理分配、政策贯彻、目标设定、解决涉及社会政治文化因素的问题等方面加强决策能力。

克朗认为，对于系统分析不仅仅需要对系统这个概念有清醒的认识和了解，还要有详尽的经验数据，采用专家工具准确详尽的分析和弄清楚系统各个部分的特点和作为整体的整个系统的行为特点。他把系统分析分为十个层次，纳入"元分析"和"系统分析"这两个范畴：元分析包括了对系统观念理论、相关知识资源、方法和模型的分析三个层次；系统分析具体体现在对整个系统全面及到微观层面的七个分析层次，从行为研究、价值研究和规范研究到具体问题的解决。

4. 系统分析的局限性

当然系统分析也不是万能的，在运用系统分析方法的过程中必须明确认识到它也有自身的局限性。克朗首先对系统分析可能存在的问题进行了分析：一是忽略在选择技术方法之前先做观念上努力的重要性；二是过高估计和强调分析表现能力，而过低估计为满足需要而花费的时间和精力；三是用改变问题来适应现成的方法；四是由于模型僵化而经不起实际检验，假定不需要定量方法，假定不论什么都要采用定量方法，不能区分什么是偏好，什么是效用；五是假定分析过程在价值观念上是中立的，从而不能明确地表明什么是分析者的和系统的偏好；六是不能区分相互不能相容的绝对偏好；七是应用错误的技术、模型和标准；八是忽略了反馈或交叉输入，假定分析工作永远是代价太大；九是过分地依赖于技术性方法，忽视过去和未来的时间影响；十是忽视组织分析队伍，忽视系统的特点；十一是做出系列从局部看是好的，但是总的结果却很糟糕的决策；十二是无视系统分析在某种程度上是艺术这一事实，忘记要进行风险分析；十三是过分限制了不同方案的选择，忽略了要同时进行经济的、技术的和政治的三种可行性分析；十四是忘记了在处理有关信仰、政治、对话、文化等问题时，存在着一些系统分析范围以外的东西；十五是不能以易于理解的方式把分析的结论告诉决策人。①

此外，克朗认为，系统分析也有其解决不了的问题，主要有：一是极强政治色彩的问题；二是深刻社会含义的问题；三是在决策中超理性因素起重要作用的问题；四是涉及价值选择的问题；五是要对现存系统进行激烈改变所面临的问题；六是现在组织机构不能贯彻执行的问题。20 世纪中叶一些系统专家犯的错误，主要在于简单地用经济学中的损益方法去分析以及模型化方式去解决问题。

三　政策科学的定性方法

1. 政策科学的范围和意义

政策科学诞生于 20 世纪 50 年代，开始发展出一些数学和经济学方法。到 70 年代，由于社会公众和知识界对战争、贫困、犯罪、种族歧视、环境污染等问题的关注，并对政府在解决这些问题时的软弱无力感到不满意。政策科学开始显现其重要性，也越来越引起人们极大的兴趣。克朗指出，政策科学是一个全新的跨学科领域，一切涉及选择以及类似问题，一切同政策制定系统相关的理论研究和应用研究，都属于政策科学范畴。

政策科学的诞生具有非常重要的意义，一是它标志着人类塑造自己未来的能力的大幅度提升，把改进政策制定系统同人类的命运紧密地联系起来；二是它在现代科学无法适应制定政策的紧迫需要，无法处理知识与权力关系的情况下，为适应制定政策的需要，在知识和权力之间架起了一座桥梁；三是它推动了政策决策方式由经验向科学的变革，在面对越来越复杂的社会问题时，为提升政策制定的质量提供了理论上的保障。

2. 政策科学方法论的重点范畴

克朗指出，政策科学把以下五个范畴作为方法论的重点：政策战略、政策分析、政策制定系统的改进、估价和政策科学进展。政策战略就是特定政策的指导原则、作用范围、基本态度、基本假定和遵循的主要方向。在对政策战略范畴进行界定的基础上，克朗重点阐述了政策分析范畴。政策分析就是综合运用定量和定性分析的方法、模型和解决问题的技巧，识别各种政策选择，目的是使政策达到所希望的质量标准。克朗具体讨论了政策分析六个方面的内容。

———————————

① ［美］R. M. 克朗：《系统分析和政策科学》，陈东威译，商务印书馆 1985 年版，第 24—25 页。

（1）政策制定模型

关于政策制定的模型，克朗总结了七种模型，这些模型不仅用于公共决策，在民间私营部门也广泛使用。一是理性模型。它植根于 19、20 世纪的西方文明，以人类的行动是或者应该是合乎理性的假设为前提，从实用主义的观点把人类的行为解释为合乎理性的。这种模式意味着决策者能够完全客观、中肯、合乎逻辑地看待问题，对问题有清楚的认识，并且能够根据完整全面的信息资料做出合乎理性的决策。克朗在研究理性模型时指出：尽管模型具有对现实的简化、模拟和抽象的功能，但其自身可能产生许多问题，如把模型和现实混为一谈，陷于过多的数据而无法自拔，歪曲事实以适应模型，用封闭的手法来处理动态的和开放的现实事物的倾向，错用模型而付出的机会成本等。二是经济合理性模型。也就是西蒙（Herbert A. Simon）和马奇（James G. March）在批评完全理性模型基础上提出来的有限理性模型。它主张在追求令人满意的方案时尽可能经济地运用理性模型，尽可能避免超理性因素的消极影响，强烈倾向于使用定量的方法，如 PPBS（计划—规划—预算系统方法）和 ZBB 等。三是逐步改变模型。也就是林德布洛姆提出的渐进决策模型。这一模型认为政策制定要根据以往的经验，以现行的政策为基本方案，渐进变迁，避免政策上的大起大落，在现有政策基础上修改增加新的政策，以解决问题和达到预期效果。克朗认为大多数组织使用的都是这种模型。四是顺序决策模型。这是在知识和意见不一致的情况下，制定政策解决最主要的问题，不是对现有问题的廓清和解决，而是获得一致的认识和支持。它为面对不确定的情况而无所适从的条件下进行决策提供了一种方法。五是超理性模型。超理性模型更多地体现为经验决策和直觉决策。六是剧烈改变模型。主要是重新设计或者是终止和替换现有系统，如休克疗法。七是无为模型。即不做决策，或者说有意识地决定不去做什么事情。这与中国道家传统的无为而治有很多相似之处。克朗总结的这七种模型为系统分析人员提供了方法和参考，但是对于在什么条件下适用什么样的政策模型，克朗并没有更多详细的介绍和解释。

（2）价值分析

人的选择行为是以某种价值判断或者价值准则为基础的，政策科学作为一门选择的艺术和行为，决策者和分析者的价值观起着非常重要的甚至是决定性的作用。政策学科建设上特别强调公共价值观。公共政策学承担着端正社会发展方向的重任，公共政策学把由伦理学和哲学所垄断的价值问题，引入到科学研究的范围之内。克朗把价值分析作为系统分析和政策科学中最为重要的一个方面。他指出："价值观联系着人的直觉，影响着人的信念和选择的合理性，决定着人的生活方式和投身其中的事业。价值规定着政治进程和管理过程，并且是资源分配指导原则的核心。价值是棱镜和滤色镜，人们通过它们来观察世界。"① 如果能够精确地表达和理解系统的价值观，有助于界定问题和更好的分析与解决问题。同时他也认为对于价值观的界定应有一定的限度，如果隐含的价值观一旦明确化，就会造成对一致性、领导权威或者联合的损害，导致离心离德，甚至对系统产生破坏性影响。克朗实际上提出了公共政策的伦理导向问题。公共政策伦理实际上就是在公共政策研究中，存在着利益分析和价值分析两种截然不同的取向，政策选择实际上就是在利益和价值两者之间进行平衡的过程。

（3）超理性因素

在克朗看来，存在超理性因素的原因是因为隐含知识的存在。他引用马歇尔·波莱尼（Marschall Poleni）关于隐含知识的概念，来分析超理性因素在政策制定中的作用。隐含的知识是指通过生活体验到但不能明确表达出来的，以非常个性化的形式隐藏于个人的行为、经验、理想、价值观和情感之中，难以与他人交流和分享的知识。克朗认为，超理性过程包括判断、直觉、灵感、隐含的知识、信仰、爱情、恐惧、忠诚、领袖的魅力、歉意憎恨、意志、洞察力、超感交流和预见能力等。超理性因素对人的认识和实践活动的影响，表现为动力作用、调控作用和创新作用，在这样的过程中体现出了智慧和艺术。要想有效地制定政策，管理好复杂的人类系统，就必须把理性分析的科学性和超理性分析的艺术性结合起来。克朗认为，非理性是与理性截然相反的一种认识形式，是在恐慌状态下产生的紧张和焦躁所引起的，其特点是非逻辑性、非程序化和非模式化。虽然二者之间存在某种联系，但是超理性决策和非理性行为有着本质的区别。超理性因素的影响贯穿于从政策制定到评估的全过程。

（4）政治可行性

克朗认为，政策被接受和被贯彻的可能性是系统分析中最困难的问题。这种政治上的可行性不仅仅是指上级认为可行就足够了，因为上级认

---

① ［美］R. M. 克朗：《系统分析和政策科学》，陈东威译，商务印书馆1985年版，第34页。

为的可行如果同渐进决策模型的保守态度相结合，很有可能会阻碍政策创新。政治可行性还表现为政治上的可操作性，即能够有效地解决问题，当事人也能接受这种解决问题的方式。政治可行性受环境的影响很大，自然灾害或者社会环境的改变，都会影响到政治上的可行性，而且这些变化也都是很难预料的。对于系统分析人员来讲，他们遇到的难题就是既要搞清楚政治可行性的环境，又不能完全被这种环境所限制。

（5）交叉文化因素

在不同的文化背景下，对同一个现象或者问题会有不同的解读，有时可能大相径庭。这是由于不同的文化冲击和碰撞，对政策问题的界定和政策方案的拟订、确定和评估都会有很大的影响。根据克朗的论述，这种交叉文化更多地体现了不同的管理思想和世界观、价值观的碰撞交融，既包括环境因素也包括组织因素。如果忽略这些因素，就很可能引起不必要的歪曲和误会，在系统分析中往往会造成严重的后果。

（6）未来研究

克朗的未来研究是指基于现状对未来的某种设想，目的是控制人类未来的命运。正如杰弗里·维克斯（Geoffrey Wickers）所讲"自由落体运动结束了"，要对现在的社会进行积极的干预，以获得更好的人类未来。克朗也指出了在实际工作中，导致不能有效进行未来研究的障碍，例如，在组织内部，当前的问题和日常工作挤占了对未来规划的时间；领导者和高级管理人员也不愿意把昂贵而又稀缺的资源用于不确定的未来；对风险的厌恶；政治体制的弊端和政治权力之间的博弈；等等。

由于人类面临的系统问题复杂而又多变，必须要用更好的方式来进行政策分析和制定，以提高政策的科学性与有效性。克朗认为"微观的、经济的"系统分析和"宏观的、社会的"政策科学的融合有效地促进了政策制定的科学性和有效性，也有利于系统的设计与改进。在《科学和技术的目的》一文中，克朗阐述了科学技术对政策科学的作用。他认为在21世纪，环境的变化对科技教育政策的要求也在不断增强和加大。政治统治和教育政策制定之间存在不可分割的联系。让每个人的声音和观点都参与到政策制定过程中来。克朗似乎是一个坚定的技术主义者，他多次强调通过科学和技术的手段，能够改善政策制定的质量，改善资源利用，减轻人类遇到的问题，从而使人类的生活更美好。

四　政策系统分析的方法论

克朗提出，政策系统分析方法论具有三个相互关联的基本范畴，即行为研究、价值研究和规范研究。行为研究解决"是什么"问题，价值研究回答"喜好什么"的问题，规范研究回答"应该是什么"的问题。

1. 行为研究

"行为"指可观察到的和想象到的人类个体或团体的外在行动和内心的反映。克朗认为，"行为分析"也就是对现状的研究，它对政策所涉及的事物和各种关系进行描述、观察、计数和测度，了解事物的面目，以发现行为的实际状态与期望状态之间的差距。行为研究要回答是什么？什么时候？什么程度？有多少？等问题。当然，行为研究中有三个方面涉及价值和价值判断问题。一是系统边界条件的确定和分析人员的兴趣问题。系统边界的确定反映人们的爱好和价值观。而当问题出现时，其中固有的价值观念又同选择什么样的系统相关联。二是在事实的选择和对事物的观察过程中（其中包括选择什么样的方法来进行观察）就表明了它的价值观。因为每一种选择都意味着对其他选择的直接或间接的拒绝。三是在对自身目标进行行为研究时，价值观与这种研究的整个前提关系极大。在人类组织系统中和在进行分析的人当中，都倾向于用他们的整套价值观来确认事实的性质。

2. 价值研究

"价值"指一个人或系统的偏好、倾向、目的和原则。"价值观"是一个人或系统比较稳定的期望目标，是所有行动和行为的主要决定因素。克朗认为，价值提供了问题界定和方案选择的标准，规定着政治进程和管理进程，是资源分配指导原则的核心。价值分析解决的是系统的偏好和喜好因素，要回答的是目的、原因、优先顺序等因素。价值分析的主要作用：一是可以帮助决策者们给自己定位或者归类，回答"我们是什么人"的问题；二是有利于管理理论的实际应用，比如减少利益对抗，更容易分配资源和安排人事工作；三是有利于更合乎逻辑的分析和判断出现的问题，只有明确价值的地位和作用才能更好地解决问题。

3. 规范研究

"规范"是个人和团体活动的规则，标准和范式。它是人们的权利和义务的统一，是对人们的地位作用的确定，也反映了人们对他人的期望。

克朗认为，"规范分析"寻求的是通过确定或肯定为达到预定目的而采用的手段和行动，主要解决公共政策目标实现的行为和手段问题，并在分析中创造出备选方案。规范研究在三个方面与价值问题相关联：一是想取得某种结果，原因在于对它的喜好（即觉得"好"），这就是一个价值判断；二是在选择手段时要考虑其是否合意、可行、可用和有效，这也涉及价值问题；三是在规范研究中要假定受到未来政策影响的人或机构，对所产生的结果不会形成价值对抗。

克朗认为，行为研究、价值研究和规范研究具有内在的统一性，行为分析是政策系统分析的前提、基础和出发点；价值分析是政策系统分析的核心；规范分析是政策系统分析的完成。这三个相互联系的基本研究范畴有助于更清晰地界定政策问题，加强和改进系统的管理控制功能，并且增强政策的接受程度。克朗认为，系统分析的主要目的是向决策者表明经过结构化的（规范的）合理的（价值的）和科学的（行为的）分析，并且考虑到超理性因素的作用，有助于分析人员明晰想法，有助于决策者更好地进行方案选择和决策，也有助于增加民众对政策制定的贡献，提升政策的民主程度。

五 政策的评估和测量

在设计和选择政策方案时，由于现实世界的不断变化和完全占有所需要的信息和资料的困难，所有制定出来的政策总是带有一定的预测性。在付诸实施时，即使设计完美的政策也难免受到复杂多变的社会环境的影响和冲击。在公共政策运行的过程中，不管是政策制定、政策执行，还是政策监控和政策终结，都要依据一定的标准来评判政策的效果。在公共政策运行过程中，政策评估是其中的一个重要环节，没有政策评估的支持，政策系统不可能健康运行。广义的政策评估包括政策方案执行前、执行中和执行后的评估，即事前、事中和事后的评估，而狭义的政策评估则是专指执行后的评估，即事后评估。政策评估的目的主要在于通过将信息直接或间接地反馈给政策的制定者、执行者和监控者等相关人员，促进他们适时做出政策反应、选择好的政策方案、及时调整不当的政策、废除无效的政策、改善政策执行行为。克朗把政策评估作为政策科学方法论的一个重点，认为评估就是根据一定的标准去评判某一测定系统的质量。克朗把政策评估分为两个步骤。

第一，根据规定的标准来测定质量。质量测定的前提就是确定标准，因此标准的选择既是非常必要的，也是非常重要的。对复杂问题的测定标准不是单一的，应该是由不同层次的指标构成的标准系统，在确定标准的过程中，不仅仅要选择好首要标准，而且要选择好其他层次的标准。次要标准必须与系统的首要标准密切联系，还要更加容易测量。次级标准可以是输入（资本、技术、知识、价值观、收入、装备等）、人员（能力、特征、技巧、分布等）、结构（组织结构形式、集权和分权的程度、权力的分布等）、过程（政策制定、各部分之间的交流、监测和控制过程、反馈、评估等）或者结果输出（产品、服务、利润、满意度、生产率等）等因素。由于系统中某些因素或者几个分量的微小变化，对整个系统会产生不同方向上的重大影响，所以必须正确选择评估标准，并且对首要标准和次要标准定期进行正式的回归检查。

第二，通过不同标准的比较对质量做出判断。克朗把评估标准分为理性标准和超理性标准，评估中要通过对理性标准和超理性标准的考虑，做出合乎逻辑的判断。他认为理性的标准包括：最优性质、过去的性质、领导的标准、专业标准、令人满意的性质、政府和法律的标准等；超理性的标准包括：管理的标准、伦理的标准、道德、政治、文化、忠诚、艺术等标准。通过理性和超理性因素的组合搭配，可以从多方面对系统进行评估。

对系统的评估有助于明确考虑不同的判定条件和选择标准，有利于采用更好的技术，破除专业偏见，减少政策制定系统可能有的偏差和狭隘眼界，选择更好的政策方案。

六　政策系统分析的定量工具

定量分析和定性分析都是现代公共政策研究中广泛采用的研究方法。克朗认为，定性分析经常包括超理性因素在内，为分析和决策提供了合理的方法和手段。定量分析能比较清楚表述复杂而又不确定的问题，提供可供判断的标准来帮助评估和控制决策。系统分析的原则是定性分析和定量分析这两种方法相互依赖，并且同时满足经济、技术和政治三方面的可行性要求。

克朗将定量分析分为确定型定量分析技术和随机型定量分析技术，确定型的分析技术是指那些可用于只有一种态势，并在做出可接受的假定之后，其变量、限制条件、不同的选择都是已知的、确定的，按一定的统计置信度可以预见的方法或技术。克朗认为，这类技术包括线性规划、排队论、规划管理技术、马尔柯夫分析、质量管理、成本收益分析等。随机型分析技术则是应用于不确定型或风险决策的分析方法及技术。当存在一个以上的态势，并且需要估计和确定每一种可能的状态时，就要碰到随机模型问题。这时还要计算在每一种态势下，用每一种决策选择所得的输出结果。因而可供选择方案的数量将很大，这时可以用数学、统计推论和概率论等学科的方法，在可以接受的假定条件下减少不确定性。有时，随机的局面也可以化为确定模型来加以处理，比如选择一种最有可能发生的未来态势，或者只分析最坏的或最好的方面，等等。克朗将动态规划、计算机模拟、随机库存论、取样、回归、指数平滑、决策树、贝叶斯定理、损益分析等列入随机分析技术之中。

克朗提出概率决策显示系统（PDDS），为决策者提供必要的数据支持。这个系统能使分析人员对不同的前提条件，如价值、战略、政策和解决问题的方法进行完整的敏感分析和可行性检测，这有助于决策者对各种影响决策的因素进行分析，有助于新的政策选择和制定新的政策方案，并缩短时间，提高决策者的分析技巧和选民的批判能力。概率决策显示系统作为一个重要的政策科学工具，使用它可以进一步增强公共事业部门和私营部门的决策系统，达到目标并减少选择目标和政策不确定性的能力，提高政策制定的质量。当然，除此之外，克朗也指出定量分析存在一定的不足之处（如表16-1所示）。

表16-1   应用定量分析技术时可能发生的问题

为了使用某种方法而改变原来的问题和客观条件
使模型过于具体而失真
忘记了"具体问题具体分析"的道理
过于自信或者过于失望
在不要求对资源配置进行损益分析的情况下使用过于复杂的模型与技术
解决问题时使用了错误的模型
模型是正确的，使用上不对头
重复解释同一个问题
把问题搅成一团乱麻
只对输出结果的价值感兴趣，却无视整个系统本身的价值
由于过分依靠数学和与之相联系的制定政策的逻辑模型，而不重视或忽视了定性或超理性因素的影响
过分地使用技术性和数学的语言，从而阻碍了交流

资料来源：［美］R. M. 克朗：《系统分析和政策科学》，陈东威译，商务印书馆1985年版，第87页。

七　系统分析人员的作用

任何一项决策都需要充分有效的信息支持，尤其是在高度信息化社会里，人们必须要充分开发和利用好各种物质资源、能量资源和信息资源，只有这样才能够更好地制定和执行政策，实现资源的优化组合，从而更好地掌控人类的未来。这其中系统分析人员的作用和地位就非同一般了，他们可能是最有代表性、在信息化建设中起着重要作用的职业。克朗对系统分析人员也做了专门的探讨。克朗认为，系统分析人员并不完全就是决策者，更多的时候，系统分析人员发挥着顾问和智囊团的作用。他说有时分析人员同时是决策者，但在大多数情况下，分析人员只能向决策者提供咨询意见。系统分析学家的贡献在于："使系统的思维方式在决策者、计划者们的脑海中永久性地扎下了根，并且不断地发展出新的工具来解决现实世界中的复杂问题。"①

高度发达的信息化社会系统对系统分析人员提出了很高的从业要求，由于信息系统体现的是复杂的人机工程，所以要求系统分析员应该具有广博的科学技术知识和社会知识。在克朗看来他们不仅要有能力把复杂的系统问题分解为便于理解和把握的分量，既能分析又能综合考虑问题。对系统分析人员的具体知识要求表现在以下方面：一是会选择合适的次要标准对系统进行评估，这些次要标准不仅要与系统的首要标准正相关，而且要比首要标准更容易测量；二是会选择或者创造合适的系统分析工具进行行为、价值和规范研究；三是有能力科学对待和处理约束条件（克朗举出了七种：价值观、时间、资源、距离、知识水平、工具和技术以及政治可行性）对决策的影响；四是知道如何有效地改进系统分析的工具和获得结果，勇于实践，把理论和实践结合起来；五是了解自己的价值观，有良好的职业道德。克朗非常重视系统分析人员的职业道德，认为系统分析人员和决策者都应该对系统有足够一致的价值观念，对系统的改进与生存都有感情，乐于贡献自己的业务知识和才干。他还提出了要加强对领导层人员的伦理和道德教育。

---

①　［美］R. M. 克朗：《系统分析和政策科学》，陈东威译，商务印书馆 1985 年版，第26 页。

第三节　罗伯特·克朗思想简评

　　系统分析是公共政策研究领域中一个经久不息的话题，克朗的政策思想主要集中在该领域。由于克朗本人深厚的军方背景和军队工作经历，无疑也更为注重科学的定量分析，其中大量使用了高等数学和统计学等学科的分析方法，这在其他政策学家中是不多见的。而克朗的政策思想，为后来的公共政策学家开拓政策研究的视野，增加新的知识，进行未知的探索提供了有益的借鉴。

　　然而，克朗的政策思想也存在一定的局限性。一方面，在克朗的政策思想中，定性分析和定量分析很难相互协调，从而构建成一个完整的体系，这也是系统分析方法一直难以解决的问题之一，虽然在理论上二者可以较好的契合，但当面对这复杂多变的现实环境时，理论就显得较为脆弱了。另一方面，克朗也还没能克服系统分析的顽疾，即对现实的解释力问题。尽管系统分析能够将大量政策相关因素纳入考察范围，但这些因素的综合并不总是对政策现象的真实反映，而很有可能是一种歪曲，这无疑使系统分析对于政策问题的解释力打了折扣。

第十七章　威廉·邓恩的政策思想

第一节　威廉·邓恩生平和主要著作

　　威廉·邓恩，1938 年 8 月 17 日出生，是美国匹兹堡大学的著名教授、教育家和学术管理员，他长期从事政策分析的课程教学和科学研究工作，并积极参与国际机构、美国政府和地方政府有关政策分析的研究项目，在理论研究和实际应用方面做出了突出的贡献，在同行学者中享有很高的声誉。他研究领域主要有公共政策分析、应用科学、哲学等。

　　1956 年，在加利福尼亚蒙特雷认证中心的俄罗斯国防语言学院；1962 年，在马萨诸塞州大学参加美国和平队，进行法国和非洲研究；1964 年，在美国加州大学圣巴巴拉分校取得政治学学士学位；1966 年，在克莱蒙特取得政治学硕士学位；1969 年，在克莱蒙特研究生院和大学中心获得政府和国际关系博士学位。曾在马其顿的匹兹堡大学担任公共政策与管理创始人和主任；在博洛尼亚大学担任国际发展中心客座教授，曾任政策研究组织主席；在荷兰莱顿大学担任客座研究教授；在南加州大学担任公共管理学院杰出客座教授；曾任马其顿美国商会主席等。

　　邓恩获得奖项及荣誉如下：1977 年，获道格拉斯麦格雷戈年度最佳贡献的价值观和社会变革计划纪念奖；1983 年，获宾夕法尼亚州众议院嘉奖、政策研究的方法论创新唐纳德坎贝尔奖；1989 年，获杰弗里普雷斯曼奖；1993 年，获亚伦夫斯基奖；1994 年，在克莱蒙特研究生院获校长荣誉评议会杰出校友奖；2007 年、2000 年、1998 年、1994 年、1987 年、1985 年、1977 年，获学术荣誉奖；2007 年，在公共行政方面获得 Alisa Brunovska Award 教学优秀奖；2000 年起，进入克莱蒙特研究生院名人堂。其最具代表性的学术著作是《公共政策分析》。

第二节　威廉·邓恩问题导向的政策分析思想

以问题为导向的政策分析框架和方法构成了邓恩政策思想的主要内容。围绕着以问题为导向的政策分析，邓恩确立了政策分析的方法论原则和政策分析的基本方法。

一　政策分析的方法论

1. 政策分析方法论的内涵和特征

邓恩指出，政策分析方法论是指一套关于创造、批判、评估和交流政策相关知识的标准、规则和程序。政策分析的关键是解决问题，而要解决问题首先必须对问题进行明确和系统的阐释。从方法论意义是来说，政策分析有两个基本特征，一是描述性特征；二是规范性特征。政策分析方法论的核心可以概括为某种形式的"批判性符合主义"，其基本原则是多维定位，也就是政策分析必须借助于多种视角、方法、指标、数据资源和交流媒介，如多元操作主义、多重方法研究、多重分析综合、多变量分析、利益相关者的多重分析、多角度分析、多媒介交流等。

2. 政策分析方法提供的信息和论证

邓恩认为，政策分析者应该能够提供关于三种问题的信息及合理的论证：一是价值。价值的实现是问题是否已经解决的主要检验。二是事实。事实的存在会限制或促进价值的实现。三是行动。行动的采纳可能导致价值的实现。与此相对应有三种分析方法：一是经验的方法，主要是描述既定公共政策的原因和结果。面对的主要问题是事实（事情存在吗），提供的信息在特征上是描述性的。二是实证的方法，与政策的价值决定有关。面对的主要问题是价值（它有何价值），所提供的信息在特征上是实证性的。三是规范的方法，主要提出可以解决公共问题的未来行动方法。面对的主要问题是行动（应该干什么），所提供的信息类型是规范性的和指导性的。主要是为解决公共社会问题的行动提供指导，即告诉人们应该做什么。（见表 17 – 1）

表 17 - 1　　　　　　　　　　政策分析的三种方法

方法	主要问题	信息的类型
经验的方法	它现在和将来会存在吗？（事实）	描述性和预测性的
实证的方法	它有何价值？（价值）	实证的
规范的方法	应该干什么？（行动）	规范的

资料来源：〔美〕威廉·N. 邓恩：《公共政策分析导论》，谢明等译，中国人民大学出版社 2002 年版，第 57 页。

　　政策分析方法论提供的信息应有助于回答以下问题：一是问题的性质是什么？二是针对此问题过去和现在已经建立了什么样的政策，结果怎样？三是这些结果在解决问题方面具有多大的价值？四是针对问题可以得到哪些政策方案，其未来可能出现的结果怎样？五是应该采取何种可选择的方案来解决问题？对上述问题的回答提供了关于政策问题、政策未来、政策行动、政策结果和政策绩效的有关信息。

　　3. 政策分析方法论的程序

　　邓恩提出了政策分析方法论的五个程序：一是问题构建，提供有关政策问题相关条件的信息和知识。通过对相关条件的分析形成或质疑问题界定的基本假设，正是基于这些假设使问题得以进入议程，政策制定过程开始运行。它有助于发现隐含的假设、判断成因、勾画可能的目标。二是预测，提供有关各种可选方案相关结果的信息，包括作为和不作为。它可以提供有关事件未来状态与政策相关的知识，未来状态就是采纳科学方案未来可能产生的结果，指明在实现目标过程中可能出现的限制性因素。三是建议，提供有关解决或缓解问题未来结果的价值方面的信息。也就是要对收益和成本进行分析，以便在政策采纳阶段为政策制定者提供帮助。四是监控，提供政策行动过去和现在有关结果的信息和知识。对政策执行机构进行监督和控制，并在政策执行阶段为政策制定者提供帮助。五是评估，提供有关解决或缓解问题的结果方面的信息。设法发现预想和实际执行情况之间的差异，从而在政策评估阶段为政策制定者提供帮助。[①]

　　4. 政策分析的结构框架

　　邓恩把政策分析看作是一个质询过程，并据此构建了他的 "以问题

---

　　① 〔美〕威廉·N. 邓恩：《公共政策分析》，谢明等译，中国人民大学出版社 2002 年版，第 12—17 页。

为中心的政策分析"模型，它由五个基本程序组成：问题构建、预测、建议、监测和评价。在每个程序中，分析者通过适当的分析方法和技术，对政策信息进行转换，使之成为与程序相对应的五种信息，即有关政策问题、政策前景、政策行动、政策结果及政策绩效的信息。这些信息通过政策论证，成为可用于支持政策主张的论据。信息和方法的相互依赖，构成了政策分析的完整框架，整个分析过程为处于框架中心的"问题构建"所控制，因而问题的构建是政策分析的中心环节。（见图 17 – 1）

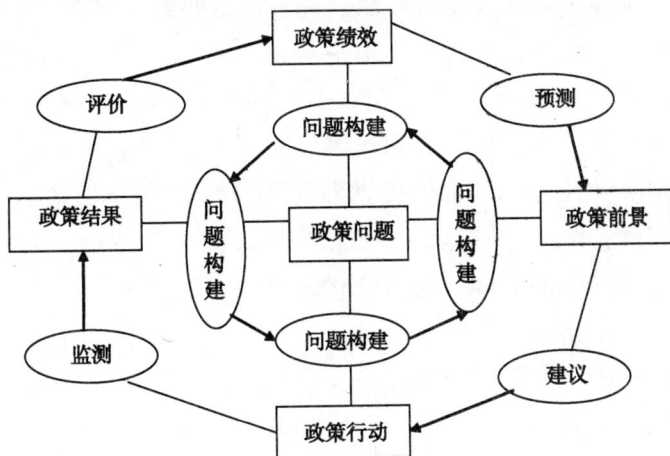

图 17 – 1　以问题为中心的政策分析框架

资料来源：〔美〕威廉·N. 邓恩：《公共政策分析导论》，谢明等译，中国人民大学出版社 2002 年版，第 81 页。

5. 政策信息向可用知识的转化

政策相关信息是政策论证过程的起点，而政策论证是政策相关信息转化为可用知识的重要途径和主要手段。

（1）可用知识的特征

邓恩指出："可用或政策相关知识由最佳似然真理主张组成，这些主张是通过直接和间接地参与政策交流、论证和讨论过程创造的。"① 在政策分析过程中，信息是为了达到目的或目标而被组织起来的数据资料，在目标或目的的作用下政策制定者会改变思想和行动；而知识则是向政策制定者传递的信息，政策制定者把这些信息转化为似然真实的信条，以在不

---

① 〔美〕威廉·N. 邓恩：《公共政策分析》，谢明等译，中国人民大学出版社 2002 年版，第 105—106 页。

断变化的环境中实现目标。所谓似然真实就是不一定是确定无疑的。在知识的作用下，对某一政策可能产生的结果作出概率性的预测。在一定意义上，政策分析可以被看作是为了创造、批判地评价和传递，关于政策制定过程的似然真实的观点而进行论证和讨论的过程。

（2）政策论证的结论

邓恩认为，政策论证的结论就是知识主张，可以划分为三种类型，即指示性主张、评价性主张和倡议性主张。三种主张与三种政策分析方法相对应。"指示性主张与政策分析的经验方法有联系，它涉及事实问题：'某种政策结果是什么？'评价性主张与政策分析的实证方法密切相关，它涉及价值问题：'政策有价值吗？'倡议性主张与政策分析的规范方法相对应，它涉及行动问题：'应采纳哪一种政策？'"① 政策分析的重要特征之一就是同样的信息，由于特定的假设不同会产生不同的知识主张。这些特定的假设主要包括认知结构、理论、意识形态或世界观。它们是政策论证中从相同信息得出不同知识主张的工具。

（3）政策论证的模式

在邓恩看来，政策论证的模式是把政策相关信息转化为政策主张的工具。他提供了政策论证的八种模式，即权威模式、统计模式、分类模式、直觉模式、分析中心模式、解释模式、实用模式和价值模式。不同模式的基础不同，把信息转化为主张的根据，即基本假设也不同。（见表17－2）

表 17－2　　　　　　　　　　政策论证的模式

模式	基础	根据的来源
权威模式	权威	制定者已获得的或认可的地位（"专家""知情人"）
统计模式	样本	运用一些规则（中心极限定理），通过抽取代表性的样本，对未观察到的或不能观察的人的特征的估计
分类模式	成员资格	根据同类中其他大多数成员的特征，该种类中某个成员特征的相似性（"俄国是资本主义，它应该是民主的，因为大多数资本主义国家是民主的"）
直觉模式	洞察力	制定者的心理因素（洞察力、判断力、灵感）
分析中心模式	方法	分析的方法或规则的有效性（数学、经济学、系统分析的普遍选择规则）

续表

① ［美］威廉·N.邓恩：《公共政策分析》，谢明等译，中国人民大学出版社 2002 年版，第 106 页。

模式	基础	根据的来源
解释模式	原因	原生力量（"原因"）及其结果（影响）（组织行为理论中的一般观点和规律）
实用模式	动机相同 案例 类似	目标、价值、目的的激励力量（政策利益相关者的愿望）案例中的相同点（相同政策）关系中的共同点（类似政策）
价值评价模式	道德规范	政策及其结果的对与错、好与坏（平等作为道德原则）

资料来源：［美］威廉·N. 邓恩：《公共政策分析导论》，谢明等译，中国人民大学出版社2002年版，第115页。

邓恩在阐述政策论证模式时，不仅把价值看作是政策分析的必要成分，而且突出地强调了价值的重要性。他指出："认识到社会科学的价值依赖本质对理解理性和道德规范在政策分析中的作用至关重要，对政策问题的如何质询都不会不、也不能不受价值的影响，因为所有的质询形式最终的根据都是关于人类、社会、政府和知识自身本质的观点。"[1]

二　政策分析的基本方法

邓恩在提出他的政策分析方法论的基础上，具体考察了政策分析的基本方法。他以问题为核心把政策过程的一般程序划分为构建政策问题、预测政策未来、建议政策行动、监测政策结果和评估政策绩效等环节，分别探讨了不同环节的分析方法。

（1）构建政策问题及其方法

何为政策问题？邓恩指出，政策问题是通过公共活动能得以实现的未实现的需要、价值或改进的机会。在邓恩看来政策问题是一种机会，它同没有实现的需要和价值相关联，必须通过公共活动才能实现。构建问题是政策分析人员最重要的政策分析活动，是对不同的利益相关者所持有的相互分歧的意见进行不断反复探究的过程。构建政策问题是政策分析的重要程序，在政策分析中发挥着关键性的作用，原因在于：一是问题的性质、价值和严重程度的信息都要通过这一程序来获得。二是这一过程具有定向机制，直接影响政策分析后续阶段能否成功。三是政策分析人员的失误往往更多地来自于错误的构建问题，而不是对真正的问题选择了错误的解决方案。政策问题是构建的而不是发现的，因此邓恩认为，政策问题具有主

---

[1]　［美］威廉·N. 邓恩：《公共政策分析》，谢明等译，中国人民大学出版社2002年版，第138页。

观性和人为性的特征。政策问题是思想作用于环境的产物，是从问题情境中抽取出来的因素。在政策分析中切不可把问题情境同政策问题混同起来。政策问题是在人类对改变某些问题情境的期望作出判断时产生的，要根据人的经验通过判断来构建。

邓恩认为，政策议题同政策问题一样也是非常复杂的。政策议题首先涉及对问题性质的判断，以不同的假设为前提会作出不同的判断，争议不可避免。对问题性质的不同判断直接决定是否要建立相应政策议程的问题，进而决定是否采取行动和如何采取行动的问题。对问题的不同阐述决定了对政策议程的界定方式。邓恩根据政策议题形成的组织层级把政策议题划分为首要议题、次要议题、功能性议题和小议题。与不同议题相关的问题，有些需要通过战略性政策来解决，而有些则需要通过操作性政策来解决。

邓恩指出，政策问题可以分为三类，一是结构优良的问题。主要特点是：一位或几位决策人员、在有限的备选方案中作出选择、效用（价值）反映目标一致、方案结果确定或风险较低、概率可以计算。二是结构适度的问题，主要特点是：决策人员、备选方案、效用（价值）与前者相同，而方案结果不确定、概率不可计算。三是结构不良的问题。主要特点是：有许多不同的决策者、备选方案无限、效用（价值）相互冲突、方案结果不可知，风险和不确定性不可估计（见表 17-3）。实际上，很多重要的政策问题都是结构不良的问题。

表 17-3　　　　　　　　　　　三类政策问题的结构差异

要素	问题的结构		
	结构优良	结构适度	结构不良
决策者	一位或数位	一位或数位	许多
备选方案	有限	有限	无限
效用（价值）	一致	一致	冲突
结果	确定性或风险	不确定	未知
效率	可计算	不可计算	不可计算

资料来源：［美］威廉·N. 邓恩：《公共政策分析导论》，谢明等译，中国人民大学出版社2002 年版，第 163 页。

邓恩提出了构建问题的四个步骤：一是问题感知。也就是感知到问题情境的存在。二是问题搜索。面对问题情境，分析人员开始搜索问题。实际上，每一个利益相关者都有各种各样的问题，搜索问题的目的就是要找出不同的利益相关者形形色色的问题。分析人员通常面对的是由纷繁复杂的、具有动态性和社会性的问题结成的问题之网，而且它贯穿于政策制定过程的始终。这实际上是一个结构不良的"元问题"，即问题的问题。分析人员的中心任务是要对"元问题"进行界定。三是问题界定。从元问题要转化为实质问题，分析人员需要从最基本或最一般的方面界定问题，例如，需要决定该问题是经济学的问题，还是社会学或政治学的问题。这就需要选择不同的概念框架，类似于对世界观或意识形态的选择，表明对特定观念的服从。四是问题详述。实质问题一旦界定就需要进一步确立更详细、更具体的规范问题，这一过程就称为问题详述。问题详述实际上就是对实质问题形成一个规范的数学模型。当然对于结构不良的问题来说，主要任务是决定问题的性质。

　　邓恩还提出了问题构建的具体方法，包括边界分析、类别分析、层级分析、统摄法、头脑风暴、多角度分析、假设分析、论证图形化。并对不同方法的目标、程序、知识来源和评价标准做了分析。（见表 17－4）

表 17－4　　　　　　　　　　　问题构建的方法

方法	目标	程序	知识来源	评价标准
边际分析	估计元问题的边界	饱和抽样、启发问题、累积	知识系统	现代规范内的正确性
差别分析	澄清概念	概念的逻辑划分与分类	个别分析人员	逻辑一致性
层级分析	明确可能的、可行的及合理的理由	原因的逻辑划分与分类	个别分析人员	逻辑一致性
综摄法	确认问题的相似点	建立个人的、直接的、象征性的、幻想的类比	个别分析人员或集体	比较的合理性
头脑风暴	产生想法、目标、战略	产生想法和评价	集体	一致性
多角度分析	产生洞察力	综合运用技术、组织和个人的观点	集体	洞察力的改进
假设分析	冲突性假设的创造合成	明确利益相关者，提出假设，质疑，集中并合成	集体	冲突
论证图形化	假设评估	合理性和重要性的评估排序并制图	集体	最佳的合理和重要性

　　资料来源：［美］威廉·N. 邓恩：《公共政策分析导论》，谢明等译，中国人民大学出版社2002 年版，第 178—179 页。

（2）预测政策未来及其方法

在邓恩看来，预测要建立在有关政策问题信息的基础上，是对社会的未来状态生成真实信息的过程。预测最主要的目的，就是为未来政策变化及其结果提供有关信息。这对于改进政策决策至关重要，它可以使人们具有前瞻性，从而提升认识、控制和指导社会的能力。预测有三种形式，即推断，就是基于目前和历史趋势向未来进行外推的一种预测形式；预言，就是以明确的理论假设为基础的一种预测；猜测，就是根据专家对未来社会状态的判断进行的预测。当然，任何预测都是有局限性的。政策预测主要用于对可能的未来，即将来可能发生的社会状态；合理的未来，即依据自然或社会的因果假设，在不进行政策干预的情况下可能发生的状态；规范的未来，与分析人员价值取向相一致的潜在和合理的未来，三种形态进行估计。规范的未来一个重要特征就是要有明确的目的和目标。这就要求界定规范未来不仅要澄清目的和目标，而且要明确哪些方案可以实现目标。

与预测的三种形式相对应，邓恩提出了三种预测方法，并分析了不同方法的根据、适用的方法和技术以及活动的结果。一是外推预测。分析人员根据事物的发展趋势对未来作出推断。适用的方法和技术主要有：传统的时间序列分析、线性趋势估计、幂的加权、数据变换和剧变法等。二是理论预测。分析人员以一定的理论假设和有关数据为基础，对未来的社会状况作出预言。适用的方法和技术主要有：理论图形化、因果模型、回归分析、点和区间估计、相关分析等。三是判断预测。分析人员以来自洞察力的论证为基础，试图对各种判断进行推导和合成，以对未来作出猜测（猜想）。适用的方法和技术主要有：德尔菲法、交叉影响分析和可行性评估法等。

（3）建议政策行动及其方法

邓恩认为，建议政策行动就是将政策未来的信息，转换成可能对个人、团体和社会产生有价值结果的行动信息。提出政策行动的建议，必须以具备不同选择方案可能产生的结果的信息为基础。需要分析人员对哪个方案最有价值作出判断，并提供理由，以回答"应该做些什么"的问题。这要求分析人员在多种应该做什么的倡议性主张中做出选择。最简单的选择模型的推理过程，一是对要求采取行动的问题进行界定；二是比较两个及以上解决方案的结果；三是建议产生最佳结果的方案。

由于受各种因素的影响，实际的过程通常是非常复杂的。由此形成了不同的选择模型。

　　不管运用什么模型进行选择，首先应该确立选择的标准。所谓标准实际就是明确陈述的价值观。邓恩给出了如下六个方面的标准：一是效益，指某一特定方案能否实现所预期的行动成果；二是效率，指为了产生特定水平的效益所要付出的努力的数量；三是充分性，指特定的效益满足引起问题的需要、价值或机会的程度，通常用成本和效益的关系来衡量；四是公正性，指效果与努力在社会不同群体间的公平分配，它与法律和社会伦理密切相关；五是回应性，指政策满足特定群体的需要、偏好或价值观的程度；六是适当性，指一项政策或计划其目标的价值和支持这些目标的前提是否成立。

　　邓恩对政策建议的方法和技术进行了考察，认为成本—收益分析是进行政策建议的重要方法。这一方法主要就是把成本和收益货币化后对两者进行比较和提出建议。它既可以用于提出建议的前瞻性评估，也可以用于政策执行结果的评价。成本—收益分析的主要任务及适合的方法和技术如下：一是问题构建，即阐述问题，确定元问题的边界，可运用边界分析、层级分析、类别分析、多角度分析、论证分析和论证图形化方法和技术；二是明确目标，即把目的转换成具体而又可衡量的目标，可运用目标图形化、价值澄清和价值评价等方法和技术；三是明确备选方案，即从确定的各种潜在的方案中选出少量最重要的方案；四是信息及收集和解释，即收集、分析和解释相关信息，预测备选方案的结果，可运用边界分析的方法；五是明确目标群体和受益人，即对利益相关者进行分析，列出所有与政策有利害关系的群体，可运用边界分析的方法；六是估计成本和收益，即对备选方案的目标群体和受益人可能支付的所有成本及全部收益作出货币化的估计，可运用成本要素构建、成本估计和影子价格等方法和技术；七是成本和收益折现，即在计算成本和收益时，必须考虑可能产生的实际货币价值的变动；八是估计风险和不确定性，即运用敏感性分析等方法估计未来可能发生的成本和收益的概率，可运用可行性评价、限制图形化、敏感性分析等方法和技术；九是选择决策标准，即明确在不同方案中进行选择的标准，如净效率改进、内部回报率、边际效益、帕累托改进和罗尔斯改进等，在这一环节价值澄清和价值评价的方法尤为重要；十是建议，即在考虑相对立的因果假设和道德假设可能削弱或使建议无效的基础上，选择最合理的方案，可使用合理性分析的方法。

（4）政策执行情况的监测及其方法

邓恩指出："监测是用来提供公共政策的原因和结果的信息的政策分析程序。由于监测使分析者能够描述政策实施情况与结果之间的关系，它就成了获取政策执行状况信息的首要来源。"① 从一定意义上说，监测又是形成关于公共政策运行历史与现状报告的途径。监测在政策分析中具有重要作用，具体说来至少有以下四个方面，即解释、核算、审计和监察。邓恩认为，在对政策结果进行监测时必须把政策产出和政策影响区别开来。政策产出是指目标群体和受益者所获得的资源；政策影响是指由政策产出所引起的人们在行为和态度上的变化。要对两者作出更好的解释，需要对它们所引起的行为进行分析。从行为的目的来说，由政策产出和政策影响引发的行为可分为规范性行为，即那些确保符合标准程序的政策行为和分配性行为，也就是需要投入各种资源的行为。要对政策结果进行分析和解释，必须获得各种有关政策结果的数据，这依赖于构造有效的衡量方法，其主要途径就是确定监测过程中感兴趣的各种变量。在此基础上确定各种变量的指标，构建监测的指标体系。

监测的主要方式有四种：一是社会系统核算，这是允许分析人员对主观和客观社会状况变化进行监测的一种方式；二是社会实验，指通过社会实验室系统控制政策行为的过程，从某种程度上讲，它可以获得关于政策结果变化源头问题的近乎准确的答案；三是社会审计，它能清楚地监测投入、过程、产出及影响之间的关系，其目的是试图跟踪资源投入，从开始投放到资源被接收的目标群体感受到为止；四是实例研究，包括对执行公共政策过去努力的结果进行系统的整理、对比和评价（见表 17 - 5）。四种方式的共同特点：都是锁定某些目标；都以变化为导向；都允许根据其他变量对投入产出进行交叉分析；都关注对政策行为及结果的主观和客观衡量。实用的方法和技术主要有图示法、表格法、指数法、间断时间序列分析、可控时间序列分析和不连续回归分析等。而且这些方法和技术对监测的四种方式都是普遍适用的。总之，"政策监测是为衡量目标群体和受益者中目标锁定的主客观条件的变化而获得政策相关信息的过程。"②

---

① ［美］威廉·N. 邓恩：《公共政策分析》，谢明等译，中国人民大学出版社 2002 年版，第 263 页。

② 同上书，第 371 页。

表 17 – 5 四种监测方式的主要对比

监测方式	控制类型	所需信息类型
社会系统核算	定量	任何可获得的/最新的信息
社会实验	直接控制和定量	最新信息
社会审计	定量和/或定性	最新信息
综合实例研究	定量和/或定性	可获得的信息

资料来源：［美］威廉·N. 邓恩：《公共政策分析导论》，谢明等译，中国人民大学出版社 2002 年版，第 370 页。

（5）政策绩效评价及其方法

邓恩认为，评价就是使用某种价值观念来分析政策运行的结果，也可以说是提供政策运行结果带来的价值方面的信息。通过评价来判断是否实现了政策目标，以及在政策目标实现过程中政策所起的作用。政策评价的特点，一是以价值为中心，也就是评价的中心任务是判定政策结果的效用和价值，同时也包括对政策目标的评价；二是坚持事实和价值的统一，也就是通过评价不仅要证明政策对个人、群体和社会的价值，同时也要证明政策结果确实解决了所要解决的问题；三是以现实和历史为取向，也就是评价在时间上发生在行动之后，具有事后回顾性；四是价值取向的双重性，评价隐含着既可以当作结果也可以看作是手段的双重价值。

政策绩效评价的标准同政策建议的标准内容相同，区别在于应用的时间不同，绩效评价标准应用于政策实际运行之后，具有回顾性，而推荐标准应用于政策实际运行之前，具有展望性。政策绩效评价标准（见表 17 – 6）。

表 17 – 6 评价标准

标准类型	问题	说明性指标
效果	结果是否有价值？	服务的单位数
效率	为得到这个价值的结果付出了多大代价？	单位成本 净利益 成本—收益比
充足性	这个有价值的结果的完成在多大程度上解决了目标问题？	固定成本（第 1 类问题）固定效果（第 2 类问题）
公平性	成本和效益在不同集团之间是否等量分配？	帕累托准则 卡尔多—希克斯准则 罗尔斯准则
回应性	政策运行结果是否符合特定集团的需要、偏好或价值观念？	与民意测验的一致性
适宜性	所需结果（目标）是否真正有价值或者值得去做？	公共计划应该效率与公平兼顾

资料来源：［美］威廉·N. 邓恩：《公共政策分析导论》，谢明等译，中国人民大学出版社 2002 年版，第 437 页。

邓恩提出了政策绩效评价的三种方式，即伪评价、正式评价和决策理论评价。三种评价获取信息的方式相同，均为采用描述性的方法来获取关于政策运行结果的信息。区别在于三者依据的基本假设不同。伪评价的基本假设是：价值尺度是不证自明的或者是毋庸置疑的。因此它不去怀疑这些运行结果对个人、团体或整个社会的价值。邓恩之所以称它为伪评价，与它的基本假设有关。正式评价同伪评价的区别在于，它对运行结果的评价是建立在政策目标已经被政策制定者正式宣布的基础之上的，其基本假设是：正式宣布的目标是对价值的恰当衡量。决策理论评价同伪评价的主要区别在于，前者试图将利益相关者宣称的潜在的目的和目标表面化和明确化，这意味着政策制定者正式宣布的目标仅是其中的一个价值归宿，因为政策形成和执行过程中拥有利益的各方都参与了目标的制定。其基本假设是：利益相关者正式宣布的目标是对价值的恰当衡量。至于绩效评价方法和技术，前面所提到的方法和技术均可以在政策绩效评价中使用。

邓恩告诫说，政策分析过程不仅仅是智力性的，更重要的也是政治性的过程。政策分析人员也是诸多利益相关者中的一方。通过政策分析所获得的信息，不可避免地要受到各种政治因素的影响，要受到分析人员的利益和价值观的影响。对信息的使用必须要考虑它一定意义上是由政治的、组织的、社会的以及心理方面因素决定的，而不单纯是由方法和技术决定的。

第三节　威廉·邓恩思想简评

随着公共政策学发展的日趋完善，政策学理论范式逐渐增多，这难免会让初学者眼花缭乱不知如何入手。而威廉·邓恩对于政策学的整理，以一种浅显易懂的方式将公共政策理论、公共政策分析的方法论和具体分析方法逐一介绍给入门者，无疑为政策学的普及和发展具有良好的助益作用。更重要的是邓恩所提倡的以问题为中心的政策分析方式，不仅具有较强的适用性，还在传统的政策分析方法之外提供了一种新的分析视角。这也是他对公共政策学所作出最主要的贡献。

但是，威廉·邓恩的政策学思想也同样因为其模糊性而深受诟病，且由于其政策思想还尚处在发展开创阶段，对公共政策分析过程中的某些重要问题还缺少具体的说明，如怎样解决问题构建的合理性问题，另外，在政策分析框架中每个政策相关信息与问题构建环节的相互联系程度如何等。因而也可以说，邓恩的政策思想还有一个不断成熟的过程，有待进一步挖掘和完善。

第十八章　约翰·金登的政策思想

第一节　约翰·金登生平和主要著作

约翰·W.金登生于 1940 年，是美国著名的政策科学家和政治学家，师从美国公共行政学、政策科学和政治学领域的大师级学者艾伦·威尔达夫斯基，颇得其真传。1965 年在威斯康星大学获博士学位，之后曾任密歇根大学政治学系教授，担任过美国艺术与科学院研究员，也担任过古根海姆研究员，还在斯坦福大学先进行为研究中心担任过研究员，并曾受邀成为布鲁斯金学会的客座学者，1989 年至 1990 年任美国中西部政治科学协会的代理主席，曾任密歇根大学荣誉教授。

金登教授学识渊博、著述甚丰，除了著有《议程、备选方案与公共政策》外，还撰有《国会议员的投票决策》和《异常的美国》等多部在美国学术界和政界均具有广泛影响的著作。金登以《议程、备选方案与公共政策》一书被美国政治科学协会公共政策分部授予 1994 年度艾伦·威尔达夫斯基奖，该书被喻为"公共政策研究的不朽之作"。对其思想的述评也以该书为主要脉络。

第二节　约翰·金登多源流分析思想

一　多源流分析框架的前提

1. 相关概念的界定

金登的多源流分析框架主要揭示了政策议程形成的内在机制。金登认为，公共政策过程至少包括：议程的建立、阐明备选方案、方案的权威性选择、决策执行。建立议程是政策过程的首要环节。"所谓'议程'，就是对政府官员以及与其密切相关的政府外人员在任何给定时间认真关注的问题进行编目。"① 政府议程是对人们关注的问题进行编目，而决策议程是指政府议程内部正在考虑就此问题作出决策。政府官员往往更关注备选方案。阐明备选方案的目的是把备选方案的范围缩小到更为重视的方案上来。专家对形成备选方案更为重要，而总统在议程建立过程中发挥的作用更大。

2. 主要参与者

金登认为，参与者是指参与政策过程的部门和人员，可分为政府内部的主要参与者，包括总统、国会和行政部门的官僚等；政府外部的各种力量，包括媒体、利益集团、政党以及普通公众等。不同的参与者都可能成为议程和方案的来源。

(1) 政府内部的参与者

行政当局在政策议程建立过程中扮演着非常重要的角色。行政当局主要由三部分人组成。一是总统本人。在政治系统中，总统几乎可以为所涉及的所有人建立政策议程，这是其他人不能比拟的。总统可以建立行政部门人员的议程，也可以建立国会及政府外部人员的议程。总统之所以具有如此重要的作用，因为他占有着各种资源，包括制度资源，主要是否决权和雇佣与解雇的特权；组织资源，即行政部门是一个一元化的决策实体；控制资源，也就是对公众注意力的控制权，公众注意力可以转变成一种压力，迫使其他政府官员采纳总统的议程；党派资源，总统可以通过党派的作用控制国会的议程。但是总统不能支配备选方案，也不能决定最后结果。二是总统行政办公室对总统负责的办事人员。包括总统的私人高级顾问、国内政策参谋局、经济顾问委员会以及行政管理预算局等行政办公机构的人员。他们在议程设立过程中的作用不如在拟定备选方案过程中重要。但是在议程建立和决定带有根本性问题的过程中，他们和总统持有同样的观点，可以通过同其他部门和利益集团等进行协商，以产生行政当局的政策建议。三是各部、局中对总统负责的政治任命官员。他们是关键性的政策制定者。他们自己创造的思想以及即便不是他们创造的思想，都可以通过他们提上重要人士的议程。而且大量备选方案出自他们之手。

文官（官僚）是许多议程的来源。之所以如此，主要同他们掌握的

---

① ［美］约翰·W. 金登：《议程、备选方案与公共政策》，丁煌等译，中国人民大学出版社 2004 年版，第 4 页。

资源相联系。一是长期任职。任命官上台后，长期任职的文官所倡导的方向对他们会发生重要影响。二是专长。他们在执行政策过程中，对利益集团、国会政治以及政府政策可能的变化，具有丰富的经验。三是关系。他们与国会和利益集团成员形成了各种关系，这种关系常被称为"铁三角"，形成了建立政策议程所必需的信息流。

国会在整个政策形成过程都居于显著的地位。这同国会掌握的资源密不可分。国会掌握的资源，一是合法权威，实际上许多政策是国会制定的；二是公开性，议员举行听证会，提出议案和发表演讲等，都会被新闻媒体报道，并有效地传递给其他参与者；三是混合的信息，国会的信息具有相当的开放性，它混合了实体因素和政治因素、学术界和压力集团、官僚和民众等不同的信息；四是长期供职，国会议员和国会办事人员都有较深的资历。

（2）政府外部的参与者

利益集团在政策过程中的地位非常重要。他们的活动既对议程有影响，也对政策制定者的备选方案有影响，其影响可以分为积极的即推动政府采取新的行动和消极的即阻碍公共政策变革两种性质。利益集团倾向于保留他们享有的利益和特权。利益集团掌握的主要资源，一是由于他们的动员能力以及人数、地位和财富影响选举结果；二是他们的内聚力影响政府议程，使之为某一团体提供优势资源。

学者、研究人员和咨询人员的作用在非政府角色中仅次于利益集团。他们在政策形成中对备选方案的影响比对政府议程的影响要大；长期影响比直接影响明显。国会委员会和行政机构在听证、会议和咨询调查中更愿意求助于研究人员和分析人员的专长。

媒体在政策议程建立过程中也发挥着重要作用。公众对政府问题的关注往往同媒体的报道有关。媒体对议员的影响，一方面是因为议员同大众一样信赖媒体的报道；另一方面是因为媒体可以影响选区的选民。当然，媒体对议程的影响要比想象的小得多，但它在有些情况下也会以某种方式发挥重要作用。一是媒体在政策共同体内充当着沟通的角色；二是对一些已经开始的活动进行夸张性的报道；三是可以通过公共舆论间接影响参与者；四是它对外部人士的影响比内部人士要大。

与选举有关的参与者的影响处于中等水平。由于政府中有许多官员是选举产生的，因此选举可以影响政策议程。一是竞选活动和竞选许诺会影响政府的政策议程，但是竞选誓言并不能自觉进入公共政策中。二是政党对政策议程的影响途径包括宣言内容、在国会乃至在国家的领导作用、对追随者提出的要求和所代表的意识形态。政党对议程的影响要大于对备选方案的影响。三是公共舆论对政策议程的影响，主要表现在影响那些追求选票的政治家。这种影响可能是积极的，也可能是消极的。当然，大众舆论对政策形成的影响力往往有限。

3. 垃圾桶模型的修正

金登的"多源流分析"框架是在修正"垃圾桶模型"基础上形成的。垃圾桶模型是由迈克尔·科恩（Michael Cohen）、詹姆斯·马奇（James March）和约翰·奥尔森（John Olsen）提出的一个模型。金登认为，在研究中观察到的内容在许多方面类似于垃圾桶模型的基本逻辑。他对垃圾桶模型做了如下描述：科恩等人把他们提出的模型称为"组织选择的垃圾桶模型"。他们认为在经验中看到的组织可称为"有组织的无序"组织，它有三个一般属性：一是未定的偏好，也就是无法清楚地界定自己的目标。人们往往是在不太清楚自己目标的情况下就采取行动。如果想要稍微精确地界定自己的偏好时，不仅不同个体之间要发生冲突，就是特定个体内部也会如此。因此，组织往往是不同思想的松散集合。二是不清楚的技术。组织成员对组织过程没有很好的理解，他们对自己的工作可能是清楚的，组织也可能在很好地运转，但是组织成员对自己为什么要做这些工作，怎样使自己的工作更符合组织的整体形象认识不足或只有初步的认识，工作的主要方法是试错法。三是不固定的参与。成员处于不断变化之中，组织的边界不固定。组织成员对不同主题投入的时间和精力不同，即使是同一主题涉及的程度也有差异。作为一种有组织的无序，贯穿于其中的决策结构是四条分离的"溪流"，即问题、解决办法、参与者和选择机会。它们各有特点，相互间没有太多的联系。当一次选择的机会在组织飘过时，各参与者由于掌握着一定的资源都会卷入进来，并把各种各样的问题引入其中，各种各样的解决办法都可以被考虑。一旦有了选择的机会，各种各样的问题和解决办法都被参与者填入一个垃圾桶中。垃圾在垃圾桶中如何混合取决于如下条件：一是可得到的垃圾桶的混合程度；二是贴在垃圾桶上的标签；三是正在生产的是什么垃圾；四是垃圾从所在地收集和搬出的速度。金登指出："无论如何，这样一个模型的逻辑结构包括：（1）一些完全分离的溪流穿过整个决策系统，（2）结果在很大程度上依赖于这些溪流在必须做出这些选择中的结合状况，即取决于问题解决的办法的结合情况；取决于参与者之间的互动状况；取决于偶然缺少解决办法还是有意缺少解决办法。"①

金登认为，联邦政府也可以被视为一种有组织的无序，尽管同"无序"相比其"有组织"的特性更突出一些，但也具有未定的偏好、不清楚的技术和不固定的参与者等属性。在联邦政府的政策议程建立过程中有三种过程，即问题、政策和政治。参与者识别问题，提出公共政策变革的建议，从事竞选和压力集团游说等政治活动。前面所提到的每一个参与者都有可能卷入每一过程之中。联邦政府的三个主要溪流：一是问题识别，各种问题引起政府内外参与者的关注；二是政策建议阐明和凝练，形成产生政策建议的共同体并提出建议；三是政治活动，包括国民行为、公共舆论、行政当局、党派或意识形态分布以及利益集团的影响等。理解议程和政策变化的关键是三股溪流的结合。三股溪流汇合在一起，政策之窗就会打开。

二　多源流分析框架的主要内容

1. 问题流

金登认为，问题引起人们关注的途径主要有：一是某些指标的变化。有时某些指标的变化就表明存在问题。通过常规性监控可以发现各种指标的变化，如政府支出和预算效应模式中预算的升降。此外，非常规性监控包括政府机构和学者们就某些问题的研究，也会在指标的变化中发现需要政府关注的问题。政策制定者往往把各种指标的变化看作是系统状态的变化，并把这种变化界定为问题。在政策议程建立过程中往往会夸大指标变化的意义。实际上，指标并不是对事实的直接识别。不能把对数据的陈述同对政策问题的陈述混同起来。二是危机和焦点事件。在有些情况下，问题引起政府内部和其他人的关注，是通过一次危机或焦点事件推动的。但是，有时一个大的危机会使许多应该提上政策议程的重要事情被埋没，而有时一些潜在的议程项目，由于缺少危机的推动而无法进入政策议程。而焦点事件对议程建立的作用也并不总是那么直接，主要受政策制定者个人经验和强大符号的影响。金登把这两者称为焦点事件的变异形式。有时一

---

① ［美］约翰·W. 金登：《议程、备选方案与公共政策》，丁煌等译，中国人民大学出版社 2004 年版，第 107—108 页。

些主题成为议程项目，主要是由政策制定者的经验决定的。一个强大符号的出现和传播会集中人们的注意力，对已发生的某些事情具有强化作用。当然，危机、符号以及其他焦点事件要在政策议程中居于显著位置，还需要其他方面予以配合，如强化某一问题的预先知觉、用相应的灾害或危机充当预警、与其他类似事件相配合。三是政策项目运行情况的反馈。在正常情况下官员可以收到有关项目的各种反馈信息，从而对某些问题予以关注。获取反馈信息的渠道，正式渠道获取的系统监控和评估研究报告，非正式渠道如公众的抱怨和私下的调查，还有官员在日常管理中意识到的问题等。通常被解释成问题的反馈信息有：执行不符合立法意图和上级行政意图；不能实现规定的目标；成本太高；预料之外的后果等。

金登认为，状态本身不是问题，只有当相信应该对某些状态采取行动时，这些状态才被界定为问题。问题是外部事件本身和解释性知觉因素的结合。问题的界定直接涉及利害关系，可能使某些人获益和某些人受到伤害。在对状况界定为问题的过程中，价值观、对比以及分类都发挥着重要作用。一是价值观的作用。所观察到的状态与一个人的理想状态不匹配才成为问题。二是对比的作用。有时问题同对比有关，当一个人信奉平等，看到别人得到的东西自己没有得到，这种比较劣势就成为问题。三是分类的作用。分析事物需要对其进行归类，由于归类不同看法上甚至会大相径庭。有时在问题界定上的分歧和争论就是由于分类的不同导致的。

2. 建议流（政策原汤）

金登认为，政策思想和建议流同政策共同体密切相关。政策共同体由专业人员组成，包括研究人员、国会的办事人员、规划与评估办公室和预算办公室人员、学者、利益集团的分析人员。他们都有自己的想法，有对未来方向的模糊理念，尤其有专门的政策建议。他们通过各种方式向别人兜售自己的思想。"在这个共同体中，备选方案和政策建议的产生过程类似于一种生物自然选择的过程。"① 在不同的政策领域，共同体的结构是有差异的，有的封闭、排外、结构紧密，而有的多样化和松散。共同体结构上的分裂导致政策的分裂。结构紧密的共同体往往会产生共同的视野、取向和思维方式，它们反过来会强化共同体整合的程度，可以更好地交流和沟通。在一个结构紧密的政策共同体中议程相对稳定，而在一个分裂的

---

① ［美］约翰·W. 金登：《议程、备选方案与公共政策》，丁煌等译，中国人民大学出版社 2004 年版，第 148 页。

共同体中会产生不稳定性，议程也会不断变化。

政策企业家在政策共同体内起着重要作用。在政策共同体内，某些思想在某一阶段受到重视，人们都希望自己的政策建议受到重视而成为最终选定方案的组成部分。他们在共同体内向其他人推销自己的思想。在共同体内思想相当广泛，备选方案也相当广泛。各种各样的思想、各种各样的备选方案，在共同体内四处漂浮。某些人的政策建议和思想产生显著影响，成为倡议者，也可称为政策企业家。政策共同体内的专业人员都可能成为政策企业家，之所以称他们为政策企业家，是因为他们同工商企业家一样，为了未来的回报而投入自己的资源。促使政策企业家提出倡议的诱因，一是增进自身的利益；二是宣传他们的价值观以影响公共政策形态；三是某些政策企业家可以称为政策追星族，出于喜欢而参加。

政策共同体内的选择过程是近乎随机的进化过程。在政策共同体内漂浮的思想和建议可能有无数个，由于它并非完全类似一个理性决策系统，选择过程近乎是随机的。这一过程是通过变异和重组的进化过程。变异是指突然出现一种全新的结构，而重组是原有元素的重新整合。公共政策思想的进化过程，更多的是对原有元素重新组合形成新的结构或新的政策建议的过程。在这一过程中，理论和思想的作用比人们通常所理解的要大。思想的倡导者通常不允许这个过程完全自由漂浮，他们千方百计地提出自己的思想，并力图说服（金登称为"软化"）政策共同体和广大公众接受他们的思想，并且逐渐接受他们的政策建议。倡导者即政策企业家可以采取各种方式完成"软化"任务。

事实上，各种思想在政策共同体内不是简单的漂浮，它们之间会发生相互碰撞，彼此结合。那些具有技术可行性、价值可接受性、费用可承受、预期的公众默认和在决策者中被接受的合理机会的政策建议通常会保存下来，其他的可能会消失。如果一个问题有了解决的办法，被提上政府议程的可能性就更大。

3. 政治流

在金登看来，政治流主要由公众情绪、压力集团的竞争、选举结果、政党和意识形态在国会的分布状况以及政府的变更等因素构成。一是国民情绪。通过公共舆论的变化和社会运动可以把握国民情绪。国民情绪可以促进一些项目被提上政策议程，也可以抑制另一些项目上升到政策议程的重要位置。参与者认为他们可以准确地认识不同条件下的国民情绪，认识国民情绪的变化。学者们认识国民情绪的主要方法是抽样调查。社会运动需要组织和领导才能产生政策效应。成功的社会运动在普通民众中会流行起来，并对选举产生影响。民选官员往往通过邮件、市民大会或小型聚会、接待群众代表和来访者等交流方式，判断选民的情绪；非民选官员往往根据从政治家那里获得的信息认识国民情绪。国民情绪由于对选举结果、政党命运以及政府决策者对利益集团的院外游说的接受程度都有重要影响，因而对政策后果也有重要影响。二是有组织的政治力量。这主要由利益集团和其他有组织的利益群体构成。在有些情况下它们会达成共识，这就为把重要人士引向同一个方向提供了强大的动力。而在另一些情况下它们之间会产生冲突，政治领袖会朦胧感到，某项政策建议登上议程重要位置的支持者和反对者的平衡已被打破。因为支持者和反对者之间的均势对政策建议不利，会减缓变化的过程。政府惯性的重要原因是一个项目一旦确立，受益方就会组成强大的利益集团群，保护他们从中受益的项目。要打破这种惯性需要一大批赞成变革的赞助者。当然，既得利益集团的对抗是可以战胜的。国民情绪的变化、政府的变更、国会席位的变动都可以战胜有组织的对抗，并足以使政治溪流趋向于变革。三是政府。如果政府行政当局发生了变化，政策议程也会产生显著的变化。涉及政府本身的变化有两种方式，一种是担任权威职务的人员改变了优先考虑的项目，提出了新的项目；另一种是权威职务上的人事变动带来的议程上的变化。新一届政府上台的第一年是政策变革的黄金时期。此外，政府管理权限的变化也是导致议程变化的重要原因。影响政府权限的因素包括宪法、宪章、法令和规章等，它们的某种变化会影响政府管理的权限，有些项目被忽视可能是由于政府权限被取消了。

在政治溪流中如何达成共识？金登认为，政治溪流中控制共识的因素是讨价还价。联盟是通过妥协建立起来的，或者说是通过实际的联盟成员和潜在的联盟成员的讨价还价形成的。人们加入联盟不是因为相信所要采取的政策行动步骤的合理性，而是如果不加入联盟担心得不到加入联盟所能得到的利益。通过妥协试图获胜的联盟建立起来。因此，构建政府议程不仅仅需要说服，更重要的是通过提供他们喜欢的条款换取他们的支持。如果忽视了通过讨价还价来建立联盟，可能会付出沉痛的代价。由于讨价还价的作用，在政治溪流中会出现联盟的爆炸性发展。潜在的支持者由于受到某种利益承诺的诱惑加入联盟，还有一些人由于担心分享不到相应的利益而进入联盟。在有些情况下，如果一个人顽固坚持原有的立场会付出沉痛的代价，这是形成政策建议的最后时机。

4. 政策之窗

金登指出："政策之窗是政策建议的倡导者提出其最得意的解决办法的机会，或者是他们促使其特殊问题受到关注的机会。"① 政策窗口是根据特定的动议采取行动的机会，可能稍纵即逝，如果不能把握和利用这些机会，就只有等待下次机会，等待时间可能会很长。尽管政策之窗数量稀少，又不经常开启，而且敞开的时间比较短暂，但却是推动公共政策重大变革的良好时机。当然，在政策之窗没有希望打开的时候，参与者就会松懈下来，不会为不可能的事情浪费自己的资源。

（1）政策之窗开启和关闭的原因

金登认为，政策之窗敞开的主要原因是政治溪流的变化，一是行政当局的变更，新上任的行政当局会有一些新的举措，这就为政策之窗的开启提供了机会；二是政治角色的调整，如国会委员会新主席的出现、国会议员大规模的更换、规制机构成员的增加等，可能为其支持的倡导者打开政策之窗；三是问题的紧迫性，在有些情况下，某些问题变得迫在眉睫，还有焦点事件，都可以为政策建议的倡导者创造机会。

金登还指出了政策之窗关闭的原因：一是参与者可能认为问题通过立法或者决策解决了；二是参与者没有争取到行动的机会，不愿意为此付出时间、精力、政治资本或其他资源；三是促使政策之窗打开的事件可能在舞台上消失了；四是推动政策之窗打开的人在人事变动中调离了；五是没有可行的备选方案。以上因素都可能使开启的政策之窗关闭。

（2）多源流结合的重要性

金登认为，促使政策议程发生变化的原因就是推动政策之窗打开的条件。这主要是问题溪流和政治溪流发展的结果。当决策者认为问题紧迫需要解决，那他就会进入政策溪流中寻找解决问题的备选方案。如果备选方案符合政治可接受性的标准就会顺利进展，如果备选方案得不到议会和政府的支持就会被淘汰。当一扇政策之窗打开的时候，建议的倡导者会认为机会来了而抢抓机遇。人们往往急于把自己的利益同当时的问题或政治事件联系起来，采取极端的行动。如果人们都这样做，就会导致系统无法承

---

① ［美］约翰·W.金登：《议程、备选方案与公共政策》，丁煌等译，中国人民大学出版社2004年版，第209页。

载如此之多的要求，项目的实施会变得极为困难。有可能出现办法超载、投入过多、结果无法预测的状况，在这种情况下，参与者宁可不打开窗户，避免冒险。

尽管问题或者政治本身可以建构政府议程，但是如果问题溪流、政策溪流和政治溪流能够汇合在一起的话，项目进入决策议程的可能性更大。如果缺少其中一种因素，无论是什么因素，即使政策之窗打开了，没有三种因素的很快结合也会迅速关闭。

（3）政策企业家及其作用

金登认为，三条溪流的结合离不开政策企业家的作用。在政治系统中，任何一个正式或非正式的职位都可以看到政策企业家的身影。在不同的项目中，核心的政策企业家可能是一个内阁部长，也可能是一位参议员或众议员，还可能是院外活动的说客、学者或者职业官僚。政府内部和政府外部的参与者都有可能扮演政策企业家的角色。

一个成功的政策企业家起码应具备三个方面的要素：一是某种听证权。希望自己意见能够被别人听取的人到处都有，意见真正能够受到关注的只有那些具有听证权的人才有可能。拥有这种权利的人，或者具有专长，或者具有代表他人发言的能力，或者具有一个权威性决策职位。二是闻名的政治关系和谈判技能。这样的人既具有谈判的技术专长，也具有丰富的政治经验，具有很强的影响力。三是坚忍不拔的意志。成功的政策企业家往往需要花费大量的时间和精力，在任何场合、以任何方式，从事任何可能有助于促进事业发展的活动。这种意志力如果同其他应具备的品质结合起来就能够获得成功。

政策企业家在推动三条溪流在政策窗口汇合过程中发挥着极为重要的作用。他们不仅不断推出他们对问题的认识和政策建议，以说服其他参与者，而且做好准备暗暗等待一扇政策之窗的开启。他们可以利用一切可能出现的时机，使原来分离的溪流结合起来，即把解决办法同问题结合起来、政策建议与政策契机结合起来、政治事件与政策问题结合来。也就是使三条溪流汇合在一起。如果没有政策企业家的出现，就不会有三条溪流的汇合。

政策企业家在问题、政策和政治三者结合上发挥的作用具有重要意义。一是可以使人们了解个人与结构之间的区分。在认识各种变化的过程中，社会科学家倾向于注重结构的变化；新闻工作者则倾向于强调人员、地点和时间的恰当性，而政策企业家却利用了这个机会。它告诉人们个性的重要性以及为什么、何时重要。二是可以把倡议活动和经纪活动结合起来。政策企业家可以提倡自己的政策建议，并说服别人，还可以扮演经纪人的角色，在人们之间进行协商和联络。这证明了经纪活动的重要性。三是可以促进创新。这种多源流漂浮汇合的自由形式，往往使目标处于模糊状态，政治事件也具有含混性，这种情况才更有利于政策企业家的创新。四是可以在有准备的前提下捕捉和利用机遇。政策企业家在政策之窗打开之前就进行各种准备，因此在政策之窗打开时才能把预先包装好的问题、解决办法和政治契机带到窗前。

（4）政策之窗的出现

金登指出，政策制定系统处理议程项目的能力是有限的。政策之窗所以很少打开，往往是因为政策制定系统能力不足。有时处于策略考虑也限制了参与者考察项目的数量。各种项目只有通过竞争才能突破"瓶颈"，在政策议程中占有一席之地。当然，政策制定系统的能力并不是一成不变的，项目在议程中地位的竞争也不是完全的零和博弈。议程有时扩大，有时缩小。议程扩大的条件，一是当改革处于悬而未决的时期，如总统刚刚当选，行政当局处于蜜月期的时候，吸收议程项目的数量比其他时期要多；二是专业化可以扩大吸收议程项目的数量，许多常规项目往往会得到同时处理。

在有些情况下，政策之窗的开启是可以预测的。许多政策之窗的打开具有周期性，把握这一周期就可以对政策之窗的打开作出预测。立法更新、预算周期、总统的国情咨文都具有周期性，相应的政策之窗是定期安排的。还有一些更大的周期时间安排不那么精确，但是也值得关注。改革也是有周期的，当一次改革的能量爆发以后，政策制定就会进入间歇期，酝酿下一次改革。政治过程不会沉寂很久，因为政治家需要通过显著的变革赢得荣誉。就如同钟摆一样在改革与沉寂之间摆动。此外，还有另一种"钟摆效益"，在开明的国民情绪与保守的国民情绪之间摆动，也可以使政策企业家作出相应的预测。

而在另一些情况下，政策之窗的开启具有偶然性，但也不是完全不可把握。如果了解了各种约束条件，如预算、公众的接受、资源的分配等，也可以通过其他方式进行预测。可以识别溪流的汇合方式，可以说明项目进入议程的诸多条件。如果缺少其中一个条件，项目就不可能进入议程。

（5）外溢效益

金登还提出了政策之窗的外溢效应问题，也就是当一个政策之窗打开时，往往可以为另一相同主体的政策之窗打开增加了可能性。因为一个特定的政策之窗打开，可以确定一个领域内未来决策的原则。原则一旦确定，后来的变化就要以这些原则为基础来处理相关事宜。遵循这些原则人们逐渐适应了一种新的处事方式，形成一种惯性，政策制定系统就会沿着新的方向运行。外溢效应的力量有时很强大。当然，通过外溢效应打开相邻领域的政策之窗也会很快关闭，需要尽快行动。

第三节 约翰·金登思想简评

作为林德布洛姆和威尔达夫斯基公共政策学思想的传人，金登的政策思想无疑天生带着这两人的烙印。但金登多源流分析框架对公共政策学也有其独到的贡献。一是通过对政策过程的各方参与者及其在政策议程设立和备选方案的阐明中所处的地位、所起的作用和所利用的资源等的详细分析，打开了政策过程的黑箱，使人们能够对这一过程有所了解。二是多源流分析模型肯定了偶然因素在公共政策过程中的作用，开阔了人们的思路。三是他还细化了各种政策企业家的作用，这对公共政策学来说是一项重要的补充。四是多源流分析模型能够广泛运用到各个领域的政策实践中来，并具有较好的解释力。

同样，金登的公共政策学思想也存在一些有待完善的地方。一是他的问题溪流、政策溪流和政治溪流是独立的，但是究竟在什么时间、什么样的条件下会发生结合却是不能明确确定的，因此不能对公共政策现象进行预测，只能对现有的现象进行解释。二是其思想的模糊性虽然有助于拓展其适用范围，但同样也是其广受诟病的原因之一。三是其思想立足于微观层面，因而也就很难从宏观的维度把握政策与社会变化之间的相互关联，同样也很难对其他政策过程做出详细解释。

第十九章　德博拉·斯通的政策思想

第一节　德博拉·斯通生平和主要著作

德博拉·斯通，1946 年 4 月 1 日出生，是一位具有独立学术见解的美国俄裔女性学者，一生从事公共政策分析的理论研究和教学工作。她曾先后担任美国布兰迪斯大学、麻省理工学院、耶鲁大学、图兰大学以及杜克大学的教授，还曾担任达特茅斯学院政府方向的研究教授和丹麦奥胡斯大学的政治学荣誉教授，给这些学校的本科和研究生讲授公共政策分析的课程，并在世界范围内推广她的政策悖论理论。同时，她也是美国《展望》杂志的独立撰稿人，发表有大量政策分析方面的著述，《政策悖论》是她的重要代表作之一。这本书为政策研究做出了巨大贡献，因此在 2000 年获得了美国政治学协会的颁发的亚伦夫斯基奖。

作为新时代较为具有代表性的美国公共政策学家，德博拉·斯通无疑是高产的，她近年来的主要著作有：《福利政策和服务转型》（2007）、《单一付款人——好的隐喻，坏的政治》（2009）、《在错误的地方寻找治理》（2008）、《保护病人：医疗保险改革中的一个简单的教训》（2008）、《卫生政策的价值：理解公平与效率》（2006）、《为州政府重塑种族差异问题》（2006）、《美国卫生政策的不平等：政治相互作用的研究》（2006）、《对于空气的渴求》（2005）、《消费者选择的虚假承诺》（2005）、《爱不是金钱：护理的商品化》（2005）、《市场意识如何保证种族的不平等》（2005）、《购买长期看护》（2004）、《政策悖论》（2001）、《为什么我们需要关怀运动》（2000）、《管理式医疗的间隙和第二次大转变》（1999）、《超越道德风险：保险作为道德的机会》（1999—2000）等。

第二节　德博拉·斯通政策悖论思想

一　德博拉·斯通政策悖论思想的理论前提

在政治伦理价值回归的时代背景下，德博拉·斯通在批判和吸收前辈公共政策学家，诸如林德布洛姆等人的政策学理论基础上，试图重塑公共政策学的政治理性。为了实现这一目标，斯通的公共政策学思想立足于一种传统的政治社会模型，也就是城邦模式。这种模式的前提条件是城邦中公民的相互影响、相互合作和相互忠诚，他们会为公共利益而共同努力。与城邦模式相对应的是市场模式，斯通将市场简单定义为，不同的市场主体可以在互惠的情况下进行物品交换，以追求自身利益最大化的社会系统。同市场模式相比较，斯通构建了共同体即城邦模式。在理解斯通的政策悖论思想时切不可忽视这个前提条件。在此基础上，斯通对同城邦即共同体有关的要素进行了分析，为她的政策悖论思想进行铺垫。

1. 共同体以及公共问题

（1）共同体

在斯通看来，政治和政策只能出现在共同体中，所谓共同体就是一个由成员所组成的，并且具有确定成员身份功能的集合体。公共政策就是要实现共同体的某种目标。共同体与市场不同，市场是从个体出发，而共同体要有集体意志。共同体是由不同成员组成的，因此确定成员身份是共同体的首要问题。而要确定成员身份就要制定正式规则。当然，作为非正式的惯例在确定成员身份过程中也发挥着一定的作用。在共同体中，大部分政治斗争主要是围绕成员身份问题，也就是成员权利范围展开的。共同体可以被分为文化共同体和政治共同体。政治共同体可以定义为，在同样的政治规则和治理结构下共享公民权利的社会群体；而文化共同体则可以定义为，一群共享同样文化并通过共有语言和历史传统来确认身份的群体。

（2）公共利益

有了共同体也就有了公共利益。在斯通看来，公共利益可以看作是具有公共精神的公民所渴望的事情。因此公共利益是能够为共同体带来好处的东西，也可以说它是大多数人某个时候想要的东西。这意味着公共利益不是恒定不变的，不同时期共同体的公共利益会有所不同，它随着时间进程和社会发展变化而变化。但斯通也指出，每个共同体必然存在一定的、永恒的公共利益，如安全等。在斯通看来，公共利益应当是在特定政策环境中，塑造和限制个体追求自身利益的策略性概念。公共利益属于共同体，而私人利益属于市场。

(3) 公共问题

一个共同体在共享同样的公共利益时，也必然存在一定的公共问题。斯通认为，公共问题主要是由于共同体中个人利益与公共利益相冲突导致的。因而公共问题主要根源于两种情况，一是个人出于一己私利给社会公众造成了社会成本；二是公众为实现公共福利要求个人做出一定的牺牲。在传统的经济学理论中，市场主体的行为一般都不考虑对社会产生的影响和随之而来的成本。斯通基于对以上理论的总结提出了如下观点，即如何让共同体中的个体在选择自身政策取向的时候，考虑更为广泛的社会后果。

2. 共同体与公共问题的解决

(1) 影响

当个人利益与公共利益相冲突引发公共问题时，必须重视解决公共问题的手段。在斯通看来，解决公共问题的首要力量就是影响，它具有多种表现形式。人不是完全自由的个体。正如卢梭所说，人人生而自由却无所不在枷锁之中。每个共同体的成员都会受到各种各样或积极或消极的影响。而这些影响有时会变成强制，但对于影响如何转变为强制，如何划定影响和强制的边界充满了争议。但无论如何影响是政治的一个核心要素。

(2) 合作

斯通认为，合作也是一种重要的解决公共问题的力量。一方面，在共同体的政治领域内，每个个体都需要寻找同盟者与合作者，目的是为竞争提供帮助。斯通也就此对公共选择理论进行了批判。在她看来，在公共政策环境中，并不会存在只有两个公共政策相关个体的情况，因而公共选择理论对公共政策问题的现实解释力有限。另一方面，个体也必须通过合作来获得权力。所以，合作是构成权力必不可少的重要组成部分。

(3) 忠诚

斯通认为，在影响与合作之外的另一种解决公共问题的力量是忠诚。而这种力量又往往与合作紧密联系在一起。在公共政策环境中，公共政策主体之间的合作一般是持续的，因而主体间的合作也就把彼此双方在一定时间内捆绑在一起。在合作过程中，合作双方更多地表现为相互谅解和妥协。在此背景下，忠诚就显得尤为重要。但这并不意味着在公共政策环境中，所有的合作形式都是稳定的，忠诚毕竟只是一个相对的假定概念。对于合作伙伴的背叛与否，通常取决于风险与相应收益的对比。

（4）群体

斯通认为，群体是共同体的基石。从影响、合作和忠诚三种力量来看，"群体"都具有重要意义。一是所有个体都有其所属的组织，即便有时候还未被组织正式吸纳成为成员，但在对公共政策的影响方面，他们是作为群体在发挥作用；二是公共政策制定过程并不能够被简单地解释为寻找解决公共问题方案的过程，它同时也是各个政策相关群体为实现其目标而不断组建、解散和重组的过程；三是在城邦的公共政策环境中，公共政策的制定具有集体的性质，无论是从正式程序来看，还是从隐含的意义上，它都是集体的行为。

（5）信息

在斯通看来，政治是由人们如何解释信息来推动的。在公共政策的环境中，政策主体不可能充分掌握所有相关信息。正因为这种不充分和不完全正确的情况，对信息的解释就起着非常重要的作用。许多政治活动也因而表现为对信息解释的控制，这点与传统的经济学理想模型不同。对于每个公共政策相关个体而言，由于受教育、技术等诸多因素的影响，他们所获得的政策信息不可能完全均等。更为重要的是，在公共政策环境中，有些信息甚至被保密和封锁。所以斯通提出，如果政策主体认为所有政策信息都是中立并且开放的话，那只能是一种误解。

（6）感情

斯通认为，在共同体中除了物质法则之外，还存在另一条与之并行的重要法则，那就是感情法则。与物质会随着使用过程而产生损耗不同，政策主体之间的感情会随着使用的过程而不断扩大和增强。不同政策主体会随着合作的深入而不断给予对方新的政治承诺，其政治技巧和权威也会随之不断扩大和成长。通过情感法则，斯通试图告诫公共政策相关者以下事实，一是对公共政策的情况表达是可以累加的，而且总和会大于其单纯的相加之和；二是大部分公共政策现象都可能具有比当前所展现的更多含义，而这些含义很可能对公共政策的执行和改进产生巨大影响。

3. 共同体中的权力

在斯通看来，权力是从以上的一系列因素中推导出来的。权力是共同体中的一种现象，其目的是要将个体利益置于其他个体利益或者群体利益，乃至公共利益之下。权力运作的主要手段是影响、合作与忠诚。权力遵从的是情感法则而不是物质法则。权力依赖于对信息的战略控制。

在市场模型中运行的能量来自于交换，它推动了市场的变化。而在城邦模式中，斯通认为，动力主要来自于理念和联盟的相互作用。政治理念塑造政治联盟，联盟的战略考虑反过来又会塑造人们表述和想要实施的理念。在斯通的公共政策理论中，理念和战略蓝图才是政策制定过程中的关键形式。她着重强调的是政策相关个体和群体如何利用理念去争取政治支持，建立自己的联盟和打破反对者的联盟，以减少反对意见达到控制政策的目的。政治冲突从总体来看是由理念引发的。理念和联盟的相互作用是不断变化的。

二　德博拉·斯通政策悖论思想的主要内容

何为悖论？斯通做了这样的描述："悖论没什么，不过是给我们带来麻烦。悖论会破坏逻辑的大多数基本原则，一样东西不能同时为两样东西。两个相互矛盾的解释不能同时为真。悖论就是这样一种不可能的情况，政治生活充满了这样的情况。"① 在考察城邦模型和市场模型区别的基础上，斯通主要从政策目标、政策问题、政策方案等几方面探讨了政策悖论问题。这也构成了斯通政策悖论思想的主要内容。

1. 政策目标

目标是政策的核心要素，也是政策分析的重要内容。斯通在论及政策目标时选择了最具有代表性的目标，即平等、效率、安全、自由展开分析。政策目标通常也是人们用来评价改革政策合理性的标准。她认为，这些处于政治核心地位的目标绝不可能还原为绝对的标准，因为它们是一组价值判断，具有极为复杂的内涵。

（1）平等

无论公共政策分配的对象是以物质形式还是以精神形式出现，分配作为公共政策核心问题的地位不会改变。斯通从分配是公共政策的核心问题，而平等是其追求的目标的理念出发，首先探讨了作为公共政策目标之一的平等及其悖论。平等最简单的理念就是每一个人都得到同样大小的份

---

① ［美］德博拉·斯通：《政策悖论：政治决策中的艺术》，顾建光译，中国人民大学出版社 2006 年版，第 1 页。

额，悖论由此产生了。斯通对此作了如下表述：平等可能意味着不平等；平等对待可能要求不平等的对待；同样的分配可能被看作是平等的，也可能被看作是不平等的。由于人们的世界观不同，决定了有关分配的基本假设不同，对平等的理解当然也不同，有时甚至是根本对立的。

斯通提出，为了解决平等分配问题，必须从分配接受者、分配资源和分配过程三个维度对分配进行界定。一是对接受分配资源对象的界定。这个问题也可以引申为对公共政策相关群体的界定，如什么样的人拥有公民权、什么样的人可以获得政治选举的权利等。斯通同时也提出，对于分配接受者的界定可能随着时代的进步而不断发生改变，也有可能因为公共政策环境的变化而变化。而在明确了分配的对象之后，斯通罗列了两种基于不同分配对象的分配方式，即按照分配对象的等级进行不同的分配和按照分配对象所属的不同群体进行不同的分配，并对两者的平等理念提出了质疑。斯通指出，有时即使处于同一个等级或群体之中，要实现平等的分配也是相当困难的。二是对分配资源的界定。斯通提供了两种重新定义待分配资源的路径：一方面，可以从更为宏观的角度看待这些资源，超越资源本身的固有属性和时间给予新的定义；另一方面，则可以从较为微观的角度对资源进行再定义，比如将平等问题细化到公共政策的个案中，以便对公共政策相关者个体进行价值估计。三是对分配过程的界定。斯通提出了三种资源分配过程的方式，即竞争、抽签和选举。在斯通看来，有些政策资源不能够通过平均分割的方式进行分配，此时更应注重平等的分配过程。所有的分配系统都不是孤立存在的，而是相互联系和贯通的，分配过程平等与否将直接影响社会成员对政治体系的忠诚。在斯通看来，大多数政治冲突都与分配的接受者是谁、分配的东西是什么、分配的过程是怎样的，这些看似简单的问题相关联。

斯通认为，人们在分配问题上采取的立场是由他们的世界观决定的，其中包括一些有关共同体意义的假设和财产性质的假设。共同体对其成员来讲具有什么意义？财产是个人创造的还是集体创造的？对这些问题的不同回答，形成了不同的基本假设。以不同的假设为前提，就会产生不同的平等观念。

斯通通过对诺齐克（Robert Nozick）和罗尔斯的观点的比较，分析了在平等问题上两大派别的主要分野，揭示了平等悖论及其产生的根源。一是平等的判定标准。分歧的焦点在于平等应由过程标准来判断，还是应由结果标准来判断。这是关于平等大争论的最主要分歧。诺齐克注重过程标准，认为平等意味着对任何新创造的和通过转移（销售、赠予或继承）得到的任何东西，获得过程都必须是公正的。诺齐克的平等过程观反对公共政策对分配的直接干预，即使在不平等面前也是如此。罗尔斯更偏重于结果标准。他明确区分了社会基础物品和自然基础物品，强调对社会基础物品必须为所有公民做平等的分配。持结果平等观的人赞成通过公共政策进行直接的再分配。而斯通对上述两种理论都提出了质疑，在斯通看来，在诺齐克的理论中，对最初的转移和获得的"公平"界定较为困难，换言之，判断过程"公平"的标准难以找到。如果以不违反社会法规为标准，而法规是可以变化的，因而无法找到独立标准。而在罗尔斯的理论中，对分配接受者和分配物品的特征如何界定，同样存在标准问题。要解决这一问题，人们必须相信有某种关于分配平等的普遍标准，实际上这是难以找到的。二是对干预代价的接受。两者的主要分歧在于：通过公共政策干预来实现分配公正，付出什么样的代价是可以接受的？分歧的根源在于对自由的理解。持过程观的人认为，自由就是不受约束，按照自己的意愿处置和利用自己的资源，任何他人不得干预。而持结果观的人认为，自由就是去做任何想做的事情，也就是在拥有足够的基础资源的情况下完全按照自己的愿望进行选择。为了使每一个人都具有基本的资源，政府应该通过再分配进行干预。三是财产的创造主体。分歧在于财产是个体创造的还是集体创造的。持过程观的认为，有价值的事物及其价值均为个体创造的，即使是集体创造的，也可以确定个人在其中的贡献。而持结果观的人认为，至少某些具有重要价值的东西是集体合作创造的，集体合作的力量大于个体之和。如果承认一些重要的价值是由社会创造的，那么每一个人都有通过公共政策的再分配，分享社会所创造的价值的权利。四是人们的动机。分歧在于人们进行生产和创造的动机来自于需求，还是来自于人生产和创造的天性。一种观点认为，人们工作的主要动力来自于需求的被激励，基于此，必然反对分配政策，因为它使人们得到了可以通过也应该通过工作，而又没有通过工作得到的东西。分配政策降低了人们的生产力。另一种观点认为，工作动力来自于安全保护的内在驱动，人们在安全的情况下更有生产力，更有创造力，所以赞成通过分配政策确保更多人的安全。

（2）效率

效率目标最简单的定义就是：一定的投入得到最大的产出，或者用最小的投入实现目标。在斯通看来，效率并不是公共政策所要追求的东西。但是，效率却能帮助公共政策相关者获得更多自认为有价值的东西。斯通之所以将效率纳入其公共政策的目标体系，主要是由于在美国公共政策实践中，效率是一种主导性的理念。如果将效率界定为"以最低成本获得某种有价值的东西"，斯通认为就会在以下问题上产生冲突，形成效率悖论，即谁是政策的获益者并为此承担责任、如何测定政策的价值和成本、用什么方式组织人的行为才能产生最大效率的成果？对效率的测定没有固定的依据。要把以一定的投入获得最大的使用价值的理念，应用于具体的政策选择，必须首先确定"什么东西是最重要"的假设。不同的假设带来不同的政治主张，从而导致在什么样的政策才是有效率的问题上各种相互冲突的观点。

斯通认为，关于政策效率相互冲突的观点背后，存在着什么才是能够实现社会福利最大化的社会组织形式的思想争论。绝大多数经济学家主张，通过市场进行资源交换是实现效率（福利最大化）的最佳途径。他们凭借此信条，在当代政策讨论中稳居中心地位。然而市场运作需要两个最主要的前提，一是所有权；二是合同。所有权是由政府界定的，也要靠政府来保护；合同的执行也离不开政府的保障作用。主张市场是最有效率的模式，是建立在两个基本假设基础上的，即交换的自愿性和充分的信息。然而，市场模式遇到了来自市场自身和城邦（共同体）两个方面的挑战。

市场效率所依赖的各种条件，首先遇到了来自市场自身的挑战。一是竞争的充分性，实际上市场竞争往往是不充分的，市场失灵就会出现垄断。最好的政策就是承认垄断现实，并通过政府的管制控制垄断的消极影响。二是信息的完备性，实际上交换各方信息总是不对称的，不可能获得完备的信息。最好的政策就是对自愿交易进行保护，并改进信息提供方式。三是影响的内部性，事实上在某些情况下不可能杜绝外部性。这就需要通过各种方式纠正外部性。四是资源的私人性，在竞争性和排他性不能满足时，就会出现公共物品的市场失灵现象，这就需要通过集体行动来纠正这种失灵。

来自城邦的挑战，主要涉及市场理论中蕴含的福利、幸福、满足等价值。市场理论认为，人们只有通过自愿交换才能获得价值从而产生满意感。然而事实并非如此，一是在城邦中许多价值不是通过交换获得的。例如，幸福可能来自工作本身的愉悦、福利以及满足可能来自于人与人之间的关系。二是在城邦模式下自愿和强制的界限往往是模糊的。群体、忠诚和喜好是在市场以外的社会和政治因素的压力下形成的，这摧毁了市场中个体选择的自愿性。三是城邦中的信息不仅是不完备的，而且是解释性的和被有意控制的。市场交换所需要的精确和完备的信息，在城邦模式中更是不存在的。四是在城邦中社会福利不是个体福利的集合。市场模式认为，在个体福利之外不存在有意义的社会福利。在共同体中个人的福利依赖于其他人的福利，同时也受共同体决策的影响。此外，城邦中某些福利如果被分割就无法保证基本的质量。例如，共同体的存在、安全以及作为共同体成员的骄傲、社会信任、同舟共济和共同参与决策的尊严等。总之，在城邦中效率实现的方式不是交换，而是民主的治理结构。

斯通在分别揭示平等悖论和效率悖论之后，又对平等和效率关系的悖论进行了阐述。人们通常认为平等和效率之间是零和博弈，要平等就必然牺牲效率，要效率也必然牺牲平等，公共政策必须在平等和效率之间进行权衡。理由主要有：一是关于激励的论证，认为平等会减少激励个人努力的报酬，从而降低生产性投资的水平；二是关于创新的论证，认为平等必然意味着加强政府对个人利用资源的干预，阻碍创新；三是关于浪费的论证，认为要保持平等就需要扩大管理机构，必然消耗更多的资源。斯通指出，对上述理由都可以提出相反的理由：一是如果激励不是来自于需求，而是来自于满足感、尊严和归属感，差距过大必然影响积极性；二是政策的主流不会主张通过再分配达到完全平等，事实证明再分配不会阻碍创新，可以设想不征税在生产中能够产生了不起的创新，也可以设想扩大征税以大幅度增加教育和基础科研的投入，会产生更了不起的创新；三是管理是否造成浪费是不确定的，管理也会对组织的产出作出贡献。斯通认为，实际上，跨文化研究已对平等和效率权衡论做了最好的反驳。认为平等和效率之间不可调和的理念，实际上是对富人和有权势的人有利的政治神话。

（3）安全

安全的需要来源于对短缺的感悟和恐惧。在斯通看来，有关安全的争议主要围绕政府应该提供什么样的安全保障，应该满足什么样的短缺，实现安全保障的负担应如何来分配等问题。最简单、最常见的关于短缺的定义就是："在纯粹生理意义上的生存所必不可少的"。政府只需要提供安全的最低保障，无论是国防政策还是福利政策均如此。这种对安全的理解是以安全可以还原为"客观的短缺"的理念为根据的。但是，认为短缺可以客观界定的理念会遇到诸多方面的挑战：一是短缺是物质的还是象征意义的。有时象征意义要比物质价值更重要。例如，是否与其他人吃同样的食品，同什么人、在什么地方进餐等，如果成为归属、地位和精神价值的符号，往往比吃什么更重要。二是短缺既是相对的也是绝对的。绝对的短缺可以用贫困线来界定，但贫困线不是永远固定的。相对的短缺可以用一个人在分配中的地位来衡量，是比较的结果。实际上两种短缺都没有可以衡量的固定标准。相对短缺对于公共政策来说地位更为重要，绝对不可大意。三是短缺不一定具有直接性但具有工具性。有时短缺的东西并不是因为它能够直接满足人们的需要，而是因为能够让人们拥有它，或者能够让人们做其他事情，如对教育的需要是因为它能够使人们找到更满意的工作。工具性短缺对公共政策具有更重要的意义。四是现在的短缺和未来的短缺。如人们要求不会导致疾病的绿色食品和有机食品，就是对未来短缺的反映。保护未来短缺是公共政策更重要的任务。五是生理的短缺和精神的短缺。从生理角度看，存活是短缺的重要标准，但它遇到了关系短缺的挑战。人不仅需要生存，也需要共同体、归属感、尊重、友谊和爱。然而，这些会增强人们的政治诉求，而且可能带来冲突。上述各种短缺概念导致了对安全的不同政治理念。在城邦模式中，短缺和需求之间没有清晰的界限。不同的经济学家对短缺无法满足的原因也作出了不同的解释，马克思主义者认为短缺是资本主义阶级结构导致的；自由主义者认为货物和服务的生产创造新的短缺；保守派认为短缺是人们工作能力下降的结果。

斯通认为，对短缺的不同界定导致了对政府职能的不同主张，直接影响公共政策过程。在政策制定过程中，要对申请者短缺的合理性进行检验，让短缺求助合法化形式。如何对短缺做集体决定是政治活动的重要内容。共同体中存在着"公共短缺"，要求共同体必须予以满足，然而对公共短缺如何确定是一个颇具争议的问题。不管如何确定，共同体都要通过集体努力满足其成员被认可的和共同体自身的短缺。这是提升共同体凝聚力的重要力量。

　　不同的政治学理论对短缺的理解和主张存在着巨大差异。按照经典自由派的理论，短缺是通过"消费者的决策"表现出来的。而古典多元政治学派认为，短缺是通过利益群体表达出来的。新多元论（改革派）则认为，并不是所有短缺都能找到表达途径；由于资源占有的差异，不同人的表达其权重也不同；不是所有短缺都能转化为政治组织的形式。因此在政治领域，某些短缺可能取得更大的成功，某些短缺由于不能转化为政治组织形式而无法取得成功。

　　与斯通政策学理论体系内其他政策目标一样，安全也同样存在一定程度的悖论。而且安全与效率之间也存在悖论。尽管近年来的一些公共政策实践表明，安全的保障可以在某种程度上促进效率的提升从而打破这一悖论，但斯通仍然认为这并不意味着这一悖论不复存在了，大多数情况下，安全和效率之间还存在一定的消长关系。

　　（4）自由

　　斯通认为，在公共政策领域政府能否干预公民的选择和活动，围绕此问题会不断产生有关自由的悖论。关于自由，穆勒的经典界定是：人在不伤害他人利益的前提下可以作任何纯粹"对自己负责"的事情。这个界定需要以一系列的假设为前提，如有一条确定什么样的干预是合理的标准；在影响他人和不影响他人之间有一个清晰的界限；把自由仅仅看作是个体的而不是社会的属性；不该对个体的行为进行干预。斯通把穆勒的自由定义称为消极的自由概念，而且认为每一个命题都会遇到挑战。什么叫做"伤害他人"，这就是一个非常复杂的问题。伤害包括对身体、财产、愉悦、心理、精神和道德等方面的伤害，每一种伤害又都包含着竞争性的理念。为伤害确定标准是一个政治过程，因而极为困难。

　　斯通认为，在城邦中，为了公共利益对个体自由有很多必要的限制。以共同体作为分析的出发点，有些伤害是从穆勒的个体框架出发无法解释的，如对共同体发挥自身功能的能力的伤害、许多人都这样做的积累的伤害、由对个体的伤害带来的对群体的伤害，等等。实际上，个体主义的伤害概念是对城邦中关于自由的界定的一种扭曲。斯通指出："构想和寻找关于伤害的简单标准的过程告诉我们，关于什么样的活动应该在被禁止之列这样的事情是很复杂的。原因在于，自由的领域是在政治生活中构造出来的，它涉及文化史的问题。涉及关于在一个社会中什么样的伤害可以容许，什么样的伤害则要受到处罚这类的政治选择问题。"①

在揭示自由悖论的基础上，斯通还对自由与安全、自由与平等的悖论作了描述。自由与安全的悖论主要表现在两个推理上，一是依赖性推理。从一方面看，没有基本需求的满足就不可能进行自由选择，面对饥饿和死亡的威胁不会有真正意义上的选择；从另一方面看，由政府提供生活保障，又会造成安全的依赖性，而且必然受制于提供者。安全是自由的前提，同时安全又摧毁了自由。二是家长主义问题。也就是政府在什么情况下可以防止人们出于自愿的自我伤害行为，或者说政府为了安全限制人们的自由是否具有合法性？如果用悖论形式来表达，那就是"能否强制一个人获得自由？"这些问题没有办法用公式来解决。

自由和平等之间往往也是不相容的。人们的天赋、技能和能力不同，获得有价值资源的多寡也不同，为了平等，政府就要从具有优势的人那里取走一些资源，给予不具备优势的人，这必然干预具有优势的人的自由。政策需要对此作出权衡。持消极自由观的人认为，任何干预都是对自由的破坏；而持积极自由观的人则认为，当社会具备了更大的控制能力时，个人自由的范围不仅不会缩小反而会扩大。

2. 政策问题

在传统的政策分析中，往往把政策问题界定为政策目标与实际情况之间的差距。在斯通看来按照这样的观点，政策问题就成为可以通过观察和计算进行界定，也就是可以测度的。而事实上，在城邦中不存在固定的目标，对于抽象的政策目标（如平等、安全和自由）又有着不同的争论。此外，城邦中也不存在固定的状态，现实总是在变化，人们对实际情况的描述也由于观点的不同而不同。因此，对政策问题的界定变成了战略性的过程。社会群体、个体以及政府机构等不同主体，都会有意识地渲染自己所描述的现实，以便推行自己想要推行的行动。斯通认为，对政策问题的界定不存在普遍、科学和客观的方法，它实际上是一个政治过程。在界定和描述政策问题时，人们都希望展示语言的魅力以赢得大多数人的支持，并置反对者于不利的地位。斯通给出了用来界定和描述政策问题的语言类型，主要包括：象征、数字、原因、利益以及决策，并对各种语言类型的特点、作用及其效果进行了分析。

---

① ［美］德博拉·斯通：《政策悖论：政治决策中的艺术》，顾建光译，中国人民大学出版社 2006 年版，第 119 页。

（1）象征

斯通认为，对实际情况的象征性再现，是政治学界定政策问题的本质特征。象征的一个突出特点在于其意义是使用者加上去的。好的象征设计在一定时间内能够给人造成印象、塑造人的知觉、引起人的怀疑，因此成为影响和控制的手段。这也是象征成为政治设计的重要原因。象征在政策问题界定中的重要意义，主要通过讲故事的方式表现出来。所谓讲故事，就是通过对所发生事情的讲述来界定政策问题。在斯通看来，政策表面文字背后潜藏的无非是英雄、恶棍和无辜受害者共同演义的惩恶扬善的故事。有两条故事线索在政策政治中被经常使用，一个是"每况愈下"的故事，讲述的是"事情本来很好，现在变坏了，如不采取行动可能导致更大的危机"，通常以事实与数字为佐证；另一个是"失控和控制"的故事，讲述的是"事情很糟糕，人们认为已经失控，但告诉你事情是可以控制的"。在政策问题界定过程中，两类故事往往交织在一起，先从讲每况愈下的故事开始，警告人们灾难临头，然后引出控制的故事，鼓励通过政策掌控自己的命运。

为了更好发挥讲故事的作用，斯通指出了最常见和最有力的三种语言设计：一是举偶法，也就是用部分（通常为典型案例）代表整体的一种方法。在政治中常见的做法是用具体问题的某个部分来抓住公众的印象，政策也只对这一部分作出回应。有时政治主体会有意挑选被夸大或者古怪的意外事件代替全部实际情况，以此来改变具有普遍性的整套政策规则。举偶法的作用是会带来具有倾向性的政策。二是隐喻，也就是意指性的比喻，主要指为了说明事实，利用类似的其他概念或实体来传达含义。它肯定了不同类型政策问题的相似性。人们常用的一个隐喻就是将社会制度看作生命有机体；用"生命周期"来解释政策问题经历快速生长而后又衰落的过程，等等。隐喻通常意味着要采取某种政策行动。一个问题同另一个问题类似，解决这个问题的政策方案，也可以用来解决另一个问题。这也是隐喻的意义所在。正因为隐喻的作用，象征设计不仅流行，而且在情感上更有鼓动性。三是歧义性，就是对一个象征可以作不同的理解。这是政治中象征的一个重要特征，它有助于把个体的意图和行动转变成集体的决定。因为歧义性有助于政治领袖把具有不同政策愿望的人联合到自己的旗帜下；有助于躲过公众的视野对有关问题采取极端性的行动；有助于冲突的双方都得到安抚；有助于谈判和折中把不一致的态度调和起来，从而使集体行动成为现实。象征表明政治遵循的是艺术的法则，而不是科学的法则。

（2）数字

斯通认为，数字是同测度联系在一起的，而测度是界定政策问题的常用方法。它实际上也是对现象进行描述的方法之一。大多数政策讨论往往是从引证一些数字开始。但是，面对一种现象可能有多种测度方式，对测度方式的选择是由测度的目的决定的。测度方式是根据目的选择的，统计的范围是人为划定的，因此数字的作用就如同隐喻。没有分类不可能进行统计，统计中的分类就是从事物中选出一些特征作为反映的指标，这要求首先要作出把哪些特征包括在内，把哪些特征排除出去的判断。在什么地方划线是同政策主张联系在一起的。所以数字也是可以操控的。

测度的目的是要采取行动，它是推动事物变化的第一步。测度也常常成为一种规范，例如失业率应控制在百分之多少以下等。数字说到底也是用来讲故事的，它有可能成为讲述无可救药和控制的故事的重要组成部分。有时测度可以作双重理解，因此对测度的解释比测度的数字更重要。

在当代的文化中，数字被认为是准确和客观的。但由于在城邦中测度是一个复杂的社会过程，政治中的数字可以人为制作，也是可以操控的。而且人们对于数字的操控有着强烈的动机，目的就是使数字更有利于操控者的政策行为。测度本身就意味着对某个问题的解决方案，希望采取什么样的解决方案就会选择对此有利的测度方式。正如斯通所说，数字本身就是隐喻、象征和故事，其真实性就像一件艺术品一样。

（3）原因

斯通指出，人们通常认为，对原因的描述是对问题作出界定的关键。要解决一个问题必须找到它的根源或者原因。按照通常的观点，原因是客观的，是可以科学确定的。但是，在城邦中原因同责任联系在一起，原因找到了意味着对造成问题的人的处罚，因此也涉及讲故事的问题。当然也离不开运用象征和数字进行战略性的加工。经过加工后的原因是政治演员进行政策选择的基础。在社会领域充满了控制和意图，把人们的动机同他们的行为联系起来，就认为找到了问题的原因。实际上，因果性的故事是非常复杂的。政策问题往往需要有更为复杂的因果模型才能提供令人满意的解释。这类模型很多，其中主要的有复杂系统模型、制度模型和历史模型等。然而在斯通看来，复杂的因果解释对于政治来说用处不大，因为它不能为一个问题提供单一的控制点、提供具体的负有责任的人和提供确定的平衡点。在政治中，因果理论实际上是关于因果关系的一种理念。在政策问题的分析中，人们好像是要寻找"真正"的原因用以指导政策，但对政策实际发生指导作用的往往是自己选择的理念。

斯通认为，在城邦中原因往往是制造出来的，论证是因果政治学中共同的战略。论证的主要手段包括：转移，由有目的的领域推向自然的领域或者推向别人；辩解，强调疏忽大意没有预见到可能的后果；指责，确认他人蓄谋为之。一个因果关系的故事讲的是否成功，能否为公众所接受是检验的重要标准，当然最终还要看是否成为主导性的信念，并成功地指导了政策制定者。斯通指出："政治演员创造出一些因果关系的故事来描述伤害和困难的情况，将其归之于其他个体和组织的行为结果，从而引发政府权力来制止这样的伤害。就像是其他象征性呈现形式一样，因果关系的故事是可以具有情感上的鼓动性的：它们是关于无辜与犯罪的故事，是关于受害者与压迫者的故事，是关于受害者与邪恶的故事。良好的政治分析家必须注意因果解释的全部战略功能。"①

（4）利益

斯通指出，经典的政治观点认为，后果是界定问题的依据。后果只有同利益联系起来才具有了重要意义。公共政策政治分析的核心问题，就是回答后果为何同政治利益相关、如何与何时能把后果转变成政治利益。事实上，利益是一个非常复杂的问题。一个重要的表现就是实际利益也就是人们真正的需要，同政治利益即人们想要从政府得到的东西之间存在差异。按照多元主义学派的观点，当人们的利益受到影响的时候，他们就会组织起来用行动改变现状。但实际上，人们由被动的受害者转变为主动的行动者，这个过程不是自发的，也不是一件容易的事情。最主要的问题是人们对自身利益的认识也会犯错误。在政治学家那里，客观利益同主观利益之间往往是不一致的。客观利益就是实际对人们造成影响的后果，而主观利益则是被人们认为会影响自己的东西。影响客观利益被正确认识而转化为主观利益的因素很多。此外，还有个人利益和群体利益或按照马克思主义的观点阶级利益的关系问题。群体利益或阶级利益更难以确定。要确定阶级利益往往需要有人来阐述阶级利益是什么，也就是要有代言人或代

---

① ［美］德博拉·斯通：《政策悖论：政治决策中的艺术》，顾建光译，中国人民大学出版社 2006 年版，第 205 页。

表。代表通过对问题的描述表达了某种利益，并让人们相信他所表达的利益就是群体或阶级的利益。是否真的如此，实际上，在他们宣称为人民讲话的时候，讲的却是自己的话。这种利益上的代表是一种艺术上的代表和政治上的代表。当人们在寻找客观利益的时候，它却消失在代表过程之中。

在城邦中存在各种不同利益，所有的政治学派别都认为不同的利益所处的地位不同，对政治的推动力量也不同，总有一些利益对政治具有更大的推动作用。问题在于是什么原因导致了如此结果。保守派认为是由问题的重要程度决定的，有些利益在城邦中更重要，更能吸引人们的注意力；自由派认为只要不受到某种阻碍，客观的需求和问题会自然地发挥推动政治的作用；马克思主义认为是资本主义的结构决定了某些利益比其他利益拥有特权。

有一种观点引起了所有政治学派别的关注，那就是由集体物品决定的政治利益，如果能够消除"搭便车"的影响，会发挥更大的政治推动作用。在斯通看来，集体行动的逻辑是市场逻辑，没有考虑到城邦中的影响、忠诚和对共同意义的追寻等所发挥的作用。在城邦有几股力量推动人们投入集体的努力。一是人们要受到人际关系和一般文化观念的影响，作为政治社会基本特征的影响、合作和忠诚创造了利他主义的规范，导向集体努力的渠道；二是激情法则推动人们投入集体的努力，集体物品满足了集体行为也提供了一种特有的激励；三是集体行动同象征和歧义性的重要意义相关联，在这里鼓动会激起强烈的情感，成为重要的推动力量。

经常出现的不同利益竞争的模式，主要有少数人利益和多数人利益的竞争、特殊利益和公共利益的竞争、美好利益同自私利益的竞争等。斯通认为，在民主理论中，从道德上看是平等的利益，从政治上看可能是不平等的利益，而良好、合理和美好的利益不一定是强有力的，反而可能是弱小的，需要保护的。

利益和政策问题的相互界定，赋予了政策问题界定以更复杂的战略意义。斯通列举了在政策问题界定中经常使用的政治战略手段：一是把自己一方的利益描述为弱小的利益，因为弱小的利益往往会得到政府的保护和援助；二是把特殊利益表述为公共利益，以吸引更多的旁观群体的支持；三是把潜在的受益或受损者扩大到所有的人，以掩盖狭隘的利益；四是把经济利益转变成社会利益；五是把当下的短期利益描述为长远利益，等等。斯通告诫政策分析人员面对任何政策问题界定时，都要搞清楚这一界定的利益方和利益所在；搞清楚它如何来确定受益者和受损者的作用；搞清楚不同的界定会对权力关系带来哪些改变。

（5）决策

人类有多种多样的决策方式，当代政策分析是以理性决策方法为标志的。斯通在对理性决策模式全面质疑和批评的基础上，分析了城邦中政策决策的主要特点。按照理性决策模型，决策被看作是思想有步骤的活动过程，一是确定目标；二是设想实现目标的手段；三是对可能采取的行动的结果进行评估；四是选择最能实现目标的行动。这种完善的理性决策模型因无限数量的选择和可能的后果，使人们陷入不可摆脱的窘境，永远无法作出决策。后来提出了有限理性决策模型，核心理念是在有限的信息、有限的选择中取得满意的决策结果。"满意"的标准就是福利的最大化，这就把道德原则排除出去了。

作为理性决策模型变体的成本—效益分析，是在公共政策和私人生活中普遍采用的决策模式。它是把一项政策行动可能产生的后果，包括正面的和负面的都列出来，然后看其成本与收益的关系，如果得大于失就采取行动。成本和收益通常用美元作为衡量的尺度。斯通认为，这种分析模式遇到的最主要问题，一是不可触摸和测度的后果往往被忽略；二是对不可触摸的后果的分析会陷入争议之中。在不确定性的情况下，风险分析被用来作为决策工具，它也遵循着成本—效益分析的基本原则。理性决策模型把决策看作是单个人的思维计算。

斯通认为在城邦中，理性决策模型只能说是一个戏剧性的故事。理性决策模型的每一步都是受某种控制的决策战略的组成部分。第一步确定目标。在理性决策模型中，目标作为标准必须是清晰的、精确的和固定的。然而在城邦中，目标是愿望、是直觉、是争取支持的手段，模糊往往比清晰准确更合适。政治领袖可从中获得目标不一致的不同群体的支持，可以把从政策中获得不同利益的人联合起来，还可以为自己留下回旋的余地。他可以在目标模糊的情况下，通过隐喻鼓动联盟，通过歧义性获取更多的支持和减少敌意。第二步设想实现目标的手段。在理性决策模型中，手段也就是可供选择的行动方式，会奇迹般地从决策者和政策顾问的头脑中涌现出来。在城邦中，控制数字和考虑选择的种类本质上就是这种游戏，提出哪些议案，不提出哪些议案，受权力形式所左右。第三步对行动后果进行评估。在理性决策模型中，要计算成本和福利。这会遇到很多问题，如成果的美元估值问题、对不能触摸和不能在市场上交易的成果的定价问题、对遥远将来才能出现的成果怎样对待的问题等。在城邦中，确定分析中包括哪些成果是更关键的战略选择。由于每一项行动都有无限的后果，因而无法为评估内容确定一个正确的范围。第四步选择最能实现目标的行动。在理性决策模型中，总是以总体福利最大化作为最终决定的唯一的标准。这是以分析者的价值中立和无所不知为前提的。在城邦中，政治家也假装出对每一个人的要求都作出回应的样子，但实际上有组织的群体往往会得到更多的回应。政策是在强大群体间的相互支持中制定出来的，因此从中受益的通常是少数人，大多数人则成为代价群体。而政客们却千方百计地让人们相信，他们的政策选择对整个社会有利，又不需要任何个人承担成本。

3. 政策方案

政策方案是处理政策问题的手段，通常也称为政策工具。政策行动是为了实现集体目标，把人们的行为协调起来所采取的战略。要有效地维系一个共同体，或实现共同体的目标，需要广泛的结构和规则。它们可以塑造人们的行为。政策手段的选择和实施也是一个政治性过程。政策工具的战略同权力影响的实施是联系在一起的，目的是让人们去做没有这种影响不可能选择的行为。斯通探讨了政府用以改变行为和政策的权威形式，那就是引导、规则、事实、权利、权力。它们代表了在服务于集体目标的过程中，改变人们的行为以及协调个体和组织行为的战略。当然，每一种战略模型都不是纯粹的，都包含着其他战略的因素。在城邦的政策选择中一项计划可以推进不同的战略，有决策权的人在实施他们的计划时，可以让不同的选民看来是不同的战略。

（1）引导

斯通指出："引导就是用奖赏和惩罚或激励和制裁来改变人们的行为。"[①] 在运用引导工具时，大多数情况下是奖赏和惩罚或激励和制裁并用，对合作者予以奖励，对不合作者予以处罚。引导理论认为，引导是由引导者、被引导者和引导本身三部分组成的体系。它依据的是功利主义的行为模型。这一模型从理性经济人假设出发，认为人都有自己的目标，可

---

① ［美］德博拉·斯通：《政策悖论：政治决策中的艺术》，顾建光译，中国人民大学出版社 2006 年版，第 258 页。

以根据目标对人的行动决策作出预测，人的每一个行动都是经济计算的结果。引导理论告诉人们，可以通过改变人们面对的障碍和机会，来改变他们行为目标的方向。这需要以一系列的假定为前提，一是引导的目标控制着人的行为，因而当有了关于奖励和惩罚的新知识时，就会改变自己算计和行为；二是引导者和被引导者都是单一的行为者，也是能够采取理性行为的实体，奖励和惩罚要有连贯性；三是引导的接受者具有某种面向未来的取向，引导只能在这一范围内起作用；四是有目的的行为意向，当问题的原因具有意向性的时候才可以引导。从引导本身来看，正面引导和负面引导作用不同，是正面引导还是负面引导与目标期待相关联。奖励作为正面引导可以创造联盟和鼓励合作；惩罚作为负面引导可能导致冲突和分裂。

斯通认为，在城邦中引导是非常复杂的事情，并不像简单模型描述的那样，奖励一种活动，人们就会更多的从事这一活动；处罚一种活动，人们就会少从事这一活动。引导的设计者、实施者和接受者通常是不同的人群，而不同人群间的信息传递往往不可靠。设计者的引导方案同实施者的应用方案并不存在直接的对应关系，这就割裂了设计者和目标之间的联系。斯通告诫人们，引导战略是一种有组织的社会活动，涉及想要相互影响的不同群体的关系问题，引导者要动用权力影响被引导者以实现目标，而被引导者是具有适应性和战略性的人，也可以影响引导的应用。即便是引导本身，也涉及在不同人群中的传递问题，其影响依赖于引导者和被引导者的不同解释。

（2）规则

斯通认为，行为规则是协调社会关系、实现社会目标的基本手段。法律是官方制定的基本规则，是政策制定的重要依据。官方规则主要通过强制或授权的形式发挥作用。除法律以外，协调人们行为的还有一些非官方的规则，如传统和习俗、群体和家庭内部的规范、道德规则，此外，还有私人协会的规则等。非官方规则对官方规则的实施发挥着重要的作用，它既可能推动也可能破坏官方规则的制定和执行。政策分析必须关注两者之间的相互作用。

在斯通看来，规则在发挥作用的过程中表现出如下特点：一是间接性，规则是针对一般群体所做的一般性规定，并不是针对某一个具体的人，是一种间接的命令；二是合法性，规则被认为合法的时候才能够更好地发挥作用；三是情景性，规则规定了在一定的情境下，包括身份、时间、地点等，必须采取的行动；四是界限性，规则通过划定范围把一些人的某些行为包括在内，而把另一些人或另一行为排除出去；五是模糊性，规则的边界总是不十分清晰的，为人们留下一定的空间。

斯通认为，在规则设计中最重要的是处理好精确性和模糊性的关系。规则精确性的主要意义在于：一是可以保证规则的公正性，即同样的情况同样对待；二是可以限制官员的随意性，避免根据他们出于自己的好恶随意处理问题和决定公民的命运；三是可以提供结果的可预测性，使人们事先知道什么事情是可以做的，如果从事禁止的活动会出现什么结果。当然，精确性也会带来一些问题，如对一些具体的差异不敏感，而且会忽略一些其他特征，同时也抑制了在新情况下人们的创造性。规则的模糊性恰恰可以弥补精确性的不足。模糊性可以带来灵活性、推动创造性；可以融合直觉等心照不宣的知识；具有重要的象征功能。模糊规则允许表达共同体的理想、运用抽象的概念和高喊的口号来激发人们的渴望；模糊规则可以用来传递坚强的决心和解决问题的承诺；模糊规则允许宽容的实施，做到严格性无法达到的事情。要正确处理精确性和模糊性的关系，实际上就是公共政策设计中，如何实现正式规则控制和自由裁量权的平衡问题。两者的最佳社会平衡点仅仅是一种理想，这是因为：一是从衡量标准来看，确定自由裁量权是否必要没有客观标准。它涉及决定权的选择问题，不可避免地发生不同群体之间的权力斗争。"是否必要"的问题本质上是价值选择问题。实现两者的最佳平衡就等于消除了价值争端，是不切合实际的幻想。二是从精确性视角来看，没有完全精确的规则。不可能精确地阐明所有该规则运用的情况，并不带歧义地描述所有相关的环境和行为。三是从灵活性视角来看，无法制定出适应大多数特殊、最新和最不可想象情况的规则。完全灵活的规则就等于没有规则。四是从规则作用的结果来看，不存在完全中性的规则，其实施的结果在给一部分人带来好处时，必然给另一部分人带来不利。规则从来都不是没有任何利益关系的人制定的。五是从规则的实施来看，任何规则都不可能被完全准确的执行。

斯通指出："城邦中的规则不仅是政治冲突的目标，还是政治的武器。人们带这些规则来为另一些规则斗争，试图塑造这些规则来达成公共或者私人的目的。规则总是处于精确和模糊、集中和自由裁量之间的持续的张力中。"① 实际在城邦中，完全精确、中性和完全得到执行的规则仅仅是一种神话，这种神话对于规则的合法性有意义，但对于实践来说没有任何意义。

　　（3）事实

　　斯通指出，说服是协调和控制人的行为最普遍，也是非常复杂的手段，既有令人尊敬的一面，也有令人恐惧的一面。从令人尊敬的一面来说，说服是通过事实激发人的理性决策，这里所说的事实应该是"真正"的事实。理性决策模型的理想就是寻求中性的事实、不带偏见的技术和不被利益左右的结论。群体、组织乃至整个社会都遵循着个体理性自由的过程。说服是建立在自愿的基础上的，人们的行为通过个体和共同的善协调起来。信息和知识可以消除冲突。重要的在于事实和数据，为此，学术界、宗教界和历史学界都在提供被认为是真实的、不带偏见的和精确的事实。理性的理想描述了这样的社会，冲突是暂时的、没有强力、个体的行为在逻辑和证据的基础上达到和谐、政府带来的是给追求自由者最高的人性本质。而从令人恐惧的一面来说，说服是"宣传"和"灌输"。灌输是灌输者掩盖自己动机的一种有意操控，它剥夺了人们独立思考的能力。这是令人憎恶的事情。对于说服，一种观点认为，说服是信息、是教育，具有启蒙和解放的意义；另一种观点认为，说服是宣传、是洗脑，与蒙骗和奴役相伴随。说服是公共政策的首要控制形式，但是在说服中无法划清信息、教育与宣传、洗脑的界限，因为这个界限本来就是模糊的，两者之间存在着相当广阔的领域。

　　斯通认为，理性理想假设的中性事实是不带任何个人利益色彩、不受任何价值判断影响的事实，这是根本不存在的。在城邦中，事实是制造出来的，即使对一个客体进行简单的命名都是一种政治行为，所以对事实总是存在着争议。城邦中的人都对某种制度保持忠诚，都生活在特定的文化和社会背景下，都有自己的长远利益和现实利益。城邦中的信息也是人实实在在地根据自己的观点创造出来的。人们采用信息的过程也不是完全理性的过程，大多数情况下要受到习俗、惯例和文化规范等因素的影响。

　　在斯通看来，灌输不仅仅是在极权的情况下发生的，在非极权的情况下也普遍存在。原因在于：一是灌输并不依赖于单向和集中的官僚制架

---

　　① ［美］德博拉·斯通：《政策悖论：政治决策中的艺术》，顾建光译，中国人民大学出版社 2006 年版，第 290 页。

构，每一个社会的主导群体都会宣教有利于维护自己地位的价值观。二是灌输可以在普通的政府和公民之间通过日常的生活接触来实现，如通过大量的"街头官僚"同公民面对面的接触进行灌输。三是灌输可以通过提供某种信息或隐瞒某种信息的方式进行，保密和沉默作为城邦中的战略也是重要的操控手段。理性理想的错误就在于把事实看作是完全中性的，把人看作是完全理性的。

（4）权利

权利是非常重要的政策手段。在美国政治中，权利观念已经成为政治文化的重要内容，长期以来更倾向于诉诸法律权利来解决政策问题。在斯通看来，权利具有如下特征：一是权利是一种支配方式，可以用来协调人们的行为以实现集体的目标；二是权利是一种政策战略，是更具扩散性的方法；三是权利是一种行为标准，在解决冲突的体制中用它来描述行为的界限。关于权利的传统观点总体上可分为实证的传统和规范的传统。实证的传统认为权利是以国家权力为保障的，与具体的政治制度相关联。规范的传统有两个核心的信念，一个认为，人们可以具有国家并不支持的权利；另一个认为，权利来自于某种非强制的力量。在公共政策领域，现实政治体制的法定权利不断受到规范权利的挑战，这意味着权利是动态的。

斯通认为，法律权利作为一种政策方案，在运用过程中必须对人们诉诸法律时想要和能够得到什么、怎样做才能得到的问题作出描述。要想把某种主张转化成"真实的"权利，一是必须由官方通过法律，或规则，或决策，或合约对此作出陈述；二是通过同其他权利主张的竞争过程得以确定；三是应该有权利持有人诉诸执行的实现途径。其重要途径就是建立成文法；制定实施成文法的行政法；在普通法中形成法官有关法律权利的正式陈述，如不能形成正式陈述就要寻求新的立法或提出宪法修正案；建立监督和申诉的强制性机制。

在斯通看来，城邦中人们权利观念的来源主要有：一是宪法、成文法中的官方陈述以及关于政府和权利的公民教育；二是现行的道德哲学，如天赋人权、对与错原理的推导，等等。对于人们如何将自身的问题建构成法律上的权利申诉，不同的学者提出了不同的观点，有的认为是在技术能力的推动下，人们想要对新问题的尝试；有的认为是"权利工业"的制造，即民权组织、法律教授、政治支持者、媒体时事评论员等有意制造的结果；有的认为是政治文化的影响，从早期的政治文化中可以发现权利的根源。但他们比较一致的观点认为，非正式规范在这一过程中发挥着强大的作用。在权利合法化过程中，除了权利提出者的推动外，法官们发挥着非常重要的作用，他们诉诸理想和规范进行裁决，此外，律师、检察官、审查员和其他规则执行者，都会把他们的规范融合到执行的规则中去，发挥自己的应有的作用。

法律权利的核心要素是"法律面前，人人平等"，斯通认为这实际上是一个神话。社会赋予人们以不同的地位，因而在法庭上的权力大小也不同。组织化程度高的利益群体经常利用法院处理日常事务，而组织化程度低的利益群体只能偶尔利用法院，因为司法制度为不同的参与者提供了不同的资源。这无疑意味着人们在法律面前的不平等。

权利作为一种政策工具究竟发挥着什么样的作用？斯通指出："这些作用事实上是一些重要手段，通过这些手段，权利取得了作为一种政策战略的效果。明确地讲，权利的作用就是推动一些新的政治联盟、转变一些社会制度以及重新划定一些共同体的构成界限。"①

（5）权力

权力同权利一样也是一种重要的政策工具。斯通指出，美国人始终坚持一个信念，那就是通过重新塑造权威创立新的决策结构就会产生好的政策。失去某种利益的一方总是通过论证让人们相信，决策结构的变化就是重新分配权力、重新设计决策机制，它可以产生符合公共利益的政策。但实际上这背后的算计是调整社会利益结构，使原来处于从属地位的利益转化为主导利益。因此，在考察权威机构的每一种选择的时候，一是要看某种权威结构的选择，是否真正启动了有效地解决所谓公共利益问题的过程；二是要看这一权威结构所构成的共同体的本质，谁有权进行决策，谁对谁负责，在共同体成员中形成的是忠诚还是敌意以及如何形成的问题，而且这一点更为重要。

在斯通看来，权威结构的选择主要通过如下途径：一是改变决策机构的成员。决策者的素质和利益是影响决策的主要因素，是这一战略的前提。在代议民主制下，实施这一战略主要有两种方法，即改变代表的选举者的构成或改变代表本身的成分。当然，这两方面斗争都非常激烈。二是改变决策机构的规模。在决策机构的规模上存在不同的争论，问题的关键

---

① ［美］德博拉·斯通：《政策悖论：政治决策中的艺术》，顾建光译，中国人民大学出版社 2006 年版，第 341 页。

不在于规模大小，而在于谁居于支配地位，在于政策的具体内容。决定具体的政策，规模小更有利；决定具有普遍意义的政策，规模大更有利。三是改变决策层次的重心。这涉及联邦、州和地方政府的集权和分权问题，有人主张权力集中，有人主张分权。权力在联邦体制中不同层面的转移往往被披上效率、公正和公共利益的外衣，实际上涉及不同群体具体利益的地位问题。不同的权力结构为不同的利益群体带来了不同的利益结果，因而必然打破权力平衡，从而形成新的联盟，并将其利益置于主导地位。因此，斯通认为，权威结构的选择无论是通过成员的变化，还是通过规模的变化和重心的变化，都会造就新的联盟，实质是社会利益关系的调整，都属于政治战略的性质。

4. 政治理性

政治理性是斯通政策悖论思想的理论前提。政治理性对于斯通的政策思想，就如同理性经济人假设对于市场经济理论一样重要。斯通认为，基于理性的清白和政治的肮脏的观念，在政策决策中，人们力图用理性决策代替政治。一方面，大多数社会科学家和政策分析人员，往往把理性和权力完全对立起来，提出了各种各样的理性分析模型。但另一方面也出现了各种政治模型。出现了理性分析和政治之间的二元对立。斯通用她的政治理性向这种二元对立提出了挑战。她指出："在理性分析背后的思想范畴本身是在政治斗争过程中构造起来的，而非暴力的政治冲突首先是通过理性分析来引导的。所以，这不仅仅是以参与者的方式或者出于政治的目的而采取的分析。理性分析必定是政治的。这种分析总是包括了将一些事情包括在内和将另一些事情排除在外的选择，意味着在其他不同的版本中选择一种观察世界的方式，反之亦然。"①

按照斯通的理解，理性的计算离不开推理，而推理必须以概念或者范畴为前提。世界是连续的，范畴作为精神的构造必然要割断这种连续性。只有通过分类、命名和赋予意义，人们才能够理解这个世界。对作为具有连续性整体的世界进行分类，可以有无数的选择。分类也是政策的核心问题。政策论证就是在分类的基础上，对为什么同样对待一些事情，而不同样对待另一些事情，作出让人相信和令人满意的解释。计算理性关于数字的推理只有以一定的范畴为基础，在政治中才具有重要意义。

---

① ［美］德博拉·斯通：《政策悖论：政治决策中的艺术》，顾建光译，中国人民大学出版社 2006 年版，第 371 页。

斯通指出，作为战略表达的政治理性具有同纯粹的艺术比拟所不同的特点：一是政治理性构建了政策议题，并努力控制直接而具体的政策结果；二是政治理性构成了政治竞争的一部分，它总是面对竞争和敌意；三是政治理性作为一种战略，目的是为了获得新的选民支持，形成新的联盟，以推动人们的行为，或者维持现状。政治理性的价值在于通过寻找标准和为选择论证合理性，对人们进行说服。平等、效率、自由、安全、民主、公正等，尽管人们对它们的理解不同，有时会作出相反的理解，但作为目标它们反映了共同体共同的渴求，并把人们联合起来。

第三节　德博拉·斯通思想简评

斯通对公共政策学的发展做出了非常突出的贡献。她在揭示政府模型和市场模型根本区别的基础上，提出了政治理性的假设，并以此为前提构建了她的公共政策学思想体系，对理性经济人的市场主体向政治领域的扩张，进行了质疑和批判。她从市场体制和城邦体制的区别入手，揭示了在城邦体制下政策目标、政策问题和政策方案的各种悖论，突出强调了它们的政治战略性质，拓宽了人们的公共政策视野。在实证的科学方法还很盛行的时代，在公共政策学界很少有学者像斯通这样非常深刻地阐述公共政策的价值和伦理问题。通过她的研究，将人们带入到了一个充满矛盾冲突的公共政策世界中，让人们深刻了解到公共政策的现实，而不轻易被一家一言所左右。斯通的政策学思想，无疑可以帮助政策学研究者用更深层次的视角来考察公共政策的相关问题。

但是，斯通的政策学思想也存在一定的不足之处。一方面，斯通十分重视政策伦理在公共政策过程中的矛盾冲突，但这种矛盾是建立在所有政策相关者都具备较强的理性判断能力，并坚持自我的价值主张的前提下的，可是在公共政策的实践中，公共政策相关者的理性是有限的，且群体非理性现象也屡见不鲜，再加上冲动等感性因素的作用，实际上政策伦理的冲突可能更多地呈现于学界而非公共政策实践中。另一方面，斯通的政策学思想的作用更多的表现在为提供一种新的观察公共政策的视角，而非提供指导性帮助，在公共政策实践中，若政策相关者执着于斯通的公共政策思想，那难免会进退两难，导致公共政策出现如托马斯·戴伊所说的"政府选择不作为"的现象，这无益于公共政策问题的解决。

第二十章　迈克尔·豪利特的政策思想

第一节　迈克尔·豪利特生平和主要著作

迈克尔·豪利特，曾任加拿大西门菲沙大学本拿比山主席，是加拿大不列颠哥伦比亚省本拿比市的西蒙·弗雷泽大学政治科学学院教授，同时任职于新加坡大学李光耀公共政策学院。基本的教育历程：1979年在加拿大的渥太华大学学习政治科学，此时专门研究《比较政治：国际关系》，1983年在加拿大不列颠哥伦比亚大学获得硕士学位，主要专业是政治科学，此时的主要研究有《加拿大政治，政治理论》《不列颠哥伦比亚的政府间关系的历史发展》，1988年在加拿大的金斯顿的皇后大学学习政治科学，此时的主要研究有《加拿大政治，公共管理/公共政策》，以及《加拿大森林政策：加拿大森林部门的资源约束和政治冲突》。从豪利特的简历中可以看出他专门从事公共政策分析、加拿大政治经济学、加拿大的资源和环境政策方面的研究。他是一个多产的学者，同其他人合著有20多部著作。他在加拿大、美国以及欧洲、拉丁美洲、亚洲、澳大利亚和新西兰等许多专业杂志上发表过文章。

豪利特是不列颠哥伦比亚省政治研究协会的创始人，并于1995—2006年担任该协会秘书长。此外，他曾担任过很多杂志的编辑和评论员。迈克尔·豪利特在总结前人的理论上提出了改进的政策循环模型，将不同的政策理论进行了创造性的整合。当然有许多公共政策思想是同他人合作提出来的，出于他是主要贡献者的事实，这里冠之以迈克尔·豪利特的政策思想予以考察。他与拉米什（M. Ramesh）合作完成的《公共政策研究——政策循环与政策子系统》一书，集中阐述了他们的政策循环和政策子系统思想。

第二节　迈克尔·豪利特政策循环与子系统思想

迈克尔·豪利特在总结前人理论的基础上提出了改进的政策循环模型。他将政策过程的五个阶段看成是相互联系统一的政策循环过程，而根据政策制定过程中的相关因素鉴别出相应的政策子系统。并根据政策子系统的复杂性和相关的外部制约性，将不同的政策理论进行了创造性的整合。

一　迈克尔·豪利特政策循环思想

1. 政策研究的不同视角

由于公共政策是一种非常复杂的现象，不同学者和政策分析人员从不同的视角，提出了许多理解公共政策的理论和方法。豪利特在阐述他的政策循环思想之前，主要考察了如下四种理论和方法：一是从政治体制视角理解公共政策的理论和方法。这种理论把政治体制界定为政治制度的组织化，认为政治体制的性质及其同社会的联结方式是影响公共政策的重要因素。有些政策分析人员的理解更为狭窄，把关注的焦点仅仅局限在国家组织上。实际上，在公共政策分析中体制的区分只是研究的开始。这种理论和方法只是告诉人们，政治体制是影响公共政策的重要因素，但并没有把体制特征是如何体现在具体的公共政策之中的问题揭示出来。二是从政策制定的影响变量理解公共政策的理论和方法。这种理论和方法关注的主要问题是影响公共政策制定的偶然变量。重点探求公共政策的决定因素，主要研究公共政策是由宏观的社会经济因素，还是由微观的行为因素决定的。这种研究多数是经验性的，而且倾向于一般性的宏观解释。三是从政策内容理解公共政策的理论和方法。这种理论认为，政策的内容和性质决定政治系统对其处理的方式。政策过程的类型是由政策成本和效益的集中程度决定的。但理解公共政策问题的性质和解决方案的成本和收益是非常困难的。四是从政策结果理解公共政策的理论和方法。这种理论和方法更注重对政府计划之间关系的数量分析，运用统计分析的方法归纳不同政府行为之间的关系。由于这种理论和方法只注重结果，而对政策过程缺少发言权。上述不同的理论和方法有时会得出相互冲突的结论，为政策分析带来了负担，因此有人力图整合各种理论和方法，以减少问题的复杂性。

2. 政策循环模型的提出

为了减少政策的复杂性，学者们提出了政策过程阶段模型，把复杂的政策过程分解为不同阶段。豪利特把由于政策过程分解所产生的阶段序列称为"政策循环"。拉斯韦尔是政策过程阶段理论的最早提出者。他把复杂的公共政策制定过程简化七个阶段：信息、建议、法令、试行、执行、终止、评估。这七个阶段不仅是对公共政策实际过程的描述，而且也是公共政策过程遵循的基本程序。然而，拉斯韦尔对政策制定过程的分析主要集中于政府内部的决策过程，很少涉及外部或环境因素对政府行为的影响。这主要是因为拉斯韦尔只把一小群政府官员看作政策制定的参与者。此外，这个模型还有一个缺点，那就是缺乏内在的逻辑。尽管如此，这一模型对政策科学的发展产生了很大影响。布鲁尔（Gary Brewer）正是在这一模型的基础上，提出了他的六阶段模型。布鲁尔将政策过程划分为如下六个阶段：发明/开始、预评估、选择、执行、评估、终结。布鲁尔模型的一个重要特点是把政策过程扩展到了政府之外，而且引入了政策过程周期的理念，并提出要避免政策阶段模型及其各种变化形式过多，有必要澄清政策周期模型背后的逻辑。布鲁尔模型对其他政策循环模型有重要的启发意义。

豪利特认为，布鲁尔等人所要澄清的政策周期模型背后的逻辑，即政策循环的内在逻辑，通常也就是实际解决问题的逻辑。从实际解决问题的阶段来看：问题认识、解决目标、解决方案选择、使方案产生作用、监控结果，构成了其内在的逻辑。从政策循环的阶段来看：议程设定、政策制定、政策决策、政策执行、政策评估以及它们之间的关系，构成了政策循环观念背后的逻辑。两者的对应关系如（表20－1）所示。

表20－1　　　政策循环的五阶段及其与实际解决问题之间的关系

实际解决问题的阶段	政策循环的阶段
1 问题认识	1 议程设定
2 解决目标	2 政策制定
3 解决方案选择	3 决策
4 使方案产生作用	4 政策执行
5 监控结果	5 政策评估

资料来源：［加］迈克尔·豪利特等：《公共政策研究——政策循环与政策子系统》，庞诗等译，生活·读书·新知三联书店2006年版，第17页。

　　从政策循环的不同阶段来看，议程设定指的是问题引起政府关注的过程；政策制定指的是政策选择在政府内部形成的过程；政策决策指的是政府采用特定行动或无为路线的过程；政策执行指的是政府政策发生作用的过程；政策评估指的是由国家和社会行动主体对政策结果进行监控的过程，评估结果是政策问题与解决方案的再概念化。① 豪利特认为，政策循环模型主要有两个优势：一是有利于对公共政策过程的理解和政策理论的发展。它把复杂的政策过程划分为有限的几个阶段，可以对这些阶段进行单独考察，从而使公共政策过程更容易理解，而且通过案例研究和对不同阶段的比较研究，还有助于政策理论的建设和发展。二是拓宽了人们对公共政策主体考察的范围。它使考察不再足局限于政府机构，而拓展为与一项政策相关的所有行动主体和机构。当然，豪利特也认为，这一模型存在着三个方面的缺陷：一是它可能导致政策制定者误以为政策过程必须严格遵循五个步骤，而且五个步骤之间是一种线性关系，但实际的政策过程并非如此；二是尽管政策循环的逻辑在抽象层面看可能很完善，但在实践中并不是所有的政策过程都按照这样的逻辑次序展开；三是它没有指出政策过程从一个阶段走向下一个阶段的驱动因素是什么。这一模型的种种缺陷恰恰说明了公共政策过程的复杂性，要更好地理解这一过程还需要开发更好的智力工具。

　　3. 政策循环模型的改进

　　豪利特针对上述政策模型中存在的问题，认为有必要对政策循环模型进行改进。这个改进的政策循环模型必须充分考虑政策过程的复杂性。一是它必须能够识别参与政策行动过程的主体及其所追求的利益。在政策制定过程中会有很多主体参与，他们的利益要求是有差异的，他们在追求各自利益过程中相互作用的结果构成了政策的内容。二是它必须能够识别政策行动主体的价值观念对政策选择行为的影响。政策主体的价值观影响其对政策问题的界定和特定解决方案的采用。三是它必须能够识别政策制定者可能使用的政策工具的范围。不同的政策问题需要使用不同的政策工具来解决，不同的政策工具之间有时是不可替代的，只有弄清可使用的政策工具的范围，才能知道为什么要作出这样的政策工具选择。四是它必须能够识别政策行动主体以前的经验对政策行为的影响。政策行动主体的行政

①　［加］迈克尔·豪利特等：《公共政策研究——政策循环与政策子系统》，庞诗等译，生活·读书·新知三联书店 2006 年版，第 17—18 页。

行为，要受到政策问题的性质和所处的政治、经济、制度和意识形态环境的约束。当然政策行动主体也有一定的选择权。在政策选择过程中常常会出现所要解决的问题，以往曾经出现过或出现过类似的问题，政策行动者就可以从以往的经验中汲取教训。豪利特不仅提出了要构建一个改进的政策循环模型的任务，而且对完成这一任务做了尝试。

二　迈克尔·豪利特政策子系统思想

1. 政策子系统的构成

豪利特提出的政策子系统模型就是对政策循环模型的一种改进。政策子系统思想构成了豪利特政策思想的主要内容。豪利特指出："政策是由政策子系统来制定，而政策子系统由处理公共问题的行动主体构成。'行动主体'包括国家和社会行动主体，他们其中的一些人与政策过程紧密相关，另外一些则相对边缘化。"① 豪利特把构成政策子系统的政策过程行动主体分为五类，即当选官员、任命官员、利益集团、研究机构和大众媒体。当选官员和任命官员属于国家组织内的政策行动主体，而利益集团、研究机构和大众媒体属于社会范畴的政策行动主体。他们总体上构成了政策子系统的主要成员。豪利特之所以没有把投票人和政党列入政策子系统的主要成员，原因在于他认为投票人的政策能力常常不能实现或者不能直接实现，而政党虽然对公共政策有重要影响，但这仅仅是间接的。豪利特对他提出的，构成政策子系统的政策过程行动主体分别进行了分析，揭示了他们各自的特点以及在公共政策运行过程中的地位和作用。

参与政策过程的当选官员可分为两类：行政机构的当选官员和立法机构的当选官员。行政机构拥有着众多的资源，它们来自于国家宪法赋予的治理国家的权力。行政机构有对信息、财政资源、大众媒体控制的能力和优势，还有一套为其提供建议和执行命令的官僚体系。但在行政机构拥有这些资源的同时，行政机构面临的问题也在复杂化。政府职能在规模、范围和复杂性方面的快速增长，使得全能型的政治家控制面临难题。面对爆炸的社会需求，其中的利益协调越来越困难，政府制定连贯政策的组织能力也面临着巨大的考验。在议会体制下，立法机构的主要任务并不是制定

① ［加］迈克尔·豪利特等：《公共政策研究——政策循环与政策子系统》，庞诗等译，生活·读书·新知三联书店 2006 年版，第 91 页。

或执行政策，但是它拥有否决政策的权力，以保证政府忠于社会公众。

处理公共政策的任命官员通常被称为"官僚"、"公务员"或"公仆"，以上称谓表明他们只能是帮助行政机构完成任务。但在现代政治体制下，官僚们已经超越了"公仆"的期许，成为政策过程的关键力量和政策子系统的中心人物。官僚机构由于对资源、技术、信息的控制，加之任期长以及掌握机密等，使官僚机构的作用往往超越了一般政治家的"实际控制效果"。当然，官僚机构也受到很多限制，一是行政机构要对所有的政策承担最终的责任，高水平的政策问题意味着高水平的行政控制；二是官僚机构自身不是一个同质的组织，而是组织的集合，每个组织都有自己的利益、角度和标准运行程序，很难达成一致的立场；三是在民主国家，如果官僚机构希望以一种有意义的方式发挥影响力，需要取得当选官员的支持。

利益集团、研究机构和大众媒体是社会范畴的政策行动主体，在政策过程中也扮演着重要的角色和发挥着重要的作用。利益集团之所以成为政策子系统的重要成员，主要是因为它们垄断了相关领域的信息。政策制定需要各种信息，拥有垄断信息的人就扮演重要角色。此外，利益集团还拥有其他的组织资源和政治资源，可以向政党和政治家捐款，为竞选者拉选票等，作用不可忽视。在政策过程中，利益集团的作用同它们占有的资源有关，成员数量多的往往更受重视；和谐的利益集团高峰联盟比独立运作的利益集团更具影响力；资金充裕的利益集团可以雇佣永久性的专业人员，对政党和候选人的竞选予以更大的支持，因而发挥着更大的作用。在大学和研究机构工作的研究人员是重要的社会行动主体，特别是思想库对公共政策过程有显著影响。那些独立于政府和政党、自治程度高的思想库往往更受政策制定者的青睐。它们不仅善于寻求思想上的创新，而且致力于宣扬这些思想，并把研究成果应用于政策过程，因此在公共政策领域发挥着重要作用。大众媒体在政策过程中扮演多种角色，既是消极的报道者，也是积极的分析者，还是解决方案的鼓吹者。它们在议程设定过程发挥着特殊的作用。议会提出的问题常常以媒体的报道为基础，但实际上媒体的报道不一定是客观事实。对媒体的作用不能夸大，其他政策行动主体可凭借拥有的资源抵消媒体的影响，而且他们经常利用媒体为自己的利益服务。

豪利特还指出，政策过程行动主体，即政策子系统是在特定的组织环境中运行的。在政策子系统运行过程中发挥重要作用的组织，包括政府组织、社会组织和国际组织。自治和能力是政府组织影响政策制定和执行效果的两个维度。自治是指国家独立于社会压力的程度。豪利特认为，社会群体是自私的，它们常常以牺牲其他社会成员的利益为代价，来满足本群体成员的利益。因此，如果政策制定机构对社会需求作出反应，更容易产生有利于某些群体而损害社会整体利益的政策。如果政府自治程度比较高，不必迎合社会需要，就可以避免此类现象。能力是指国家必须有能力制定和执行有效的政策。这种能力来自于组织的内聚力和专业技术水准，它决定了政府能否成功地行使政策职能。同政府自治和能力密切相关的，进而影响政府政策制定能力的因素主要有：一是国家体制，它是联邦制还是单一制；二是权力配置，也就是行政权、立法权和司法权之间的相互关系；三是科层制结构，主要是部门层级科层的实力。社会组织作为政策子系统的重要组织环境，也是影响国家能力的重要因素。

豪利特认为，国家能力不仅取决于其内部的组织结构，还取决于它同社会的相互关系。国家要有效地制定和执行政策，就需要主要社会团体的支持。团体的组织结构决定了它所能提供支持的性质和水平。团体内部和团体之间如果是分裂的，就会削弱国家的动员能力，降低政府政策制定和执行的有效性；如果团体内部和团体之间是联合的，就能够创造出一个稳定的政策环境，提升政策制定和执行的有效性。当社会出现了众多狭隘的集团而且又过于强势，政府的能力就会降低，社会就会出现严重分裂，政策效率必然低下。当国家和社会两者都变得强有力时才会形成密切的关系，带来政策的高效率。作为社会组织的工商组织和劳工组织是影响国家政策能力的重要因素，而且作用远远超出经济领域，原因在于它们在社会生产过程中扮演着十分重要的角色。

豪利特指出："国际机构也越来越多地影响到许多国家政策制定过程及其结果。其影响正如人们所期望的那样，在那些本身就从事国际事务的政策部门，如商贸和国防部门表现最为强烈。然而，即使是在那些并没有明显的国际联系的部门，如卫生或养老社保部门，政府也发现自己受到来自国外势力的影响。"① 国际组织对国家政策的影响，主要是通过形成主体的偏好和实现偏好的工具来发挥作用。国际贸易体制和国际金融体制是

---

① ［加］迈克尔·豪利特等：《公共政策研究——政策循环与政策子系统》，庞诗等译，生活·读书·新知三联书店 2006 年版，第 117 页。

影响国家政策的重要国际组织。一个国家的经济实力和军事实力以及政府在国内的影响力，决定政府能够控制国际压力的能力。

　　2. 政策子系统的分类

　　豪利特把政策子系统分为两大类，即政策社群和政策网络。两者的区别主要在于形成的基础不同，政策社群形成的基础是成员的共同信息或价值，而政策网络的形成尽管也要以成员共同的价值为基础，但还需要物质利益作支撑。政策社群和政策网络还可以进行具体的分类。按照子系统中是否存在居于支配地位的价值观；大多数政府成员和社会成员是否共同信仰同样的价值观两个维度，可以把政策社群分为：强权社群、强制性社群、无领袖社群和无政府主义社群。对两个维度都作出肯定回答的就形成了强权社群；两个维度都作出否定回答的就形成无政府主义社群；第一个维度肯定，而第二个维度否定的形成强制性社群；第一个维度否定，而第二个维度肯定的形成无领袖社群。作为政策子系统的政策网络，按照网络主体的数量和类型以及政府和社会在网络中的关系的不同组合，可分为如下类型：科层型网络，主要指子系统成员的互动只发生在政府内部的网络；议题型网络，主要指子系统成员的互动大量发生在社会主体之间的网络；参与式国家主义网络，主要指子系统中政府主体发挥主要作用而又为社会成员所支配的网络；多元主义网络，主要指子系统中包括大量的社会主体但政府主体居支配地位的网络；委托型网络，主要指子系统中政府支配社会主体的网络；获得型网络，主要指子系统中社会主体支配政府主体的网络；三合一网络，主要指子系统中两个社会主体面对政府而政府处于支配地位的网络；社团主义网络，主要指子系统中两个社会主体面对政府而社会主体处于支配地位的网络。豪利特认为，在不同类型的子系统中起支配作用的主体不同，这是理解政策论争主要推动力的钥匙。制度性议程的选择，往往就决定于不同主体在政策子系统中排列的性质和动机。

　　3. 政策子系统的工具

　　政策子系统的工具就是政府用来推行政策的手段，也称为政策工具。豪利特从政府提供物品与服务的水平的角度，按照国家干预程度的高低把政策工具分为三类，即国家干预程度低的自愿性政策工具、国家干预程度高的强制性政策工具和处于中间状态的混合型政策工具。他具体分析了十个方面的政策工具，并纳入他的分类框架之中，并按照国家干预程度从低到高进行了排序，自愿性工具包括家庭和社区、自愿性组织、私人市场；

混合型工具包括信息和劝诫、补贴、产权拍卖、税收和使用付费；强制性工具包括管制、公共事业和直接提供。家庭和社区工具国家干预程度最低，依次排列，直接提供工具国家干预程度最高。在豪利特看来，自愿性政策工具是经济政策和社会政策的重要补充，是自愿组织出于自身利益、道德或情感上的满足为公共目标而服务。自愿性政策工具的成本低，又与个人自由主义的社会文化相适应，因此许多社会都愿意采用它。强制性政策工具强制或直接作用于目标群体，而目标群体在响应时只有很小的或没有自由裁量的余地。混合型工具在允许政府将最终决定权留给私人部门的同时，可以不同程度地介入非政府部门的决策形成过程，某种程度上兼有自愿性工具和强制性工具的优势。

4. 政策子系统的运行

豪利特认为，政策子系统的运行过程也就是政策循环的过程。这个过程主要由以下环节构成，即议程设定、政策规划、政策决策、政策执行、政策评估。他在政策循环和政策子系统的框架下，对每一个环节及其相关理论和模型进行了分析和考察，并在此基础上阐述了自己的政策思想。

（1）议程设定

政策子系统运行或政策循环的第一个环节，也是最关键的环节就是议程设定。豪利特认为，议程设定实际上就是从政府角度认识问题的过程。一个问题是如何进入政府议程的？要回答此问题涉及人类认识的本质和认识的社会结构等深层次问题。经济和技术决定论、政治一经济学分析方法以及观念和意识形态分析，从不同的角度回答了这一问题，但也都存在自身的局限性。为了理解议程设定，必须弄清政策需求产生和表达的条件，理解社会主体和政府主体的物质利益，理解他们所处的制度和意识形态环境。豪利特考察了科布（Cobb）等人提出的议程设定的四个阶段，即议案的初始化、解决方案的描述、问题展开的支持、进入制度性议程；议程设定的三种基本模式，包括外部推动模式、动员模式、内部推动模式以及金登的"三源流模型"后提出，必须对科布等人的模型进行改进。他认为，议程设定的核心问题是政策子系统的特征，它决定了议程是由政府还是由社会首先提出，决定了解决问题的公众支持程度。根据启动程序的主体是政府还是社会、公众的支持程度两个量相的不同组合，可得出科布等人提出的三种模式之外的第四种模式，即"加强民意"模式。并指出："加强民意，产生于政府启动解决公共问题的程序，但议案已经得到了很

0

广泛的公众支持的情况。在这种情况下，议案既不需要按照程序提出，公众的支持也不需要动员。政府只要强化现有的支持并制定政策就足够了。"①

（2）政策规划

政策子系统运行或政策循环的第二个环节是政策规划，这是定义、考察、接受或拒绝可选方案的过程。这一过程非常复杂，并不像理性理论设想的那样秩序井然。豪利特认为，政策规划的过程包括政策方案的甄选，直至决策者作出最终的选择。在这一过程中政策子系统的重要行为主体发挥着非常重要的作用，它可以决定某些方案措施的命运。在政策规划阶段政策子系统成员不像议程设定阶段那么广泛，它被限定在具有相关知识的人的范围内。要揭示政策规划的机制必须弄清几个问题，即如何区分政策子系统的关键性行为主体？政策子系统中不同行为主体联系的纽带是什么？他们之间是怎样相互作用的，这种相互作用对政策会产生什么样的影响？为了回答上述问题，学者们创建了很多的模型。这些模型主要包括亚政府、铁三角和议题网络、倡导联盟、政策网络、政策社群等。豪利特更倾向于用政策社群和政策网络作为分析框架，来区分不同类型的政策子系统，探讨它们在政策规划过程中的运作机制。

（3）政策决策

政策子系统运行或政策循环的第三个环节是政策决策，它是在政策规划过程中确认的少数替代性政策选择的基础上，选出政策方案以解决公共问题的过程。这个过程实质上是一个政治过程。豪利特认为，政策决策阶段的参与者，仅限于政府中有权作出该领域决策的政治家、法官以及行政人员。在现代社会，决策者的决策行为要受到从宪法到各种法律法规以及对个别决策者发出的指令等规则的约束。这些规则不仅规定了不同决策主体的决策权限，而且规定了决策过程应遵循的操作程序。从宏观上看，国家的宪法和法律法规等规则；从微观上看，决策者的背景、知识和嗜好等，都会影响决策者对问题的解释和对解决问题方法的选择。在这方面形成了诸多描述决策过程的模型，代表性的有理性模型、渐进模型和垃圾桶模型。豪利特在对上述模型考察的基础上，通过对福利斯特（John Forester）决策参数模型的改进，提出了自己的决策模型，即公共政策决策的子

① ［加］迈克尔·豪利特等：《公共政策研究——政策循环与政策子系统》，庞诗等译，生活·读书·新知三联书店2006年版，第200页。

系统模型。他认为，影响政策决策方式的重要变量主要有两个，一是政策子系统的复杂程度；二是政策子系统面临限制的严格程度。这两个量的不同组合形成了四种基本决策模式：一是渐进调整模式，在政策子系统复杂程度和对决策者约束程度均高的情况下，不要期待大范围和高风险的决策；二是理性探求模式，在政策子系统复杂程度和对决策者约束程度均低的情况下，会进行正统的理性探求，期待产生新的、重大的变革；三是优化调整模式，在子系统复杂程度高而限制程度低的情况下，倾向于对决策进行最优化调整；四是充分探求模式，在子系统复杂程度低而限制程度高的情况下，就要寻求令人满意的决策。

(4) 政策执行

政策子系统运行或政策循环的第四个环节是政策执行，也就是将决定付诸实施。豪利特认为，影响政策执行的因素非常复杂，不是决策作出后就可以顺利实施。问题的性质就从不同的方面影响政策的执行，一是不同程度的技术性困难；二是所要解决问题的多样性带来的困难；三是目标群体规模带来的困难；四是目标群体行为改变程度带来的困难。此外，社会条件、经济条件、可利用的新技术和政治环境也都影响政策执行。政策执行必然涉及政策工具的选择问题。经济学家提出了政策工具选择的经济学模型，政治学家提出了政策工具选择的政治学模型。豪利特认为，应该把两种模型结合起来，构建一个政策工具选择的综合模型。这个综合模型重点要考虑国家能力和子系统的复杂性两个变量的关系。豪利特对政策工具选择的综合模型做了如下说明：在国家能力水平高的情况下，可选择市场工具和管制或直接提供工具；当国家能力水平低的情况下，可选择自调节工具、基于社区和家庭的工具以及混合工具。在政策子系统复杂，涉及众多和相互矛盾的群体时，选择市场工具和自调节工具比较有利；在子系统不那么复杂时，可选择直接工具或混合工具。

(5) 政策评估

政策子系统运行或政策循环的第五个环节是政策评估，也就是对政策执行及其效果进行评估。豪利特认为，评估中有一个问题需要注意，那就是成功与失败往往是非常模糊的概念。面对同样的情况不同的人会做出不同的解释。哪一种解释胜出决定于不同行动主体之间的斗争和妥协，因此是一个政治过程。当然政策评估过程也不是完全非理性的，但是在利用政策评估的结论时必须明确理性和政治力量的局限性。政策评估总体上可分为三大类：一是行政评估，评估者主要是财政、法律和政治方面的主管，主要是对政府提供服务的有效性，以及在尊重正义和民主原则的情况下，政府支出是否值得进行评估；二是司法评估，评估者是司法部门，关注的是政府计划的执行方式的法律问题；三是政治评估，每一个人都可能是评估者，试图对政策作出成功与失败的评价，但往往带有偏见，其主要方式包括选举和公民表决、咨询机制等，它可能导致政策循环新的反复。政策评估是同政策变迁联系在一起的，这就涉及政策学习问题。豪利特以政府的行政能力和政策子系统的性质两个变量的关系为依据，构建了他的政策学习模型。他认为，如果国家有高水平的行政能力，就能发生真正的学习行为；如果国家在政策子系统中占支配地位，就能够发生内生性的"吸取教训"的学习行为；如果社会行动主体主导了政策子系统，则会产生"社会学习"行为；如果国家的行政能力较低，国家内部的任何学习行为往往都不会发生。

三　迈克尔·豪利特政策变革思想

豪利特综合了政策循环和政策子系统的各种因素，提出了他的政策变革思想。他把典型的政策变革形式归纳为常规性政策变革模式和范式性政策变革模式。常规性政策变革是以"吸取教训"学习行为为基础的，而范式性政策变革则以"社会学习"行为为基础。

1. 常规性的政策变革

豪利特认为，常规性政策变革是对政策更细微的修补。大多数国家的公共政策都具有惊人的连贯性，往往是对过去政策的某种延续。这主要是因为，一是参与政策过程的政策行动主体在相当长的时间内不发生变化，处于稳定状态；二是政策子系统倾向于政策垄断，对问题的解释和解决途径往往是固定的。只有在政策行动主体发生变化和政策子系统的垄断被打破情况下，政策才能发生重大改变。因此，一个国家或者一个政策子系统在正常情况下，解决特定问题的方式不会发生大的改变，从而形成了自身的政策风格。

为了详细的阐述其关于政策风格的观点，豪利特在对理查森（Richardson）、古斯塔夫（Gustafson）和乔丹（Jordan）的观点进行批判和吸收的基础上，提出了自己的政策风格模型（如表20－2所示）。在豪利特看来，影响政策风格的最重要的变量，一是公共政策子系统的结构，主要指政策子系统的观念和相关行动主体之间的相互关系，以及对公众支持的喜欢程度；二是国家自主权，包括政府的行政管理能力和行使行政职能时资源约束的性质。豪利特指出上述两个变量都是在部门层次上表现出来的，而且贯穿于政策循环过程的各个阶段，或者说在政策循环的每一个环节都有所表现，因此所形成的政策风格类型及其广泛，不可能全部罗列出来。因而，豪利特强调要想精确地描述某个国家或政府部门的政策风格，可以以他的政策风格模型为前提，把详细的描述建立在经验分析的基础上，这样才能弄清一个国家或一个政府部门的政策风格。

表 20 - 2　　　　　　　　　　　　政策风格的构成部分

政策循环阶段		共同构成政策风格的要素			
议程设定		发起者之外	发起者之内	统一的	动员式的
政策规划	政策社群类型	支配式	强加式	无领导式	无政府主义式
	政策网络类型	官僚政治/共享的中央计划经济	客户型/夺取型	三方/社团主义	多元论者/问题
决策（决策风格）		累进式	满意型	最优化	理性化
政策执行（工具偏好）		市场为基础	管理/直接型	劝告式/补贴式	自调节/社团/家庭
政策评估（学习倾向性）		吸取教训式	正式评估	社会学习式	非正式评估

资料来源：［加］迈克尔·豪利特等：《公共政策研究——政策循环与政策子系统》，庞诗等译，生活·读书·新知三联书店 2006 年版，第 323 页。

2. 范式性的政策变革

豪利特认为，范式性政策变革就是对政策的根本改变。这涉及政策风格的重大变化，不可能频繁发生。这种形式的政策变革主要根源于社会学习过程。因而在范式性的政策变革过程中，知识因素的地位格外重要，它将成为联系政策行为主体的纽带，并塑造他们的政策行为。同时，豪利特认为，范式性的政策转换与常规性的政策转换的根本性区别在于，范式性的政策转换是对既往政策的根本性突破，而不是在既有政策基础上的逐步"进化"。

在豪利特的政策思想中，所谓"范式"，指的是特定政策子系统成员所共享的政策理念，它决定了政策子系统成员如何看待政策问题，选择什么样的政策目标以及采取什么样的政策手段和工具。所以范式性的政策变革往往也意味着，政策行为主体所持有的政策理念发生了根本转变。豪利特在借鉴和整理了霍尔（Peter A. Hall）的相关理论的基础上，提出了政策范式变革过程模型（见表 20-3）。

表 20-3 政策范式的变革过程

阶段	特征
1. 范式的稳定阶段	在这个阶段，占统治地位的正统学说会被制度化，政策的调整在很大程度上是由一个封闭的专家和官员群体做出的。
2. 异常现象的积累阶段	在这个阶段，"真实世界"出现的发展既不能用正统学说来预测，也不能被它充分解释。
3. 试验阶段	在这个阶段，现有范式被用于牵强地解释异常现象。
4. 权威的分裂阶段	在这个阶段，专家和官员出现分裂，新的参与者挑战现有范式。
5. 论战阶段	在这个阶段，争论扩大到公众，并且牵涉到更大范围的政治过程，包括了选举因素和党派因素。
6. 新范式的制度化阶段	在这个阶段，在一段或长或短的时期之后，新范式的倡导者确立了权威的地位，并且改变现有的组织安排和决策安排，以将新的范式制度化。

资料来源：［加］迈克尔·豪利特等：《公共政策研究——政策循环与政策子系统》，庞诗等译，生活·读书·新知三联书店 2006 年版，第 330 页。

豪利特指出，政策范式变革还必须要等待部分外部条件的刺激，如社会经济因素和技术因素的变更，政治体系内力量对比的变化和其他政策子系统所产生的政策及其影响等。而在政策子系统内部，"政策企业家"的活动同样不容忽视。当一个范式转换的过程完成，而新的范式转换尚未开始之时，新范式的正统地位在政策子系统内部将得到充分的体现，与其相背离的其他政策范式都会被视为"异端"。

特别值得注意的是，不管是哪种形式的政策变革，在豪利特的政策思想中，最为重视的还是政策子系统及其组成人员，正是这些组成人员对于既有政策的"经验教训"的总结和思考，并沿着以往的"政策路径"进行政策转换，才会产生一般意义上的"常规性"政策变革。而当以往的"政策路径"并不能有效地解决政策问题时，又是这些政策子系统成员进行新的政策思考，创制或采纳新的政策范式来对"政策路径"进行革新，从而进行范式性的政策变革。因而可以说，在豪利特的政策理论体系中，政策子系统的核心地位是毋庸置疑的。

第三节　迈克尔·豪利特思想简评

在拉斯韦尔提出政策过程阶段路径之后，许多公共政策学者对公共政策运行的不同阶段进行了研究，但他们或者是独立研究政策过程的某一个阶段，或者是把政策过程的不同阶段看作是线性关系。而迈克尔·豪利特在总结前人经验的基础上，比较系统地综合了以往的研究成果，既把自己的政策思想建立在前人的研究成果之上，又有所创新。他从政策循环的改进模型出发系统地阐述了自己的政策子系统思想，考察了政策过程的相关主体、机构和工具。把政策过程划分为子过程或子阶段，围绕政府的行政能力和政策子系统的性质及结构，分析了每个阶段的影响变量。在政策循环的每一个环节都提出了自己的改进模型，创新了公共政策学关于政策过程阶段的理论。他围绕着政策过程的观念、利益和制度因素，提出了政策变革的一般模式，建立了比较典型的政策类型学。尤其他的政策循环、政策子系统和政策范式变革的思想更为引人注目。

豪利特在撰写文章时擅长大量引用他人的文献为自己的观点提供佐证，或干脆直接借用他人的表述来表达自身的观点。但这并不意味着豪利特的政策学思想会就此变得无懈可击。相反，他的思想也还存在一定的局限。他所构建的政策循环和政策子系统模型，尽管对传统的模型进行了改造，但并没有完全克服传统模型线性结构的弊端；对政策变革过程中政策学习的内在机制还有待于进一步揭示。

第二十一章　米切尔·黑尧的政策思想

第一节　米切尔·黑尧生平和主要著作

米切尔·黑尧是英国著名社会学家、公共政策理论家。他曾在政府劳工部、国家援助局等多个部门任职，并在此期间攻读了社会学学位，还曾参与很多政治活动，参与了地方选举和关于种族平等的非营利组织等。黑尧的研究工作最早始于布里斯托大学，当时他负责一个关于长期失业的研究项目。并且在此之后出版了他的第一本著作——《理解社会政策》。在行政管理方面他的最早著作是 1972 年版的《行政管理社会学》以及后面的《现代资本主义国家的政策过程》和现在的流行版本《现代国家的政策过程》。黑尧后来调入纽卡斯尔大学，主要教授公共政策和执行以及社会政策方面的课程。也担任伦敦大学皇后学院和布莱顿大学客座教授，以及中国人民大学等院校的访问学者，并于 2009 年获得英国政策学会的终身成就奖。

第二节　米切尔·黑尧政策组织思想

黑尧的公共政策思想是建立在政治学、政治社会学和组织社会学相关理论基础上的，他并以组织理论为核心构建了自己整个思想体系。这主要体现在他应用国家组织理论和社会组织理论对政策过程的讨论中。正是从这个意义上，可以把黑尧的政策思想的核心内容概括为政策组织思想。黑尧正是在对以往的政策理论的系统考察和评价的基础上，阐述他的政策组织思想的。

一　组织理论与政策过程

1. 公共政策的核心特征

黑尧把关于公共组织干预私人生活的基本逻辑，概括为公共政策的核心特征。政策科学创立伊始曾宣称，它提供了解决政府组织干预私人生活面临问题的新途径。在 20 世纪 80 年代，政策科学研究重点发生了转变，一是强调运用古典经济学的技术和方法进行政策分析；二是强调政策过程的复杂性，政策过程的很多因素难以控制，某些方面甚至具有随意性。尽管有的学者提出了政策分析的七种类型，即政策内容研究、政策过程研究、政策输出研究、评估研究、决策信息、过程倡导、政策倡导。但黑尧认为，对政策过程性质的探索应该是政策研究的重点，因为对政策过程的考察，为政策分析和政策行动提供了必要的知识基础。

　　2. 国家组织与公共政策

　　黑尧认为，国家组织是公共政策的主体。合法性对于国家政策来说尤为重要。国家实际上就是特定地域内完整的、上下同属的组织系统。国家组织从横向来看，是由立法组织、行政组织和司法组织构成的；从纵向来看，包括中央国家组织、地区国家组织和地方国家组织。此外，还有许多超国家组织如欧盟等，它们同国家组织以同样的方式运作。当然，超国家组织的强制力受到国家组织的限制。

　　由于许多政府职能可以通过私人组织（私人营利性组织和非营利组织）来运作，这进一步增加了国家组织结构的复杂性。这涉及公私伙伴关系问题。在这种情况下，资源可能来自公共组织，也可能来自私人组织；政策控制权也由公共组织和私人组织分享，使公共组织和私人组织间的界限变得模糊了。这恰恰也是整合国家与社会的重要途径。尽管如此，长期以来国家作为公共政策主体的地位和作用，不仅没有削弱而且在不断增强。国家行动的合理性来源于它是从社会组织衍生和发展来的。

　　黑尧认为，从国家与市场的关系来看，国家通过分配政策、再分配政策、管制政策和构成型政策，超越市场成为分配的主体。国家或管制市场，或取代市场。问题的关键在于，国家在什么情况下管制市场，在什么情况下取代市场才是合理的。外部性、市场失效（知识的不完备性）和垄断等理论的提出，为国家干预的合理性和正当性提供了根据。当然，存在着"市场失灵"，也存在着"国家失灵"。归根结底，公共政策是国家组织的控制者决定要做的事。在苏联解体之前的社会主义者认为，国家对所有领域的干预都是正当的。资本主义社会的政治家们往往也希望运用公共政策来塑造社会，但同社会主义者不同的是他们关注"私人"因素的存在，国家应该扮演管制者和援助者的角色。当然，在政府和市场两种组织之外还存在着其他选择，那就是被称为分享式组织的家庭和社区。如何选择，文化在这里起着非常重要的作用。正如某些学者指出的那样，可供选择的机制有三种，即官僚制组织、市场和社区，它们之间有时是混合在一起的。但无论如何，国家组织作为公共政策主体的地位是不可动摇的。

3. 政策过程研究

黑尧认为，要从国家组织视角研究政策过程问题，必须首先对国家权力的性质进行深入分析。权力性质决定政策过程运作的有效性。关于政策转换为行为的过程，代议民主制理论把公意表达看作是对政治系统的输入，经过政策过程的各个环节转化为政策输出。由此形成了政策阶段或政策周期模型。黑尧把戴维·伊斯顿的系统分析模型作为政策阶段模型的代表，进行了分析和批评。他认为，系统分析模型的价值就在于，它对非常复杂的政治现象进行了理论概括，推动了政策过程阶段理论的形成。但是这一模型的缺陷也非常明显，一是它并没有准确地揭示出政治系统的实际运作方式；二是它对要求和支持的输入如何转化政策输出的过程关注较少；三是在黑箱中过程发生的方式本身就可能是政治行动的目的。黑尧还对政策过程阶段理论进行了描述和评价。阶段理论提出把政策过程分为：创始阶段、情报阶段、谋划阶段、决策阶段、执行阶段、评估阶段和终结阶段。黑尧认为，阶段模型的优势在于为错综复杂的政策过程提供了解剖的方法。但在运用政策阶段模型时必须注意：一是政策过程是一个连续不断的演进过程，起点可能在久远的过去；二是政策的创始点可能在系统的任何地方开始；三是政策过程的各个阶段都是逐渐定型的，阶段理论没有揭示每个阶段的具体定型过程；四是政策过程的各个阶段都可能有反馈，政策主体经常介入不同阶段进行博弈。

二　国家理论与公共政策

黑尧为了确立他的政策组织理论的地位，对不同的国家理论进行了分析和批判。国家理论的核心问题是权力问题，不同的国家理论对权力的性质和结构分布的观点有所区别。黑尧重点考察了多元主义、精英理论、工具主义的马克思主义、结构功能主义、非马克思主义的经济决定论、女权主义和种族主义等理论。黑尧认为，多元主义、精英主义和结构主义将国家看作是相对消极的实体，而工团主义理论、政策网络理论、官僚制组织的经济理论、制度分析和宪政分析、强国家与弱国家等理论，则强调国家在政策过程中的积极意义，可称为自主性国家理论。

1. 消极国家理论与公共政策

（1）对多元主义理论的考察

罗伯特·达尔是多元主义的最有影响的代表。在实证研究的基础上，多元主义认为在西方工业化社会，权力被广泛分配于不同的团体之中，因此不存在具有支配地位的团体，每一个团体在决策中都发挥着自己的作用。原因在于权力资源，如金钱、信息和专业知识等的高度分散化。当然，由于资源占有上的不均衡，不同团体的影响力存在差异。在决策过程中，发挥直接影响作用的是少数人，大多数人是通过选举权的运用发挥间接的影响作用。政府是中立的，在不同团体的争斗中扮演仲裁人的角色。政府也有自己的偏好，在对社会利益要求作出反应的同时也追求自身的利益。在黑尧看来，公共选择理论是多元主义理论的一种发展，它的"政治市场"理念，实际上是多元主义的重要组成部分。在公共选择理论看来，政治活动同经济活动一样都遵循着市场规则，政治行为的动机也是人的自利性，不同政治主体之间的互动形成了政治市场。但在国家作用问题上，两者的观点还是有差异的。公共选择理论把国家看作是发挥重要作用的主体，这不同于多元主义把政府仅仅看作是仲裁人的观点。

黑尧还把受多元主义理论影响的，以政策输出影响要素为研究取向的思想流派，也放到多元主义框架下进行讨论。原因在于这一流派中的一部分学者，把政治因素看作是影响政策输出的至关重要的因素，这种理念内涵着多元政治竞争影响政策的意蕴。这部分学者以地方政府政策输出的比较研究为重点，对政治因素的影响作用进行了实证研究。其中得出一个重要结论是：欧洲国家地方政府的政策输出要比美国地方政府的政策输出，受政治因素的影响更大。

多元主义关于政策过程的观点受到了很多批评。受批评最多的是"权力的平等分配"问题。黑尧指出，达尔也不认为权力是可能平等分配的。但黑尧认为，多元主义理论的两个关键要素，一是所有的人都可以进入政治舞台；二是政治舞台上的精英是作为更多的人的代表而工作的。这种观点是以一定的时间和地点为条件的，不是放之四海而皆准的普遍真理。达尔自己也认识到了多元主义存在的问题。正因为如此，多元主义理论后来被精英主义理论所修正。

（2）对精英主义理论的考察

精英主义是对多元主义的一种超越。黑尧首先对精英主义理论的发展做了简要回顾。古典精英主义理论认为，在所有社会政治有机体中，从最初级的社会到最现代的社会，都存在着少数履行政治职能的统治阶级，他们垄断权力并享有权力带来的好处；另一个是占绝大多数的被统治阶级，他们受统治阶级的控制和领导。少数统治阶级也称为精英，包括政治精英和其他精英。政治精英又是由官僚精英、军方精英、贵族精英和商业精英组成。精英的权力来自于他们占有的资源，包括职位、财富或技术特长、知识等。政治系统就是由这种权力精英所支配。不同精英之间的竞争保护了民主政府。有的学者认为，旧精英和新精英处在不断流转之中，伴随着精英的流转，政治系统实际上进入了多元主义的过程。因此，当代有很多学者企图调和精英主义与多元主义。通过"统治阶级"这一理念，精英主义又同马克思主义联结起来。

（3）对工具主义理论的考察

马克思主义认为国家是统治阶级的工具。黑尧引用了密利本德（Ralph Miliband）的观点，说明了工具主义关于权力性质和结构的理论。密利本德是受马克思主义影响颇深的学者，他通过三条理由说明资本主义国家是资产阶级统治的工具：一是资产阶级和国家精英占据国家机构高级职位，他们的社会背景具有相似性；二是资产阶级能够通过个人联系和网络，通过代表工商业的社团行使权力；三是资本的客观权力对国家构成了制约。国家官员要成功掌握政府的权力，必须有一定的经济基础，他们必然支持资本的积累过程。正是从这一意义上说，资本主义国家是资产阶级统治的工具，要为资产阶级的利益服务，这也是把其称为工具主义的根本原因。马克思通过对资本主义社会权力系统的分析，揭示了生产关系对国家权力的重要价值。对权力问题的分析是工具主义的核心。

（4）对结构主义理论的考察

在黑尧看来，结构主义高度关注结构问题，认为政治行动是外在力量决定的。结构主义要回答的核心问题是，结构和行动之间究竟是什么关系？在什么样情况下影响社会变迁的行动是正当的？结构主义理论认为，政治行动是由不以人的意志为转移的强大的外在力量决定的，把政治选择看作是由人口、社会和经济等因素预先决定的。结构决定行动，而行动也对结构具有反作用，可以改变结构。在这里黑尧主要考察了如下理论：一是结构功能主义。黑尧认为，结构功能主义早已过时了，之所以考察它的原因在于，一方面，它关于结构的影响的看法仍然值得关注；另一方面，它同所要考察的马克思主义理论密切相关。结构功能主义把制度看作是随着社会需要的变迁而不断变化的，经济发展是社会变迁的发动机。这意味着政治系统面对这种变化会作出规则上的反应，因此，公共政策的产生和发展是由经济增长推动的。二是马克思主义。黑尧认为，马克思主义与结构功能主义相似，但更关注技术和经济增长的作用。在马克思主义看来，资本主义社会的结构本质上是一个"阶级结构"。无产阶级和资产阶级之间的阶级斗争必然引发无产阶级革命，导致社会主义取代资本主义。经济因素决定政治利益，马克思主义理论的核心是决定论。按照马克思主义理论，资本主义国家的主要功能，就是为资本追求高额垄断利润创造条件。当然，国家也有超越于阶级的相对独立性，具有社会管理的功能。黑尧还指出了所谓新的马克思主义两项新的研究成果，其一为国家的相对自主性，并用来解释国家为什么会推行有利于无产阶级利益的改革；其二为资产阶级分化为不同的利益集团，以此来证明国家也可以采取违背一部分资产阶级利益的行动。正是由于以上两点，根据资本的利益来预测公共政策过程的结果和国家的行动，就成为非常困难的事情。三是非马克思主义的经济决定论。黑尧认为，由于苏联和东欧社会主义国家的解体，马克思主义理论研究一定程度上陷入困境。因此许多学者奉行社会主义早产论观点。有的学者仍然主张经济决定论，但同马克思主义有所不同，黑尧称其为非马克思主义的经济决定论。这一流派没有关于革命的理论，认为向理想的经济秩序或政治秩序发展是进化的过程。强调资产阶级的经济利益对政策构成的影响；强调世界范围的经济发展对当代的政策制定的决定性影响。告诫政治家不能漠视经济的力量。四是女权主义和种族主义。与马克思主义联系非常紧密的女权主义理论认为，性别区分是统治阶级分化和控制无产阶级的手段。女性劳动者数量的增加，被看作是资本主义"储备劳动大军"的手段。而其他女权主义理论更多地涉及男人在经济和政治上的主导地位以及对政策的强有力的影响。种族的分化也是如此，马克思主义强调的是种族分化对阶级分化的作用。实际上民族的、语言的、文化的，宗教的分化同种族的分化密切相关。黑尧认为，需要从历史的角度来分析结构对政治行动的限制，探讨特权制度确立的过程，探讨为特权进行辩护的意识形态是如何发展起来的。

2. 自主性国家理论与政策过程

（1）对工团主义理论的考察

黑尧通过对工团主义理论的考察，得出了国家的自主性的结论。黑尧分别考察了施密特（Schmitter）、温克勒（Winkler）、密德马斯（Middlemas）等英国学者的观点。施密特把工团主义界定为一种利益代表系统。它是一种单一的、强制性的、非竞争性的组织，代表着有关社会主体的利益。工团主义可分为国家工团主义和社会工团主义。国家工团主义主要用于法西斯的政治体系。社会工团主义是多元主义衰败的替代物，作为一种政治体系其发展弱化了资本积累的条件，出于保护资本积累条件的需要，促使国家更直接的干预，强化了国家的自主性。工团主义也在得到国家认可的情况下，代表特定社会主体的利益，通过特定的渠道营销国家的决策。而温克勒则"强调工团主义的经济方面的性质，把它看成生产手段的私有制和公共控制相结合的一种系统"[1]。他认为，在英国，政策是在国家与工商企业和工会精英合作的基础上制定的，国家并不是任何经济阶级和利益团体的代表，它具有独立的自主性和支配性。密德马斯认为，英国政治中的工团主义，实现了工会和雇主利益团体与政府的紧密结合，真正成为治理组织的组成部分，在不同利益团体分享权力的基础上，实现了政策过程的和谐。

沃尔夫（Wolfe）把工团主义组织看作是政府超载的一种反应。他认为，"面对资本主义体系中的积累的要求和合法化的需要之间的紧张关系，资本主义国家所可能用的政治手段都已经用尽，作为对政府超载的一种反应，国家的工团主义组织应运而生。"[2] 不管学者们在具体观点上有何分歧，在工团主义推动了国家的自主性这一点上是一致的。这种自主性使国家有能力代表资本、劳动者和其他社会主体的利益，并通过政策实现他们的利益。

（2）对政策网络和政策共同体理论的考察

黑尧认为，政策网络理论和政策共同体理论，对政策过程阶段论研究范式提出了挑战。铁三角、政策共同体和政策网络理论否定了工团主义理论。铁三角理论认为，国家与工业界的劳资双方构成了一系列的铁三角，

① ［英］米切尔·黑尧：《现代国家的政策过程》，赵成根译，中国青年出版社2004年版，第63页。
② 同上。

国家政策就是在铁三角中形成和运作的。政策共同体理论认为，国家和社会不同政策主体之间有极为密切的联系，它们所结成的政策共同体在政策转型中发挥着极为重要的作用。两种理论都强调了不同政策主体之间的较强联系。政策网络理论进一步看到了国家组织和非国家组织之间极为复杂的联系。

政策网络反映了国家和社会之间的相互糅合，"问题网络"表明不同政策主体之间的较为松散的联系，而政策共同体则表明不同政策主体之间更为紧密的联系。黑尧指出："政策网络和政策共同体的研究，对于那些把政治系统和国家的运作看成同性质的、统一的实体的研究观点，是一种重要的矫正。同时，由于它强调政策网络和政策共同体在议程确立、决策直到政策执行的整个过程中，都是以一种相对整合的方式运行的，因此也对有关政策过程'阶段论'研究途径构成了挑战。"①

（3）对官僚制组织的经济理论的考察

黑尧把考察的重点转移到国家组织内部。公共选择理论把政治过程看作是同经济过程一样，都要遵循"市场"规律。公共官僚制组织试图垄断公共物品和公共服务的供给，这会导致两种结果，一是转嫁成本，把成本转嫁给消费者；二是过度供应，以追求组织的最大化，因为组织的扩张可以增加晋升的机会，从而导致资源的过度使用。当然，用市场理论对官僚制组织的运作作出解释，也遭到许多学者的反对。有的学者就指出，按照市场理论组织可能使成本外部化，而官僚制组织在没有约束的情况下，更多的是把成本内部化，如工资和雇员的福利等。因此公共部门的批评者，有的主张彻底地民营化，有的主张在官僚制组织之间和组织内部引入竞争机制。

（4）对制度分析和宪政分析理论的考察

黑尧主要分析了国家制度和宪政结构对政策过程的影响。黑尧认为，制度分析途径对政策过程进行的研究，主要受组织社会学相关理论的影响，因而呈现出两个方面的特征，一是强调要把政策放到特定的组织环境下进行研究；二是注重对政策的演进过程进行历史分析。黑尧引用了马奇和奥尔森的观点说明制度分析方法的重要价值。按照制度分析理论的观点，民主制度依赖于政治制度的设计。政策过程同一定的组织环境关系密

---

① ［英］米切尔·黑尧：《现代国家的政策过程》，赵成根译，中国青年出版社 2004 年版，第 69 页。

切，其运作过程不可能离开特定的组织环境，因此只有把政策放到组织环境中考察，才能把握其真谛。

有的学者认为，在美国联邦宪法的框架下，政策变迁需要足以推动变迁的联盟来保障。通过政策变迁所创造设的制度，随着时间的推移却可能成为政策变迁的阻力。宪法有时会成为政治变迁的障碍，有时也会为政治变迁提供机会。美国宪法修正案和对宪法的重新解释，拓展了政府行动的领域。

（5）对强国家和弱国家理论的考察

黑尧强调在探讨国家在公共政策过程中的作用时，学者们对强国家和弱国家的区分有一定的价值。黑尧引用了戴森（Dyson）对国家概念的界定和对强国家和弱国家特征的描述：国家是"通过一套特定制度和制度集合体，来体现一种特定性格的一个法律概念"，"确定公共权力运作具体性质的一个政治概念"；和"一套贯穿着特殊强制力的制度、一种能够同时产生爱和恨这两种情感的特殊的公共契约关系的一个社会学概念"。"强国家是建立在公共行动的合法性得到普遍认同，人们愿意把'公共权力'看成是与其他各种权力迥然不同的一种权力形式，并以权威性的方式加以运用这一传统的基础上"。而相对应的"弱国家是以政治文化中的多元文化、代表制和辩论传统为主要特征；是一种工具主义的政府观和一种实用主义的政治概念；是政治中蔓延着的非正式结构，是对强调精英的作用，而不是制度的作用的宪法的'社会'模式或政治的经济分析的偏好。"①

黑尧认为，在强国家中，常任行政管理者从政策的起始阶段就开始介入政策过程，并贯穿于政策过程的始终，因此是全面的介入。而在弱国家中，管理者作为下属而存在，他们更多的时候扮演着中立者的角色，有时也根据政治官员和社会公众的意愿明确地支持某一方。总的来说，强国家和弱国家这两种提法在使用时需要审慎对待。

三　政策过程理论的分析

黑尧对政策制定过程和政策执行过程的各种理论分别进行了考察。当然，在考察的过程中他更强调政策制定和政策执行之间的内在联系。黑尧

---

① ［英］米切尔·黑尧：《现代国家的政策过程》，赵成根译，中国青年出版社 2004 年版，第 76 页。

认为，由于政策过程阶段论的研究方法存在重要缺陷而深受诟病，但是在对复杂问题的研究过程中，这种阶段的划分有时是必要的，否则研究无法进行。

1. 政策制定理论

（1）政策决策模型

黑尧重点考察了西蒙的有限理性决策模型、林德布洛姆的渐进决策模型、德洛尔的规范最适模型和艾茨尼（Etzioni）的综合扫描模型。西蒙首先分析了理性决策模型可能遭遇的困难，一是决策过程所要实现的是谁的价值和目标；二是选择一项旨在实现组织目标的决策方案可能毫无意义；三是实际决策很少是以合乎逻辑的、综合的、目标明确的方式作出的；四是在决策过程中怎样区分事实和价值、手段和目的等。在此基础上，西蒙提出了他的有限理性决策模型。决策者不是企望选择实现价值最大化的决策方案；也不是去寻找所有可能的备选方案，而是选择和找到一个满意的方案。决策者运用经验决策方法，可能遗漏重要的备选方案。林德布洛姆也是在批评理性决策模型的基础上提出了自己的渐进决策模型。

黑尧认为，在林德布洛姆的渐进决策模型提出以后，似乎没有为其他学者继续探讨决策理论留下相应的空间，但是学者们对此问题的探讨并没有停止。德洛尔的规范最适模型和艾茨尼的综合扫描模型的提出，就是其中的典型案例。德洛尔非常明确地指出了林德布洛姆的渐进决策模型的保守性。德洛尔的规范最适模型，在肯定理性作用的基础上，一是强调超理性，包括判断力和创造性等的作用；二是强调元政策的制定，突出决策程序的设计。艾茨尼的综合扫描模型也是在批评林德布洛姆渐进决策模型基础上提出的。按照林德布洛姆的观点，小的变化的累积可以导致重大的变化。艾茨尼则认为，在有些情况下小的变化可能是循环性的，也可能是发散性的，并没有导致大的变化。综合扫描模型对决策作出的过程进行了描述，可以成为指导决策的策略。综合扫描模型对基本决策和增量决策或微小决策做了区分，认为基本决策可以指导增量决策，为其提供指导原则，而且它专注于对决策进行广泛的考察，有利于基本决策的制定。黑尧认为，上述两个决策模型的重要价值在于能够弥补渐进决策模型的不足。

通过对以上的考察，黑尧认为现在面临许多新的问题。一是由于权力的不均等分配问题，缺少多元主义意义上的参与；二是制度既限制了"理性的"政策规划，也限制了党派相互调适；三是政党政治信仰和意识形态的影响，扭曲了人们的认识。

（2）政策制定过程

黑尧指出，政策制定主体主要是由当选的政治家、任命的官员和能够介入决策过程的压力集团代表。常任官员更多的是介入政策的制定前的各项准备阶段，而政治家既要对选民关注的问题作出反应，也对政策执行感兴趣。他认为，政策过程中存在两种行为取向，即利益集团的影响和交易行为以及当选的政治家和任命官员内部的活动。此外，还有政党政治的影响。黑尧通过对政策过程参与者的角色分析和对政策过程的探讨，提出了政策过程中的政策流思想（见表21－1）。

表 21－1　　　　　　　　　　政策过程中的政策流

	政党政治	谈判	行政
问题种类	主要构成重要的分配后果	影响强大的利益集团	几乎所有各种问题上都有影响力
核心主体	政党	压力集团	文官
阶段—空间	公开	公开和私下	私下
核心阶段—时间	早期	中期	后期

资料来源：［英］米切尔·黑尧：《现代国家的政策过程》，赵成根译，中国青年出版社2004年版，第94页。

黑尧认为，在政策制定过程中，政党发挥着重要作用，然而政党的政治输入由于受到各种因素的影响而削弱。意识形态直接影响政党的政策意向，许多政策过程往往以强烈的意识形态承诺为开端。由于各种政治立场的激烈竞争，使意识形态冲突公开化的地方，政党在政策过程中往往发挥重要作用，特别是政策过程的起始阶段更是如此。政策议程作为政策过程的最初阶段，实际上就是将社会问题转化为政策议案的意识形态过程。政治组织就是在意识形态的指导下建立起来的，其行为也是由意识形态塑造的，它在政策议程建立过程中扮演着非常重要的角色。

黑尧认为，有组织的利益集团会积极推动能够增进自身利益的政治行动。它们可能通过政党的途径，向政党提出自己的诉求，由政党在向选民提出的政治纲领中系统地反映出来。这种鲜明的政党政治色彩往往会产生不利的影响，因此它们可能会选择其他更有利方式。利益集团可能选择同国家进行协商合作的机制，就有关政策问题进行隐蔽的交易。隐蔽的程度取决于是否存在公开争论以及公开争论的程度。交易过程贯穿于政策决策的全过程。尤其是在利益集团作为政策的提出者时，交易行为更可能发生。

黑尧认为，常任文官的专业知识决定他们在政策决策过程中扮演着一定的角色。特别是那些需要专业知识的领域，决策问题往往被抽出政治领域，而被放到专业的政策共同体中。专业的政策共同体在这种情况下往往扮演着发展和检验知识、确定标准、控制具体的决策者和执行者的平台的角色。当然这里面有两个问题需要关注，一是常任文官系统在政策实践中参与控制政治政策输入过程的程度；二是常任文官系统受政治领导者意识形态影响的程度。有的学者认为在强国家中，文官往往为政治家的短期决策提供行动的基础。政治家和行政管理者怎样结合在一起，很多程度上取决于宪法。如果选举制度有利于推动具有统一政治纲领的政党的产生，在政策过程中政治权力和行政权力就会形成紧张关系；如果在多党制占主导地位的国家，政党在政策过程的很早阶段就可能同行政管理者和解，并在各种权力的妥协中向政策过程进行政治输入。

黑尧指出，政党政治、交易和政府行政机关各自在决策过程中怎样发挥作用，取决于政治制度和政治文化的具体特点。政党政治制度不仅要受到选举制度的影响，同时也要受到宪政结构中其他因素的影响。行政管理中的各种规则和惯例，对于常任文官在决策过程中的行为方式也有重要影响。政治文化的影响作用更不可低估，为什么一些社会更愿意让国家发挥更大的作用？影响公众对政府信任的因素有哪些？为什么由特定意识形态凝聚起来的政党在有些社会发挥更重要作用？这都同一定的政治文化有关。

2. 政策执行理论

（1）政策执行模式

黑尧首先考察了政策执行的自上而下模式和自下而上模式，并通过两种研究视角的比较，对政策执行问题做了进一步的思考。自上而下模式将政策看作是处于行政系统"最高层"的决策者的专属权。政策执行涉及自上而下执行链条的许多环节，要在政策执行中不出现由于小的亏空的积累而出现大的政策亏空，必须通过各层级机构的协调使各个环节紧密地联系起来。政策执行过程也是一个不断妥协的过程。它强调对政策过程的考察，要关注政策的性质、政策执行组织的内外情境和政策所要发挥作用的对象及外部环境。自下而上模式则认为，政策制定过程是确定政策目标的过程，主张用政策目标实现的程度来衡量政策和执行的关系。它以个人行动作为起点，把行动看作是对问题的一种反应，是在各种可供选择的方案之间进行的选择。它涉及执行者个人和组织之间、政策行动需要依靠的个人和组织之间、利益受到影响的个人和组织之间的复杂的互动关系。自下而上模式尤其强调"街道层官僚"的作用。

（2）政策执行模式的深入思考

黑尧从政策规则框架、政策的输入和输出、政策回应性三个方面，对两种模式进行了深入思考。一是政策规则框架的性质。黑尧认为，制定和执行的两分法，取决于政策过程不同环节划分的可能性。他对政策过程做了这样的描述：一个行动承诺、法律正式通过、向执行者颁布指导方针、"街道层"对法律和行动方针的解释，经过上述过程政策逐渐定型然后输出。这些环节可能以制度的形式固定下来。黑尧分析了英国几个不同的政策案例，归纳出以下三种情况：执行规则非常明晰；执行是对最初政策框架的发展和进一步解释；执行过程属于决策过程。第一种情况可以用自上而下模式来解释；第二种情况则符合自下而上模式的特点。在一个国家里政策执行已经表现出复杂性。他还指出，在不同的政治制度和政治文化下情况更为复杂。一个国家的政府系统和政治文化，决定了这个国家政策执行系统的封闭和开放程度，从而决定政策规则框架的性质。他以不同的国家为例来说明这一问题。英国是一个有高度集权和不成文宪法的模糊性结合而成的制度系统，对政策执行过程的控制存在巨大的差异。这主要受政府政治承诺的核心地位和压力集团强迫或避免制定规则的能力的影响。美国由于联邦制、三权分立和成文宪法等制度设计对行政系统的影响，更关注政策制定者对政策执行的影响，因此增加联邦政府和地方政府的影响力，被看作是政策执行至关重要的先决条件。而在北欧那些非常复杂的、分权化的管理制度构成的小规模共识性社会中，形成的是一种代表性执行模式，中央政府更希望在信任的情境下扮演掌舵者的角色。总的来说，对责任的关注应是所有一切的基础。二是政策的输入和输出。黑尧认为，自上而下模式更关注政策的输入，即新政策可能引起的某种行动，也就是新政策如何付诸实施；自下而上模式更强调政策的输出，认为政策在执行阶段才能逐步明晰。三是政策回应性。黑尧认为，自上而下模式奉行自由民主观，把政策看作是由人民选举的代表制定的，由官员自上而下付诸实施，因此政策制定就是对人民的回应；而自下而上模式则认为，政策行动只有在接近底层的地方才能够真正实现对人民的回应。

四　政策的组织过程

黑尧指出，政策过程包括政策执行过程是在复杂的组织中进行的。政治的复杂性主要表现为组织内部和组织间的复杂关系。官僚权力是组织主体控制公共政策过程的主要手段。人们对官僚制的批评，主要围绕着政府组织的责任（向人民负责）和效率（有效性）问题，认为政府并不是执行政策的可靠工具。解决问题的途径，极右派诉诸市场机制；极左派主张推翻资本主义权力，唯如此才能实现平等的公民自由合作，以满足自身的需求。新右派力图通过新公共管理运动解决政府的责任和效率问题。

1. 组织理论的发展与困境

黑尧考察了马克斯·韦伯的官僚制组织理论和霍桑实验关于人际关系与组织绩效的理论，并把它们看作是组织理论的两大发展潮流。伴随着组织实践活动的发展，以韦伯理论为基础的社会学家开始关注正式组织中非正式关系的重要性；社会心理学家开始探索人的内在需求和正式组织需求之间的关系，由于关注问题的相似性，组织理论的两大发展潮流开始融合，寻求组织理论的新发展。

黑尧认为，社会学家对韦伯官僚制组织理论的批评，推动了组织理论的新发展。韦伯组织理论中层级化原则和专业化原则的自相矛盾，激发了学者们对专家和管理者之间冲突的研究，并由此演化出理性和僵化之间的关系问题，从而使组织结构和组织任务之间的关系问题成为关注的重点。关于组织任务问题，理性的结构往往不适合完成某些组织任务，甚至对完成某些组织任务很不适合。有的社会学家认为，组织任务和组织结构的匹配问题涉及的因素非常复杂，因为影响组织结构的因素是多维的。对于组织结构来说，有很多随机因素发挥着一定的作用，在有些情况下这种作用甚至非常重要，随机因素和结构因素存在复杂的互动关系。组织是一个权力系统，权力在组织中的分布是不均衡的，组织中的权力操控者可以控制和影响组织结构，因此，组织内部的随机因素有可能成为权力结构的决定性因素。

组织实际上是非常复杂的。组织的复杂性首先是由组织的外部环境和内部因素的复杂性决定的。黑尧认为，早期的组织理论就开始了对组织外部因素的研究。后来学者们把组织的外部环境和组织的内部因素联系起来。有的学者更关注组织的外部环境和组织内部的非正式社会系统的关系。组织成员在进入组织的过程中，往往把自己的社会信仰和社会属性带到组织中来。在对社会管理的过程中，他们的行为必然影响社会公众，反过来，社会公众特别是那些掌握讨价还价资源的公众对管理的反应也会影响组织成员，两者之间形成了极为复杂的互动关系。组织内部不同成员之间也会结成复杂的网络关系，他们又可能卷入外部关系网络之中，形成更为复杂的内外关系。

组织的复杂性还表现在组织间的关系上。黑尧认为，组织间的关系问题对于公共部门来说尤为重要。政府组织众多，它们之间的合作具有重要价值。有效协调各组织之间的关系是政府一项重要任务，它一直在努力构建组织的联合机制。理论工作者也在寻求组织间有效合作的方式。组织行动本质上要受到组织间的关系的影响。非市场条件下的组织之间也存在交换问题，只不过它们交换的是权力和地位等。市场交换中的契约关系和交易成本问题，在公共组织中也是存在的。在公共政策过程中，公共组织之间以及公共组织同私人组织之间的契约关系，正在逐渐成为一种基本的关系模式。公共组织之间的交换也存在着交易成本问题。

当然，组织间的权力关系也是不平等的，使一些组织不仅能够控制本组织的领域，而且可以控制其他组织的领域。权力的不平等问题要放到整个社会的权力框架中来分析。对组织间关系的分析主要要考察组织间资源的相互依赖性。完整分析政策部门的结构需要考虑三个层次，即管理结构、利益结构和结构构成的规则以及三者间的相互关系。要提升组织间的协调关系，一是培养成员扮演多种角色，以跳出本组织的封闭圈子；二是建立特殊的联合单位，以联合完成任务。

为了克服官僚制的弊端，各国开展了旨在改革政府的新公共管理运动，企图重新界定政府组织的任务和结构及其相互关系。黑尧引用胡德（Hood）对新公共管理的批评。胡德提出了新公共管理的七个教条，一是在公共部门实行专业化管理；二是明确的绩效标准和绩效评估；三是公共部门单位的分散化；四是进一步强调结果控制；五是在公共部门加强竞争；六是私人部门的管理方式；七是在资源使用中强化纪律和节俭原则。并认为新公共管理面临着两个冲突，即效率与公平的冲突、效率与责任的冲突。黑尧指出，新公共管理是一场自上而下的运动，从英国来看，中央政府改革并没有导致权力下放。他对新公共管理运动表示怀疑，认为其成就是有限的，原因在于：一是实际的竞争市场难以形成；二是它带来了责任困境。它没能合理解决组织任务和组织结构的关系问题。

2. 规则和自由裁量

对政策过程的探讨，无论是政策制定还是政策执行，都涉及组织和组织之间的关系问题，都涉及上级组织在多大程度上可以使用规则来控制下级组织的问题，也就是组织中规则和自由裁量权的关系问题。这个问题一直是法律和法理研究的热点问题。黑尧在对自由裁量权进行法律和法理方面考察的基础上，重点又从组织社会学视角进行了考察。由于组织任务的复杂性和组织中职责的委让关系，使自由裁量权成为非常重要的问题。许多组织理论中都贯穿一条主线，那就是规则与自由裁量权的平衡问题。在组织中不可能实现完全的控制，即便是层级化程度最高、最具权威性的组织中，自由裁量权也是非常重要的。传统的组织理论往往更强调规则控制，更强调对自由裁量权的限制。实际上，在一定的层级组织内对规则和自由裁量权都应加以限制，以实现两者间的平衡。

黑尧认为，自由裁量权和违背规则两者从一定意义上说高度相似，但性质上又有很大的差异。自由裁量权意味着对执行者权力和地位的认可，是合法的，而违背原则表明上级难以控制下级，被层级组织中占主导地位的因素看作是非法的。社会公众作为政策的接受端，对两者难以区分。不能把自由裁量权和违背规则进行简单的对比。在有些情况下，组织主体可能会遇到规则和规则之间相互矛盾、规则模糊不清或规则过多过滥等问题，影响组织行动。有时可能出现这样的情况，如果严格按照某种规则行动，有可能导致组织瘫痪。

黑尧得出如下结论：一是必须重视规则和自由裁量权之间复杂的互动关系；二是必须将政策放到更广泛的可能影响自由裁量权的社会和政治背景中加以考察；三是必须充分认识自由裁量权多大程度上是由于控制的内在限度而产生的；四是必须把自由裁量权放到与违背规则的复杂关系中进行分析；五是不应忽视自由裁量权问题一定程度上是一个规范性问题；六是应该认识自由裁量权的组织控制策略，传统的做法是通过严密的规则和程序进行控制，现在的做法是承认其普遍性并用更严禁的举措来规范它。

3. 官僚和专家

黑尧认为，许多学者把行政组织描述为官僚制组织，其主要特点是僵化和迟钝。这同组织人员的官僚人格分不开。有的学者从组织社会学的角度分析官僚制人格形成的条件，得出如下结论：一是有效的官僚制要求严格忠诚于规则；二是这种忠诚导致规则的绝对化和与组织目标的分离；三是它妨碍了根据具体情况所进行的调适；四是它可能带来效率也可能导致无效率。官僚制塑造了下属的顺从型人格，在公共行政组织中更是如此。也有的学者把官僚人格的形成归结为两个因素，一是具有特定类型的人才会选择以公共服务为业；二是公共部门在录用人员时会把特定类型的人淘汰。总之，官僚人格是官僚制组织环境的产物。黑尧认为，事实上公共官僚的角色同现代复杂社会的其他角色并没有明显的区别，公共官僚组织中的角色区分同其他组织中角色的区分也没有多大差别，这使官僚人格理论陷入困境。

黑尧认为，米切尔·李普斯基（Michael Lipsky）的街道层官僚组织理论，比官僚人格理论更有助于探讨公共官员在寻求自身好处时是怎样重塑政策的。街道层官僚组织理论的主要观点可概括为：一是街道层官僚执行的公共政策同他们的决定、设计的程序和为了应付不确定性发明的机制密切相关，或者说这些都会有效转化为他们执行的公共政策；二是街道层官僚的政策制定过程，并不是他们服务工作中理想的实现，而是处理他们所面对的压力的实践发展的结果；三是街道层官僚以相对规范和老套的方法来规范人民，他们对自己工作习惯的调整是为了反映自己和委托人的较低期望。街道层官僚一方面把自己看作是被压制的对象，另一方面他们又拥有大量的自由裁量权和自主权力，这就形成了一个悖论。李普斯基描述了街道层官僚控制委托人的方式。当社会服务机构为地位低下的委托人提供服务时，委托人没有行动的自由，只能被动接受。街道层官僚也不轻易接受上级的控制，他们拥有自由裁量权，在决定具体物品和服务配置中发挥着重要作用。政策制定者或管理者对他们的控制是有限的，甚至无法控制。当然，李普斯基也强调街道层官僚又是被疏离的角色，由于他们工作中对资源的需求和资源的稀缺性，使之更易受官员的控制。

黑尧认为，为了解决官僚制组织的弊端，有的学者强调组织雇员应该具有专业技能，应该是专家。但是，这与新公共管理的其他主题相冲突。公共行政理论就把专家看成最可能为了个人利益而扭曲组织行为的人。当然，也有的学者把专家看作是官僚制组织的良好替代物。专家更强调他们的利他主义，他们的行为主要受服务伦理所驱动。黑尧认为，这是容易引起争论的问题，但在很多问题具有不确定性和不可见性的情况下信任至关重要。由于专家在组织的底层又具有很高的专业性，难以形成有效的监督机制。黑尧指出："从这个意义上来说，专家是街道层官僚，他们一直有能力提出具体的自主权要求。但是，就像上面所说的那样，由于他们与委托人之间的关系是在伦理符号和利他性价值的影响下形成的，而这是其他层次的官僚所缺乏的，因此，他们的要求也与其他公共官僚具有差异。"①

第三节　米切尔·黑尧思想简评

作为一名英国公共政策学家，米切尔·黑尧的公共政策思想带有鲜明的英国特色。他主要从本体论、认识论、方法论三个维度进行公共政策的理论构建，这种方法超越了一般公共政策理论所遵从的理性分析传统和结构—行动二元论，堪称是西方政策过程理论研究的新成果。黑尧政策思想主要特色和核心价值在于，它以现代国家组织和社会组织及其相互关系的政策过程为研究主线，以政治学、政治社会学和组织社会学理论为分析工具，分析了多元主义、精英主义理论、工具主义的马克思主义、结构主义等国家理论；考察了工团主义、政策网络、政策共同体、官僚经济理论、制度分析理论、宪政分析理论、强国家和弱国家理论；对理性决策模型、渐进主义模型、官僚理性模型、垃圾桶模型进行了综合分析的基础上，提供了理解现代国家政策过程的新路径。

但黑尧的理论同样无法逃脱关于适用性的指责，他虽然在前辈（尤指美国）公共政策学家和其他社会科学领域的专家的思想的基础上，根据英国的公共政策实践提出了一些创建性的观点，但终究自其政策思想诞生伊始，就被打上了西方社会的烙印。而且黑尧从组织理论出发对公共政策过程进行的考察，既丰富了原有的公共政策理论，同时也把公共政策的研究局限在组织的框架下，忽视了其他因素的作用。

---

① ［英］米切尔·黑尧：《现代国家的政策过程》，赵成根译，中国青年出版社2004年版，第186页。

第五编

公共政策学发展的新理论

第二十二章　政策工具理论

第一节　政策工具理论兴起的背景

世界上或许存在骤然兴起、骤然覆灭的政权，但绝不存在骤兴骤灭的政治学理论。而任何一项政治学理论的兴起与衰落都不是毫无原因的，作为其重要组成部分的公共政策学更是如此。近30年来代表了公共政策学研究新趋势的政策工具理论，它的兴起也毫不例外的拥有其深刻的社会历史和理论发展背景。

一　社会背景

历史方面，随着时间步入20世纪70年代，西方发达国家战后的经济繁荣逐渐进入了尾声。凯恩斯主义与其相伴随的"大政府"和"福利国家"使得西方国家政府财政赤字越发严重，由此造成的财政危机和政府信任危机，使得西方发达国家的政府以往惯常所使用的政策工具逐渐失去其应有的效用。西方国家被迫开始检讨和反思，并由此走上了逐步向"小政府、大社会"过渡的道路。可以说，历史正在呼唤一种能够满足现实需要、帮助政府实现转型的政策工具理论。

社会方面，在西方国家，公民社会的力量自第二次世界大战以后得到了空前的发展，大量社会组织如雨后春笋般涌现，并活跃在西方社会的各个领域。与此同时，民权运动、学生运动也在70年代前后在西方国家广泛兴起。面对日趋变化的社会形势，传统的政策工具也显得越发难以应对，甚至在部分地区对传统政策工具的固执使用，还严重损害了政府的合法性。时至今日，纽约州立大学的学生尚可以听到"学校的水泥步廊如何如何设计，这样当需要动用军队对付学生示威活动时，可以让坦克开进来"① 的

---

① ［美］罗布·柯克帕特里克：《革命、动乱与现代美国的诞生》，朱鸿飞译，光明日报出版社2013年版，第15页。

说法。

　　经济方面，自70年代开始，以"石油危机"为起点，西方国家的经济普遍进入了低增长时期，由大量政府干预所带来的高成本和低效率无疑首当其冲地受到了广泛指责，但这并不能构成让"守夜人"政府立即回归的理由。因为，此时以政府引导和计划闻名的日本经济仍旧保持了高速的增长，威权政府治理下的亚洲"四小龙"其经济发展态势也十分喜人。因而，对现有政策工具的审视和对新型政策工具的开发，无疑成了重振经济的重要手段。

二　理论发展的背景

　　意识形态方面。一方面，在西方国家普遍遭遇经济低迷的同时，苏联由于其计划经济的体制并未受到太大的影响，故而在美苏全球争霸中开始占据了上风。"左"派思潮也开始随之席卷全球。为了应对意识形态上的挑战，西方资本主义国家必须在政策工具上寻求新的突破。另一方面，此时福利国家已在西方盛行了相当长的时间，出于对了解政府部门低效的要求，民众也愿意对政策工具的改革和创新提供政治和意识形态方面的支持。

　　公共政策学理论方面。作为一项应用性的经验性学科，公共政策学随着自身的不断发展，对于政府日常公共政策运作的介入也不断深入，大量公共政策学家在实际参与公共政策制定和执行的过程中，对社会问题与政策工具的了解不断加深，积累了大量经验。因而，对于政策工具的研究也逐步地进入了公共政策学家的视野，德洛尔在1971年就曾指出了公共政策学中政策工具研究的匮乏，并认为正是由于对政策工具的忽视导致了公共政策学缺少一种具有说服力的知识体系。[①] 此后，到了20世纪80年代初，荷兰的吉尔霍德委员会得出结论：各种政策失灵是由于对政策工具的知识不足造成的。有关政策失灵的解决方案存在于政策工具理论和学说的发展之中，也有赖于能将这种理论转变成为可资利用的工具。[②]

---

　　① ［以］Yehezkel Dror, *Design For Policy Science*, New York/London/Amsterdam: Elsevier, 1971, p. 72.

　　② ［美］B. 盖伊·彼得斯、［荷］弗兰斯·K. M. 冯尼斯潘主编：《公共政策工具——对公共管理工具的评价》，顾建光译，中国人民大学出版社2007年版，第12—13页。

第二节　政策工具及理论渊源

一　政策工具的内涵

20世纪末，公共政策学已发展到了较为成熟的阶段，各类新的理论和研究视角不断出现，使公共政策的研究呈现一片繁荣景象的同时，也将对公共政策本身进行"返璞归真"的审视提上了议程。作为政府管理社会和分配社会资源的重要工具，公共政策本身就带有极强的"工具"属性，公共政策学的创始人拉斯韦尔就罗列出象征、暴力和物资等政策工具。其他早期的公共政策学者，林德布洛姆和罗伯特·达尔曾把政策工具看作是政府管理的手段。随后诸多的公共政策学者或多或少均对政策工具相关领域的研究做出了自己的贡献。因而，20世纪末西方公共政策学界对于政策工具理论的研究可谓厚积薄发。政策工具理论的兴起是公共政策学发展的必然结果。

"工具"一词在西方，由于在特定语境中被赋予的特定目的或履行的特定职能，往往可以被"技术"、"方法"、"措施"、"机制"、"策略"或"手段"等词所替代。因而西方公共政策学者在研究中，也经常根据特定的研究视角来使用上述词语。所以，在西方公共政策学的概念中，政策工具包含了"政策工具"、"政府工具"、"政府技术"和"治理技术"等多重含义。加之西方公共政策学者的研究领域与学术脉络各有不同，故而政策工具本身被赋予了多重含义。

金融管理和金融控制可以被归类于政策工具，而"人力资源政策"或"目标管理"这样的内部管理形式也是政策工具。就技术政策来说，"政策试验"被称为政策工具。对政府组织之间关系的控制也需要得到政策工具的帮助。简而言之，"内部管理"或"内部组织"、"人力资源政策"、"政策试验"以及"网络管理"均可被看作政策工具。①

盖伊·彼得斯认为，"政策工具"的概念并不能对某些现象的性质提供任何信息，却说到了一个事实，即这些现象是为达到某一具体目标的手段。霍格威尔夫（Hoogerwerf）则认为政策工具可以被定义为"工具是行

---

① ［美］B.盖伊·彼得斯等：《公共政策工具——对公共管理工具的评价》，顾建光译，中国人民大学出版社2007年版，第13页。

动者采用或者在潜在意义上可能采用来实现一个或者更多目标的任何东西"。而林格林（Ringeling）对"工具"概念的描述如下："它是政策活动的一种集合，它表明了一些类似的特征，关注的是对社会过程的影响和治理。"① 欧文·休斯（Owen. E. Hughs）则将政策工具定义为："政府的行为方式，以及通过某种途径用以调节政府行为的机制。"②

　　也有的学者将现有的西方公共政策学对于政策工具的研究进行了总结，提出主要的三种定义分类，即功能论、资源论和策略伦。一是功能论，主要从较为宽泛的角度界定政策工具，将政策工具看作是实现政府管理目标的手段。二是资源论，该视角的主要特点在于将政府所拥有的所有核心资源都看作是其赖以履行职能的政策工具。三是策略论，该视角将政策工具视为各种治理策略。（见表22－1）

表22－1　　　　　　　　　考察"政策工具"内涵的三种视角

视角	学科基础	代表人物	内涵	特点
功能论	经济学、法学和行政学	重商主义者、亚当·斯密、凯恩斯、萨默斯、布鲁金等	指达到政策目标的手段	静态的、机械的"社会工程"色彩；"手段—目的"隐喻；效果导向
资源论	社会学、政治学、行政学	韦伯、拉斯韦尔、林德布洛姆、胡德等	指政府履行职能可供利用的资源及其展现形式	动静结合；适宜类型学分析；系统化理论主阵营；资源导向
策略论	政治学、行政学	马基雅维利、福柯、斯特特、奥斯本、萨瓦斯、萨拉蒙、菲利普、库珀、登利维、佩里、希克斯、阿格拉诺夫、斯蒂芬、戈德史密斯、托马斯等	指使目标得以实现的一系列政治性或管理性策略	动态的主体间关系；情景化理论和系统化理论；重视政策工具使用的制度环境；策略导向

　　资料来源：孙志建：《政府治理的工具基础——西方政策工具理论的知识学阐释》，《公共行政评论》2011年第3期。

---

　　① ［美］B. 盖伊·彼得斯等：《公共政策工具——对公共管理工具的评价》，顾建光译，中国人民大学出版社2007年版，第13—14页。
　　② ［澳］欧文·E. 休斯：《公共管理导论》，张成福等译，中国人民大学出版社2001年版，第99页。

二　政策工具的理论渊源

20世纪中叶开始，经济学理论和方法开始在大量的其他学科内部"攻城略地"，逐渐挤占不同学科传统研究方法的位置。而作为一个彼时方才新兴问世的学科，公共政策学也不可避免地受到影响。可以说从一开始，公共政策学的学科体系就包括了对政策工具的研究。但对于政策工具理论发源的追溯，在西方公共政策学界目前尚无定论。布鲁金（H. A. Bruijin）和霍芬（H. A. M. Hufen）认为，政策工具的研究首先发祥于欧洲大陆，主要以德国和荷兰为主，然后才逐步蔓延到英、美等国家。他们认为，这主要是由于欧洲大陆的公共政策研究更多地渗透了工具性研究的思想。而丁伯根和查乐里（Chenery）认为，政策工具的研究应追溯到林德布洛姆和达尔在20世纪50年代中期的《论现代国家采取的政治——经济技术》一文。不过，冯尼斯潘（Frans K. M. Van Nispen）等人认为，西方公共政策学界在20世纪70年代以前，还不存在对政策工具进行系统研究的先例。

20世纪70年代后，尤其是八九十年代以来，随着西方公共政策实践的进一步发展，西方公共政策学的发展也日趋完善，对于政策工具的研究开始在西方公共政策学界广泛兴起。在环境政策、节约能源的政策、经济政策等研究领域中出现了大量涉及政策工具理论发展的经验性研究。[①] 这些经验性的研究为后来学者们的理论性总结做了良好的铺垫。80年代初期，胡德出版了他的代表性著作——《政策工具》一书。当时，西方公共政策学界的研究热点是"执行"。由威尔达夫斯基发起的"执行运动"可谓方兴未艾。该"运动"主要包含了四种研究途径，即"自上而下"途径、"自下而上"途径、"政策/行动连续"途径和"工具选择"途径，胡德的研究成果就是"工具选择"途径的代表。20世纪末，盖伊·彼得斯和冯尼斯潘一同编辑出版了《公共政策工具——对公共管理工具的评价》。该书对当时西方各国政策工具研究的成果进行了较为全面的总结。而萨拉蒙的《政府工具——新治理指南》一书，全面确立了政策工具的理论框架，主要包括三个方面的内容：一是工具理论，即关于不同工具的运行特性以及工具的提供系统与提供方式的理

---

① 黄伟：《试析政策工具研究的发展阶段及主题领域》，《国家行政学院学报》2008年第9期。

论；二是选择理论，即关于如何针对公共行动的目标以及政治环境来选择与之相适应的工具的理论；三是运行理论，即关于如何最有效地运用新的工具来实现目标的理论。① 可以说，这本书代表了西方公共政策学界关于政策工具研究的最新进展。

工具性研究之所以能获得如此多的青睐，并在诸多领域取得突破性的研究成果，布鲁金和霍芬认为，主要是由以下几个方面的原因引起的：一是工具性研究在有些学科领域中取得了更多的发展。在这些学科中，学者们与同一领域的实践者保持着牢固的联系。二是工具倾向的发展也是政府组织对于实践知识需求日益增长的结果。随着政府职责的逐渐扩张，以及政策实施的问题变得日益复杂，对于科学和实践观察能力的要求也与日俱增。三是工具性的研究长期以来得到了来自政治和意识形态方面的支持。在一些社会福利国家，对于某些政策部门绩效的失望，使人们产生了解政策失败原因的强烈要求。②

第三节　政策工具的分类

一　政策工具分类的复杂性

由于政策工具内容非常广泛，对其进行分类就成为一项极其复杂的工作，因此学者们对政策工具的分类可谓五花八门。对于政策工具进行分类，最早可以追溯到 20 世纪 60 年代的德国经济学家基尔申（E. S. Kirschen），他总结出了共计 64 种类型的政策工具，但他既没有详细系统地阐述这些政策工具，也没有为其构建相应的理论框架。在他之后，库什曼（Cushman）、洛维、达尔、林德布洛姆等诸多学者，都在一定程度上对政策工具的分类做出了贡献。不过他们的划分都相对比较笼统。随后莱斯特·萨拉蒙早期对于政策工具的研究则在学者们研究的基础上前进了一步，在原有的规制性工具和非规制性工具的分类基础上，增加了开支性

---

① 卢霞：《政府工具研究的新进展——对萨拉蒙〈政府工具——新治理指南〉的评介》，《福建行政学院福建经济管理干部学院学报》2005 年第 2 期。
② ［美］B. 盖伊·彼得斯等：《公共政策工具——对公共管理工具的评价》，顾建光译，中国人民大学出版社 2007 年版，第 12—13 页。

工具和非开支性工具。①

而胡德（Christopher C. Hood）提出的方法更为系统，他先将政策工具分为获取信息的政策工具和影响社会的政策工具，然后再根据政府所拥有的四种社会资源，将政策工具分为八种（见表22－2）。

表22－2　　　　　　　　　　**胡德对政策工具的分类**

基本资源	中心地位	财富	权威符号	组织
资源（政府如何花费或使用资源）	信息	金钱	权威符号	处置
应用层次				
特定层次	预定的信息	定制付款	控制权威符号	个别处置
群体	←	标的群体或指导下的运用		→
一般	公开的信息	公开支付	隐蔽的符号	大规模处置

资料来源：吴合文：《高等教育政策工具分析》，北京师范大学出版社2011年版，第28页。

丁伯根（Tinbergen）则认为，可以将政策工具分为数量型政策、质量型政策和改革型政策。② 而布鲁斯·多恩（B. Donne）和理查德·菲德（R. Phidd）则主张以政策工具的强制性程度为标准对政策工具进行分类，他们认为个人的"自律"是强制性程度最低的政策工具，而"全民所有"则是强制程度最高的政策工具。③ 豪利特根据政府提供公共服务与公共产品过程中政府干预的程度，将政策工具分为自愿性工具、强制性工具和混合型工具三种，并具体提出了十类细化的政策工具（见图22－1）。

休斯认为政府的政策工具通常情况下可以被分为供应、补贴、生产和管制，对上述工具的使用取决于政府对于不同政策的政策环境的判断。麦克唐内尔（L. M. McDonnell）和埃尔莫尔（R. F. Elmore）根据政策工具设定的政策目标，将其分为"命令"、"劝导"、"提高能力"和"制度变

① ［加］迈克尔·豪利特等：《公共政策研究：政策循环与政策子系统》，庞诗等译，生活·读书·新知三联书店2006年版，第142页。
② ［意］尼古拉·阿克塞拉：《经济政策原理：价值与技术》，郭庆旺等译，中国人民大学出版社2001年版，第192页。
③ ［加］迈克尔·豪利特等：《公共政策研究：政策循环与政策子系统》，庞诗等译，生活·读书·新知三联书店2006年版，第143页。

高

直接提供 ―――――――	强
公共事业 ―――――――	制
管制　　―――――――	性

	国
税收和使用费―――――――	家
产权拍卖　―――――――	干 混
补贴　　　―――――	预 合
信息和劝诫　―――――	程 型
	度

私人市场　――――――→	自
自愿性组织　―――――――	愿
家庭和社区　―――――――	性

低

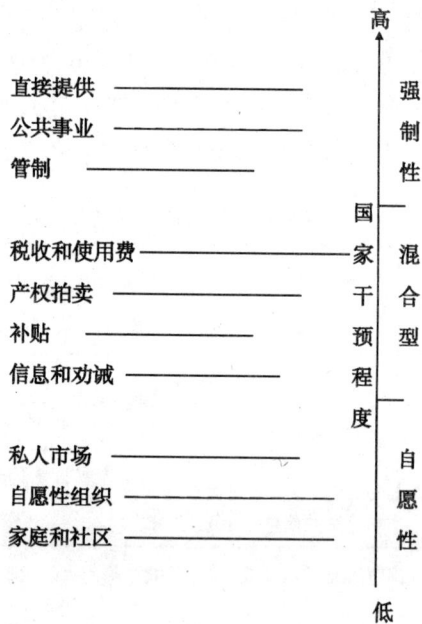

图 22 - 1　政策工具图谱

资料来源：［加］迈克尔·豪利特等：《公共政策研究：政策循环与政策子系统》，庞诗等译，生活·读书·新知三联书店 2006 年版，第 144 页。

迁"四类。①

此后，对于政策工具的分类又有了新发展，如盖伊·彼得斯早期和林德（S. Linder）一同提出，政策工具是多元的，应将其划分为：命令条款、财政补助、管制规定、征税、劝诫、权威和契约。詹姆斯·W. 费斯勒（James. W. Fesler）和唐纳德·F. 凯特尔（Donald. F. Kettl）主要研究了"直接行政、补助金、合同、管制、税收支出和贷款项目"等政策工具。② 萨拉蒙对于政策工具的后期研究成果，将政策工具分为"直接行政、社会管制、经济管制、合同、拨款、直接贷款、贷款保证、保险、税式支出、付费、用户付费、债务法、政府公司、凭单制"③。（见表22 - 3）

_____

① Lorraine M. McDonnell；Richard F. Elmore（1987）：Getting the job done：Alternative policy instruments. *Educational Evaluation and Policy Analysis*, 9（2）：133 - 152.

② ［美］詹姆斯·W. 费斯勒等：《行政过程的政治——公共行政学新论》，陈振明等译，中国人民大学出版社 2002 年版，第 37 页。

③ Lester. M. Salamon（2002）：*The Tools of Government：A Guide to The New Governance*, Oxford University Press. 21.

表 22 - 3 **常见的公共行动工具：特征界定**

政策工具	物品/行动	工具	供给系统
直接行政	物品或服务	直接提供	公共部门
社会管制	禁止	规则	公共部门或管制者
经济管制	公平价格	进入和比率控制	管制委员会
合同	物品或服务	契约和现金支付	商业，非营利结构
拨款	物品或服务	付款/现金支付	下级政府，非营利组织
直接贷款	现金	贷款	公共部门
贷款担保	现金	贷款	商业银行
保险	保障	保险政策	公共部门
税式支出	现金，激励	税收	税收系统
付费、用户付费	商业罚款	税收	税收系统
债务法	社会保护	侵权法	法院系统
政府公司	物品或服务	直接提供/贷款	准公共机关
凭单制	物品或服务	消费补贴	公共部门/消费者

资料来源：吴合文：《高等教育政策工具分析》，北京师范大学出版社 2011 年版，第 30 页。

总之，公共政策学者对于政策工具从不同视角进行了分类，但大多数学者并没有冲破工具主义的窠臼，尽管招来了批评和质疑，但对传统路径的突破并非易事。

二 彼得斯对美国政策工具的分类

尽管政策工具的内容极为丰富，但是不同制度和体制，甚至文化传统的国家，在政策工具的选择和运用方面会形成不同的风格，不同的工具取向，每一个国家都有自己更善于使用并经常使用的政策工具种类。盖伊·彼得斯在考察了美国公共政策实际情况之后，将在美国更具普遍意义的政策工具进行了分类和解读。

1. 法律

法律是政府独有的公共政策工具，尤其是在美国的公共政策环境下，法律是一项大部分政策受众愿意遵从但不明就里，大部分政策执行者忙于执行来确保政策受众遵从的政策工具。在彼得斯看来，法律作为一项重要的政策工具主要有以下特点：一是法律能够生产出最为重要的公共政策产品，即权利；二是在美国的公共政策环境下，法律对于社会和经济的调节作用相较于其他国家更为突出；三是法律在生产公共政策产品的同时也会给政府和社会带来一定的成本与负担。

2. 服务

在彼得斯的公共政策学思想中，服务作为一项公共政策工具，主要包括了从国防、教育到娱乐等方面的一系列内容。而政府采用这项政策工具的标准，在于判断某个领域是否需要国家权威介入或是否需要以某种确定的方式提供服务，以及对无法自主判断的人提供服务。当然，作为一项由政府执行的政策工具，其本身也受到一定程度的批评，如为政府增添了成本以及开了"私营化"的"倒车"等。彼得斯也相应地指出，为了回避这些批判，政府往往也乐于让位于准政府组织，让它们成为提供服务的主体。

3. 货币

货币作为一种政策工具，往往表现为以政府直接提供的方式支付给公民个人或组织和机构。其中，直接支付给公民的资金主要包括社会保障、失业补助、农产品价格补贴和国债利息等。但在彼得斯看来，货币并不是一项具有较高效率的政策工具，其对于公民个人福利的改进程度相对较差。但货币这种政策工具却是中央政府调整与地方政府之间关系的良好手段，中央政府可以通过控制给地方政府的拨款，来严格控制和要求地方政府履行由中央政府所制定的公共政策。

4. 税收

在彼得斯看来，税收这项政策工具对于个人与组织的社会责任变迁以及公民个人的社会福利的变迁起着至关重要的作用。虽然有时候税收的作用与货币相互重合，如减少税收和增加补贴如出一辙，但彼得斯指出税收所造成的政策结果可能比货币具有更高的不确定性，这是因为这项政策工具的本质是对公民或组织的一种激励而不是管制。同时，税收作为一项政策工具还具备以下两种特点：一是它可以直接用于执行决策；二是它仅仅只是政府可以用来鼓励或阻止某种行为的一系列手段之一，往往需要与其他手段相互搭配来实现政策目标。

5. 其他经济手段

除了以上几种经济手段之外，彼得斯指出，政府实质上还拥有其他经济手段，如政府直接提供信贷、政府直接提供保险或政府担保等。而使用这些政策工具的前提条件是政府所拥有的财政资金、政府信用和国有企业。尽管对于受益人来说这些政策工具非常重要，但作为经济手段，同样也存在一些不可避免的风险，如这些工具往往并不能够作为显性开支出现在政府的财政预算之中，从而导致政治人物和公民对于这类政策工具的控制相对乏力。只有在这些政策工具转化为危机时，它们才会引起政策相关者的重视。

6. 说服

在彼得斯看来，在上述所有政策工具都难以发挥效用的情况下，政府仍旧拥有一种政策工具，那就是说服。此时，政府将使用道德说服的方式来影响社会。彼得斯因而将说服的特性归纳为"外柔内刚"，因为政府拥有或正式或非正式的途径来确保自身意图的实现，在面对反对意见的时候还能够以公共利益为借口使反对派失去拥护者。但彼得斯也指出这种政策工具是以民众对于政府的认可为前提的，一旦政府失去了合法性，这种政策工具会在转瞬间变为最无效的政策手段。

第四节　政策工具的研究路径

一　政策工具研究路径的多样性

在西方公共政策学界，对于政策工具研究路径的划分同样没有定论。不过可以肯定的是，随着政策工具研究的进一步深入，研究范式不断推陈出新，所谓"定论"式的总结是不会出现的。西方公共政策学界对政策工具研究路径的看法呈现多样性的特点。

布鲁金和霍芬认为，主要存在三种政策工具研究的路径，一是经典研究路径，主张工具的性质构造了政策过程的路径。他们援引了萨拉芒（Salaman）和卢恩德（Lund）的观点来阐述该研究路径的核心理念：政府行为的不同工具有其自身与众不同的动力，有其自身的影响政府行为环境的政治经济因素。二是环境研究路径，主要通过考察工具的特征以及工具应用环境的变数来解释工具的运作。该研究路径的特殊之处在于，实际的实施活动和效果并不仅仅由工具的特征所决定，还决定于工具应用的环境。三是背景研究路径，该研究路径在修正政策工具的重要性方面做出了一定的贡献。该研究路径立足于将政策工具设定为决定政策过程轨迹的许多要素之一，弱化了政策工具的"工具属性"和它在政策过程中所扮演的角色。①

也有的学者认为，应将政策工具的研究路径作如下划分：一是特定政策领域的政策工具研究。该研究路径下的研究实践性和目的性较强，政策设计色彩较浓。二是政府层面一般性政策工具研究。该研究路径主张对政策工具进行理论上的类型分析，并对各种政策工具的特征、功能及其适用环境进行合乎逻辑的推演。还有的学者认为，应将政策工具的研究路径区分为理性选择路径和新制度主义路径两种。前者更重视利益，关注政策相关者的动机；后者更重视制度环境，关注政策相关者的行动逻辑。并认为在实际的研究过程中，以上两种研究路径可以结合起来。更有的学者认为，政策工具研究可以区分为功能主义和政治社会学两种。

而豪利特立足对现实政策工具进行研究的基础上，对政策工具的研究路径进行了以下区分：一是"传统"路径。该路径依照"功能假设与逻辑"在官僚机构内确定政策领域的边界。二是"项目"路径。由于其主要用政府项目来作为领域界定的基础，所以该研究路径主要关注财政和国库等治理资源是如何使用的。三是"立法"路径。该研究路径主要依靠立法和监管措施来确定政策领域的分界，以此来对执行政策过程中所用到的政策工具的组合进行研究。②

此外，也有的学者根据对政策工具研究的不同学科切入点，而将政策工具的研究路径划分为公共行政学路径、法学路径、政治学路径、经济学路径和多学科混合路径等。③

二　政策工具研究的学科路径

1. 公共行政学路径

公共行政学本身，自创立之初就提倡效率、经济等价值。因而，公共行政学路径下，政策的执行是一种纯粹的技术活动，可以用科学的方法进行政策工具的选择。在该研究路径之下，"目标—手段"理性成为选择政策工具的基础。公共行政学的政策工具研究路径主要的特点：一是除了其

---

①　[美] B. 盖伊·彼得斯等：《公共政策工具——对公共管理工具的评价》，顾建光译，中国人民大学出版社 2007 年版，第 17 页。

②　孙志建：《政府治理的工具基础——西方政策工具理论的知识学阐释》，《公共行政评论》2011 年第 3 期。

③　刘媛：《西方政策工具选择理论的多途径研究述评》，《国外社会科学》2010 年第 5 期。

使用属性之外，不承认政策工具的其他价值和属性；二是选择和使用政策工具时，无视其政策背景和环境，换言之，政策工具的选择仅取决于政策决策者；三是该路径的主要目标就是寻找政策工具选择的科学方式。

2. 法学路径

政策工具的法学研究路径一般也秉持着法学本身所崇尚的公平、正义、诚信、法治等价值，并主要采用实证的研究方法。在该路径下，进行政策工具选择时必须考虑到保障个人的合法权利不受侵害、程序正义必须得到保障和宪法的权威至高无上等问题。因而法律框架就成了影响和评价政策工具选择的最重要因素。

3. 政治学路径

政策工具的政治学研究路径同样充满了政治学的意味，在该路径下，政策工具的研究首先必须按照政治学的传统研究方法，在具体的时空背景和政策环境中进行政治考量，充分分析其政治意义、过程和影响。该路径主要有两种研究路线：一是在政治文化和意识形态等研究的基础上，展开对政策工具工具属性的研究。二是沿着"结构—功能"分析范式，通过对政策工具的研究反推公共政策的功能。

4. 经济学路径

随着经济学的进一步发展和对其他学科的不断渗透，西方公共政策学者也开始使用经济学的理论观点和分析框架对政策工具展开研究。该研究路径以经济学的"经济人"假设为前提，针对政府官僚、政治家和利益集团等与政策相关的分析对象，以他们之间为了利益最大化而进行的博弈、竞争、妥协关系为基础，进行政策工具的研究。

5. 多学科混合路径

随着政策工具研究的不断发展，西方公共政策学者开始逐渐采用多学科混合的方式开展研究。该研究路径主张，政策工具的研究不能只考虑效率、效益或合法性等单一的价值，而应该将各种价值进行综合考量。不能仅考虑政策相关群体，还应该考虑政策的实际环境，以及环境与政策相关群体之间的互动关系。可以说，政策工具的多学科混合研究路径是一种整合型的研究，代表了政策工具研究发展的新方向。

三　政策工具研究的不同学派

盖伊·彼得斯在对政策工具研究进行梳理的基础上提出，政策工具研究的发展脉络实质上遵循着两条不同的路线，一条可以称为大陆传统路线。该路线着重强调政治属性，并从中提取出政治秩序的概念，用以处理政策工具和对其应用进行预测。时至今日，该路线的研究重点已转变为对国家政策不同类型的研究。另一条可以称为结构功能路线。该路线主要依据政策本质和功能，对大量的政策工具进行归纳和分类。近年来的研究主要集中在理论方面，政策工具不再被视为手段而是被当作政策的中间产品。尽管上述两条研究路线的发展，已能够满足许多学者对于政策工具研究的需要，但彼得斯认为这还远不足以将所有对政策工具的研究途径尽数展现，因而他提出，对于公共政策工具的研究由于路线的重大差异，形成了不同的思想学派（见表22-4）。

表22-4 政策工具研究的思想学派

学派	关键要素	评估模型	与政治的关系
工具论	工具特质	在约束条件下的最佳性	政策设计不包括政治
过程论	适应性	演化中的相容性	政治不包括政策设计
备用论	互适性	政策工具与任务相匹配	政策设计塑造政治
构造论	引发的意义	对于相互竞争的意义的解释	作为政策设计的政治

资料来源：［美］B. 盖伊·彼得斯等：《公共政策工具——对公共管理工具的评价》，顾建光译，中国人民大学出版社2007年版，第42页。

1. 工具主义学派

该学派主要盛行于20世纪80年代以前，研究主要着力于对政策工具概念的界定和类别的划分。该路线对政策工具概念的定义中比较有代表性的有：认为政策工具既是一种政策"客体"，又是一种政策活动。沿着该路线进行政策工具研究的学者往往主张政策工具的局限性，也就是只认可部分被挑选出来的政策工具，并将所有政策权力赋予它们。彼得斯认为，造成这种现象的原因在于：一是经济学和法学等政策学关联学科更加支持某些特定的政策工具；二是政策工具被赋予了意识形态的外衣，政策相关者往往愿意从他们所属的意识形态角度挑选政策工具；三是政策决策者往往是基于自身的权力或政治地位来考察政策工具的。

2. 过程主义学派

秉持该研究路线的公共政策学者认为，应当从具体的政策背景下或具体的政策问题视角下对政策工具进行研究。在他们看来，没有任何一种或一组政策工具能够解决所有的公共政策问题。奉行该路径的学者们强调的是具有可重复特性开发政策工具的过程（该过程也是公共政策总体过程的一个部分），而不是某个独立的政策工具本身的特点和属性。过程主义路线对于政策工具的研究，在彼得斯看来是对工具主义路径的否定。在该视角下，政治处于首要地位，而政策工具仅仅是政策过程中产生的副产品。因而，该研究路线也更强调政策执行的重要性，因为，它认为任何政策工具都会随着政策执行的推进而发生变异，不会回到设计之初的原貌。

3. 背景研究学派

背景研究学派又称为权变主义研究路线，在彼得斯看来它最接近传统社会规划的观点。因为它强调对政策工具的选择应该基于具体公共政策问题的需要，即在一组政策工具中，选取最能有效解决政策问题的工具。因而，该路线对政策工具的研究主要包括两方面的内容：一方面是对公共政策问题的具体分析和描述，并形成解决该问题的前景需求；另一方面是建立在上述特定需求下的选择最优政策工具的理性方法。该路线与过程主义路线的不同之处在于，过程主义路线倾向于从动态和具体化的视角对政策工具展开研究，而背景研究路线则更依靠系统化和结构化的视角。可以说，该路线对于政策背景的重视程度等同于对政策工具本身的重视程度。但彼得斯同样也指出，对于政策背景的定义具有更大的不确定性。

4. 建构主义学派

建构主义学派相较于权变主义学派的进步之处在于，除了强调对于公共政策背景的分析之外，还强调对于政策工具本身主观意义的考察。因而，相较于以上三种研究路线对政策工具的客观主义或相对主义的定义，建构主义研究路线明显地摈弃了政策工具的中立属性。在建构主义学派看来，不管政策工具本身还是政策工具的研究者或决策者、执行者都拥有其主观的信念和感知。同时政策工具与公共政策环境之间，也并不存在相互独立或互相决定的关系，相反，建构主义路线认为政策工具与公共政策环境之间存在相互影响、相互建构的关系。所以，在彼得斯看来，建构主义路线为政策工具的研究增添了新的内容和原始的参照系。

第五节 政策工具的新思想探析

政策工具理论归根结底还是以政府实际运作过程中，所采用的方法和手段为考察对象及理论依据的。而20世纪90年代末以来，对政策工具理论的工具性进行批判，以及治理、政策网络和公共选择等理论的引入，不过是对于20世纪末，西方发达国家社会力量壮大、政府角色调整这样一种政策现实的反映和再思考罢了。然而，须知政府政策实际的变化，大多数情况下都是循序渐进的，当代的政策环境也大多承接了上个时代，更何况虽然大政府时代在西方发达国家渐行渐远，但在广大新兴市场国家，社会经济等客观条件还远远没有成熟到可以允许政府的职能角色让位于市场和社会的地步。因而，新时期的政策工具理论也不可避免地残留有上个时期的工具性意蕴。

一　治理视角下的政策工具思想

在治理理论框架中进行关于政策工具的讨论，首先需要明确政策网络的三个特征，即多元一致性、政策行为者的独立性和行为者之间的相互依赖性。在此基础上，治理理论的工具性思想主要从操作层面、战术层面和战略层面展开（见表22-5）。

表 22-5　　　　　　　　　　　治理的三个层面

治理的类型	特征
操作层面：利用政策工具	目标设定 结构与过程的偶发性 接受网络结构
战术层面："聪敏"的利用 政策工具	目标设定 结构与过程的偶发性 网络结构的探讨
网络层面：改变网络结构，因而 改变决策过程（战略性的）	目标搜求 典型的元治理 改变结构与过程 结构与过程之间的区别失去意义

资料来源：〔美〕B.盖伊·彼得斯等：《公共政策工具——对公共管理工具的评价》，顾建光译，中国人民大学出版社2007年版，第75页。

1. 操作层面的政策工具

在操作层面，治理理论假设存在一个管理者和与之相应的政策目标，该管理者会引导政策相关者去实现该政策目标，并引导他们使用相应的政策工具。在这种条件下，政策工具的目标与政策相关者的行为之间的影响关系是直接的。在这个层面下，布鲁金和坦霍伊维尔霍夫（Ten Heuvel-hof）认为，主要存在三种政策工具：一是沟通工具。这种政策工具可以承载有限的知识，也可以承载广泛的知识；可以是双边的工具，也可以是多边的工具。不过他们认为这种政策工具有些"软弱"，很少被单独使用，更多情况下与其他工具结合使用。二是多边政策工具。布鲁金和坦霍伊维尔霍夫认为，在目标群体比较强大的情况下，应当推荐使用多边政策工具。同时只要某一组织承认多元一致性原则，那么多边政策工具也可以被应用于该组织的不同部分，比较有代表性的多边政策工具有条约、君子协定等。三是激励。从得失利弊角度来进行决策是多数组织的一个共同的特征。所以激励作为一种政策工具，既可以是积极的，也可以是消极的。在充分考虑政策相关群体反应的情况下，促进政策目标的达成。

2. 战术层面的政策工具

在布鲁金和坦霍伊维尔霍夫看来，在战术层面对政策工具进行考察，与其说是发现新的政策工具，不如说是站在新的视角来考察政策工具的使用方法。他们认为，既可以双边地使用政策工具，也可以多边地使用政策工具；既可以直接地使用政策工具，也可以间接地使用政策工具；既可以对政策工具进行照常的使用，也可以对其进行微调；既可以加快政策工具的使用速度，也可以引导延缓使用政策工具。

3. 战略层面的政策工具

如果说上述两个层面，工具性理念依旧较为浓重的话。那么在战略层面，布鲁金和坦霍伊维尔霍夫理论中的工具性色彩就开始逐渐褪色了。他们更多从政策网络的角度对政策工具进行换位思考，主要依赖政策网络的三个特点来考察政策工具。

第一，多元一致性。布鲁金和坦霍伊维尔霍夫认为，一是同样的政策工具对于不同的政策群体造成的影响可能是不同的，尤其是在得失利弊方面，因而在这种情况下，多元一致性原则有可能发生变化；二是有些政策工具对于政策相关者来说门槛过高，导致进入"障碍"，这种情况会削弱多元一致性；三是为了促使政策相关者进行合作，政策制定者可以采取某些激励措施，但却降低了多元一致性。

第二，独立性。布鲁金和坦霍伊维尔霍夫认为，一是由于政策相关者的相对独立性，因而政策制定者需要通过政策工具来吸引政策相关者，达成政策合力；二是某些政策工具其目标并不在于改变政策相关者的行为，而在于改变他们对政策问题的看法，改变他们关于相关价值观念的理解。

第三，互相依赖性。布鲁金和坦霍伊维尔霍夫认为，对一种政策工具的采用必定会对政策相关者的相互依赖性产生影响。因而，一种新的政策工具的被采用，必然伴随着新的政策相关者之间关系的诞生，最终会形成一套相互依赖的网络。当然，对于政策工具的采用和废弃，也会产生与相互依赖性截然相反的互斥性或离心力。当决策者强行决定终止一项政策工具的使用时，有可能导致对现有政策网络的重组，并产生或短期、或长期的影响。而当一个群体被政策工具赋予了必须实现的政策目标时，还会伴随产生一定的"自组织"现象，该群体可以因此认识到政策网络结构的变更。布鲁金和坦霍伊维尔霍夫指出，政策相关群体的相互依赖性还会导致其他群体被排斥在政策网络之外，而无法进入。

二　公共选择视角下的政策工具思想

克拉安（D. J. Kraan）发现，在公共政策实践中，政策制定者并不一定完全依照福利理论的分析来获得政策建议。与规范分析理论相反，在政策工具的实证分析中，政策制定者的利益占据核心地位。[①] 因而，他提出应以政客在歧视性财政福利中的利益和部门官僚在部门预算中的利益，这两种利益为考察对象。以此为基础，克拉安展开对以下四种政策环境下政策工具选择的研究。

1. 调节税和管制

调节税作为一种在理论上非常受欢迎的政策工具，在公共政策实践中却很少得到使用，在西方国家，调节税主要仅在烟草和酒类政策领域中得到应用。经济学家往往非常支持调节税，并将其看做主要的政策工具，但在实践中，政客们往往为了选票而反对调节税，同时，生产经营者为了排挤潜在竞争对手，也更倾向于接受管制手段而不是调节税。部门官僚对于上述两项政策工具的倾向性较为模糊，他们的倾向往往因人而异。

2. 调节税和补贴

克拉安认为，在多数情况下，调节税和补贴可以被看作是为了实现同一政策目标而实施的不同政策工具。从理论上看，在对负面外部性的产品征税或对替代性产品进行补贴方面的选择中，征税是更为合宜的选择，但

---

① ［美］B. 盖伊·彼得斯等：《公共政策工具——对公共管理工具的评价》，顾建光译，中国人民大学出版社 2007 年版，第 106 页。

在公共政策实践中，政客往往会选择补贴而不是征税，同样是为了选举，政客可以向特定的选民提供有差别的补贴以赢取选票。而从部门官僚的角度来看，补贴同样优于调节税。因为补贴会给相关部门带来预算补助，通常可以为部门内许多岗位带来收益。

3. 税务支出和补贴

税务支出作为一项政策工具，受到了西方国家的财政专家的广泛反对，但这并不影响其获得广泛的应用。从理论上看，补贴与税务支出效果几乎等同，都能刺激产品使用、降低生产要素价格。而在政客眼中，税务支出无疑更受欢迎。因为税务支出不需要年度审查，可以完全脱离规定的预算程序，从而为受益人提供了更多的法律保护。[①] 而在部门官僚看来，补贴是更为恰当的选择。这是因为税务支出的制定权和执行权都归财政部所有，而补贴却可以给部门带来更高的行政预算。

4. 指定用途税和收费

理论上，这两种政策工具也可以相互替代。但在政客看来，收费往往效果更佳。因为指定用途税是一种歧视性税收，可能会导致公民不满而影响政客的选举。部门官僚也往往倾向于使用收费作为政策工具，因为税收的制定权掌握在财政部手中，而收费却可以使得部门获得更多的行政预算。

---

① ［美］B. 盖伊·彼得斯等：《公共政策工具——对公共管理工具的评价》，顾建光译，中国人民大学出版社 2007 年版，第 113 页。

第二十三章　政策网络理论

第一节　政策网络理论的兴起

一　政策网络理论兴起的背景

政策网络兴起于 20 世纪 70 年代。政策网络理论就是将网络理论引入公共政策学形成的一种新的分析视角，分析在公共政策运行过程中，政府机构和利益集团等多元主体之间的复杂关系。学界一般认为，政策网络理论起源于美国，经过在英国、德国和荷兰的进一步发展，在西方世界颇为流行，而且发展势头强劲，并力图取代传统的政策过程理论。虽然它能否取代过程理论还有待于未来的发展，但政策网络理论的兴起，无论如何也是对公共政策学发展的一大贡献。在过去二三十年间，西方公共政策学者广泛将政策网络应用于政策过程分析。在研究过程中，他们发现政府与社会团体之间存在复杂的网络关系，它们之间形成的行动联盟或利益共同体有的相当紧密，有的相当松散，形成了不同的关系网络，公共政策就是政策网络体系中不同行动者之间复杂互动关系的结果。

政策网络理论兴起的根本原因，是 20 世纪六七十年代以来西方国家公共政策运行出现了诸多新情况和新问题，需要公共政策学理论予以解释和回答，可以说正是公共政策实践发展的需要，推动了政策网络理论的产生和发展。公共政策运行出现的新情况主要表现在：一是政策行动主体的多元化。随着社会的发展，政策决策已不再是政府的专利，政府对政策制定的垄断被打破了，社会组织也成为政策过程重要的行动主体，公私部门的界限越来越模糊。许多领域如果没有政府同其他主体的合作，目标无法达成。政策决策成为政府组织、社会组织甚至私人组织互动的结果。它们之间形成了多渠道互动的网状结构。二是组织间的依赖性不断强化。由于决策过程中不同组织间资源和信息的依赖关系日益增强，政府组织之间、社会组织之间，尤其是政府组织和社会组织之间的依赖性不断增强。随着国家进一步分权化，政府部门之间功能也在分化，因此政府的政策决策越来越部门化了。由于各具体部门占有资源和信息的有限性，使政府组织间的依赖性越来越强；随着社会有组织的行动者对社会事务的影响越来越大，社会组织间的依赖性也不断增强。更重要的是政府组织和社会组织之间由于交换资源和信息的需要，相互之间的依赖性也在不断增强。这就需要在决策过程中，必须构建基于资源和信息依赖关系的利益协调机制，这就为政策网络的形成奠定了现实基础，也为政策网络理论的兴起提供了前提。三是政府治理结构的扁平化。随着政府治理方式由层级向水平方向的发展，政府治理结构越来越扁平化了。这种治理结构的变化要求新的理论来说明，需要新的分析工具来支持。传统的政策理论和政策分析工具把政策运行划分为政策议程、政策规划、政策决策、政策执行和政策评估等不同环节，尽管有一定的解释力，但是面对政府主体和社会主体之间，在政策运行中通过横向互动所结成的网络关系，在政策运行中的作用机制及其对政策结果的影响，已不能作出令人满意的解释。因此，政策网络理论应运而生。四是政策决策过程的国际化。随着全球化步伐的进一步加快，决策过程也超出了国界的限制，国际环境成为影响政策决策的重要因素。任何一个国家在政策制定过程中都不能忽视国际关系结构、国际形势，甚至某些具体情境的影响。在全球化的推动下，越来越多的国际组织也成为重要的政策主体。公共政策理论对政策运行过程中出现的这些新情况也必须作出合理的解释。政策网络理论的兴起和发展势所必然。

二　政策网络理论的渊源

政策网络理论的思想渊源主要来自两个方面：一是 20 世纪五六十年代，多元主义和法团主义关于权力讨论所形成的子系统理论和政策社群理论。多元主义认为，同公共政策相关的利益主体是多元的和分散的，公共政策制定过程实际上是不同利益集团相互博弈和争斗的结果。政府仅仅是充当仲裁人，扮演着消极的社会资源分配者的角色。社会利益集团才是决定公共政策的主要因素。多元主义理论的合理性在于，看到了利益集团在公共政策制定过程中的重要作用，同时也揭示了公民只有加入一个团体，通过团体力量有效地影响公共政策，才能更好维护自身利益的道理。但把政府仅仅看作是仲裁人，贬低了政府在公共政策制定中的地位和作用。实际上政府在公共政策制定过程中是起主导作用的，而且政府本身也是一个利益主体。实际上，多元主义是社会中心论者。而法团主义则认为，国家权力集中在政府手里，政府主宰着公共政策制定过程，能够影响公共政策的利益集团是少数，而且它们只能在政府安排的政治和社会秩序中发挥作用，如果脱离了政府安排，利益集团的利益在公共政策中难以体现。法团主义强调了政府的作用，但忽视了利益集团的作用。法团主义坚持的是政府中心论。多元主义和法团主义都有一定的合理性，但也都有一定的局限性。政策网络理论的提出，正是为了超越两者的局限性。政策网络理论不再片面地强调社会中心论或国家中心论，从根本上来说，它主张政府和社会统一论。它把公共政策看作是政府组织和利益集团互动的结果。无论是政府组织也好，还是利益集团也好，它们各自都掌握一定的资源，政策制定过程实际上是由它们所构成的行动主体间，以资源交换为基础的互动的过程。在政策运行过程中不同的行动主体，构成了政策子系统或政策社群。政策网络理论在多元主义和法团主义之间开辟了新的研究路径。"在政策网络理论中，政策行动主体不再具有明确的等级划分，行动主体之间的关系由科层式的等级关系转化为协调式的互赖关系，更加注重对政府部门、政府次级部门的分析和研究，对政策结果的分析更多集中于中观层面，并从微观层面分析人际关系对政策执行的影响。从这个意义上说，政策网络理论兼顾到三个层次，即宏观的国家政府与民间社会关系、中层的政府部门间的结构，以及微观的政策参与行动者之间的互动等，研究面向更为全面与客观。"[1] 二是盛行于 20 世纪六七十年代的组织社会学关于组织间关系的理论。组织间关系指不同社会组织之间重复性相互作用的过程，是系列持续性社会联系的集合。任何一个组织的活动都离不开与周围环境的联系，它的生存与发展通常都依赖于和其他组织的关系。因此，现代组织越来越重视组织间的关系，优化组织间的关系，是一个组织获得所需资源和竞争优势的先决条件。组织社会学运用社会学理论来理解和研究组织间关系。组织间的关系既有正式制度设计的关系，也有以情感、血缘、文化和地域等非正式制度因素为基础形成的关系。组织间由于持续的相互作用而强化组织的相互依赖关系。从连接的结构来看，它是多个行动

---

[1]　侯云：《政策网络理论的回顾与反思》，《河南社会科学》2012 年第 2 期。

主体相互联结形成的社会网络。相关性构成了组织间关系的本质特征，而且这种相关性是相对稳定的，因而可以减少不确定性。组织间关系的核心特征是不同组织的互动性，即任何一方的关系行为改变都影响到其他组织的关系行为，从而影响整个关系网络。互动性是组织间关系得以发展、维持乃至终结的前提。嵌入性是组织间关系的重要特征，这意味着组织间关系不仅仅是两个组织之间的关系，而且涉及同其他组织的关系，不同组织之间构成了一个关系网络。正是运用组织间关系理论研究公共政策运行过程，通过对政府组织和其他社会组织相互关系的考察和分析，形成了政策网络理论。

第二节　政策网络理论的主要流派

一　美国传统

美国学派的主要代表人物包括罗威（T. Lowi）、赫柯罗（H. Heclo）、本森（J. K. Benson）、麦克法兰德（A. McFarlend）等。他们主要通过从微观层面研究政策过程中主体之间的互动关系，提出了政策网络的概念，研究的重点集中于次级政府也就是亚政府上，强调政策网络主要行动者之间的个体关系，尤其是利益集团和政府在政策过程中的作用。

政策网络概念的提出，同精英主义与多元主义的论争分不开。就精英主义这一翼，福里曼（J. L. Freeman）1965 年提出政策次级体系的概念，认为美国政策制定过程中，由利益集团、国会议员与政府官员互动形成了一种次级体系，公共政策制定是次级体系中所有决策的总和。麦克康纳尔（A. McConnell）进一步认为，私人利益介入次级政府已经成为重要的主流，他们掌控其成员，并且挟持管制利益活动的政府机构，成为"挟持机构"。而后，罗威进一步提出铁三角的概念，即政策制定为联邦政府、国会委员会与利益集团所把持，成为紧密相连的铁三角，成为具排他性的封闭体系。然而，铁三角模式并不适用于所有的政策制定过程，多元主义就此展开了回应。首先是赫柯罗提出了议题网络的概念。他认为，铁三角概念已经不能用来准确揭示当代公共政策的制定模式。事实上，自20世纪70年代以来，美国公共政策的制定过程是一个有多个集团在不同层次上以不同的方式不断卷入的过程。赫柯罗认为，这种新的政治行政关系，可用议题网络这一概念来予以解释。议题网络是一种以特定问题而集结起来的参与者之间的松散网络，它具有主体的广泛性和层次的多样性等特点，其成员可以根据问题本身的判断而随意出入于网络内外，各自以不同的方式对政策的制定施加各种影响。此后，麦克法兰德（A. McFarland）延续议题网络的概念，提出了三位一体权力的概念。他认为，在议题网络中，政府机关本身是独立的，并不受制于某些利益集团的压力，而且必然存在着潜在性或实在性的反对团体，以防止经济性集团的滥权。因此，所谓的三位一体就是由政府机关、制造者或专业性利益集团、反对性利益集团所组成，三者基于对同一议题的关切而出现三种不同面向的网络关系。与此同时，在对于政策执行的研究中，许多美国学者也应用了政策网络的相关理论。20 世纪 70 年代末，沙夫提出了政策执行的组织间关系理论，将分析单位集中于多组织间的关系形成的集合网络，强调多组织之间的相互联系与相互作用的形态与这些形态把个别组织的行为结构化的方式对政策执行的影响。由此开始了政策执行中政策网络的研究。本森等对组织间的网络结构作了更完整的解释，进一步提出了有关分析概念。后来学者们相继提出了"执行结构"、"规制结构"和"资助结构"等概念。政策网络既是一种分析单元，又是区别于市场和官僚组织而介于两者之间的一种协调和联系方式，这种方式通过公共政策这一纽带，将政策执行涉及的各种组织以相互依赖的结构联系起来。这些概念为分析政策执行中各种组织间的网络结构提供了新视角。在之后的对于政策执行的研究中，学者们也认识到了执行结构在分析上的局限性，因为执行结构只是强调个体行动者的单一联系或者组织间的单一联系，没有能将个体与组织的互动联系起来，于是，学者们又试着将政策网络进一步扩展。有的学者就认为，政策网络作为分析概念，强调行动者的连接与集体行动的环境与因素，而政策网络作为分析模式，则强调作为整体上的组织间关系结构的影响与集体行动的结构与过程。政策网络能够将个体互动与组织间的结构联系起来，并分析其对政策执行的影响。因此，应将政策网络分析法系统运用于政策执行研究。20 世纪 90 年代以后，随着政策网络研究在美国的上述发展，如何整合已有的成果对政策结果做出更有力的解释就提上了议事日程。萨巴蒂尔等人应这种需要，提出了倡导联盟分析框架。在此框架中，政策变迁的发生是三种过程的函数：第一种过程是关于政策次级系统内相互竞争的、由不同行动者组成的倡导联盟的互动关系；第二种过程是关于社会经济条件的次级系统、体制性的统治联盟及对相互竞争的联盟提供机会或障碍的其他次级系统等所发生的改变，直接或间接对政策产生作用力；第三种过程则是牵涉稳定的系统参数，这些系统参数对各次级系统内行动者的行为提供资源或形成限制。此三种过程的相互作用左右了政策变迁的过程。①

二　英国传统

英国学派的主要代表人物包括罗茨（R. A. W. Rhodes）、史密斯（M. Smith）和马什（D. Marsh）等。他们将政策网络理论研究层面定位在中观层次，着重分析（次级）部门之间的结构关系对政策结果的影响。英国学者通过对于政策次系统的比较研究，发现政策次系统范围过于宽泛，次政府或铁三角和议题网络的分类并不适合英国国情，因而需要发展新的分类法。于是，"在欧洲学者尤其是英国学者的发展和推动下，美国传统的铁三角和议题网络逐渐被政策网络和政策社群所取代。"②

英国政策网络研究跟美国传统有所不同，主要强调利益集团和政府部门关系的连续性，或者是施密特所说的"利益集团的协调"。围绕着英国政策网络的研究路径，形成两派观点。一种以乔丹为代表，强调美国政治（政策）科学的发展及其理论观念对英国的影响。例如，理查德森和乔丹明显受到赫柯罗和威尔达夫斯基1984年关于英国公共财政预算政策研究的影响，他们接受这两位美国同行关于政策社群的概念，认为英国的决策过程发生在政府机构和压力集团相互协商而形成的政策次系统里。他们提出政策社群是理解稳定的自由民主国家政策决策过程的钥匙。威尔克斯和赖特也强调在政策网络中，是人际关系而不是结构关系发挥着重要作用。另一种观点就是以罗茨为代表，认为政策网络的研究起源于英国。他们从更广的角度来理解和使用网络概念，强调网络概念在社会学、心理学、人类学及政治学领域的应用。这一派学者明显受到欧洲的组织间关系理论的影响，否认美国政治学对英国政策网络研究产生的重要影响。例如，罗茨认为美国的"次政府"或者"铁三角"理论无法直接运用到英国这样的国家，因为英国立法机构在政策过程中发挥的作用要比美国小；而且政策

---

① 杨代福：《美国政策网络研究及启示》，《广东行政学院学报》2007年第5期。
② 朱亚鹏：《西方政策网络分析：源流、发展与理论构建》，《公共管理研究》2006年第2期。

网络这个术语发展于英国而不是美国，因为美国学者更倾向于使用次政府或者类似概念。他认为政策网络中最关键的构成部分是政治机构间的结构关系，而不是那些机构内个人之间的关系。与此同时，罗茨根据参与主体资格和资源分配关系的不同，将政策网络分为政策社群、专业网络、政府间网络、生产者网络和议题网络，不同类型的政策网络从紧密到松散构成一个连续谱系。不过只有两个端点——结构最紧密的政策社群和结构最为松散的议题网络经常被学者们提及。此外，他还强调政策网络存在于部门层面，而不是次部门层面。可见，英国政策网络研究领域形成了两个传统，一种承认并承袭美国传统，从微观层面出发，强调人际关系在政策网络中的作用；另一种则认为政策网络研究源于英国，重视从中观的角度来分析利益集团与政府之间的关系。很显然，以罗茨为代表的后一派学者人数更多，他们的研究影响巨大，对政策网络理论的发展做出了巨大贡献。一是对政策网络有较为明确、清晰的概念；二是从一开始，英国学者的研究形成了较为清晰的分析框架和比较研究的维度；三是英国学界寻求将政策网络的概念置于修订过的多元理论之下。[①]

三　德国和荷兰传统

德国和荷兰学派也称为欧洲大陆学派，其主要代表人物包括梅因茨（R. Mayntz）、克利金（E. Klijn）和基克特（W. J. Kickert）等人，将政策网络的研究提升到宏观层面以考察国家与公民社会之间的关系，把政策网络看作是一种新的国家治理方式。

20 世纪七八十年代，欧洲社会发生深刻变化，私营部门迅速发展，政府角色逐渐减弱，公共部门与私营部门之间相互依赖，国家和社会的界限日益模糊，国家机构和社会的不同部门共同参与公共治理过程。于是，政策网络被用来描述这种治理形式的巨大转变。"政策网络是反映变化了的国家和社会关系的政治治理的新形式……政策网络主要解决涉及复杂政治、经济与技术任务，资源互相依赖的各种政策问题，因此，需要以非常高的专业技术和其他专门化和分散的政策资源作为前提。政策网络是在政策决策、方案规划和执行能力分散于广泛的私营与公共主体背景下的一种

---

① 朱亚鹏：《西方政策网络分析：源流、发展与理论构建》，《公共管理研究》2006 年第 2 期。

政策动员的机制。"① 德国和荷兰学者都将政策网络定位于较为宏观的治理层面，但主要观点仍有不同。德国学者强调现代社会日益复杂、动态、多元，国家机构无力单独实施治理，必须依赖其层级控制以外的其他社会主体的资源和协作，国家和社会的许多组织形成相互影响、相互依赖的政策网络。德国的普兰克学派认为，政策网络、官僚组织与市场皆为国家治理的一种模式，三者鼎足而立。政策网络没有传统政府形态的反功能结果，也没有市场不能控制外部负面性的市场失灵。所以具有平等、协调与自我统合特性的政策网络成为治理的另一种选择。这种研究上的经验转向，极大地延伸了政策网络的应用维度，使政策网络在社会公共治理层次上彰显出新的生命力。因而，政策网络是与市场、官僚等级制三足鼎立的第三种社会结构形式与国家治理模式。② 荷兰的政策网络研究强调网络治理。学者们认为政策网络包括参与公共政策的公共部门、半公共部门及私有部门。各种不同的公共主体和社会主体拥有相互冲突的目标、利益和不同的权力地位，没有一个主体占据主导地位。在这样的背景下，政府已不能扮演万能的角色，政策过程中各个主体之间的协商至关重要。政策网络的重要性在于它将公共政策与制度性和战略性背景联系起来，成功治理的关键在于实现有效的网络治理。网络治理有三个特征：一是相互依赖。政策网络在概念上强调政策参与者无法独立完成整个决策过程，必须透过与其他有资源的行动者的合作来影响决策结果。相互依赖是政策形成与维持的关键因素，亦即组织的生存与发展往往必须依赖其他组织拥有的资源，透过组织间的资源交换与协调机制，确保获得需要的资源。二是互动。政策网络认为在当代任何一项政策过程中都涉及多元的行为者，政策的产出是诸多行动者之间复杂互动关系产生的结果。彼此之间的互动关系具有跨域性、持续性、信任感，并在网络治理模式下进行资源依赖与分配，期盼能提升行政效能以及有效的治理；三是自组织。这种治理的用法表示网络乃自我组织的。就是说网络是自主性的、自我统治的。其行动者不只是来自政府部门，成员间形成一种权力依赖的互动关系。而这样的互动关系，则产生了具有自主性的并且自我治理的策略。所以政府不能只是使用命令

---

① 朱亚鹏：《西方政策网络分析：源流、发展与理论构建》，《公共管理研究》2006 年第 2 期。

② 张建伟、娄成武：《政策网络研究——治理的视角》，《辽宁行政学院学报》2006 年第 11 期。

作为治理的手段，它必须使用新的工具和技巧来处理领航和引导的工作。①网络治理有三种视角，即工具主义视角、互动视角和制度主义视角。工具主义视角强调在政策网络背景下，以规制性工具为主的第一代治理工具已经被主要包括激励、沟通工具以及契约的第二代治理工具取而代之。在工具性政策网络视角下，网络治理成功的关键在于政策网络中有"驾驭"能力的主体如何影响其他主体的行为，发挥"目标导向"的作用，实现对目标群体行为的改变，达到预期后果。虽然各种主体都具有程度不同的驾驭能力，但是政府还是被认为在网络治理中发挥"焦点驾驭主体"的作用。网络治理的互动视角强调集体行动的重要性，关注相互依赖的网络主体如何互相调适其策略以便形成一致行动，达致共同结果。与工具视角和互动视角关注网络主体和它们之间的互动不同，制度主义视角则将整个政策网络作为分析单元，网络治理就是要影响网络形成、变化或者解体的过程。研究关注的不仅仅是主体、关系、资源分配方式、组织等结构性因素，还包括规则、规范、理解、制度等文化因素。按照制度主义视角，网络治理的目标是通过影响政策网络的结构和文化来改善政策决策和解决问题的背景。②

第三节　政策网络理论的基本内容

一　政策网络及其形成原因

学者们由于研究视角不同，对政策网络作出了不同的界定。较早将"网络"引入政策分析的学者汉夫（Hanf）认为，政策网络实际上对政策制定过程包含了数量众多的、来自政府的公共行动者以及社会各个功能领域和不同层面的私人行动者的参与这样一个事实作出的解释。而英国学者罗茨对政策网络概念的界定得到学术界的普遍认可。罗茨将政策网络定义为，一群复杂的组织因资源依赖而彼此结盟，又因资源依赖结构的断裂而相互区别。也就是说，政策网络是政策过程中相互依赖的政府与非政府行

① 张建伟、娄成武：《政策网络研究——治理的视角》，《辽宁行政学院学报》2006年第11期。
② 朱亚鹏：《西方政策网络分析：源流、发展与理论构建》，《公共管理研究》2006年第2期。

动者之间互动关系模式的总称。

为了进一步挖掘政策网络概念的内涵，不同国家的学者从各种角度进行了深入的探讨，给出了不同的界定。一是从政策主体和主体关系的角度所做的界定。卡岑施泰因（Katzenstein）把政策网络界定为公私行动者之间的一种关系模式；基克特、克利金（Klijn）和科彭扬（Koppenjan）把政策网络界定为：相互依赖行动者之间某种程度上稳定的社会关系类型，它是形成政策问题与政策方案的基础；乔丹（Grant Jordan）、舒伯特（Klaus Schubert）的定义为：政策网络指决策过程中包括来自不同层次与功能领域的政府、社会行动者；范沃登（Fransvan Waarden）指出，政策网络指政治官员、行政官员与利益代理人三者之间的相互依赖而形成的一种较为长久的联结模式。二是从资源依赖的角度所做的界定。罗茨关于一群或复杂的组织因资源依赖而彼此结盟，又因资源依赖结构的中断而相互区别的界定，就是从资源依赖的角度作出的。罗茨还重点阐述了资源依赖与政策网络的基本特征，认为政策网络中的资源通常有以下几种：权威、资金、合法性、信息与组织。三是从国家自主性的角度所做的界定。史密斯（M. Smith）认为，当利益团体与政府交换信息并认可团体在政策领域中的利益时，政策网络就产生了。政策网络是政府允许更多利益团体参与政策过程的一种协商机制，是政府借以扩张其社会基础结构权力的工具。阿特金森和科莱曼（Atkinson & Coleman）把在制定政策过程中不同国家在部门层次上存在着强国家与弱国家的现象称为政策网络。四是从治理视角所做的界定。有些学者把政策网络看作是具有自主性，而且彼此有共同利益的不同行动者之间相对稳定的、非科层的与相互依赖的关系。当政府失灵或市场失灵时，这种具有平等、协调与自我统合的政策网络就成为一种公共治理模式。①

对政策网络形成的原因学者们做了如下概括：一是交流信息的需要。在政策运行过程中，不同的行动主体或不同的利益相关者，为了合理地界定政策问题、规划政策方案以及有效的实施和调整政策，需要占有大量的信息，不同的行动主体和利益相关者各自占有的信息都是有限的，而且占有的信息其内容又有所不同，这就需要通过构建起相应的政策网络，进行全方位的信息交流。二是交换资源的需要。在政策运行过程中不同的行动

---

① 石凯、胡伟：《政策网络理论：政策过程的新范式》，《国外社会科学》2006 年第 3 期。

主体，如政府的各个部门和各种社会组织，由于所处的地位不同，履行的职责不同，各自占有不同的人力资源、物力资源、财力资源和权力资源。他们要在政策运行过程中实现自己的目标，必须通过政策网络进行资源交换，实现资源的优化配置，推动政策的高效率。三是结盟的需要。在政策运行过程中，不同的行动者和利益相关者只有结成利益联盟，才能更好地实现各自的利益。政策网络实际上就是它们结盟的很好的平台，从而推动政策网络的形成。四是追逐权力的需要。政策运行过程的不同行动主体，为了能够在政策运行过程中扮演更为重要的角色，必然寻求与有影响的主体建立关系，以控制关键性的政策资源。通过构建相应的政策网络，重新配置权力，扩大自己的影响。五是协调关系的需要。政策运行中的相关主体由于种种原因，在观念上和利益上存在一定的分歧，甚至存在某种观念和利益的冲突，要在政策过程中一致行动，就需要对相互分歧甚至冲突的观念和利益进行协调。只有在政策网络中各种观念和利益关系才能得到很好的协调。这一切构成了政策网络形成的重要原因。

二　政策网络的特征与功能

罗茨认为，政策网络主要具有四个方面的特征：一是相互依赖，主要指在政策运行过程中，有诸多行动者在发挥作用，包括不同政府部门和各种社会组织，都不可能独立达到各自的目的，网络存在的重要原因就是一个行动主体可以依赖其他行动主体来达成目标。二是资源交换，主要指网络的不同组成部分之间发生的经常和持续的资源与信息交流，恰恰是这种资源和信息的不断交换把不同行动主体连接起来，使它们共处一个网络之中。三是博弈互动，主要指政策是在不同行动主体的互动中运行的，博弈成为它们之间互动的重要方式，当然不同行动主体的博弈必须遵循相应的博弈规则，这表明网络的各个组成部分，经常使用竞争性的策略以求达到自身目的。四是自治性，主要指网络是一种自组织系统，无论内部还是外部都没有至上权威，但作为网络组成部分的不同行动者组成的团体中，在网络中的作用有时会不同，某些团体往往比其他的更强大。由于政策网络的上述特征，使公共政策运行出现了新的特点，那就是新的权力配置格局和新的行为模式。

关于政策网络的功能，以英国和美国为主的利益协调学派，更看重政策网络的利益协调功能，而欧洲大陆以德国与荷兰为代表的治理学派，更看重的是政策网络的治理功能。无论是政策网络的利益协调功能还是治理功能，都要通过政策网络对政策结果的影响来发挥作用。不同国家的公共政策学者通过实证分析，从不同的视角揭示了政策网络的性质、结构和类型对政策结果的影响，为解释复杂的政策过程提供了不同的分析模型。

豪利特针对政策网络与政策结果关系的长期争论，收集了加拿大四个联邦主要政策部门的数据，并建立了政策网络结构与政策结果的理念和利益关系模型，认为政策网络的成员分配和互动类型同政策结果的理念和利益有直接的相关性。桑德斯彻姆（Sandstrom）和卡尔松（Carlsson）运用社会网络分析方法，阐释了政策网络结构和网络绩效之间的关系，在制度主义和社会资本理论的基础上提出了一系列假设，并通过瑞典高等教育政策部门的政策网络经验数据的比较分析进行检验。马奇和史密斯提出了政策网络与政策结果的辩证模型，重点关注结构与行动、网络与情境、网络与结构之间的辩证关系，从动态的角度建立了政策网络与政策结果之间的动态模型。此后围绕这一模型展开了各种争论。有的学者认为，在马奇和史密斯提出的辩证模型中，涉及的变量间关系都具有同样的重要性，但事实并非如此。有的学者认为，由于对辩证模型中的"辩证"概念没有在细节上解释，导致其应用不广。当然也有很多学者认为，马奇和史密斯的辩证模型具有较强的解释力，但没有对干扰变量进行解释。实际上，外部压力和政策网络变化共同影响政策结果。本（Ben）在马奇和史密斯的辩证模型中加入了另一个变量，那就是理念，建立了政策网络和政策结果的概念模型。他认为辩证模型以及其他一些政策网络模型都没有充分解释"理念"在政策制定中的作用。马奇和史密斯关注的是结构的重要性，行动者赖以行动的资源和能力，而没有关注行动者的动机。他认为，应该将理念看作是政策过程的自变量，政策网络作为中间变量，政策结果作为因变量。为了回答政策如何以及为什么形成及发展，需要考察理念对网络成员的激励作用。行动者的行为不仅仅取决于他们所处的情境，而且取决于他们对所处情境的认识和理解，即所持的观念。托克（Toke）和马什将格兰特的内部集团和外部集团研究，整合到马奇和罗茨的政策网络分类中，通过考察英国乡村联盟在政策过程中采取的策略检验了提出的观点。格兰特认为，不同集团采取的策略是决定他们与政府关系的最重要因素。实际上，是集团所处的位置而不是其所采取的策略决定了其是内部集团还是外部集团。所以，必须明确集团采取不同策略的主要限制条件，那就是网络的类型和集团的位置。在议题网络中外部策略可能运用得比较多，而在政策共同体中运用比较少。在特定网络中，边缘集团有很大的可能性采用外部策略。①

三　政策网络的类型

学者们从不同的角度，依据不同的标准对政策网络进行了分类。韦克斯和莱特（Wilks & Wright）采用社会中心途径，从人际互动关系的角度，把将政策网络划分为政策领域、政策部门、政策次级部门、政策议题。乔丹根据参与人数、成员的稳定性、限制性、整合度与资源配置等因素，将政策网络分为政策社群、专业网络、府际网络、生产者网络以及议题网络。范沃登认为，政策网络的分类不应只局限于网络的结构层面，而忽略了网络中成员所采取的策略。他从参与者、功能、结构、制度化程度、运作规则、权力关系、行动者策略等方面，对政策网络做了分类。对政策网络的类型进行比较深入研究的是英国学者罗茨。他通过对政策网络相关研究历史沿革的梳理，丰富了自己的政策网络理论体系，不仅综合了上述提到的几种不同的传统，而且在此基础上根据不同的标准对政策网络做了分类，以便更好地对其进行解析。罗茨先后通过两个标准对政策网络的类型进行了不尽相同的划分，更直观地展示了政策网络的丰富内涵。

罗茨首先从权力相互依赖的角度对政策网络进行了分类。罗茨通过对地方政府的研究，证明利益团体与政府的关系不是零和的，而是相互依赖的。政府希望达成特定的政策目标，利益团体希望影响政府的政策，两者之间是相互依赖的关系。他以权力相互依赖关系为核心，根据利益集团的分布、成员的稳定性、垂直相互依赖、平行相互依赖、资源的分配五个层面的标准，界定了五种类型的政策网络。一是政策共同体或地域性的网络。它是以政府的功能和利益为基础建立起来的，一种成员有限而又高度稳定，与其他网络相隔离的政策网络。网络的垂直相互依赖是建立在共同传达服务的责任基础上的。这种网络具有高度垂直依赖性与有限的平行沟通，是高度整合的网络。二是专业网络。这是专业团体支配的网络。专业网络代表特殊专业的利益，并具有实质性的垂直互赖关系，与其他的网络有所隔离。三是府际网络。指代表地方政府利益的网络，其最大特点是有

---

① 刘海燕、刘蕊：《国外政策网络研究：概念逻辑、研究内容与研究展望》，《中共南京市委党校学报》2010 年第 5 期。

限的地方参与者追求地方上提供的所有服务。这一网络垂直的相互依赖有限，但有广泛的平行沟通，能渗透到其他网络。四是生产者网络。这是经济团体（包括公共部门与私人部门）扮演主要角色的网络，网络成员流动性高，垂直的相互依赖的关系有限，政府依赖这些经济团体传送物质与传播专业知识。五是议题网络。议题网络的特点是参与者人数众多、垂直的互赖关系有限、平行的沟通并未整合。网络成员多，流动性大，整合度低，是不稳定的网络，表明了议题网络的突出特征（见表23－1）。

表23－1　　　　　　　　　　　政策网络的类型及特点

网络类型	网络的特点
政策共同体/地域性网络	成员高度稳定且数量非常有限、垂直性相互依赖、有限的平行沟通
专业网络	成员稳定但数量非常有限、垂直性相互依赖、有限的平行沟通、服务于专业团体的利益
府际网络	成员有限、垂直性相互依赖有限、广泛的平行沟通
生产者网络	成员流动变化、垂直性相互依赖有限、广泛的平行沟通
议题网络	参与者人数很多但不稳定、垂直性相互依赖有限

资料来源：R. A. W. Rhodes and David Marsh, *Policy Networks in British Government*, 1992, Oxford: Clarendon Press。

　　罗茨还从资源交换关系的角度对政策网络进行了分类。他以政策网络是利益团体与政府之间的资源交换关系为出发点，对政策网络的四个层面，即利益、成员、相互依赖（垂直与平行）与资源做了界定。政策网络作为整个资源交换关系的统称，其类型依据上述不同层面关系的紧密程度构成了一个网络谱系，政策共同体关系紧密，在谱系的一端；议题网络关系松散，在谱系的另一端。决定具体政策网络在整个网络谱系中所处地位的主要因素：一是参与者人数。政策共同体的参与者有限，常常包括一个政府机构，或机构内部的单位，偶尔包括一个以上的部门。议题网络的参与者比较多，可能有几个政府部门、机构或小组委员会，而利益团体可能有上百个，而且还处于不断变化之中。二是持续性。政策共同体参与者少，网络稳定性强；议题网络成员多而且不断变动，网络不稳定。三是互动频率。政策共同体中，政府与主要利益团体有深度的互动，而且互动程度高。议题网络成员的互动是不稳定的。四是共识程度。政策共同体对政策目标有高度共识，事实上，政策共同体有自己的世界观和意识形态，而议题网络共识性差。五是关系性质。政策共同体的参与者具有资讯、合法性以及执行的资源可以交换，是资源互换的关系。议题网络中虽然有些参与者拥有资源，但非常有限。六是交易与协商。如果团体需要交换资源，那么交换的就是政策方向；政府机构需要压力团体的资源，因而会提供团体所偏好的政策。因此，政策共同体更多体现的是交易关系。七是权力分配。政策共同体的权力呈正和关系，也就是一个团体的参与不会导致另一个参与者牺牲权力，议题网络的权力不平衡，可能有赢家，也有输家。八是参与组织的结构。在政策共同体中，压力团体的领导者必须确保一旦达成协议，成员将接受政策，而在议题网络中，团体成员的控制不是重要因素。由于程度的差异，在政策共同体和议题网络之间排列着各种形态的网络。

总之，西方公共政策学经历了 60 多年的发展，已在逐步走向成熟，并形成了对公共政策从不同视角进行分析的颇具解释力的理论以及各种流派，彰显了公共政策学的发展和繁荣。然而伴随着以大数据、云计算、互联网为标志的信息社会的到来，人们的思维方式、行为方式乃至整个生活方式都将发生根本性的改变。社会政治生活方式，尤其是公共政策运行方式也将发生重大变革。公共政策的合理性和有效性是公共政策学的永恒主题，在信息社会，尤其是大数据时代，它们都将被赋予全新的内涵。公共政策运行的民主化和科学化是构建公共政策合理性，提升其有效性的根本途径，在大数据时代也将被赋予新的形式。这同时也为公共政策提出了迫切需要解决的问题。公共政策运行中新的民主方式和新的科学理念及方法，也迫切需要公共政策学去总结、去探索。这同时也为公共政策学的未来发展提出了任务和指明了方向，并把公共政策学未来发展的前景展现在公共政策学者面前，成为推动公共政策学发展的内在动力。

主要参考文献

1. ［英］戴维·米勒等：《布莱克威尔政治百科全书》，邓正来等译，中国政法大学出版社 1992 年版。

2. ［日］药师寺泰藏：《公共政策》，张丹译，经济日报出版社 1991 年版。

3. ［美］哈罗德·D. 拉斯韦尔：《政治学：谁得到什么？何时和如何得到?》，杨昌裕译，商务印书馆 1992 年版。

4. ［美］杰克·雷斌、巴特利·希可德雷思、杰拉尔德·J. 米勒编：《公共管理手册》，张梦中等译，中山大学出版社 2006 年版。

5. ［韩］吴锡泓、金荣枰编：《政策学的主要理论》，金东日译，复旦大学出版社 2005 年版。

6. ［美］小约瑟夫·斯图尔特、戴维·M. 赫奇、詹姆斯·P. 莱斯特：《公共政策导论》，韩红译，中国人民大学出版社 2011 年版。

7. ［美］杰伊·沙夫里茨、卡伦·莱恩、克里斯托弗·博里克编：《公共政策经典》，彭云望译，北京大学出版社 2008 年版。

8. ［美］赫伯特·西蒙：《管理行为：管理组织决策过程的研究》，杨砾等译，北京经济学院出版社 1988 年版。

9. ［美］罗伯特·达尔：《多元主义民主的困境》，尤正明译，求实出版社 1989 年版。

10. ［美］罗伯特·达尔：《民主理论的前言》，顾昕、朱丹译，三联书店 1999 年版。

11. ［美］林德布洛姆：《决策过程》，竺乾威、胡君芳译，上海译文出版社 1988 年版。

12. ［美］林德布洛姆：《政治与市场：世界的政治——经济制度》，王逸舟译，上海三联书店 1996 年版。

13. ［美］戴维·伊斯顿：《政治体系——政治学状况研究》，马清槐译，商务印书馆 1993 年版。

14. ［美］戴维·伊斯顿：《政治生活的系统分析》，王浦劬译，华夏出版社 1999 年版。

15. ［法］莫里斯·迪韦尔热：《政治社会学——政治学要素》，杨祖功、王大东译，华夏出版社 1987 年版。

16. ［德］克劳斯·冯·柏伊姆：《当代政治理论》，李黎译，商务印书馆 1990 年版。

17. ［美］罗纳德·H.奇尔科特：《比较政治学理论——新范式的探索》，潘世强译，社会科学出版社 1998 年版。

18. ［美］加布里埃尔·A.阿尔蒙德等：《发展中地区的政治》，任晓晋、储建国、宋腊梅译，上海人民出版社 2012 年版。

19. ［美］加布里埃尔·A.阿尔蒙德等：《当代比较政治学：世界视野》，杨红伟等译，上海人民出版社 2010 年版。

20. ［美］加布里埃尔·A.阿尔蒙德等：《公民文化：五个国家的政治态度和民主制》，徐湘林等译，东方出版社 2008 年版。

21. ［美］加布里埃尔·A.阿尔蒙德等：《比较政治学：体系、过程和政策》，曹沛霖等译，东方出版社 2007 年版。

22. ［美］艾伦·威尔达夫斯基等：《预算过程中的新政治学》，邓淑莲、魏陆译、上海财经大学出版社 2006 年版。

23. ［美］艾伦·威尔达夫斯基等：《公共资金的私人政府：英国政治中的共同体和政策》，李颖、褚彩霞译，格致出版社 2011 年版。

24. ［美］艾伦·威尔达夫斯基等：《总统选举：美国政治的战略与构架》，管梅译，北京大学出版社 2007 年版。

25. ［美］保罗·A.萨巴蒂尔：《政策过程理论》，彭宗超译，生活·读书·新知三联书店 2004 年版。

26. ［美］托马斯·R.戴伊：《理解公共政策》，谢明译，人民大学出版社 2011 年版。

27. ［美］托马斯·R.戴伊：《自上而下的政策制定》，鞠方安、吴忧译，中国人民大学出版社 2002 年版。

28. ［美］托马斯·R.戴伊等：《民主的嘲讽》，孙占平等译，世界知识出版社 1991 年版。

29. ［美］斯图亚特·S.内格尔编：《政策研究百科全书》，林明译，科学技术出版社 1990 年版。

30. ［以］叶海卡·德洛尔：《逆境中的政策制定》，王满传等译，上海远东出版社 1996 年版。

31. ［美］斯图亚特·S. 内格尔：《政策研究：整合与评估》，刘守恒、张福根、周小雁译，吉林人民出版社 1994 年版。

32. ［美］罗伯特·M. 克朗：《系统分析和政策科学》，陈东威译，商务印书馆 1985 年版。

33. ［美］罗尔斯：《正义论》，何怀宏等译，中国社会科学出版社 1988 年版。

34. ［美］保罗·A. 萨巴蒂尔等：《政策变迁与学习：一种倡议联盟途径》，邓征译，北京大学出版社 2011 年版。

35. ［德］哈贝马斯：《公共领域的结构转型》，曹卫东等译，学林出版社 1999 年版。

36. ［美］史蒂文·凯尔曼：《制定公共政策》，马清槐、朱曾汶译，商务印书馆 1990 年版。

37. ［美］威廉·N. 邓恩：《公共政策分析导论》，谢明、杜子芳译，中国人民大学出版社 2010 年版。

38. ［美］斯坦因·U. 拉尔森：《政治学理论与方法》，任晓等译，上海世纪出版集团 2006 年版。

39. ［英］H. K. 卡尔巴奇：《政策》，张毅、韩志明译，吉林人民出版社 2005 年版。

40. ［美］约翰·W. 金登：《议程、备选方案与公共政策》，丁煌、方兴译，中国人民大学出版社 2004 年版。

41. ［美］德博拉·斯通：《政策悖论：政治决策中的艺术》，顾建光译，中国人民大学出版社 2006 年版。

42. ［加］迈克尔·豪利特等：《公共政策研究：政策循环和政策子系统》，北京三联书店 2006 年版。

43. ［英］米切尔·黑尧：《现代国家的政策过程》，赵成根译，中国青年出版社 2004 年版。

44. ［美］弗兰克·费希尔：《公共政策评估》，吴爱明，李平等译，中国人民大学出版社 2003 年版。

45. ［美］B. 盖伊·彼得斯等：《美国公共政策——承诺与执行》，顾丽梅、姚建华等译，复旦大学出版社 2008 年版。

46. ［美］B. 盖伊·彼得斯：《官僚政治》，聂露、李姿姿译，中国人民大学出版社 2006 年版。

47. 马啸原：《西方政治思想史纲》，高等教育出版社 1997 年版。

48. 徐大同：《西方政治思想史》，天津教育出版社 2005 年版。

49. 欧阳英：《走进西方政治哲学——历史、模式与解构》，中央编译出版社 2006 年版。

50. 丁煌：《西方行政学说史》，武汉大学出版社 2006 年版。

51. 钱再见：《公共政策学》，南京师范大学出版社 2007 年版。

52. 李维新：《公共政策学导论》，东北林业大学出版社 2007 年版。

53. 陶学荣：《公共政策学》，东北财经大学出版社 2009 年版。

54. 俞可平：《权利政治与公益政治》，社会科学文献出版社 2000 年版。

55. 时和兴：《关系、制度与限度：政治发展过程中的国家与社会》，北京大学出版社 1996 年版。

56. 王沪宁：《比较政治分析》，上海人民出版社 1987 年版。

57. 王沪宁：《当代西方政治学分析》，四川人民出版社 1988 年版。

58. 陈庆云：《公共政策分析》，中国经济出版社 1996 年版。

59. 陈振明：《政策科学——公共政策分析导论》，中国人民大学出版社 2003 年版。

60. 宁骚：《公共政策学》，高等教育出版社 2011 年版。

61. 梅孜编译：《美国政治统计手册》，时事出版社 1992 年版。

62. 陈振明：《当代西方政治学的新知识图景——学科、流派与主题》，《教学与研究》2004 年第 1 期。

63. 唐亚林：《政治体系·国家·无产阶级专政体系》，《华东理工大学学报》（社会科学版）2005 年第 4 期。

64. 周毅之：《近代以来西方民族国家合理性论证的范式流变—— 一个政治生活主题变迁所决定的过程》，《江海学刊》2004 年第 3 期。

65. 胡献忠：《论科学发展观对当代中国政治文化的整合》，《兰州学刊》2006 年第 11 期。

66. 黄伟：《试析政策工具研究的发展阶段及主题领域》，《国家行政学院学报》2008 年第 9 期。

67. 孙志建：《政府治理的工具基础——西方政策工具理论的知识学阐

释》，《公共行政评论》2011 年第 3 期。

68. 卢霞：《政府工具研究的新进展——对萨拉蒙〈政府工具——新治理指南〉的评介》，《福建行政学院福建经济管理干部学院学报》2005 年第 2 期。

69. 孙志建：《政府治理的工具基础——西方政策工具理论的知识学阐释》，《公共行政评论》2011 年第 3 期。

70. 刘媛：《西方政策工具选择理论的多途径研究述评》，《国外社会科学》2010 年第 5 期。

71. 胡伟、石凯：《理解公共政策："政策网络"的途径》，《上海交通大学学报》（哲学社会科学版）2006 年第 4 期。

72. 杨代福：《美国政策网络研究及启示》，《广东行政学院学报》2007 年第 5 期。

73. 朱亚鹏：《西方政策网络分析：源流、发展与理论构建》，《公共管理研究》2006 年第 2 期。

74. 张建伟、娄成武：《政策网络研究——治理的视角》，《辽宁行政学院学报》2006 年第 11 期。

75. 石凯、胡伟：《政策网络理论：政策过程的新范式》，《国外社会科学》2006 年第 3 期。

76. 曾令发：《政策溪流：议程设立的多源流分析——约翰·W. 金登的政策理论述评》，《理论探讨》2007 年第 3 期。

77. 顾建光：《一部关于公共政策的智慧之作——评德博拉·斯通的〈政策悖论〉》，《中国行政管理》2007 年第 6 期。

78. 陈永国：《政治机制的系统分析》，博士学位论文，上海交通大学，2005 年。

79. 王礼鑫、朱勤军：《政策过程的研究途径与当代中国政策过程研究》，《人文杂志》2007 年第 6 期。

80. 刘海燕、刘蕊：《国外政策网络研究：概念逻辑、研究内容与研究展望》，《中共南京市委党校学报》2010 年第 5 期。

81. 侯云：《政策网络理论的回顾与反思》，《河南社会科学》2012 年第 2 期。

82. C. E. Lindblom, *Policy analysis*, American Econmics, 1959 (2).

83. C. E. Lindblom, *The Science of "Mudding Through"*, Public Administra-

tion Review, 1959 (2).

84. Harold D. Lasswell, *Psychiatry*, Fall 2001; 64, 3.; Academic Research Library.

85. Daniel Lerner and Harold D. Lasswell, *The Policy Sciences: Recent Development in the Scope and Method*, Standford, CA: Standford University Press, 1951.

86. Harold D. Lasswell, *World Politics and Personal Insecurity*, New York, Free Press, Jan. 1965.

87. Harold D. Lasswell, *The Future of Political Science*, New York: Atherton Press, 1963.

88. Harold D. Lasswell, *A Pre-view of Policy Sciences*, New York: Elsevier Inc. , 1971.

89. David Easton: *A Systems Analysis of Political Life*, The University of Chicago Press, Phoenix Edition, 1979.

90. June Tenfel Dreger, *China's Political System-Modernization and Tradition*, *Basingstoke*, Hampshire: Macmillan Press, 1996.

91. Stuart S. Nagel: *Public Policy Evaluation: Making Super-Optimum Decisions*, Ashgate Pub Ltd. , 1998.

92. R. A. W. Rhodes and David Marsh, *Policy Networks in British Government*, 1992, Oxford: Clarendon Press.

93. Harold D Lasswell, *The Emerging Policy Sciences of Development*, *The Vicos Case*, *The American Behavioral Scientist*, Mar. 1965; 8, 7; ABI/IN-FORM Global.

94. Harold D. Lasswell, *Technique of Decision Seminars*, Midwest Journal of Political Science, Vol. 4, No. 3. (Aug. , 1960).

95. Garry D. Brewer, *A pre-view of policy sciences: Harold D. Lasswell*, Elsevier, New York; 1971.

96. James Farr, Jacob S. Hacker, Nicole Kazee, *Revisiting Lasswell*, Policy Science, MAR 2008, Volume: 41 Issue: 1.

97. Robert. A. Dahl and Charles. E. Lindblom, *Polities, Economics and Welfare*, The University of Chicago Press, 1953.

98. Smith, Martin, *Power and Policy: State Autonomy and Policy Networks in*

Britain and the United States, New York: Harvester Wheatshcaf, 1993.

99. David Benson and Andrew Jordan, "Policy Transfer Research: Still Evolving, Not Yet Through"?, *Political Studies Review*: 2012 VOL 10.

100. Michael Howlett, Andrea Migone, "Charles Lindblom is alive and well and living in punctuated equilibrium land", *Policy and Society* 30 (2011)

101. Jeanne Nienaber Clarke, Helen M. Ingram, "A Founder: Aaron Wildavsky and the Study of Public Policy", *Policy Studies Journal*, 2010, Volume: 38 Issue: 3.

102. John G. Gunnell, "The Reconstitution Of Political Theory: David Easton, Behaviorism, And the Long Road to System", Journal of The History of The Behavioral Sciences, spr. 2013, Volume: 49 Issue: 2.

103. Benson, J. K. *A Framework for Policy Analysis*. In Interorganizational Coordination: *Theory, Research and Implementation*, edited by David Rogers and David Whetten. Ames: Iowa State University Press. 1982.

104. McFarland, A. *Interest Groups and Theories of Power in America*. British Journal of Political Science, 1987.

105. Wilks, S. Wright. M. *Conclusion: comparing government-industry relations: states, sectors and networks*. In Comparative Government Industry Relations: Western Europe, the United Stated, and Japan, edited by Wilks, Wright. Oxford: Clarendon Press. 1987.

106. Heclo, H. *Issue Networks and the Executive Establishment. In the New American Political System*, edited by Anthony King. Washington, D. C: American Enterprise Institute. 1978.

107. Richardson, J, Jordan, G. , *Governing Under Pressure*. Oxford: Martin Robertson. 1979, 74.

108. Rhodes, R. A. W. *The New Governance: Governing without Government. Political Studies*, 1996, 44.

109. Patrick Kenis, Volker Schneider. *Policy Neworks and Policy Analysis: Scrutinizing a New Analytical Toolbox*. in *Policy Network: Empricial Evidence and Theretical Considerations*, edited by Bernd Marin and Renate Mayntx. Frankfurt amMain: CampusVerlag. 1991.

110. W. J. Kickert, E. H. Klijn, J. F. M. Koppenjan (eds). *Managing complexnetworks. Strategies for the public sectors*, Sage publication. London. 1997.

111. Waarden, *F. v.* 1992. *Dimensions and types of policy networks. European Journal of Political Research*, 21.

112. Jordan, G. and K. Schubert. *Apreliminary ordering of policy networks labels. European Journal of Political Research.* 1992, 21.

113. Hisahiro Kondoh. *Policy networks in South Korea and Taiwan during the democratic era. The Pacific Review.* 2002, Vol. 15, No. 2.

114. Michael Howlett. *Do Networks Matter? Linking policy network structure to policy outcomes: evidence from four Canadian Policy Sectors 1990—2000. Canadian Journal of political science.* 2002, Vol. 35, No. 2.

115. Annica Sandstrom, Lars Carlsson. *The performance of policy networks: The relation beween network structure and network performance. The policy studies journal.* 2008. Vol. 36, No. 4.

116. David Marsh, Martin Smith. *Understanding policy networks: towards a dialectical approach. Political studies.* 2001, Vol. 48, No. 1.

117. Charles D. Raab. *Understanding policy networks: a comment on Marsh and Smith. Political studies.* 2001, Vol, 49.

118. Evans, M. *Understanding dialectics in policy network analyses. Political Studies*, 2001, vol. 49, No. 3.

119. David Toke. David Marsh. *Policy networks and the GM crops issue: Assessing the utility of a dialectical model of policy networks. Public Administration* Vol. 81, No. 2, 2003.

120. Jens, Blom-Hansen. *A "New Institutional" Perspective on Policy Networks. Public Administration*, 1997, Vol. 75, No. 4.

121. Lars Carlsson. *Policy networks as collective action. Policy studies journal.* Vol. 28, No. 3, 2000.

122. Hugh. Pemberton. *Policy networks and policy learning: UK economic policy in the 1960s and 1970s. Public administration.* 2000, Vol. 78, No. 4.

123. Ben Kisby. *Analysing policy networks: towards an ideational approach. Policy Studies*, 2007, Vol. 28. No. 1.

124. Maloney, W; G. Jordan; A, McLaughlin. *Interest Groups and Public Policy: The Insider Outsider Model Revisited. Journal of Public Policy*. 1994, 14, 1.

125. John Greenaway, Brian Salter, Stella Hart. *How policy networks can damage democratic health: a case study in the government of governance. Public Administration*, 2007, Vol. 85, No. 3.

后　记

　　20 世纪 80 年代初，西方公共政策学开始传入我国，出于教学和研究上的需要，更是兴趣使然，一直跟踪至今，几近三十载。近年来，有了一个不可多得的契机，自 2007 年开始，为浙江工商大学公共管理学院行政管理专业研究生开设了"当代西方公共政策学理论"课程。历经 2007 级、2008 级、2009 级、2010 级、2011 级五届学生五个授课循环，本书是在此基础上完成的。

　　公共政策学是 20 世纪 50 年代诞生的一门新兴学科，由于公共政策在社会生活中的作用越来越重要，同时也赋予了公共政策学以旺盛的生命力。尽管诞生的时间不长，却吸引大批学者趋之若鹜，某些学者甚至为此贡献了毕生的心血，留下了许多闪光的思想。在对这些思想进行研究和探讨的过程中，面对深受启发之处，每每激动不已，要把其中有价值的思想总结出来的想法可以说由来已久。

　　虽然，西方公共政策学理论有它产生的社会历史背景，它们是在西方的社会制度和政治体制下形成的，反映的是西方国家公共政策运行的状况和规律。既然同为公共政策也必然有其共性的一面。尽管不能采取拿来主义，照搬西方的公共政策理论，用灰色的理论来肢解我国活生生的公共政策实践活动，但是可以吸收其中有益的东西，为我所用。我国正处于加速社会转型的历史过程中，公共政策实践活动可谓丰富多彩，有成功的经验需要总结和升华，有失误的教训也需要总结和汲取。面对如此复杂的公共政策实践，要沉着应对，有所作为，尤其需要科学的公共政策理论的指导。借鉴西方的公共政策理论，立足我国的公共政策实践，对其进行理论上的概括和升华，是形成能够有效指导我国公共政策实践的公共政策理论的重要途径。

　　在对西方公共政策学理论进行总结的过程中，我们看到虽然该学科发展的历史还比较短暂，但形成的思想却如此丰富，如果将所有的人的思想都要总结出来，那是一个浩大的工程，是我们力所不及的。在研究的过程中只选取了那些在国外以致在国内影响都比较大的，为公共政策学发展的不同阶段做出重要贡献，而又具有突出特色的学者们的思想作为研究对象。此外还有一个条件，那就是现有的文献资料比较丰富可以进行研究的。有些学者虽然也很重要，但现有的文献资料比较少无法展开研究，只能放弃。这也许对之有些不恭，然而实属无奈。所以仅仅选取了部分尽管是具有代表性的学者作为研究对象，然而妄称《西方公共政策学史》，似乎有些名不副实，姑且称为"史稿"吧。好在国内学者对这方面问题的研究虽然展开已久，但目前还没看到一部此类著作，权当抛砖引玉。

本书在撰写的过程中参考和引用了大量的中外文献资料，特别是所选学者的论文和著作，在此向其作者们深表谢意。

在授课的过程中，学生们在课堂讨论中的发言也给了我很大的启发。本书在撰写过程中，吸收了他们发言中有益的思想。借此也感谢学生们为本书所做的贡献。

本书的另一位作者陈震聆从本科起就是我在浙江工商大学的学生，对此问题的研究也颇感兴趣。他在读研期间阅读了大量国内外学者的公共政策学著作，形成了自己的一些想法，并有志于此，协助我完成了本书的撰写工作。

由于研究还仅仅是初步的，又受能够收集到的文献资料所限，难免有疏漏之处。对某些学者思想的概括也可能不够准确和全面，评价也不一定符合实际，权当是个人的粗浅认识，谬误之处，深表歉意。

感谢浙江工商大学公共管理学院的支持，感谢中国社会科学出版社，使本书得以问世。

王春福

2014 年 5 月 22 日于浙江工商大学